SOCIOCRACY

소시오
크라시

자율경영 시대의 조직개발

SOCIOCRACY

소시오
크라시

자율경영 시대의 조직개발

존 벅 · 샤론 빌린스 지음
이종훈 옮김 | 주현희 감수

한국NVC출판사

한국 독자 여러분께

안녕하세요, Korean readers.

I learned a few words in Korean when I visited, which is why I thought my message could start out with one of those Korean words. My very enjoyable visits to Korea have helped me appreciate the warmth, beauty, and subtlety of Korean culture. Sharon Villines and I feel very honored that, as a book now in Korean, *We the People: Consenting to a Deeper Democracy* will now take its modest place in your wonderful culture. We encourage you to experiment with sociocracy concepts, and we look forward to hearing about your experiences.

Sincerely,

John Buck(and Sharon Villines)

안녕하세요, 한국 독자 여러분.

한국을 방문했을 때 한국말 몇 가지를 배웠는데, 제 인사말을 그중 하나로 시작해도 좋겠다는 생각이 들었습니다. 정말 즐거웠던 한국 방문을 통해, 저는 한국 문화의 따뜻함과 아름다움, 섬세함을 알게 되었습니다. 이제 저희 책 *We the People: Consenting to a Deeper Democracy*가 한국어로 번역되어 여러분의 멋진 문화 한 귀퉁이에 자리 잡게 되었다니, 샤론 빌린스와 저로서는 큰 영광이 아닐 수 없습니다. 부디 소시오크라시의 아이디어들을 직접 실험해 보시기 바랍니다.

여러분의 경험을 함께 나눌 날이 오기를 기대하며,

존 벅(샤론 빌린스와 함께)

독자의 이해를 돕기 위하여

'소시오크라시(sociocracy)'라는 낯선 것에 관심을 가지고 이 책을 집어 든 독자 여러분을 진심으로 환영하며 감사의 마음을 먼저 보낸다. 지구상에 완벽하게 독자적이고 새로운 이론이나 발명품은 없다고 한다. 인류의 역사와 함께 켜켜이 쌓여 온 경험과 이론이 또 다른 이론과 경험을 만들어내는 것이므로, 그런 면에서 소시오크라시도 어느 날 어느 별에서 느닷없이 떨어진 것은 아니다.

그러나 소시오크라시는 특별하다. 구성원들의 참여와 정서적 만족을 통해 조직이 어떻게 민주적이면서도 효율적이고 민첩할 수 있는지 손에 잡히는 방법을 제시한다. 수평적 조직을 만드는 것이 리더의 권한을 빼앗아 오는 것이 아니라 리더의 짐을 함께 나누어 지는 것이며, 그것이 곧 구성원들의 권익을 보장하는 길임을 알게 해준다. 조직이 탄탄하고 지속 가능하게 스스로 성장할 수 있음을 보여준다.

현 시대가 변화 속도가 매우 빠르고 불확실성이 큰 시대라는 것은 두 번 언급할 필요도 없는 사실이다. 기업의 경영

환경도 정부의 국가 경영 환경도 매우 다양하고 복잡한 이해관계가 얽혀 있어 그 어느 때보다 이해관계자 간의 진정한 '이해'가 필요해졌고, 그 해답은 이들의 '참여'에 있음을 실감하는 시대다.

　문제는 지금까지 해보지 않은 일이기에 '서투르다'는 점이다. 부문을 막론하고 어느 조직이나 '협업'이 중요하다고 한다. '소통'이 중요하다고 한다. 그러한 구호는 있는데 방법은 부족하다. 정보화 시대를 맞이하여 누구나 컴퓨터나 스마트폰 같은 첨단 전자 기기를 다룰 수 있게 된 것처럼, 초고속 불확실성의 시대를 사는 우리는 이제 커뮤니케이션과 거버넌스 기술을 익혀야 한다. 소시오크라시는 그 방법을 명쾌하게 제시한다.

　독자 여러분이 소시오크라시의 내용과 용어를 좀 더 쉽게 이해할 수 있도록 몇 가지 안내를 드리고자 한다.

　이 책에서 가장 중요한 단어는 단연 'consent'다. 영한사전에서는 '동의하다', '합의하다', '찬성하다' 등으로 설명한다. 우리나라에서 '합의'를 영어로 말할 때 보통 'consensus'라는 단어를 사용하는데, 소시오크라시에서는 'consensus'가 아닌 'consent'를 의사결정 원리로 사용한다.

　소시오크라시가 사회나 조직의 '통치'에 관한 이론이므로 정치학 관점에서 자료를 참조하면 다음과 같다.

　『21세기 정치학 대사전』(네이버 참조)에서는 동의의 사전적 의미를 "어떤 의견에 찬성하거나, 남의 행위를 승인하는 의사 표시"라고 소개하면서 영어로는 'consent'로 표기한다. 이에 따르면 "근대의 자유민주주의 사상은 모든 인간의 자유, 평등의 존중을 기본 원리"로 하며 국가의 설립에서 "자유나 평등을 제약하는 다양한 사회적 관계나 정치적 지배 관계는 당사자의 자발적 동의에 의한 것"이라고 설명하고 있다. 또한 동의의 기능을 "제도·의무·책무의 내용 정당성의 판정"과 "개인의 자발적 행위에 의한 정치적 책무의 창출"로 설명한다.

소시오크라시를 학습하는 과정에서 두 명의 저자 중 한 명(존 벅John Buck)과 이 개념에 관하여 많은 대화를 나누었다. 그의 설명과 이 책에서 '난방 시스템'에 비유하여 표현하는 맥락, 그리고 앞의 『정치학 대사전』의 설명을 종합해 봤을 때, 최소한 소시오크라시에서 말하는 동의(consent)란 개인 입장에 따라 달라질 수 있는 호불호에 의한 찬성이 아니라, '집단 공동의 목표에 비추어 마땅히 되어야 한다고 생각하는 일을 승인하는 행위'라고 설명할 수 있다.

이것은 소시오크라시를 처음 접한 이후 약 4년에 걸쳐 이 단어의 의미를 곱씹고 곱씹어 내린 정의다. 독자 여러분께서 이 개념을 염두에 두고 이 책을 읽는다면 큰 도움이 되리라 확신한다.

그 반면에, 동의(consent)와 비교하여 합의(consensus)를 설명하는 일은 매우 까다롭고 조심스럽다. 일반적으로 전문 회의 퍼실리테이터들은 '합의'라는 말에 익숙하며, 이들이 진행하는 워크숍의 궁극적인 목적은 '합의 도출(consensus building)'이라 해도 과언이 아니다. 우리말로 합의의 사전적 의미는 "의견이 일치함 또는 그 의견"(『표준국어대사전』, 네이버에서 인용)이다.

사전적 풀이만으로는 알기 힘든 '합의'의 여러 가지 속성이 있겠으나, 소시오크라시의 '동의'와 비교하면 합의 과정에는 '최선의 답을 찾기 위해 꽤 많은 노력(시간)을 기울인다'는 차이점이 있다. 이와 달리 동의는 '지금 추진할 만하다(enough for now)', '우리 조직의 목표에 비추어 마땅히 할 만하다'고 판단할 때 즉각적으로 이루어진다. 그래서 '동의'에 의거하여 의사결정을 내리는 소시오크라시의 서클 회의는 합의 도출(building) 과정으로 이루어지는 퍼실리테이션 워크숍보다 단순하게 진행되는 경향이 있다.(둘의 쓰임이 다르다는 것이지, 한쪽이 더 바람직하다는 말은 아니다.)

구성원들의 참여적 의사결정에 '속도'를 붙여준다는 면에서, 급변하는 현 시대를 살아가는 많은 기업과 조직에서 이 점은 매우 중요하다. 이러한 특징을 반영하여 나는 소시오크라시에서 조직 경영 전반에 활용하고 있는 퍼실리테이션을 '적정 퍼실리테이션'이라고 설명하곤 한다. 즉, 소시오크라시의 '동의 의사결정'은 모든 가능한 대안을 브레인스토밍하고 검토하여 최선의 대안을 찾기 위해 구조화된 여러 단계의 논의를 거치기보다, 구성원 한 사람 한 사람이 조직의 목표를 잘 이해하고 있는 상태에서 어떠한 제안에 대해 각자의 '동의' 여부를 확인하는 방식으로 이루어지는 것이다.

'각자가 동의한 결과 합의에 이르렀다'는 식으로 동의는 승인하는 행위를, 합의는 그 결과와 상태를 의미할 수도 있으며,

이렇게 보면 소시오크라시의 의사결정 방식을 '합의에 기반한다'고 표현하는 것이 틀린 말은 아니지만, 앞에서 기술한 맥락에 따라 원문의 consent는 '동의'로, consensus는 '합의'로 번역하였다. 특히 공저자 샤론 빌린스가 소시오크라시를 접하게 된 과정을 소개하는 제2장을 이해하려면 두 단어를 구분해야 한다.(동의·합의와 관련된 상세한 의미나 용례에 대해서 더 설명하는 것은 이 책의 취지에서 벗어나기도 하거니와 정확하고 명료하게 구분하는 것이 불가능하거나 큰 의미가 없을 수 있으므로 이 정도로 마치고자 한다. 두 개념의 차이점보다 공통점이 더 크다는 점은 분명한 것 같다.)

그와 관련하여, 'discussion'은 '토의'로 'debate'는 '토론'으로 번역하여 문맥상의 차이를 표현하였다.

consent의 반대말인 'objection'의 번역도 중요하다. 우리말로는 '반대 의견', '이의', '반론', '반의', '반대' 등으로 표현할 수 있다. 대체로 이 단어들은 '반대 의견이 있다', '이의가 있다', '반론이 있다'처럼 서술어 '있다'와 호응하지만 '반론을 제기하다', '반대하다', '반론을 다루다', '이의를 해결하다'처럼 맥락에 따라 어울리는 서술어가 각기 다를 경우가 있다. 주로 '이의'로 번역하였으나, 소시오크라시에서 'objection'은 '반대하는 논리'보다는 '반대' 그 자체를 의미하기도 하므로 상황에 따라 조금씩 달리 표현하였다.

"독재적", "자율적", "수평적", "순환적" 등도 자주 등장하는 표현이다. 이 책은 기존의 수직적이고 위계적인 조직 체계가 어떤 식으로 조직의 기능을 둔화시키는지 잘 보여줄 것이다. 이런 경우 힘이 위에서 아래로만 작용하는 '선형적 계층구조'라는 말로 표현하였다.

그러나 최근에 많은 조직이 '수평적 또는 참여적 조직문화'를 도입하는 과정에서 어려움을 겪는 데에서 보듯이, '평면적'이고 자유로운 것만이 능사는 아니다. 소시오크라시는 수직적 통치 체제가 가지는 장점을 버리지 않는다. 이러한 점을 표현하기 위해 '독재적' 또는 '수직적'이라는 말을 이 책에서 긍정적 관점에서 쓰기도 한다는 점을 알고 읽는다면 이해가 빠를 것이다. 소시오크라시에서는 힘이 위에서 아래로, 아래에서 위로 순환한다는 의미에서 '순환적 계층구조'라고 표현한다. 즉, 소시오크라시 조직 구성의 원리는 힘의 수평적 순환과 수직적 순환을 조화롭게 구현하는 데 있다.

원문의 'power'는 '힘', '권력', '권한' 등으로 소시오크라시 이론의 특성과 저자의 의도, 우리말 용례 등을 최대한 반영하여 표현하였다. '권력'은 부정적으로 '권한'은 긍정적으로 쓰이는 경향이 있으나, 실상은 그렇지만도 않다. 누군가에게 집중되어 남용하면 부정적인 권력이 될 수 있고 바르게 행사하면 긍정적인 권력이 될 수 있다. 따라서 특별한 의도가 없는 경우 중립적 의미의 '권력'으로 표현하였다.

소시오크라시에서는 조직 구성원 모두가 조직을 'steering'한다고 설명한다. '조종 또는 조향(steering)'은 자동차나 비행기, 배 등을 운전할 때 순간순간 상황 변화에 대처하며 방향을 바꾸거나 장비를 조작하는 일이다. 소시오크라시에서는 구성원들이 각자의 자리에서 모두 함께 조직을 능동적이고 빠르게 방향을 바꾸어 운전해야 한다는 점을 중요한 개념으로 다룬다. 자동차나 비행기를 조종할 때 시시각각 방향을 조정하고 시스템을 조작하면서 유연하고 즉각적으로 대처해야 하는 것처럼, 조직도 하달받은 규칙에 따라 기계적으로 운영하지 말고 민감하게 '조향'하거나 '운전'해야 한다는 의미를 담고 있다.

'steering'은 대부분 '조향'으로 번역하였고, 때에 따라서는 '방향을 조정한다'라고 풀어서 표현하기도 하였다. 독자들께서 이 점도 감안해서 읽어 주시기 바란다.

'policy'에 대해서도 설명이 필요하다. 소시오크라시에서 policy는 조직 전체나 조직 내 서클을 '운영'하기 위한 '정책'을 의미한다. 이때 운영은 좀 더 실무적이고 단기적 현안에 해당하는 일을, 정책은 좀 더 장기적이고 원칙적인 것을 의미한다. 'policy'는 '정책', '방침', '방책' 정도로 번역할 수 있고 상황에 따라 어떤 말을 써도 이상하지 않다. 그러나 이 이론에서 특정한 의미로 쓰는 '용어'인 점을 강조하고 모든 구성원에게 조직 운영을 위한 '정책적' 판단이 요구된다는 점을 분명히 하기 위해 주로 '정책'으로 번역하였다.

운영장(operations leader)과 서클대표(circle representative)의 경우, 원어에서 'leader'와 'representative'로 구분한 점을 살려 '장(長)'과 '대표'라는 말을 사용하였다. 우리가 익숙한 용

어에 대입해보자면 운영장은 팀장, 부장, 본부장 등 조직의 해당 업무 영역에서 전문성과 경험을 인정받은 리더에 가깝다. 서클대표는 일종의 대의원, 국회의원과 비슷한 역할이다. 소시오크라시 도입 초기에 '대의원'으로 번역하자 많은 사람이 노동조합의 조합원과 혼동하여 그렇게 번역하지 않기로 했다. 운영장과 서클대표를 각각 기존의 비슷한 역할(조직장이나 대의원 등)에 견주어 설명할 수는 있지만 같지 않다는 점을 유념하기 바란다.

'통치(governance)'라는 말이 정치적이거나 거창한 말로 들릴 수 있다. 기업이나 단체 등 개별 조직에 대해서는 '지배 구조(governance structure)' '조직 경영(management)'이나 '조직 개발(development)'의 의미로, 지역사회나 정부 차원에서는 말 그대로 '통치'나 '협치'로 이해하면 되겠다.

마지막으로, 용어나 맥락에 대한 이해를 돕기 위해, 필요한 곳에 각주를 달았음을 알려둔다.

새로운 개념을 소개하는 책이라 번역자의 노고가 매우 컸을 터이다. 최종적으로 채택한 용어 중 대부분은 이미 번역자가 잘 번역해놓은 것을 사용할지 말지, 아니면 수정해서 쓸지를 판단한 결과임을 알리며, 우리말로 잘 옮겨주신 번역자의 노고에 감사드린다. 2014년부터 현재까지 공저자인 존 벅에게 직접 소시오크라시를 배우고 그의 지도에 따라 한국에서 강의와 컨설팅을 수행해온 경험을 바탕으로 최대한 정확하게 전달하려 하였으나, 더 자연스럽고 쉬운 표현을 선택하는 데에서 여전히 보완할 점이 많다. 독자 여러분의 따뜻한 관심과 조언으로 이 한국어판이 더 다듬어질 날을 기대해 본다.

2019년 8월의 끝자락에서

감수자 주현희

이 책에 관하여

『소시오크라시: 자율경영 시대의 조직개발』은 삶과 일을 둘러싼 환경을 받아들이거나 거부할 힘을 사람들에게 부여하는 일종의 통치 방식을 알려준다. 이 방식은 민주주의와 마찬가지로 자유와 평등을 존중하지만, 민주주의와 달리 다수결 원칙이나 투표, 독재적 리더십에 바탕을 두지 않는다. 소시오크라시(sociocracy)는 각 집단이 지식을 공유하고 문제를 해결하여 동의를 이루는 식으로 공동으로 자치할 수 있게 설계되었다. 그것이 어떻게 이루어지는지가 이 책의 요지다.

그러한 통치 형태의 이름이 소시오크라시다. *socio-*의 발음은 *sociology*의 앞부분과 같고, *-cracy*는 *democracy*의 뒷부분과 같다. 탄생지인 네덜란드 말로는 *sociocratie*(소시오크라시)다. 라틴어 어원으로 보면, *socio*(소키오) 또는 *socius*(소키우스)는 '동료'를 뜻한다. 따라서 소시오크라시는 동료들이 한 집단에 속한 동반자로서 모두 함께 자치할 수 있도록 해준다.

꿀벌

이 책 곳곳에서 언급되는 꿀벌은, 놀랍도록 잘 조직화된 꿀벌 집단에 관한 뛰어난 연구서인 『꿀벌의 민주주의*Honeybee Democracy*』에서 영감을 받았다. 이 책의 저자인 토머스 D. 실리(Thomas D. Seeley)는 어릴 때부터 꿀벌을 관찰해오다가 코넬대학교(Cornell University) 교수로 재직하면서 계속 연구했다.

실리는 자서전 스타일의 『꿀벌의 민주주의』에서, 꿀벌들이 어떻게 단 하나의 목표를 위해 협업하고, 임무를 나누고, 동의로 의사결정을 하는지를 과학자답게 꼼꼼하고 상세하게 설명한다. 꿀벌의 개체 수가 벌집의 규모를 초과하면, 해마다 수천 마리의 꿀벌이 그 벌집을 떠나 어떤 식물이나 울타리 기둥으로 떼를 지어 이동한다.

약 400마리 규모의 훨씬 작은 집단들이 각기 다른 방향으로 날아가 새로운 서식지를 찾는다. 그리고 발견한 것에 대해 의논하려고 군집(群集)으로 돌아온다. 각 집단은 독특한 춤으로 각자가 발견한 곳을 묘사하고 그 장점을 주장한다. 그런 후에 군집 구성원 가운데 일부가 가장 유망한 곳을 방문한 뒤 다시 토론하러 돌아온다. 모든 논의와 조사가 완료되어 모두가 한 곳에 정착할 때까지, 그들은 춤추고 현장을 방문한다.

꿀벌의 자기 조직화

꿀벌들은 자기 조직하여 한마음으로 일함으로써 일상의 과제를 마친다. 그들 사이에는 계층구조가 전혀 존재하지 않는다. 꿀벌들은 각자 나이와 유전자 구성에 따라 임무를 수행한다.

예컨대, 나이가 더 많은 꿀벌들만이 꽃꿀과 꽃가루를 찾아 돌아다닌다. 그들이 벌집으로 돌아오면, 다른 꿀벌들이 꽃꿀을 벌꿀로 가공 처리한다. 채집한 꽃가루는 여왕벌과 일벌들과 갓 태어난 벌들의 고에너지 식량원이다. 여왕벌을 돌보는 벌들이 있고, 밀랍을 만드는 벌들이 있다. 어떤 임무를 맡은 벌들이 부족하면, 다른 벌들이 그 일을 처리하는 데 필요한 기술을 개발한다. 예컨대, 벌집에 더 많은 식량이 필요하면, 젊은 벌들이 더 빨리 자라서 식량을 찾으러 돌아다닐 것이다.

여왕벌은 하루에 2,000개의 알을 낳을 수 있다. 여왕벌은 벌집 개체군 성장의 중추이지만 '여왕'처럼 군림하지 않는다. 계층구조가 전혀 존재하지 않는다. 꿀벌들은 장차 새로운 벌집이 될 만한 곳을 알릴 때뿐 아니라 식량원을 가리킬 때에도 춤을 추고 날갯짓을 한다. 서로 다른 몸짓은 서로 다른 필요를 나타낸다.

> 나쁜 통치는 점점 더 모든 사회악의 근본 원인 가운데 하나로 여겨지고 있다.
> — 국제연합(UN)

꿀벌이 소시오크라시에 입각해 행동한다는 말은 아니다. 하지만, 소시오크라시는 생물계와 생물이 생존을 위해 조직하는 방식에 관한 연구에 바탕을 두고 있다. 그 연구, 곧 사이버네틱스(cybernetics)[1]가 소시오크라시 서클 방식(sociocratic circle method)의 이론적 토대다.

우리는 자연계를 연구함으로써 자기 조직하며 자치를 실

---

1 생물 및 기계를 포함하는 계(系)에서 제어와 통신 문제를 종합적으로 연구하는 학문

현하는, 좀 더 지속 가능한 조직을 설계하는 법을 익혀왔다.

무엇이 훌륭한 통치인가?

*govern*은 뱃사람들이 키를 잡아 배를 안전한 항구로 인도하는 것처럼 '조종하다'를 뜻한다. 조종사는 비행기를 조종한다. 우리는 주권자(people)로서 우리의 정부, 지도자, 우리 자신을 조종한다. 통치(governance, 거버넌스)는 우리가 미래에 관한 결정을 내리고 나서 그것을 이행할 때 하는 행위다. 그것은 우리가 함께 살면서 일하는 방식에 관해 맺은 협정이다. 소시오크라시 통치는 우리가 하나의 집단으로서 스스로 통치하는 자치다.

조직이나 도시나 국가에 대한 통치의 특성에 따라 목표 달성의 성패가 좌우된다. 국제연합(UN)과 국제통화기금(IMF)과 세계은행(WB)은 훌륭한 통치의 여덟 가지 특성을 다음과 같이 공인하고 있다.

- 참여성
- 합법성
- 투명성
- 반응성
- 합의 지향성
- 공정성 및 포괄성
- 효과성 및 효율성
- 책임성

소시오크라시 통치는 여덟 가지 특성에 아홉 번째 특성을

이행하도록 설계되어 있다. 그것은 명확하고도 강렬한 목적의
식, 곧 제대로 정의된 목표다.

앞으로 보게 되듯이, 훌륭한 통치의 특성 중 대부분은 포
괄성과 참여성에 좌우된다.

누가 소시오크라시를 활용하는가?

소시오크라시는 유치원이든 대학교든 볼링경기연맹이든 국제
경기연맹이든 일인기업부터 다국적기업에 이르기까지 종류나
규모에 관계없이 모든 조직을 통치하는 데 활용할 수 있다.

일부 조직들과 컨설턴트들은 소시오크라시
(sociocracy)와 사회주의(socialism)가 혼동될
것을 우려해 동적 통치(Dynamic Governance),
동적 자치(Dynamic Self-Governance), 동의 민
주주의(Consent Democracy), 직접민주주의
(Direct Democracy), 서클 통치(Circle Governance), 홀라크라
시(Holacracy), 홀라크라시 라이트(Holacracy Lite), 서클 포워
드(Circle Forward), 소시오크라시 3.0 같은 여러 가지 다른 용
어들을 사용해왔다. 우리는 '소시오크라시'와 '소시오크라시
통치'와 '소시오크라시 조직'이라는 말을 계속 사용한다. 이 말
들이 고유하고 다른 방법들과 혼동을 일으키지 않을뿐더러,
거의 200년이 된 소시오크라시 사상의 전통과 관련이 있기
때문이다. 소시오크라시는 특히 미국 외부에 있는 많은 조직
에서 여전히 선호한다.

아래와 같이, 소시오크라시를 활용하는 다양한 유형의 조
직들이 있다.

> 수강 과목과 경영학·정치학·역사
> 학 사회학 연구를 위한 도서 목록
> 에 소시오크라시를 추가하는 대학
> 이 점점 늘어나고 있다.

- 버지니아주의 플라스틱 제품 제조사
- 북미와 남미, 오스트레일리아, 유럽의 전문가 협회 및 단체
- 북미와 남미, 오스트레일리아, 프랑스, 스칸디나비아, 영국의 주택소유자 협회들과 공동주택 및 생태마을 단지들
- 버몬트주의 보건 시설
- 브라질의 대규모 농업 관련 기업
- 몇 개 대륙의 소프트웨어 개발자
- 기업가, 창업자
- 몬테소리(Montessori), 발도르프(Waldorf), 미국과 네덜란드의 공립학교들
- 캘리포니아주에 있는 한 대학교의 디자인학과
- 버지니아주의 비영리 서비스 조직들
- 북미와 유럽의 협동조합들
- 메릴랜드주의 정부 기관 부서들
- 퀘벡주의 한 대규모 엔진 수리기 업체
- 네덜란드의 중장비 전기 설비 업체
- 기독교도, 이슬람교도, 그리스도재림교회 신도, 그 밖의 종교 단체들
- 캐나다의 한 퍼머컬처[2] 교육 센터
- 북미와 남미, 유럽과 오스트레일리아의 생태마을들과

2012년에 설립된 엔덴뷔르흐재단에서는 소시오크라시를 국제적으로 알리고 실행하는 데 힘쓰고 있다.

---

2 지속 가능한 삶을 위하여 호주의 빌 모리슨이 주창한 이론

이 책에 관하여

공동체들

- 캐나다와 스코틀랜드의 퍼머컬처 협회들
- 국제 비폭력대화센터(NVC)의 여러 지부들
- 쉘(Shell)과 필립스(Philips)의 부서들
- 파키스탄교육향상협회
- 일본능률협회(JMA)
- 두바이 알-푸타임경영개발센터
- 파키스탄국립은행

수강 과목과, 경영학·정치학·역사학·사회학 연구를 위한 도서 목록에 소시오크라시를 추가하는 대학이 점점 늘어나고 있다. 최근의 사례는 아래와 같다.

훈련은 현재 네덜란드어, 영어, 플라망어, 프랑스어, 독일어, 힌디어, 인도네시아어, 한국어, 러시아어, 스페인어, 스웨덴어 등을 비롯해 여러 언어로 실시되고 있다.

- 버몬트대학교의 '미국의 정치사상'
- 켄터키주 엘리자베스타운대학(Elizabethtown College)의 '시스템 사고 결정 모델'
- 도쿄대학교 공공정책대학원의 '미국의 헌정 질서'
- 스와스모어대학(Swarthmore College)의 '미국의 사회학과 질서 문제: 권위의 사회화'
- 유타대학교의 '미국의 정치사상'
- 유콘대학(Yukon College) 경영학부의 '캐나다 원주민들의 통치와 행정'
- 인도 라이대학교(Rai University)의 '정치 이론의 요소'
- 버몬트대학교의 '시스템 사고와 의사결정 모델'

- 미국 대학연구소(Intercollegiate Studies Institute)의 '미국의 정치사상'
- 유타대학교의 '정치학'
- 애자일 소프트웨어 프로그래머들이 활용하는 의사결정 도구인 마인크래프트게임 팬 존 웹 사이트

국제단체인 소시오크라시그룹(TSG, The Sociocracy Group)은 예전에 소시오크라티시 센트럼(Sociocratish Centrum)이라고 불렸는데, 로테르담에 본부를 두고 자격을 갖춘 소시오크라시 전문가를 지속적으로 양성해 감독하고, 훈련 자료를 개발하고, 소시오크라시를 장려한다. 거의 모든 대륙에 센터가 있고 훈련과 컨설팅이 진행되고 있다. 2012년에 설립된 엔덴뷔르흐재단(Endenburg Foundation)에서는 소시오크라시를 국제적으로 알리고 실행하는 데 힘쓰고 있다.

교육 및 훈련

오늘날, 공인된 트레이너와 컨설턴트가 세계 곳곳에서 활동하고 있다. 조직 개발 및 관리 분야의 많은 컨설턴트가 소시오크라시의 원리와 실천 기법을 자기 나름의 방법들에 통합해왔다.

소시오크라시그룹에는 지리적 조건과 사용하는 언어를 중심으로 구성된 세 개의 국제사업본부가 있다. 각 국제사업본부는 소시오크라시의 회의진행자(meeting facilitator, 이하 '퍼실리테이터')나 트레이너 또는 컨설턴트로서, 혹은 자기가 속한 분야의 맥락 안에 소시오크라시의 원리와 방법을 적용할 자격이 있는 전문가로서 공인받고자 하는 사람들을 위한 활

동 프로그램을 갖추고 있다.

훈련은 현재 네덜란드어, 영어, 플라망어, 프랑스어, 독일어, 힌디어, 인도네시아어, 한국어, 러시아어, 스페인어, 스웨덴어 등을 비롯해 여러 언어로 실시되고 있다.

제2판

『소시오크라시』 2007년판은 19세기 중반에 처음 생겨난 단계부터 21세기에 완전히 개발되어 실행되는 단계까지 소시오크라시의 역사와 이론을 다룬 최초의 책이었다. 또한, 그것은 같은 시기의 일반 관리 이론의 맥락에서 소시오크라시를 다룬 최초의 책이기도 했다. 제2판은 새로운 내용을 추가해 완전히 다시 쓴 개정증보판이다. 다시 쓰기는 구성 요소를 추가하고 글을 명료화하는 식으로 이루어졌다. 그 취지는 본문을 좀 더 부드러운 문체로 읽기 쉽게 고쳐 쓰고, 판형을 키우고 사진을 더 넣어서 폭넓은 독자층에 적합한 책으로 만들자는 것이었다.

일부 독자가 본문 옆의 요약된 내용만 읽거나 사진과 도표만 살펴볼까봐 염려되지만, 그렇다고 해도 얻는 바가 아주 없지는 않을 것이다.

제2판이 소시오크라시를 이해하고 실행하는 데 한층 유익한 안내서가 되기 바란다.

본문은 크게 네 부분으로 구성하고, 각 부분은 뒤로 갈수록 구체성 수준이 더 높아지도록 내용을 배치하였다. 따라서 각 부분의 마지막까지 읽으면, 아마 새로 배운 방법을 자기 조직 안에서 바로 실행할 준비가 되어 있을 것이다. 우리는 혼자 힘으로 실행에 들어갈 수 있는 조직이 아주 많다는 사실에 깜짝 놀랐다. 일부는 나중에 더 훈련을 받기도 하지만, 본문을 읽으면 일단 방법을 완전히 이해한다. 만일 대규모 조직, 특히 기업체에 근무하고 있다면, 컨설턴트의 도움을 받아 일련의 워크숍이나 대대적인 사내 연수로 시작하는 게 좋을 듯하다.

1부 '통치' 다시 보기. 먼저, 우리 사회가 이와 같은 새로운 통치 체제를 필요로 한다고 믿는 이유를 설명한다. 그리고 이어서 소시오크라시의 역사와, 그 기본 원리의 개발을 다룰 것이다.

4장 '사이버네틱스와 소시오크라시 원리'는 사이버네틱스의 원리를 좀 더 충분히 설명하기 위해 추가되었다. 소시오크라시가 비교적 작은 사회집단에서 그에 대한 수요가 많은 생산 환경으로, 그리고 그 사이에 있는 모든 것으로 확산될 수 있는 것은, 바로 사이버네틱스라는 학문 덕분이다.

2부 조직의 권력 재설계. 조직 관리의 여러 측면과 관련이 있는 원리와 방법을 탐구한다. 관리 전문가가 하는 일이 소시오크라시와 어떻게 다르고 유사한지를 이해하기 위해 그 업무를 다룬다. 유사점과 차이점을 이해하는 최상의 방법은 비교하여 뚜렷한 차이를 살펴보는 것이다.

3부 강점 체계화. 소시오크라시의 원리가 어떻게 효과를 발휘하는지와, 그것이 왜 중요한지를 좀 더 상세히 설명한다. 사이버네틱스와 시스템 사고는 무엇을 제공하는가? 그 방법이 생산적으로 적용될 수 있도록 해주는 실천 기법들을 설명한다.

부록에는 몇 가지 유형의 문서들이 포함되어 있다.

- 워드(Ward)와 부커(Boeke)와 엔덴뷔르흐(Endenburg)가 각각 쓴 원문들
- 두 종류의 정관. 하나는 기업체용이고, 다른 하나는 협회 및 비영리단체용이다. 둘은 등록 법인들로부터 얻은 것인데, 하나는 유한회사(Limited Liability Corporation)이고, 다른 하나는 비영리 자선교육 단체다.
- 개인이 모든 의사결정 상황에서 소시오크라시의 방법들을 개별적으로 활용하기 위한 지침서
- 회의와 그 밖의 의사결정 상황에서 소시오크라시 방법과 실천 기법을 활용하는 법을 알려주는 지침서들

부록 뒤에는 **용어 해설**과 **참고 문헌**이 이어진다.

일부 독자들은 처음부터 끝까지 모든 내용에 관심을 가질 것이고, 일부 독자들은 '실천 기법'을 다룬 제3부의 각 장과, 부록에 실린 지침서들을 곧장 살펴보고 싶을 터이다. 이처럼 충실하고 효과적인 방법을 충분히 이해하고 제대로 적용할 수 있도록, 어디서 시작하든 그 앞에 있는 장들을 다시 한 번 살펴보기 바란다. 관련 이론을 이해하면, 어떤 것이 언제 효과를 발휘하지 못하는지, 왜 그것을 책에 쓰인 대로 행해야 하는지를 이해하는 데 도움이 될 것이다.

일부 독자가 본문 옆의 요약된 내용만 읽거나 사진과 도표만 살펴볼까봐 염려되지만, 그렇다고 해도 얻는 바가 아주 없지는 않을 것이다.

감사의 말

제1판이 2007년에 출간된 이후 우리는 워크숍에서 진행된 상
호작용과 피드백, 그리고 소시오크라시를 각자의 조직에서 실
행한 사람들을 통해서, 소시오크라시 활용법을 사람들에게
가르치고 훈련하는 일에 관해 많은 것을 배웠다. 우리는 그렇
게 배운 점들을 본문에 포함시키려고 애썼는데, 그 과정에서
소시오크라시를 다른 사람들과 공유하는 데 기여한 모든 분
들께 신세를 졌다.

특히 전문 지식과 조언과 격려를 공유해준 점에 대해 헤
라르트 엔덴뷔르흐(Gerard Endenburg), 아네빅 레이머르
(Annewiek Reijmer), 질 샤레스트(Gilles Charest), 피터르 판
데르메허(Pieter van der Meché), 네덜란드에 본부를 두고 있
는 국제 재단인 소시오크라시그룹의 여러 구성원, 소시오크
라시 컨설팅 그룹(Sociocracy Consulting Group)의 파트너들
에게 감사의 말을 전하고 싶다. 또한, 제1판이 완성되도록 끊
임없이 검증하며 상세히 의견을 밝혀준 점에 대해, 라모나 벅
(Ramona Buck)과 헤라르트 엔덴뷔르흐와 그레그 루이야르

(Greg Rouillard)에게 감사의 말을 전하고 싶다. 또한, 제2판을 맡아서 열성을 다해준 점에 대해 루스 탈러-카터(Ruth Thaler-Carter)에게 감사를 드린다.

물론, 오늘날의 소시오크라시에 활기를 불어넣은 데 대해 헤라르트 엔덴뷔르흐에게 감사를 드린다. 또, 익살스러운 풍자화로 주제를 분명하게 전달하면서 생기를 불어넣어준 데 대해 얀 하우데이크(Jan Houdijk)에게 감사의 말을 전하고 싶다.

제안과 비판을 아끼지 않은 여러 독자분께 감사드린다. 더디기만 한 작업을 참고 기다려주신 그분들 덕분에 제2판은 출간될 수 있었다. 소시오크라시와 관련된 미묘한 사안들에 대해 매일같이 문제를 제기하고 토론을 벌인 소시오크라시 토론 그룹(sociocracy@groups.io)의 여러 구성원들께 각별히 감사드린다.

2017년 가을
존 벅, 샤론 빌린스

차례

PART 01

'통치' 다시 보기

"우리 연합주(The United States)의 인민은 더욱 완벽한 연 방(Union)을 형성하고, 정의를 확립하고, 국내의 안녕을 보 장하고, 공동의 방위를 도모하고, 국민의 복지를 증진하고, 우리와 우리의 후손에게 자유와 축복을 확보할 목적으로 미 합중국(The United States of America)을 위하여 이 헌법 을 제정한다."

미국 헌법은 가장 생명력이 강한 문서 중 하나다. 수많은 도전 에 직면해 시련을 잘 견뎌냈으며, 매우 성공적인 미국에 지속 적으로 공헌하고 있다. 하지만, 예상과 달리 작성 당시에는 실 험적 성격이 강했다. 기반이 되는 원리들은 대대적으로 검증 된 적이 없었다. 헌법이 효력을 발휘할 수 있게 하자면 통제하 기 힘든 13개 주를 하나의 국가로 통합해야 했는데, 당시에 각 주에는 전쟁에 지친 데다 새로운 충성 서약을 요구받는 것을 두려워하는, 공통어를 쓰지 않고 여전히 각자의 모국과 관계 가 단절된 상태에 있던 주민들이 넘쳐 났다. 통합이란 엄청난 과제였다.(아마르, 2005)

그 와중에 자유와 평등이라는 가치를 기반으로 군주제나 지주들의 귀족정이 아닌, 국민이 선출한 대표들 이 통치하는 하나의 나라를 비로소 형성하였 다. 하지만, 앞으로 보게 되다시피, 이윽고 균열 이 생기기 시작했다.

오늘날, 소시오크라시는 현대적이 고, 좀 더 효과적이고, 평등주의적 인 통치 방식을 개발하고 있다.

오늘날, 소시오크라시는 현대적이고, 좀 더 효과적이고, 평 등주의적인 통치 방식을 개발하고 있다. 비록 민주주의가 많 은 나라들에서 번창하고 있지만, 거기에는 두 가지 주요한 결함이 있다.

- 다수결 원칙에 대한 의존성
- 과학적 방법들을 활용해 효과를 측정하고 평가하려는 의지의 결핍

다수결 투표와 그에 따른 다수에 의한 통치는 승자와 패자를 만들어낸다. 의사결정이 효율성이 아니라 전략에 입각해 이루어지기 때문에 당파성과 정치적 동맹을 조장한다. 높은 성과를 보장하는 데 효율적이지 못한 탓에, 기업체나 의료기관이나 군대, 그리고 측정 가능한 성과를 내야 하는 그 밖의 조직들에서는 민주주의 활용에 대체로 부정적이다.

소시오크라시는 자유와 평등이라는 민주주의의 가치를 공유하지만, 포괄적 의사결정과 협치를 통해 다수결 원칙의 부정적 결과를 피해간다. 소시오크라시는 실험 및 측정이라는 과학적 방법에 입각해 있다. 그것은 가장 효율적인 결정과 활동을 보장한다. 오로지 민주국가들에서만 할 수 있는, 미국독립선언서의 "모든 인간은 평등하며 '생명과 자유와 행복 추구'에 관한 양도할 수 없는 권리들을 부여받았다"는 주장은, "민주주의를 넘어서" 또는 "다음 단계"라고 종종 묘사되는 소시오크라시에서 보장될 수 있다.

> 민주국가들에서만 할 수 있는 "모든 인간은 평등하며 '생명과 자유와 행복 추구'에 관한 양도할 수 없는 권리들을 부여받았다"는 주장은, '민주주의를 넘어서' 또는 '다음 단계'라고 종종 묘사되는 소시오크라시에서 보장될 수 있다.

통치와 과학

democracy(데모크라시)는 '평민'을 뜻하는 그리스어 *demos*

(데모스)에 바탕을 둔 말로, 일반 대중에 의해 결정되는 통치를 가리킨다. 시민들이 투표를 통해 법률을 채택하고 대표를 선출하도록 허용한 것은 군주와 독재자에 의한 통치로부터의 커다란 진전이었다. 하지만, 모든 주민에 의한 보통선거가 좋은 법률을 만들거나 가장 훌륭한 지도자들을 선출하는 데 항상 효과적인 것은 아니다. 선출된 사람이 결정을 내리기 전에 새로운 사안에 관해 스스로 학습하는 것을 보장해 주지도 않는다.

소시오크라시는 개념부터가 민주주의와 다른 전제에 바탕을 두고 있다. *sociocracy*(소시오크라시)는 '동료'나 '동반자'를 뜻하는 라틴어 *socius*(소키우스)에서 온 말이다. *socius*의 결합형인 *socio-*(소키오-)와 통치를 뜻하는 *-ocracy*(-오크라키)를 합치면 '서로 친밀한 관계가 있는 사람들에 의한 통치'를 가리키는 말이 된다. 같은 어원 socio-가 '~에 관한 연구'를 뜻하는 *-ology*(-올로기)와 결합해, 사회와 사회집단—하나의 목표, 하나의 목적을 공유하는 사람들—에 관한 연구인 사회학(socioloy)의 이름을 짓는 데 쓰였다.

소시오크라시는 1850년대에 사회학에 기반을 둔 새로운 통치 방식으로 인식되었다. 그 후 150년이 지난 뒤, 소시오크라시는 하나의 구상에서 사회집단이 모두의 이익을 위해 자치를 할 수 있게 해주는 방법으로 발전했다.

20세기에는 사이버네틱스라는 또 다른 학문, 곧 통신과 제어에 관한 학문이 소시오크라시의 주요한 진전에 영향을 미쳤다. 사이버네틱스는 자연과 기계에 내포된 시스템에 관한 학문이다. 역경과 변화하는 조건 속에서 그들이 어떻게 자신을 유지하면서 환경에 적응하는가? 시스템과 그 부분은 전체에 의해 지배를 받는 동안 어떤 식으로 자치를 하는가? 사이버네틱스는 통합된 전체와 개인의 자유와 평등을 모두 추구하는 사회와 같은 딜레마를 연구하고 있었다.

19세기 말과 20세기에, 소시오크라시는 자연계의 작용 방식에 관한 관점을 근본적으로 바꿔버린 과학적 발견과 나란히 발전한다. 닫힌계의 역학 모델은 스스로 바로잡아 고치고 적응하면서 끊임없이 변화하는 동적 시스템으로 이루어진 세계로 대체되었다.

성인의 두뇌는 죽을 때까지 꾸준히 퇴화하는 것으로 여겨졌는데, 평생토록 새로운 시냅스와 뉴런을 생성할 수 있는 능력을 갖추고 있다고 밝혀졌다. 한때 무작위적이고 아무 목적도 없는 것으로 여겨졌던 혼돈(chaos)은, 자기 조직하는 아주 강력하고 활동적인 것으로 밝혀졌다.

> 관리 이론들이 놓치고 있는 점은 조직화의 주된 목표, 다시 말해 모든 구성원의 역량을 활성화해 조직의 목표를 달성하는 것을 중점적으로 다루는 통치 구조다.

오늘날, 소시오크라시는 인간의 생활환경과 업무 환경을 제어할 수 있게 해주는 자치 방식이다. 그것은 한 사람이나 두 사람이나 회사나 종교 단체나 주민 협회나 도시 전체에 의해 활용될 수 있다. 그것은 본질적으로 지속 가능하고 자율 최적화하는 시스템이다.

관리 이론과 통치

기업체와 그 밖의 조직들의 관리를 향상시키는 방법들을 다룬 책은 많다. 우리 경험에 따르면, 그 책들은 소시오크라시와 결합하면 가치가 한층 커질 수 있다.

왜 그럴까? 그러한 책들은 관리 업무에 관한 소중한 지혜를 제공하는 반면, 노동자들의 마음을 사로잡는 방법의 변화에 관한 기본적인 통치 이론이 결여되어 있다. 새로운 통치 이론, 즉 의사결정과 실행 과정에 관한 이론이 없으면, 새로운 관리 기법은 투명하지도 효율적이지도 않고 책임성도 없기 때문에 노동자들을 이용하는 하향식 조직의 기본 문제들을 다시 야기할 따름이다.

대다수의 조직은 여전히 19세기의 역학 모델을 활용해 설계되고 관리된다. 그러한 조직은 사람들의 능력과 잠재력을 계발하는 것이 아니라 그들을 기계 부품처럼 다루며 통제하려 든다. 많은 조직이 리더십과 포괄적 의사결정에 관심을 두지만, 그것이 항상 실행되도록 보장하는 피드백 시스템이나 메커니즘은 결여하고 있다. 그들이 놓치고 있는 점은 조직화의 주된 목표, 즉 모든 구성원의 역량을 활성화해 조직의 목표를 달성하는 것을 중점적으로 다루는 통치 구조다.

소시오크라시 조직은 하역장의 목소리가 중역 회의실의 목소리와 똑같이 존중되는 것을 보장한다.

우리만의 헌법을 쓰다

헌법은 권리와 특권을 부여하고, 행동에 제한을 가하고, 책임을 맡기는 일련의 정책들이다. 우리는 이 책의 제목을 '위 더 피플(*We the People*)[1]'이라고 정했다. 그것이 미국 헌법 전문의 첫 구절로 널리 알려져 있는 데다, 소시오크라시의 원리와 실

---

1   이 책의 원 제목이다.

천 기법이 저마다 헌법을 만들어 자기 혁신을 완수하는 데 지침 노릇을 하도록 설계되어 있기 때문이다.

소시오크라시는 보수적이면서도 혁명적이다. 그것은 시장 경제의 생산성을 장려함과 동시에 개인의 자유와 기업 혁신이라는 이상을 강력히 추구한다. 소시오크라시 조직의 규약은 그 조직의 모든 구성원, 다시 말해 시민, 직원, 관리자, 지도자, 투자자 들에게 각자의 업무에 관한 책임을 위임한다. 하역장의 목소리가 중역 회의실의 목소리와 똑같이 존중되도록 보장한다.

소시오크라시는 1776년에 도입된 민주주의처럼 혁명적일 잠재력을 가지고 있다. 이번 혁명은 동의(consent)에 의해 이루어지는 평화 혁명, 평온하고 점진적이고 역량을 키워주는 혁명이 될 것이다.

소시오크라시는 실용적인가?

소시오크라시는 실용적일 뿐 아니라, 다른 통치 방법에 비해 실행하고 유지하기가 훨씬 쉽다. 자연을 거스르지 않고 자연스럽게 작동하기 때문이다. 그것은 에너지를 단지 이용하려 들 뿐 아니라, 에너지를 만들어내고 관리한다. 그것은 노사 간의 대립 관계와 민관 간의 대립관계를 바꾸는 엄청난 힘을 발휘한다. 소시오크라시는 모든 구성원이 조직을 이끌고 결함을 바로잡는 과정에 참여하도록 뒷받침한다.

> 소시오크라시는 자유와 평등이라는 민주주의의 가치에 지속적 향상을 보장하는 혁신과 수정의 균형, 소통, 그리고 제어를 더해준다.

소시오크라시는 이론이 더 정교하다기보다는 20세기에 사이버네틱스가 발전하고 나서 비로소 성립할 수 있었던 통치 이론을 바탕으로 하기 때문에 더 나은 통치 형태다. 소시오크라시는 자유와 평등이라는 민주주의의 가치에 지속적 향상을 보장하는 혁신과 수정의 균형, 소통, 그리고 제어를 더해준다.

'통치' 다시 보기

제1부에서는 소시오크라시의 발전에 기여한 150년간의 사상과, 우리의 경험에 비추어 그 원리와 실천 기법이 아주 실용적이고 아무런 제약도 받지 않는 까닭을 살펴본다.

*우리는 왜 또 다른 '~통치(-ocracy)'를 필요로 하는가*라는 제목의 제1장과 제2장에서는 각각 잘못 통치된 조직들에 관한 개인적 경험과, 소시오크라시가 혁명적이라고 보는 까닭을 다룬다.

제3장 *소시오크라시의 역사*에서는 19세기에 활동한 어느 프랑스 철학자의 소시오크라시에 관한 구상부터 100년 후 한 네덜란드 전기공학자에 의한 실제 적용까지, 소시오크라시의 발전사를 개괄한다.

제4장 *사이버네틱스와 소시오크라시 원리들*에서는 사이버네틱스의 개념들을 검토하고, 그것들이 왜 효율성 향상에 중요하고 어떻게 소시오크라시에 적용되는지를 논하는 것으로 제1부를 마감한다.

1장

우리는 왜 또 다른 '~통치⁻ᵒᶜʳᵃᶜʸ'를 필요로 하는가

존 벅

나는 약 30년 전 컴퓨터 기반 훈련에 관한 연설
을 하러 암스테르담으로 출장을 갔을 때 헤라
르트 엔덴뷔르흐를 만나 소시오크라시 방법을
알게 되었다. 그때 가족과 함께 갔는데, 친구들
과 즐거운 시간을 보낼 계획을 세워두었다. 어

저는 민주국가에서 사는 걸로 되
어 있지만, 직장 생활의 대부분을
근본적으로 봉건적인 구조 속에서
보내고 있어요. 영업직은 공작 같
고, 관리직은 백작 같고……

느 날 저녁, 나는 우리를 초대한 집 주인에게 비즈니스 세계에
대한 좌절감을 속 시원히 털어놓았다.

"저는 민주국가에 사는 걸로 되어 있는데요" 하고 나는 운
을 떼었다. "하지만 직장 생활의 대부분을 근본적으로 봉건적
인 구조 속에서 보내고 있어요. 영업직은 공작 같고, 관리직은
백작 같고, 인사직은 남작 부인 같고 그렇습니다. 관리자나 부
사장이라는 사람들도 마찬가지입니다. 저에게는 의결권이 전

혀 없습니다. 그들이 잘하지 못하고 있다고 생각할 때 내가 행사할 수 있는 의결권은 자진해서 회사를 그만두는 것뿐입니다. 저는 조직 관리에 관한 문헌 연구를 많이 했는데, 효율적인 사업을 민주적으로 경영하는 방법을 찾아낸 사람은 아무도 없습니다."

집주인이 외국인 악센트가 드러나지만 흠잡을 데 없는 영어로 이렇게 대답했다. "아, 그런데 그 문제는 이미 해결되었습니다. 헤라르트 엔덴뷔르흐와 이야기를 나눠보세요. 그는 아주 성공적인 전기공학 회사의 대표입니다. 그에게 전화를 해봅시다."

우리는 곧 튼튼한 네덜란드 기차를 타고 헤라르트를 만나러 서둘러 로테르담으로 갔다. 그동안의 연구 덕분에 나는 그와 이야기를 나눌 때 핵심을 찌르는 물음을 던질 준비가 되어 있었고, 그 결과 헤라르트가 참으로 드물게도 조직 방법에 관한 정말로 참신하고 독창적인 아이디어를 제시했다고 금세 확신하게 되었다. 그는 노동자 참여 문제를 어설프게 다루고 있지 않았다. 그는 권력의 본질을 깊이, 그리고 실천적으로 통찰하고 있었다. 이 책은 그 통찰을 다룬다. 헤라르트의 새로운 방법을 활용하는 것은 아주 즐거운 일이었다. 나는 그것을 기업, 학교, 법인, 공장, 협회, 심지어 개인 등 최대한 많은 조직에 기꺼이 도입해왔다.

나는 왜 단순한 피고용인이 아니라 의결권을 부여받은 시민으로서 직장을 얻는 일에 그토록 열정을 품게 되었는가? 또, 왜 그렇게 그 가능성을 다른 사람들과 공유하기를 바랐는가?

나는 내 세대의 모든 구성원처럼 성년기에 반전시위와 민권운동에 참여한 베이비부머. 나는 급진주의자가 아니었다. 실제로 나는 배리 골드워터[2]를 지지하는 인쇄물을 배포했으며, 내가 속한 지역에서 차석으로 웨스트포인트 생도가 되었다. 나는 전쟁이 나쁜 짓이라고 생각했기 때문이 아니라 베트남전쟁이라는 특정한 전쟁이 헌법에 위배된다고 생각해서 그것에 반대했다. 나는 징병 추첨에서 면제 번호를 받았고, 시애틀에 있는 보잉사에서 기술 전문 저술가(technical writer)로 근무하게 되었다. 그것은 아이비리그 대학에 속하는 대학교에서 인문학 학위를 취득한 사람이 관례적으로 담당하던 업무였다.

나의 조국과 사회가 움직이는 방식을 변화시키겠다는 열정을 나에게 불러일으킬 만큼 충격적이었던 것은 전쟁이나 불평등한 시민권이라기보다는 보잉사에서 겪은 경험이었다. 반전시위와 민권운동은 민주주의를 원래 취지대로 바로잡으려는 노력의 일환으로서, 살아 움직이는 민주주의의 본보기였다. 그것은 엄청난 시민의 힘을 필요로 했지만, 보잉사에서의 생활은 문제가 달랐다.

> 반전시위와 민권운동은 민주주의를 원래 취지대로 바로잡으려는 노력의 일환으로서, 살아 움직이는 민주주의의 본보기였다.

노예 상태

나는 제조연구개발부(Manufacturing Research and Development Division)에서 근무하고 있었는데, 노동조합은 도움이 되지 않

---

2 Barry Goldwater: 미국의 정치가. 보수적 공화주의의 상징적 인물.

았다. 노동조합이 할 수 있는 일이란 노예 상태의 조건을 교섭하여 결정하는 것이 고작이었다. **공무원**(*public servant*)이라는 말은 흉하지 않은 표현이지만, 피고용인에 관한 또 다른 명칭인 사용인(private servant, 使用人)은 그렇지 않다. 나는 벌거벗은 임금님을 목격한 꼬마에게 동질감을 느꼈다. 나는 큰 사무실에서 근무하는 200명가량의 종업원 중 한 명이었는데, 우리는 모두 도무지 걷힐 줄 모르는 짙은 먹구름처럼 자욱한 담배 연기에 완전히 둘러싸인 채 천장에서 내려온 전화선에 연결된 전화기가 놓인, 한 줄로 길게 늘어선 책상들 앞에 앉아 있었다. 얄궂게도, 담배 연기는 그 사무실에서 각자에게 허용된 유일한 낙이었다.

우리는 매일 퇴근하기 전에 그 사무실이 질서정연해 보이도록 각자의 전화기를 책상의 왼쪽 뒤쪽 모서리에 놓아두어야 했다.

나의 상사는 나를 잘 대우해주었다. 나는 동료들과 잘 지냈고, 일은 재미있었다. 명백하게 나쁜 일은 전혀 벌어지지 않았다. 나는 단지 무기력증에 시달렸을 뿐인데, 내면 깊숙이 존재하는 무언가가 갈가리 찢기는 듯했다.

마호가니 로

나는 보잉사에서 많은 것을 배웠다. 당시에 이용할 수 있던 대형 메인프레임컴퓨터를 약간 활용해서 나의 첫 계통도, 즉 커다란 제조 과정 순서도를 만들었다. 연구개발 프로젝트에 투자하기에 앞서 최소한 수익률 3,000퍼센트를 기대해야 한다고 배웠다. 언젠가 '마호가니 로(Mahogany Row)'라는 중역 회의실이 잠시 비어 있는 틈을 타서 그 안을 살짝 들여다보았을 때 장기 운영 계획을 발견했다. 벽에 붙어 있는 그 순서도는 향후 25년에 걸쳐 비행기 제조사의 수가 점차 감소하리라고 예측하면서, 일시해고를 비롯해 위기 상황을 넘기기 위해 취해야 할 조치를 권고하고 있었다. 결국 그 순서도는 아주 정확한 것으로 판명되었다. 보잉사는 이제 미국에서 마지막으로 남은 민간 항공기 제조사다.

또한, 나는 사람들이 엄청나게 남을 배려할 수 있다는 것도 알았다. 내가 해고된 주의 바로 전주에 첫애가 태어났다. 나이가 50세쯤 된 여성인 내 동료 얀(Jan)이 회사에 나 대신에 자기를 해고해달라고 간청했을 때(비록 요청이 받아들여지지는 않았지만) 나는 깊이 감동했다. 나는 복직하지 않았다. 짙은 먹구름처럼 자욱한 담배 연기가 사라지고, 전화선들이 눈에 띄지 않도록 몰딩 처리가 되어 있고, 그 건물로 출근하는 직원들이 아마 이제는 출근부에 도장을 찍지 않겠지만, 나는 그들이 여전히 사용인에 불과하다고 본다.

> 내 상사는 나를 잘 대우해주었다. 나는 동료들과 잘 지냈고, 일은 재미있었다. 명백하게 나쁜 일은 전혀 벌어지지 않았다. 나는 단지 무기력증에 시달렸을 뿐인데, 내면 깊숙이 존재하는 무언가가 갈가리 찢기는 듯했다.

나는 몇 달을 실직 상태로 지내다가 드디어 대서양 연안 지역에서 취업했다. 구직 활동 틈틈이 나는 조직 및 관리 이론에 관한 책들을 탐독하고, 인간 평등에 관한 역사와 기본 조직 구조들을 연구했다.

내 평생의 직업을 보잉사의 일시해고 덕분에 마침내 되찾게 되었다. 나는 미국연방항공국(Federal Aviation Administration)의 상근자로서 매니지먼트 인턴 프로그램에 참여하게 되었고, 다행스럽게도 이번에는 국비로 연구를 지속할 수 있었다. 당시만 해도 그다지 유명하지 않은 인물이던 에드 데밍(Ed Deming)이 가르친 '목표 관리(Management by Objectives)'에 관한 강좌를 비롯해 관심 가는 모든 관리 강좌에 출석했다. 잘 알려졌다시피, 에드워드 데밍(W. Edward Deming)은 품질관리 운동의 창시자였다. 몇 년 후, 품질관리에 관한 그의 아이디어가 일본의 폭발적인 기술 발전에 기여한 덕분에 일본이 세계시장을 장악하자 그는 명성을 얻게 되었다.

나는 인터넷이 자리를 잡게 되기 전에 전국 곳곳의 400개 단말기와 네트워킹이 되는 미국연방항공국의 컴퓨터 기반 교육 시스템을 개발했다. 규모가 그보다 큰 것은 항공교통관제 시스템밖에 없었다. 나는 육군 및 공군과 메인프레임컴퓨터들을 공유하는 컨소시엄을 협의했고, 내 컴퓨터 시스템이 전국 전화 서비스를 무료로 제공할 수 있도록 항공교통관제센터의 레이더 회선을 이용할 수 있게 해달라고 부탁했다.

1984년, 나는 아주 가치 있는 교통부장관 우수상(Secretary of Transportation Award for Excellence)을 받았다. 내가 관료사회에 통한다는 것이 입증된 셈이었다. 내 직위를 확고히 했으므로 거기에 계속 머무르면서 승진 사다리를 올라 미국연방항공국의 경영진이 될 수도 있었을 터이다. 하지만, 그 전망은 왠지 나의 흥미를 자아내지 못했다. 나는 싫증이 났다는 것을 깨달았다.

> 내 직위를 확고히 했으므로 거기에 계속 머무르면서 승진 사다리를 올라 미국연방항공국의 경영진이 될 수도 있었을 터이다. 하지만, 그 전망은 왠지 나의 흥미를 자아내지 못했다. 나는 싫증이 났다는 것을 깨달았다.

소시오크라시를 발견하다

소시오크라시를 발견한 것은 행운이었다. 나는 컴퓨터 기반 훈련에 관해 연설하러 네덜란드를 방문했다가 헤라르트 엔덴뷔르흐를 만났다. 여러 번 좌절감을 맛보면서도 흥분에 휩싸였다. 나는 소시오크라시를 더 깊이 있게 배우려고 네덜란드를 여러 번 방문했다. 엔덴뷔르흐와 소시오크라티시 센트럼의 다른 구성원들과 함께 네덜란드의 여러 지역을 돌아다니면서 노트 몇 권 분량의 내용을 정리했다.

소시오크라시에 대한 관심을 좀 더 여유 있게 추구하기 위해, 미국연방항공국을 그만두고 나서 다양한 정부 계약 업자들의 컴퓨터 프로젝트 관리에 종사했다. 그렇게 일과 공부를 병행하면서 소시오크라시를 더 깊이 이해해갔다. 영어판이 없는 상당수의 문헌들을 읽으려고 네덜란드어를 배웠다. 이 책 부록에 내가 번역한 자료들이 포함되어 있다.

헤라르트 엔덴뷔르흐를 만난 뒤에도 나는 프로젝트 매니저로서 원래 직업에 계속 종사했다. 최신 컴퓨터 설비 및 소프트웨어를 설치하는 일을 도급으로 맡아 200명을 이끌면서 전 세계 미국 영사관에 전문 교육을 제공했다. 그 과정에서 나는 소시오크라시 원리들 중 일부를 활용하여 일관되게 우수한 고객 신용도를 확보함으로써 ISO 9000 고객 서비스 품질 인증을 획득할 수 있었다. 비록 소시오크라시의 모든 면을 내 업무에 활용할 수는 없었지만, 소시오크라시에 관한 나의 이해 덕분에 그런 성과를 거둘 수 있었다.

한편, 나는 계량사회학 석사과정에 등록해 소시오크라시가 네덜란드 노동자들에게 미치는 영향에 관한 논문을 썼다. 핵심 연구 결과는, 네덜란드의 소시오크라시 조직에 근무하는 노동자들이 다른 조직에 근무하는 노동자들에 비해 조직

……소시오크라시 조직에 근무하는 노동자들이 다른 조직에 근무하는 노동자들에 비해 조직에 대한 헌신성 수준이 통계상 훨씬 더 높았다.

에 대한 헌신성 수준이 통계상 훨씬 더 높다는 점이었다.

소시오크라시가 주장대로 혜택을 가져다준다는 사실을 확신하게 된 나는 엄격한 과정을 거쳐 소시오크라시 공인 조직 상담사가 되었는데, 영어권에서는 내가 처음이었다. 나는 트레이너와 컨설턴트로 활동하기 시작했으며, 2002년 이 책의 초판을 공동으로 집필하자는 샤론 빌린스의 제안을 기꺼이 받아들였다. 그녀의 기술과 절제력과 학문적 경험이 없었다면, 그 책은 출간되지 못했을 것이다. 2006년, 나는 정식으로 컨설팅 회사를 설립했고, 마침내 나의 관리자 이력을 마감했다.

2장
우리는 왜 또 다른 '~통치⁻ᵒᶜʳᵃᶜʸ'를 필요로 하는가

샤론 빌린스

2002년, 나는 1980년대부터 미국 곳곳에서 생겨나기 시작한, 옛날식 주택들과 연립주택이 한데 모인 공동주택 공동체의 주민들을 위한 어느 워크숍에서 소시오크라시를 알게 되었다. 나는 전업 작가가 되기 위해 2000년에 뉴욕주립대학교에서 조기 퇴직을 한 후 워싱턴 DC에 있는 공동주택 공동체로 이사했지만, 그다지 성과를 올리지 못하고 있었다.

> 지나치다 싶을 만큼 모두를 싸안으려고 하면서도, 우리 모임은 공동체의 욕구를 충족시키는 데에는 비효율적이었다.

　나는 2년 동안 한편으로는 그 공동체를 조직하는 일에 종사하면서, 다른 한편으로는 우리 모임이 지나치다 싶을 만큼 모두를 싸안으려고 하면서도 공동체의 욕구를 충족시키는 데에는 왜 그렇게 비효율적인지를 이해하려고 애쓰고 있었다. 우리는 협력하여 미국 동부 지역 곳곳에 43동의 연립주택 및 아파트로 이루어진 우리의 공동체를 설계해 건설했다. 아주 넓은 공동 시설에는 아이들 놀이방, 체력 단련실, 세탁실, 식당, 대규모의 전문적 조리실, 작업장 등이 갖추어져 있었다. 온수 욕조도 있었다. 그것은 커다란 성과였다.

하지만 주민들이 입주하자, 우리는 갑자기 수백만 달러에 상당하는 주택단지를 거의 아무런 경험도 없이 관리해야 하는 상황에 처했다. 또한, 우리는 실직과 결혼을 비롯해 출산, 사망, 중대 질환을 경험하는 60명과 이웃으로서 사이좋게 지내려고 애쓰고 있었다. 결정해야 할 일들이 넘쳐 났는데, 결국 우리는 문외한에 불과했다.

우리는 다른 공동주택 공동체들과 마찬가지로 집단 전원 합의제를 의사결정 방식으로 활용하고 있었다. 그 말인즉, 온갖 회의를 열어 이런저런 결정을 내리려고 애쓰면서 시간을 허비하고 있었다는 것이다. 합의 과정을 차근차근 밟기보다는 게으름이나 자의적 판단 때문에 결정을 방기하는 일이 점점 늘어났다. 그런 수많은 결정들을 내리던 사람들의 일원으로서, 나는 그런 상황을 더는 받아들일 수 없었다. 나는 구성원이 동등하게 참여하여 집단 전원 합의제를 제대로 시행하는 공동체를 원했다.

> 합의 과정을 차근차근 밟기보다는 게으름이나 자의적 판단 때문에 결정을 방기하는 일이 점점 늘어났다.

합의

나는 1972년에 합의에 의한 의사결정을 처음 경험했다. 당시에 나는 자녀들을 위한 협동조합 학교 설립을 준비 중이던 어느 학부모 단체에 가입하고 있었다. 우리는 교육에 관한 여러 급진 사상, 곧 성차별 반대론, 연령차별 반대론, 인종차별 반대론을 비롯해 자녀 각자의 독특한 욕구와 자질을 무시하는 견해에 대한 그 밖의 반대론을 지지했다. 학부모들이 스스로 학교를 설립한다는 발상은 당시로서는 참신했다. 우리는 장소를 물색하는 데 큰 어려움을 겪고 있었다. 공공자금이나 보조금을 지원받지 못한 우리는 1년분의 임대료를 확보할 능력조차 없었다. 마침내 한 건물에 장소를 마련할 수 있었지만, 몇 가지 문제들이 있었다. 그 결정이 잘못된 것이라고 확신하고 있던 학부모 한 명을 빼고는, 나머지 사람들은 모두 그 문제들을 잘 해결할 수 있다고 믿었다. 우리는 학부모 회의에서 모든 선택지를 검토하면서 네 시간을 보냈다. 일부 학부모들이 떠날 수밖에 없었다. 남은 학부모들도 아이들이 코트 더미 위에서 잠들어 버렸기 때문에 거기에 머물러 있었을 따름이다.

스물다섯 명의 학부모가 그 장소를 빌리고 싶어했지만, 한 명은 그렇지 않았다. 모임에서 유일한 유색인 여성인 학부모였다. 우리는 그녀가 단체에 남아서 우리와 함께 학교를 설립하기를 간절히 바랐다. 우리는 그것이 우리의 유일한 선택이라고 믿었다. 자정이 지나 헤어지면서, 우리는 다음 날 저녁에 다시 만나기로 했다. 그 방을 떠나면서 우리 중 스물네 명은 나머지 한 명이 의견을 바꾸기를 바랐고, 그렇지 않을 경우 어찌해야 할지 염려했다. 몇몇 학부모는 남아서 논의를 계속했다.

다음 날 저녁, 우리 모두와 학교에 기적 같은 일이 벌어졌다. 아무런 사전 통보나 토론도 없었는데, 스물네 명의 학부모가 저마다 그 한 명의 의견이 옳다고 믿으면서 방으로 걸어 들어갔다. 건물주의 요구가 부당해서 학교의 성공에 걸림돌이

될 것 같았다. 생활보호 대상자인 그 젊은 싱글 맘은 훌륭한 의견을 제시했고, 온통 백인 전문가들뿐인 그 방에서 자신의 주장을 굽히지 않았다. 그 덕분에, 우리는 치명적인 실수를 저지를지도 모를 상황을 피할 수 있었다. 각자가 동의해야 한다는 요건이 없었다면, 학교는 설립되지 못했을 것이다.

생활보호 대상자인 그 젊은 싱글 맘은 훌륭한 의견을 제시했고, 온통 백인 전문가들뿐인 그 방에서 자신의 주장을 굽히지 않았다. 그 덕분에, 우리는 치명적인 실수를 저지를지도 모를 상황을 피할 수 있었다. 각자가 동의해야 한다는 요건이 없었다면, 학교는 설립되지 못했을 것이다.

단체 구성원들은 그 경험을 통해 크나큰 만족감과 일체감을 느꼈다. 그보다 못한 것에는 만족하지 못했다. 그러려면 많은 사람들이 그만큼 헌신성을 발휘해야 했다. 어떤 결정이 만족스러울 때까지 오랫동안 앉아서 논의를 되풀이하면서 모든 결정을 내려야 했다.

내가 그동안 가입했거나 설립했던 다른 협동조합들은 그렇지 못했다. 우리는 식품협동조합과 유니테리언파 교회 위원회들과 로비 활동 단체들과 여권신장운동 단체들에서 일종의 '느슨한 합의제'를 활용했다. 우리는 합의를 위해 노력했다. 하지만, 합의가 아주 신속하게 이루어질 수 없는 경우에, 우리는 다수의 의견이나 책임자의 뜻에 따라 계속 진행했다. 집단 전원 합의제는 이상주의나 헌신성 수준이 높은 경우에 단체를 구성하는 초기 단계에서 잘 작동했지만, 이상주의가 시들해지고 운영에 관한 결정이라는 지루한 일상이 시작되면 잘 돌아가지 않았다.

이상주의에서 목표 달성 중심으로

사회적 격변을 겪은 1960년대 말과 1970년대 초, 여러 대안 조직들은 다수결을 거부했다. 다수결 때문에 참여자들은 모두에게 유익한 해결책을 찾는 것이 아니라 편을 갈랐고, 상황이 어려운 경우에 다수는 소수를 무시해버렸다. 나는 여러 정치 활동 및 대안 조직, 곧 밤에는 합의를 이끌어내려고 애쓰고 낮에는 로비 활동을 펼치는 단체들에 참여하고 있었다. 단체의 규모가 커지자, 합의제를 활용하는 단체들은 방향을 정하지 못하고 갈팡질팡했다. 우리는 결정을 위임하거나 지도자가 되거나 리더십을 신뢰하는 방법에 관한 만족스러운 모델을 찾지 못했다. 우리는 임무를 위임하거나 결과를 측정하거나 요구를 분석할 줄 몰랐다.

1981년에야 비로소 갈등해결센터(Center for Conflict Resolution)에서 집단 전원 합의에 의한 의사결정을 최초로 다룬 실용 지침서인 『합의 이끌어내기: 합의제 의사결정에 관한 지침서*Building United Judgment: A Handbook for Consensus Decision Making*』를 발간했다. 그 책이 책장 모서리가 잔뜩 접힌 타이프라이터 인쇄물로 유통되기 시작했을 때부터, 나는 합의제를 중심으로 조직된 단체들에서 주로 정치 활동에 중심을 두는 단체들로 옮겨 갔다.

그 정치 활동 단체들은 그다지 이상주의적이지 않았고, 과정이 아니라 주로 목표 달성에 관심을 기울였다. 그 단체들은 의회 운영 절차('표준 의사 진행법(Robert's Rules of Order)')를 활용하고 있었다. 그 단체들은 앞으로 나아갈 뿐 아니라 서로의 의견에 귀를 기울이고 있었다. 그 단체들은 법률을 바꾸어 사회를 변화시키고 있었다.

나는 1971년 뉴욕주 올버니에서 의회 운영 절차를 배우기 시작했다. 그곳에서는 벨라 앱저그(Bella Abzug)와 글로리아 스타이넘(Gloria Steinem)과 베티 프리단(Betty Friedan)이 전국여성정치회의(National Women's Political Caucus) 설립을 준비하던 중에 워크숍을 개최했다. 나는 벨라 앱저그가 어느 세션에서 여성들이 '표준 의사 진행법'을 이해해야만 정치적 진전을 이룰 수 있다고 주장했던 것을 기억한다. "여러분은 그 의사 진행법을 알아야 합니다. 그것을 활용할 줄 모르면 발언할 수 없습니다."

마호가니 벽판과 금박으로 둘러싸인 인상적인 입법 회의실에서 진행된 어느 회기 중에, 뉴욕급진페미니스트(New York Radical Feminists)는 그 의사 진행법에 적응하지 못하는 모습을 보였다. 그 단체의 회원들은 회의실에서 토론 중에 벤치 위에 올라서서 슬로건을 반복적으로 외치며 소란을 피우기 시작했다. 의장이 "회의장이 무질서하다고 판단하여 협의를 위해 5분간 휴회를 요청합니다"라고 말하자 사방에서 불만이 터져 나왔다. 그때 벨라가 저항자 그룹의 한복판으로 치고 들어왔다. 회의가 재개되자, 그녀는 의사봉을 두드리고 발언자를 지명했다. 급진페미니스트는 논점을 완벽한 방식으로 제시했다. 벨라는 기뻐서 어쩔 줄을 몰랐다. 즐거워하는 벨라의 모습은 참으로 볼만했다.

30년 후

30년 후, 역시 합의제에 따라 관리되는 공동주택에 거주하던 나는 장황하고 열성적이지만 주제에서 벗어난 연설과 독백들 때문에 의사 진행 규칙(Points of Orders)이 절실히 요구되는 회의들에 참석하고 있었다. 나는 합의제를 존중했지만, 질서의 부재는 용납할 수 없었다. 합의제와 의회 운영 절차에 바탕을 둔 시스템에 근거하여 나와 함께 일할 사람을 물색해보았지만 찾을 수가 없었다. 아무도 호응하지 않았다.

버틀러(C. T. Butler)는 『갈등과 합의Conflict and Consensus』(1991)에서 의회 운영 절차와 흡사하게 간단한 논의 과정을 거쳐서 합의에 도달하는 공식 합의 과정을 제시했지만, 결정은 여전히 '전원 위원회(committee of the whole)'에서 이루어질 따름이었다(버틀러, 1999). 의회 운영 절차에 기반을 둔 조직 구조는 다수결 투표제 사고방식에 빠지기 쉬웠다.

왜 합의제를 활용하는가?

조직은 두 가지 주요한 이유, 즉 포괄성과 집단지성 때문에 집단 전원 합의제를 활용한다. 그것이 독재적 계층구조로 된 조직 내에서 권력투쟁과 사회적 지배를 방지할 것이라고 믿기 때문이다. 모두가 서로 사이좋게 지내는 것처럼 보인다.

역사상, 퀘이커교파의 '센스 오브 더 미팅'[3]은 집단 전원 합의제에 의한 의사결정의 모델이었다. 그러다 보니 단체들에서 퀘이커파의 모임에서 경험하는 일체감과 평정심을 가져다줄 것을 기대하며 합의제를 이용할 때가 정말 많다. 하지만 신앙과 예배 의식에 관한 퀘이커파의 규율 없이 침묵을 지키며 함께 앉아 있는 상태에서는, 합의제만으로는 소기의 성과를

---

3   sense of the meeting: 회의를 소집한 집단이 이끌어낸 일반적 합의

얻을 수 없다.

의사결정을 위임하지 않는 수평적 조직 내에서 목표를 추구하는 활동은 퍼실리테이터의 능력과 영향력에 크게 좌우된다. 하지만 퍼실리테이터에게 너무 의존하면 결국 또 다른 형태의 독재체제인 **퍼실리토크라시**(facilitocracy)가 되고 만다. 승인받은 지도자가 아무도 없는 가운데 퍼실리테이터가 그 집단의 유일한 구세주이기 때문에, 결국 퍼실리테이터가 집단을 지배하게 되는 것이다.

집단 전원 합의제는 더 나은 결정을 내리기 위해 집단지성에 초점을 맞춘다. 토론과 여러 관점이 내는 시너지 효과는 아주 강력할 수 있다. 하지만 너무 많은 관점이 존재하는 단체가 어떻게 앞으로 나아갈 수 있겠는가? 유일하게 승인받은 지도자가 퍼실리테이터—중립적이기를 기대하지만 그렇지 않기 십상인—인 경우, 어떻게 리더십을 개발하는가?

우리의 공동주택 집단은 인원이 점점 증가하고 있었다. 공동체가 형성될 때까지 미루었던 출산 및 입양과 결혼으로 인해, 2000년에 60명이던 것이 2007년에 80명으로 증가했다. 2017년에는 100명에 육박하고 있었다.

스스로 통치하기

존 벅이 포괄적이고, 동의(consent)에 기반을 두며, 효율적인 조직을 만들어내는 소시오크라시를 자치의 방안으로 소개했을 때, 나는 이미 경청할 준비가 되어 있었다. 소시오크라시에 관한 영어판 문헌은 거의 없었고, 어느 네덜란드 엔지니어가 쓴 것을 이용할 수밖에 없었다. 번역본들은 변변치 못했고, 물리학과 수학과 사이버네틱스의 용어는 나에게 생소했다. 내가 가지고 있던 시스템 사고에 관한 지식은 기술과학이 아니라 철학에서 온 것이었지만, (기술과학에 바탕을 둔 소시오크라시가) 사고의 깊이와 방법론적 명료함 면에서 내가 읽었던 다른 어떤 것보다 더 낫다는 것을 알게 되었다.

게다가, **그것은 이론에 그치지 않았다.** 그것은 중역 회의실뿐 아니라 전문직 협회에서, 기업뿐 아니라 학교에서, 양조장뿐 아니라 국제단체에서 활용되고 있는 실용적인 조직 및 의사결정 방식이었다. 그것은 양로원 간병인들과 샌드위치 신세의 중간관리자들에게 발언권을 주고 있었다. 그것은 더 반응이 빠르고, 더 생산적이고, 더 행복한 조직을 만들어내고 있었다. **그것은 효과가 있었다.**

내가 알아야 할 것은 방법이었던가? 방법을 이해하고 그것을 알기 쉬운 영어로 설명하려고 추구하는 과정에서 이 책은 탄생했다. 존에게 책을 출간하자고 제안했을 때, 나는 그가 소시오크라시와 경영에 관한 전문 지식을 가지고 있음을 알았다. 나는 25년간 가르치거나 협동조합과 학술 단체에 참여하면서서 개발한 개념들을 설명할 능력을 갖추고 있었다. 둘이 함께한다면 폭넓은 독자들을 움직일 만한 책을 출간할 수 있을 것 같았다.

이 책의 초판을 완성하는 데 걸린 5년 동안 존은 질문에 답하고, 소시오크라시 원리를 새로운 상황에 적용하고, 나에게 생소한 견해들을 표현하는 새로운 방식을 찾아내는 과정에서 변함없이 빈틈없는 태도를 보였다. 나는 대화를 나누며 연구하는 과정에서 통치와 조직 이론과 시스템 사고에 관해 많이 배웠고, 경영과 통치에 관한 역사도 많이 배웠다. 내 입장에서 그것은 존의 네덜란드식 용어를 나의 영어식 용어로, 물리학 용어를 일상어로, 사회적으로 부정적 어감을 주는 정확한 과학 용어를 그 새로운 원리 및 실제의 핵심과 과학적 지식을 모두 표현하는 용어로 바꾸는 과정이었다.

이번 개정판은 내가 소시오크라시를 처음 알게 되고 나서 15년 만에 출간되었는데, 집필은 그 방법을 적용하고 응용하는 더 많은 전문가들과 이야기를 나눈 경험을 반영하여 훨씬 여유롭게 진행되었다. 또한, 이 개정판에는 소시오크라시 사상의 발전 과정이 반영되어 있다.

그것은 이론에 그치지 않았다. 그것은 중역 회의실뿐 아니라 전문직 협회에서, 기업뿐 아니라 학교에서, 양조장뿐 아니라 국제단체에서 활용되고 있는 실용적인 조직 및 의사결정 방식이었다. 그것은 양로원 간병인들과 샌드위치 신세의 중간관리자들에게 발언권을 주고 있었다. 그것은 더 반응이 빠르고, 더 생산적이고, 더 행복한 조직을 만들어내고 있었다. 그것은 효과가 있었다.

공동체들이 위기에 처하지 않는 한, 기존 공동체가 새로운 통치 체제를 도입하기는 매우 힘들다. 내가 속한 공동체에서 소시오크라시 구조를 여전히 전면적으로 활용하지 않고 있는 것도 그 때문이다. 그래도 여러 아이디어와 실천이 서서히 스며든 덕분에, 우리는 사람들의 욕구를 더 폭넓게 반영할 수 있을 만큼 더 능률적으로 활동하게 되었다.

시간과 노력을 기울여 여러 견해를 정리하여 이 책을 집필하는 일은 아주 힘들었다. 독자 여러분께서 『소시오크라시』를 즐겁게 읽고 도움을 받아서 각자가 속한 조직을 더 포괄적이고 투명하고 책무를 다하는, 좀 더 심화된 민주주의적 조직으로 만드시기 바란다.

3장
소시오크라시의 역사

소시오크라시라는 아이디어가 탄생해서 이윽고 실행될 때까지 어떤 힘들이 작용했는지를 아는 것은 소시오크라시의 다면적 특성을 이해하는 데 중요하다. 소시오크라시는 조화롭고 존중할 만하며 자기 조직하고 자기 제어하는 조직을 만들어내는 가치와 사회 이론과 과학적 방법의 독특한 조합이다.

아이러니하게도, 화합을 이루려는 방법이면서도, 소시오크라시의 첫 실제 적용은 정치·사회적 갈등의 영향을 전혀 받지 않는 산처럼 평화로운 환경에서 이루어지지 않았다. 최초의 소시오크라시 조직은 1926년에 임박한 전 세계적 분쟁의 전야에 설립되었다. 1940년에 독일의 네덜란드 점령이 시작되었고, 이어서 1944년에 네덜란드 대기근이 발생했고, 심각하게 훼손된 경제와 문화의 전후 복구가 이루어졌다. 이 장에서는 어떤 이상을 보편적 적용이 가능한 통치 및 조직 방식으로 변화시킨 동기를 면밀히 살펴보면서 소시오크라시의 역사적 발전 과정을 검토한다.

철학자 겸 사회학자, 오귀스트 콩트

*소시오크라시*라는 말은 1851년 프랑스의 철학자 겸 사회학자인 오귀스트 콩트(Auguste Comte, 1789~1851)가 인간 집단과 사회를 연구하는 사회학이라는 새로운 학문에 기반을 둔 통치를 설명하기 위해 만들어냈다. 소시오크라시는 독재자의 지배를 받는 사람들이 아니라 모든 사람에게 이로운 정책들을 개발하기 위해 과학적 방법을 활용했다.

무릇 소시오크라시 사회라면 출신 성분이나 군사적 역량이나 정치 공작이 아니라 지식과 지성에 바탕을 둔 통치 형태를 취할 것이다.

콩트는 프랑스혁명의 여파로 모든 유럽 정부가 전복되거나 근본적 변화를 겪고 있던 정치·경제적 격변기에 태어났다. 산업혁명 또한 여러 세기에 걸쳐 견고하게 유지되던 농경문화를 혼란에 빠뜨리고 귀족제 유럽 사회구조를 뒤흔들기 시작

그림 3-1 오귀스트 콩트
프랑스의 철학자 겸 사회학자로서, 사회를 과학적으로 연구하는 학문인 "사회학의 창시자"로 알려져 있다. 사회학이 새로운 통치 방식인 소시오크라시의 토대가 되어야 한다고 제안했다.

했다. 군주국들은 사라지거나 권력을 잃었고, 로마가톨릭교회
는 무너지기 시작하고 있었다. 유럽 전역이 미몽에서 깨어나
고 있었다.

자립성과 자결권

기계의 시대이자 과학적 사고의 여명기에, 콩트는 사람들이
사상 최초로 자립성과 자결권을 누릴 기회, 곧 본질적인 인간
성을 완전히 실현할 기회를 맞이했다고 보았다. 그는 인간성
의 특징은 이성과 지식과 사회적 협력과 이타심이지만, 개개인
은 역시 각자가 처한 환경의 산물이므로 최상의 인간성은 지
원을 아끼지 않는 환경 속에서만 꽃을 피울 수
있다고 보았다.

> …사람들은 사상 최초로 자립성과 자결권을 누릴 기회, 곧 본질적인 인간성을 완전히 실현할 기회를 맞이했다.

    콩트는 더 나은 미래는 신학적이거나 형이
상학적 이해가 아니라 추론과 분석을 활용함으
로써 보장될 수 있다고 보았다. 그는 '실증적 지
식(positive knowledge)', 다시 말해 입증될 수 있는 식별 가능
한 결과를 얻는 것을 옹호했다. 또한, 그는 이론의 적용을 분
석하기 위해 계량적이고 수학적인 방법을 활용하는 것이 중요
하다고 강조했다.

    콩트는 흔히 최초의 과학철학자로 여겨진다. 왜냐하면 그
의 철학인 실증주의와, 실행을 통한 이론의 검증을 강조한 점
이 과학적 방법의 새로운 발전에 토대를 제공했기 때문이다.

    콩트는 사회변동이 노동자들로부터 비롯하리라고 믿었
고, 소시오크라시를 통합형 사회로서 마음속에 그렸다. 하지
만, 오직 독재정치 구조만을 경험한 데다 양질의 교육을 받아

교양을 갖춘 시민들이 부족한 상황에서, 콩트는 중앙집권적 의사결정이 배제된 사회를 상상할 수 없었다. 비록 단 한 명의 군주나 독재자에 의해 지배되는 것은 아니었지만, 콩트가 생각한 소시오크라시는 사회과학자들에 의해 통치되는 것이었다.(콩트, 1853)

하지만, 과학적 방법이 지식의 견고한 토대라는 콩트의 낙관론은 인간 본성을 밝히지 못했다. 20세기 초, 과학을 인간 사회 이해의 토대로 삼아 미몽을 깨우치려는 움직임은 힘을 잃기 시작했다. 과학은 선용될 수도, 악용될 수도 있었다.

레스터 프랭크 워드, 철저한 개인주의자

19세기 말, 미국의 과학자 겸 사회학자 레스터 프랭크 워드 (Lester Frank Ward, 1841~1913)는 사회학이 개개인의 업적에서 배울 수 있는 장점에 기반을 둔 정부를 수립할 기회를 제공한다고 믿었다. 그는 민주주의가 실제로 자유롭고 평등한 시민사회를 만들어내지 못한 원인이 정당 제도에 있다고 보았다. 그는 소시오크라시를 더 나은 대안으로 옹호했다.

프랭크 워드는 과학 사상에 바탕을 둔 이상적 사회를 마음속에 그리는 과정에서 콩트의 사상을 이어받았다. 하지만 콩트가 사회과학자들이 지배하는 미래 사회를 제시한 반면에, 워드는 사회과학자들이 지도는 하되 지배하지는 않는 미래 사회를 제시했다. 콩트는 인간의 성공을 이상적 사회구조의 산물이라고 보았지만, 워드는 인류 발전의 책임이 사회구조에 의해 지원을 받고 능력을 부여받아 성공한 개인에게 있다고 보았다.

그림 3-2 프랭크 워드

1887년 옐로스톤국립공원의 '석화한' 나무 화석 옆에 서 있는 모습. 미국의 과학자 겸 사회학자로서, 사회가 제공하는 모든 것을 활용해 혼자 힘으로 서는 강인한 개인을 높이 평가했다.

워드는 사회가 제공하는 모든 것을 활용해서 혼자 힘으로 서는 강인한 개인을 높이 평가했다. 워드 자신이 바로 그런 인물이었다. 남북전쟁 중에 학업을 중단하고 북군에 입대한 그는 챈슬러즈빌 전투에서 부상을 당했다. 그는 상이군인 자격으로 에이브러햄 링컨에게 청원서를 보내 재무성의 사무원으로 임명되었다. 주간대학에 다닐 수 없는 처지라, 장차 조지워싱턴대학교가 될 워싱턴 DC의 한 대학교 총장을 설득해서 토

요일과 야간에 수업을 받았다. 식물학과 법학 석사 과정을 마친 뒤, 지리학과 고생물학과 고고학과 인류학을 연구해 스미스소니언협회(Smithsonian Institutes)의 연구원이 되었고, 미국지질조사국(US Geological Survey)에서 존경받는 고생물학자로서 활동했다.

또한 워드는 스미스소니언협회에 근무하는 동안에 사회학을 연구하기 시작했고, 소시오크라시에 관한 그 나름의 개념을 제시한 『문명의 심리적 요인들*Psychic Factors of Civilization*』(1893)을 포함해 세 권의 권위 있는 저서를 펴냈다(부록 (가), '소시오크라시' 참조).

1902년, 워드는 공직에서 물러나 브라운대학교 사회학부에서 사회과학 분야의 고급 강좌들을 맡아 가르쳤다. 1903년 국제사회학연구소의 초대 소장이 되었고, 1905년 미국사회학회의 초대 회장이 되었는데, 지금은 미국 사회학의 창시자로 여겨진다.

또한, 워드는 콩트의 실증주의 원리들을 정부에 고용된 과학자들뿐 아니라 정치 이론 분야의 실용주의자들에게까지 영향을 미치는, 현대의 과학적이고 사회학적인 사상으로 갱신했다.

워드는 마르크스와 달리 물질적 환경을 인간을 제약하거나 통제하는 요인으로 보지 않고, 인간 사회가 물질문화를 통제한다고 보았다. 워드는 자연 파괴와 낭비에 대한, 그리고 인간의 업적에서 뚜렷이 드러나는 지성에 대한 그의 생각을 거리낌 없이 강력하게 천명했다. 또한 개인의 횡포는 비난하면서도, 개인들의 의지와 지성에 바탕을 둔 소시오크라시가 가장 큰 힘이 될 수 있다고 보았다. 사회학이 반드시 연구해야 할 바는 바로 개인이었다.(워드, 1902)

워드는 교육을 사회 발전의 주된 동력으로 보고 그에 관해 광범하게 글을 썼으며, 여러 사회문제의 원인이 지식의 불평등한 유통에 있다고 보았다. 그의 철학은 미국의 철학자 겸 교육개혁가인 존 듀이(John Dewey, 1859~1952)를 중심으로 한 사회자유주의와 진보교육 운동과 관련이 있었다.

듀이는 교육이 성공적 민주주의의 열쇠라고 보았으며, 미국의 보편적 공교육 제도를 수립한 주역이었다.

우리가 소시오크라시의 발전에서 그다음으로 중요한 주춧돌이라고 보는 것은 바로 교육이다.

코르넬리위스 부커와 베아트리스 캐드베리

소시오크라시 개념은 진보교육 운동과 그 밖의 사회개혁과 더불어 19세기 말부터 유럽과 미국에서 끊임없이 활발하게 논의되었다. 하지만 그것은 국제적으로 공인된 두 명의 퀘이커 평화 활동가 겸 교육자인 코르넬리위스 '케이스' 부커

그림 3-4 베티 캐드베리와 케이스 부커

1960년대의 모습. 두 사람은 제2차 세계대전 중에 주거 제한 조치로 네덜란드에 머무르면서, 제대로 작동하는 소시오크라시를 개발하기 위해, 자신들의 경험을 진보교육 운동의 이념을 추구하는 활동가의 조직화와 평화활동에 결합시켰다.

(Cornelius 'Kees' Boeke, 1884~1966)와 베아트리스 '베티' 캐드베리(Beatrice 'Betty' Cadbury, 1884~1976)가 1926년에 네덜란드에서 최초로 소시오크라시를 고안했을 때까지는 이론 수준에 머물러 있었다.

부커 부부는 퀘이커교파 원리의 실천, 행동주의 정부 개혁 운동, 여러 평화 및 교육 단체들을 국내나 세계 곳곳에서 설립하는 활동 등에서 배운 바를 활용해 빌트호번(Bilthoven)에 획기적인 학교인 칠드런스 커뮤니티 워크숍(Children's Community Workshop, *Werkplaats Kindergemeenschap*)을 세웠다. 부커 부부는 소시오크라시와 진보교육의 이론들을 잘 알고 있었고, 노련한 활동가 겸 조직자로서 그 개념들을 실행에 옮길 수 있었다.

부커는 영국에서 토목공학 학위를 취득하기 위해 연구하는 동안에 퀘이커교도가 되었고, 시리아에 있는 어느 퀘이커 학교의 교장직에 지원했다. 그는 면접 과정에서 베아트리스 '베티' 캐드베리를 만나서 훗날 결혼했다. 베티 캐드베리는 캐드베리 초콜릿(Cadbury Chocolate)을 소유한 유명한 퀘이커 가문의 일원이었다. 그 회사는 오랫동안 노동자들에게 많은 이익을 보장해온 이상적인 일터였다. 1912년, 부커 부부는 퀘이커교파 선교사로서 레바논과 시리아에 갔다.

부커 부부는 교육과 의사소통이 평화의 열쇠라고 믿고서 모든 문화와 종교를 가진 아이들이 함께 공부할 수 있는 워크숍들을 개최했다. 1914년 제1차 세계대전이 일어나자, 그들은 영국으로 돌아올 수밖에 없었다. 거기에서 그들은 한 국제 평화 단체에서 활동했다. 그들은 기회가 있을 때마다 공개적으로 전쟁 반대를 주창했고, 독일인들을 포함해 모든 사람과 함께 평화를 촉구했다.

1918년, 부커는 주요 반전주의자들을 만나러 독일에 갔는데, 히틀러와 이야기를 나누며 전쟁을 그만두도록 설득하려고 했다가 즉각 추방당했다. 그는 영국으로 돌아왔지만, 반전론을 옹호하고 독일인들을 배려한다는 이유로 다시 추방당했다.

부커 부부는 케이스 부커의 고국인 네덜란드로 가서 빌트호번에 정착했다. 그들의 가정집은 유럽 곳곳에서 활동하는 반전주의 지도자들의 모임 장소가 되었다. 그들은 시위와 항의를 계속하다가 여러 번 구속되어 투옥되었다.

1919년, 부커는 회의 센터를 건설하여 제1차 국제평화회

그림 3-5 칠드런스 커뮤니티 워크숍

가정집과 임시 주거에서 모임이 개최된 뒤, 칠드런스 커뮤니티 워크숍 건물은 1927~1929년에 프란츠 에드바르트 뢴트겐(Frants Edvard Röntgen)의 설계로 건설되었다. 1968년 이후 이 건물은 더는 학교로 사용되지 않고 있으며, 건축가 뢴트겐의 작품의 훌륭한 본보기로서 보존되고 있다.

의를 개최했다. 그 결과로서, 훗날 국제화해연대(International Fellowship of Reconciliation)로 알려지게 된 단체를 비롯해 국제 평화 단체들이 잇따라 설립되었다.

최초의 소시오크라시

부커 부부는 주거 제한 조치로 네덜란드에 갇힌 채 여덟 명의 자녀를 교육하면서, 제1차 세계대전 후에 새로운 진전을 보였던 교육으로 다시 관심을 돌렸다. 1926년, 두 사람은 자택에 칠드런스 커뮤니티 워크숍을 개설했다. 맨 처음에는 그들의 자녀들만 거기에 출석했지만, 이윽고 다른 아이들도 합류하자 학교는 다른 가정집과 임시 장소들로 확산되었다.

부커와 캐드베리는 몬테소리 교수법(Montessori Method)에 기반을 둔 교육 프로그램을 활용해 퀘이커교파의 '센스 오브 더 미팅'과 '공동책임(co-responsibility)'을 일상적인 문맥에 맞추어 가다듬기 시작했다. 학생들은 이 교육 프로그램의 의미를 정립하는 데 도움을 주었을 뿐 아니라, 식사를 준비했고, 편의 시설을 청소하거나 화초를 가꾸었다.

학생들은 동등하게 대우를 받았고, 누구나 서로 성이 아니라 이름을 불렀는데, 그것은 아주 이례적인 일이었다. 학교는 '워크숍'이라고 불렸는데, 그로부터 어느 목수의 조수로 일했던 케이스의 즐거운 추억과, 학생들이 '학교교육을 받는' 것이 아니라 일하는 법을 배워야 한다는 부커의 강한 믿음을 떠올리게 된다. 그들의 임무는 학교를 유지 관리하는 과정에서 교육적 체험을 하고 자급자족하는 법을 배우는 것이었다. 학생들은 '일꾼', 교사와 직원들은 다 '직원'이라고 불렀다.(로슨, 1956)

> "우리는 이 기법을 배워 더 어려운 문제들을 처리하게 해줄 전통을 이어갈 수 있을 것이다."
> ― 케이스 부커

지도 방침은 자기 주도(self-direction)와 머리·가슴·손으로 일하기였다. 학생들 모두에게 유익하고 조화로운 환경을 조성하기 위해 서로 협력할 것을 권장했다. 동등한 책임과 존중을 보장하기 위해, 모든 결정은 합의로 이루어졌다.

이 시스템의 바탕에는 세 가지 기본 규칙이 있다. 첫째, 개개인이 전체의 이익을 인정하되, 모든 구성원의 이익이 반드시 고려되어야 한다. 둘째, 모두가 받아들일 수 있는 해결책을 찾아야 한다. 그렇지 않으면 어떤 조치도 취할 수 없다. 셋째, 만장일치로 결정이 내려졌을 때 모든 구성원은 결정에 따라 행동할 준비가 되어 있어야 한다.(부커, 1945)

케이스 부커는 이 규칙들이 이웃에 대한 관심에 불과하다며 이렇게 말했다. "사랑이 있는 곳에는, 진정한 화합을 가능하게 하는 마음이 존재할 것이다."

부커 부부는 사회조직이라는 것이 단체에 대한 존중과 훈련의 문제라는 점을 모두가 이해한다면 이러한 시스템이 국내 및 국제 차원에서 적용될 수 있다고 보았다. 워드와 마찬가지로, 그들은 한 개인이 자기 훈련법을 익히는 것처럼 집단들이 자기 훈련법을 익히면 집행위원회나 지배층이 존재할 필요가 없다고 보았다.

그들은 정당 제도와 다수결 원칙이 지배를 강화하기 위해 의견 충돌과 분열을 한층 조장한다고 믿었다. 프랭크 워드 역시 그 결점을 비판했었다. 부커는 정당 체제와 반대로 소시오크라시 체제가 '집단 전체를 더욱 결집시켜줄 공동 연구를 활성화한다'고 보았다. 조직의 최상의 이익을 위해 활동하려는 욕구와 상호 신뢰는 '필연적으로 발전으로 이어진다'.

부커는 이렇게 투표보다는 공동 합의를 추구하는 방식으로 기능을 다하는 조직이 많다면서, 어떤 집단이 차이를 해결하기 위해 투표에 의지한다면 그것은 그 집단이 기능을 제대로 하지 못하고 있다는 징표라고 지적했다. 그는 1,000명 이상이 모여서 상호 합의에 도달한 여러 퀘이커 회의에 직접 참석했었다.

소시오크라시는 학습되어야 했지만, 부커는 이렇게 믿었다. "우리는 이 기법을 배워 더 어려운 문제들을 처리하게 해줄 전통을 이어갈 수 있을 것이다."(부커, 1945)

소시오크라시와 전쟁

부커 부부는 외부와 단절된 상태나 전원생활 환경에서 소시오크라시를 발전시키고 있었던 것은 아니었다. 나치 독일의 점령 중에, 그들은 계속 가르치며 레지스탕스에 참여했다. 그들은 폴란드에서 도망쳐 온 10대의 유대인 난민들을 자신들의 집에서 지내게 하면서 눈에 잘 띄지 않는 건물에 교실을 만들었고, 그 학생들에게 가명을 지어주었다.

부커 부부는 요프 베스테르베일(Joop Westerweel)을 고용하여 학생들의 모국어로 가르치게 했다. 베스테르베일은 지하조직에서도 활동했는데, 마지막에는 200명의 유대인을 독일에서 몰래 데리고 나오는 임무를 맡았다. 부커의 학교에 대한 독일의 사찰이 여러 차례 실시되어 여러 번 위기일발의 순간을 겪었다. 베티 부커는 한때 유대인 학생들과 함께 숨어 있을 수밖에 없었다.

> "행동은 지배적 사회구조에 의해 결정된다. 만일 사람들을 신뢰하고 자기 조직하도록, 그리고 서로 돕도록 격려하지 않는다면, 사람들은 그렇게 하지 않을 것이다."
> ― 엔덴뷔르흐

1944년, 학교 건물은 독일인에 의해 전쟁용으로 징발되었다. 학생들은 다시 가정집에서 만났다. 그러나 베스테르베일은 학교 소재지에 숨어 있다가 발각되었고, 그와 학교 소재지의 주인인 케이스는 체포되었다. 부커의 호주머니 안에는 '독재 반대(No Dictatorship)'라는, 소시오크라시의 선언문이 될 초안이 들어 있었다. 베스테르베일은 처형당했지만, 부커는 특별한 이유 설명 없이 석방되었다.(로슨, 1956)

부커는 〈독재 반대〉라는 선언문에서 '공동체 민주주의(community democracy), 즉 공동체에 의한 공동체의 조직'을 마음속에 그렸다. 몇 차례에 걸쳐 수정된 그 글은 『소시오크라시: 미래의 민주주의Sociocracy: Democracy as It Might Be』로 알려지게 되었다.(부록 (나) 참조)

독일군의 점령 아래 한 해 겨울에만 18,000명이 굶주림으로 목숨을 잃은 대기근이 한창이던 상황에서 한결같이 평화와 화합과 책임에 관한 메시지를 전한 부커 부부의 경험은 주목할 만하다. 바로 이것이 소시오크라시가 두 번의 세계대전을 초래한 공격적이고 적대적인 정치에 대한 실제적이고 실행 가능한 대안으로 발전해온 맥락이다.

헤라르트 엔덴뷔르흐, 발명가 겸 엔지니어

1943년 초, 부커 부부의 학생들 중에 네덜란드의 발명가이자 기업가이자 전기공학자인 헤라르트 엔덴뷔르흐(1933년생)가 있었다. 학교가 독일인들에게 징발된 해인 1944년에 엔덴뷔르흐는 열한 살이었다. 아버지가 강제수용소로 끌려갔고, 대기근이 시작되었다. 그는 어머니와 여동생을 보호하고 부양하기 위해 워크숍을 중퇴하고, 권총과 수류탄과 자동소총을 들고 거리에서 식량을 훔치며 돌아다녔다.(퀘터, 2000) 1945년 5월, 캐나다인들이 네덜란드를 해방했을 때, 워크숍은 파괴되고 내용물이 사라진 채 부커 부부에게 반환되었다. 엔덴뷔르흐는 학생, 교직원들과 다시 합류해서 가구와 필요한 물품들을 구할 만한 곳을 찾아다녔다.

측정에 따르면, 소시오크라시는 생산성을 30~40퍼센트 향상시키는 것으로 밝혀졌다. 또한, 그것은 노동자들의 근속률을 높이고 병가를 줄여준다.

워크숍에서 학업을 마친 엔덴뷔르흐는 한 공과대학에 입학했다. 그는 전임강사들이 교실에서 전횡을 부리는 바람에 학생들이 부루퉁한 얼굴로 침묵하며 괴롭힘을 당하고 있음을 알았다. 학생들은 학습을 서로 돕기 위한 협력 단체를 조직하지 않았다. 자기 주도와 상호 지원을 규범으로 삼는

그림 3-6 헤라르트 엔덴뷔르흐
네덜란드인 기업가이자 전기공학자이
자 소시오크라시 서클 조직 방법의 창
시자

환경에서 여러 해를 보낸 엔덴뷔르흐가 보기에, 그것은 지배
적인 사회구조에 의해 인간의 행동이 결정된다는 부커의 가르
침의 증거였다. 신뢰를 받고 스스로 조직하고 서로 돕도록 격
려를 받지 않는 한, 사람들은 그렇게 하지 않을 것이다.

1960년대 중반, 엔덴뷔르흐가 학업과 병역을 마치고 필립
스 일렉트로닉스(Philips Electronics)에서 근무하고 있을 때,
그의 부모님이 그에게 방금 매입한 파산 상태의 전자 회사에
서 관리 능력을 발휘해보라고 제안했다.

아나(Anna)와 헤라르뒤스 엔덴뷔르흐(Gerardus Endenburg)
는 정치 활동가이자 부커 부부의 동료였다. 제2차 세계대전
후, 엔덴뷔르흐 부부는 가전제품 회사인 엔덴뷔르흐 일렉트
릭(Endenburg Electric)을 설립해 그들의 사회주의자 동료들
을 당황하게 하였다. 사회주의 정당들이 유럽 곳곳에서 중앙
정부를 장악하고 있었지만, 엔덴뷔르흐 부부는 사회주의가
경제적으로 성공적이라는 것을 입증해야 한다고 보았다. 사회
주의처럼 시장경제를 거부하는 것은 '양자택일(either-or)'의

사고에 빠지는 것이었다. 그들은 부커 부부처럼 좀 더 포괄적인 사회, 곧 '양자포괄(both-and)'의 사회를 원했다. 그것이 그들의 사회적 이상을 뒷받침할 뿐 아니라, 성공적인 경제개발을 보장해줄 터이기 때문이었다.

공학 조직

1년도 안 되어, 엔덴뷔르흐는 부모님의 새 회사를 성공적으로 경영한다는 목적을 달성했다. 그 회사는 모회사인 엔덴뷔르흐 일렉트리컬 엔지니어링(Endenburg Electrical Engineering; Endenburg Eletrotechniek)에 합병되었다. 1968년, 엔덴뷔르흐는 사장이 되었다. 엔덴뷔르흐 일렉트리컬은 사회적으로 진보적인 사상을 입증하기 위해 설립되었고, 엔덴뷔르흐는 케이스 부커로부터 난제를 받았다. 그 회사를 소시오크라시 조직, 즉 칠드런스 커뮤니티 워크숍과 같은 협력적이고 생산적인 일터로 만들라는 것이었다.

엔덴뷔르흐는 난제를 받아들였다. 하지만, 그는 소시오크라시의 요건이 경쟁 속에서 속도전으로 진행되는 제조업의 요건에 잘 맞아야 한다는 것을 곧바로 알아차렸다. 공학 및 사업 분야의 경험이 있는 그는 관리 이론을 연구하기 시작했다. 그는 이윽고 사회과학이 사물의 작동 방식에 관해 자연과학만큼 분명히 밝히지 못한다는 것을 알게 되었다. 공학의 경우, 이렇게 하면 저렇게 될 것이라는 점이 분명했다. 사회과학에서도 힘, 긴장, 측정, 저항, 용량, 스트레스 같은 용어들을 사용했지만, 그 의미가 분명하지 않았다. 인과관계에 대한 명확한 이해가 없는데, 어떻게 조직을 효율적으로 관리할 수 있다는 말인가?

엔덴뷔르흐는 조직 구조와 사회적 상호관계를 전혀 다른 관점에서 분석할 수 있었기 때문에, 물리학과 공학에 관한 그의 교양은 결국 유리하게 작용했다. 1968년부터 1970년까지, 엔덴뷔르흐는 자연과학의 원리들을 사회과학의 원리들로 바꾸었다.

부모님이 사업과 사회적 이상이 상충하지 않는다는 것을 입증하기 위한 일종의 실험실로서 엔덴뷔르흐 일렉트릭을 활용했듯이, 그는 사업과 협력 및 자기 주도가 상반되지 않는다는 것을 입증하기 위한 실험실로 활용하기 위해서 회사의 고용자 수를 100명으로 줄였다. 수년간의 실험을 거쳐, 엔덴뷔르흐는 칠드런스 커뮤니티 워크숍에서 경험한 것과 같은 환경을 한 전기공학 회사에서 재현했다.

그는 자신의 조직관리 시스템을 소시오크라시 서클 조직법(SCM)이라고 불렀다.(엔덴뷔르흐, 1981)

그 시스템의 작동 방식이 바로 이 책의 주제다.

> 네덜란드 정부는 노동법규를 개정해 소시오크라시 조직에 대한 노동자평의회 요건을 면제해주었다. 소시오크라시 기업들이 노동자의 이익을 더 잘 보호하기 때문이다.

엔덴뷔르흐의 근황

엔덴뷔르흐 일렉트리컬 엔지니어링은 이제 석유 시추 시설과 원자로와 대형 빌딩에 중전기설비를 공급하며 여전히 소시오크라시 조직으로서 역할을 다하고 있다. 이 회사는 많은 연구 논문과 박사 학위논문과 품질 인증과 관보의 주제가 되었다.

소시오크라시 서클 조직법(SCM)은 생산성을 30~40퍼센트 향상시키는 것으로 밝혀졌다. 또한, 그것은 노동자들의 근속률을 높이고 병가를 줄여준다. 네덜란드 정부는 노동법규

를 개정해 소시오크라시 조직에 대한 노동자평의회 요건을 면
제해주었다. 소시오크라시 기업들이 노동자의 이익을 더 잘
보호하기 때문이다. 본래 사내 노동조합과 다름없는 노동자평
의회는 네덜란드에서 반드시 설립되어야 하는 조직이다. 그 요
건을 수정함으로써, 네덜란드 정부는 소시오크라시가 노동조
합처럼 노동자를 보호한다는 점을 확인해주고 있다.

　엔덴뷔르흐 일렉트릭이 번창하자, 엔덴뷔르흐는 다른 조
직들의 초청을 받아 자신의 방법을 설명하고, 그들이 그것을
적용하도록 도왔다. 1974년에는 『소시오크라시: 합리적 이상
Sociocracy: A Reasonable Ideal』이라는 소책자를 펴냈다.
1977년, 그는 소시오크라티시 센트럼을 창설해 유럽과 아메리
카 대륙의 회사와 단체에 소시오크라시 서클 조직법(SCM)을
가르치고 도입하기 시작했다.

　엔덴뷔르흐는 1981년에 『소시오크라시: 의사결정 조직
Sociocracy: The Organization of Decision-Making』을,
1997년에 『소시오크라시 사회 디자인*Sociocracy as Social
Design*』을 펴냈다. 1998년, 그는 마스트리흐트 대학교 경제

경영학부에 합류해 학습조직, 특히 소시오크라시 서클 조직에 관한 연구에 전념하는 석좌교수가 되었다.

이제 엔덴뷔르흐는 명예교수로서 연구 개발에 집중하면서 헤라르트 엔덴뷔르흐 재단(Gerard Endenburg Foundation)과 함께 일한다. 2012년에 설립된 이 재단의 사명은 "비전을 실현하려는 개인이나 집단 등 사회 부문의 참여와 사회 혁신, 사회적 결속 분야의 이론 및 실천 기법에 관한 연구 개발을 장려함으로써 사회생활의 질적 수준 향상"에 기여하는 것이다.

다음 장 '사이버네틱스와 소시오크라시'에서는 소시오크라시 서클 조직법(SCM)의 원리와, 엔덴뷔르흐가 그것을 개발하기 위해 활용한 추론을 다룬다.

4장

사이버네틱스와 소시오크라시

'사회학(sociology)'의 원래 이름은 '사회물리학(social physics)'
이었다. 물리학은 물질과, 그것이 시공간에서 하는 운동에 관
한 학문이다. 그와 마찬가지로 사회학은 인간 집단 즉 단체와,
그것이 오랜 시간에 걸쳐 작동해온 방식에 관한 학문이다. 물
리학이 물질과 운동을 연구하는 것과 마찬가지로, 이 학문 역
시 과학적 방법을 활용해 검증될 것이다. 콩트와 워드는 둘 다
사회학자로서, '소시오크라시'를 효율적인 단체에 관한 과학적
연구에 기반을 둔 통치 방식으로 개념화했다.

케이스 부커와 베티 캐드베리는 퀘이커 단체들에서 직접
겪은 경험에 입각해 소시오크라시를 실행에 옮겼다. 퀘이커교
파 회의와, 퀘이커교파의 영향을 받은 그 밖의 단체들의 통치
는 과학적 방법들이 정립되기 전에 여러 세대에 걸쳐 발전하
고 검증되었다. 부커 부부가 소시오크라시의 가치들을 아주
성공적으로 실행에 옮긴 것은 사실이지만, 그 범위는 수년간

사이좋게 함께 일한 집단들에 국한되었다. 엔덴뷔르흐가 자신의 사업에서 필요로 했던 것은 낯선 사람들 사이에서 바로 실행에 옮길 수 있는, 소시오크라시에 바탕을 둔 통치 방식이었다.

그 기반을 제공한 과학이 바로 사이버네틱스였다. 엔덴뷔르흐가 통용될 수 있는 통치 방식을 개발하기 위해 사이버네틱스를 활용한 방식을 이해하려면, 부커가 했던 것처럼 신뢰에 바탕을 둔 집단 전원 합의제를 활용하는 통치의 전통을 검토할 필요가 있다.

합의제 의사결정

부커 부부가 그들의 학교에서 활용한 합의제 의사결정이라는, 가치에 바탕을 둔 원리들은 20세기에 진보 교육과 정치 개혁과 대안 생활 운동에 널리 확산되었다. 그 가장 직접적인 기원이 퀘이커교파의 예배 의식이기 때문에, 마치 합의를 활용하는 것 자체가 평화와 화합을 가져올 수 있는 듯이, 합의에 의한 통치는 흔히 종교적 분위기, 곧 숭배의 성격을 띤다. 마치 합의의 활용이 한마음 공동체를 만들어낼 수 있는 듯이, *합의(consensus)*라는 말은 때때로 '합의 공동체(consensus community)'와 같은 식으로 사용된다.

집단 전원 합의제는 단순한 목적을 가진 소규모의 동질 집단에 의해 성공적으로 활용되었지만, 대규모 단체들의 경우에는 대체로 실패했다.

합의를 활용하는 집단들은 대체로 집단 전원이 내린 결정을 신뢰할 뿐이고, 위임된 결정을 못 미더워 한다. 집단 전원 합의제는 배제를 회피하고 평등을 권장하는 유일한 방법으로 여겨진다. 합의 과정은 공인된 지도자들이 아니라 퍼실리테이터들에 의존하는데, 그들은 중립적이므로 논의를 조정하는 과정에서 편파적이지 않아야 한다.

실제로는, 집단 전원 합의제가 언제나 조화로운 관계를 맺게 하는 것은 아니었다. 합의제에 기반을 둔 퀘이커교파의 예배 의식과 마찬가지로, 합의 원리들은 장기간 함께 일하면서 긴밀한 관계를 맺으며 서로 배려하는 동질 집단들에서 발전하였다. 의사결정에 직면하여 합의를 이루려고 애쓰는 많은 집단이 그런 요건을 갖추고 있지 못하다. 그 결과는 흔히 시간이 오래 걸리고 너무나 자주 성과 없이 끝나는 과정에서 비롯한 불화와 비능률이었다. 따라서 일이 복잡하고 빨리 진행되는 조직이나 기업이나 정부의 경우, 합의는 비현실적이다.

의사결정을 위해 퍼실리테이터가 집단 전원 합의제를 이끈 최근 사례는 잘 알려진 오큐파이 운동(Occupy Movement)이다. 오큐파이 운동은 2011년 9월 미국에서 사회경제적 불평등에 대한 월 스트리트 점거 시위(Occupy Wall Street Protest)로 시작되었다. 그들은 100명 이상씩 무리를 지어 손짓으로 의문과 우려와 반대 의사를 나타냈다. 공인된 지도자들이 아니라 편견 없는 퍼실리테이터들이 그 과정을 이끌었다. 동의 기준은 꼭 의견 일치라고는 할 수 없고 '공통 정서'였다. 공통 정서에까지 이를 수 없었던 경우, 대안은 90퍼센트의 다수결이었다.(오큐파이 월 스트리트, 2014)

항의 시위는 한 달 만에 미국의 도시 800곳과 지방 82곳으로 확산되었다. 심지어 오큐파이 자체에 의한 지도자 선출

그림 4-1
월 스트리트
점거 시위

2011년 시위 14일
째의 모습

마저 피하기 위해서, 개인이든 집단이든 자치에 대한 신념을
주요 가치로 삼았다. 자치권을 분명히 밝히며 공식 지도자를
거부한 참가자들은, 투쟁 전략과 목표를 둘러싸고 집단 내부
와 집단들 사이에 알력이 생기고 있음을 알게 되었다.

> 오큐파이는 본질적으로 자기모순이라는 한계를 안고 있던
> 운동이었다. 스스로 지도자가 없다고 밝히는 지도자들로 가
> 득 차 있었고, 합의에 도달하지 못하는 합의 기반 구조에 의
> 해 통치되었으며, 정치적이기를 거부하면서도 정치적 변화
> 를 추구한 운동이었다.(레비틴, 2015)

돌이켜 생각해 보면, 오큐파이 운동은 부와 권력의 집중
을 명료하게 폭로한 사건이었다. 그 운동은 국가 담론을 변화
시켰다.(촘스키, 2017) 하지만, 월 스트리트 점거 시위에 고무된
여러 소규모 집단들이 효과적인 조치를 취한 반면, 그 운동은
전반적으로 목표를 실행에 옮길 강력한 중심 조직을 만들어

내지 못했다. 연대 원칙이 2011년에 합의로 채택되었지만, 그들의 웹 사이트에 실린 연대 원칙에는 합의에 관한 공약이 포함되어 있지 않다.(촘스키, 2012)

오큐파이 월 스트리트는 지도자가 없이 자치를 시도하고, 의사결정을 위해 집단 전원 합의제를 활용하고, 수평주의(horizontalism)를 옹호하는 여러 조직의 발전의 본보기다. 이러한 시도 후에 단체는 결국 해체되거나 좀 더 전통적인 조직으로 바뀐다. 그런 경향은 장기 목표와 지속성 있는 효과적 조치 없이 평등과 자유를 얻으려 하는 여러 사회 및 정치 개혁 운동에서 되풀이되어왔다.

소시오크라시에 효율 더하기

엔덴뷔르흐는 합의에 대한 부커 부부의 헌신이 중요하다고 이해했고, 합의가 워크숍 안에 빚어낸 화합을 경험했다. 하지만 그는 공학자이자 기업가이자 발명가였다. 엔덴뷔르흐는 십 대 시절에 자기 집 뒤뜰에서 큰 소리를 내는 헬리콥터를 조립했고, 그것이 지상에서 공중으로 일 미터가량 떠오를 때 이웃사람들은 깜짝 놀랐다.

그는 필립스 일렉트로닉스에서 휴대폰을 비롯해 손바닥만한 전자장치로 여전히 사용되는 평면 스피커를 발명했다. 그는 작동이 더 잘되는 유익한 제품을 만드는 데 관심이 있었다.

엔덴뷔르흐는 전기공학 학위 과정을 마친 뒤 독일에서 병역 의무를 이행하는 동안 레이더 기술자들에게 무엇보다도 사이버네틱스를 가르쳤다. 소시오크라시 기업을 발전시키기 시작했을 때, 그 경험은 중추적인 역할을 했다.

사이버네틱스는 효율적이고 자립적인 자연 및 기계 시스템의 자치 방식을 연구하는 학문이다. 그것은 다음과 같은 물음들을 제기한다.

- 생물학적 시스템(biological system)은 내부와 외부의 변화에 어떻게 적응하는가?
- 복잡계(complex system)는 모든 내부 요소 간의 정보를 어떻게 전달하고 처리하는가?
- 복잡계는 변화할 뿐 아니라 종종 위협적인 환경에서 어떻게 기능을 유지하고 조정하는가?
- 복잡계는 반응의 유효성을 어떻게 측정하는가?
- 복잡계는 어떻게 적응하고 다른 형태로 진화하는가?

예컨대, 엔덴뷔르흐는 필립스에서 평면 스피커를 발명하기 위해 맨 먼저 기계 시스템의 진동을 연구했다. 그는 기계 및 전자 시스템이 진동을 전달하고 제어하는 방식을 배우기 위해 사이버네틱스 원리들을 분석했다. 그 후, 그 지식을 응용해 새로운 시스템을 설계했다.(엔덴뷔르흐, 1981)

그는 엔덴뷔르흐 일렉트릭의 경영을 맡았을 때, 이런 질문들에 답할 수밖에 없었다. 전기공학 사업은 어떤 식으로 생산적이고 조화롭게 기능을 수행할 수 있을까? 어떻게 하면 덜 독재적일 수 있을까? 어떤 식으로 개인과 회사의 이익을 모두 고려할 수 있을까? 어떻게 하면 모든 구성원의 활력과 창의력을 활용해 발전할 수 있을까? 치열하게 경쟁을 벌이는 조선업의 최종 법정 기한을 어떻게 맞출 수 있을까?

엔덴뷔르흐는 기계와 전기 시스템에서 동력을 조종하는 법을 알고 있었다. 하지만 인간계(human system)에서는 어떻게 동력을 조종할 수 있었을까?

사이버네틱스

kybernetike(키베르네티커)—사이버네틱스—는 플라톤이 『국가*The Republic*』(기원전 380년)에서 항해술이나 조타술을 도시국가를 통치하는 기법과 비교하기 위해 사용한 말이었다.(헌터, 2012) 거버닝(governing)과 사이버네틱스(cybernetics)는 둘 다 이 그리스어에서 파생된 것이다. 즉, 사이버네틱스는 조타수·항해자·통치자·수로 안내인 등을 뜻하는 명사에서 파생된 것이고, 거버닝은 조타·항해·통치·수로 안내 등을 뜻

그림 4-2 노버트 위너
『사이버네틱스: 동물과 기계에서의 제어와 소통』(MIT Press, 1948)의 페이퍼백 초판 표지 사진

하는 동사에서 파생된 것이다.(데커트, 1965)

따라서, 사이버네틱스는 시스템이 모든 내부 요소와 소통하고 그것들을 제어하는 방식, 즉 시스템의 자치 방식을 연구하는 학문이다. 그 연구는 18세기부터 제1차 세계대전에 이르기까지 줄곧 심리학과 생물학과 공학을 비롯해 여러 분야에서 진행되었다. 제2차 세계대전 동안 무기, 품질관리, 그리고 업무 처리에 응용되면서 사이버네틱스는 급속히 발전하기 시작했다. 그때까지도 연구 결과들이 사이버네틱스로 총괄되지 않고 일반 대중이나 심지어 과학계에조차 널리 알려지지 않다가, 1948년 노버트 위너(Norbert Wiener)의 획기적인 저서 『사이버네틱스: 동물과 기계에서의 제어와 소통 *Cybernetics: Control and Communication in the Animal and Machine*』에서 비로소 집대성되었다.

> 사이버네틱스는 시스템이 모든 내부 요소와 소통하고 그것들을 제어하는 방식, 즉 시스템의 자치 방식을 연구하는 학문이다.

노버트 위너(1894~1964)는 열한 살에 고등학교를 졸업한 뒤 열네 살에 수학 전공으로 터프츠대학교(Tufts College)를 졸업한 천재였다. 그는 동물학을 연구하러 하버드대학교에 입학했고, 철학을 연구하러 코넬대학교로 전학했다. 그는 하버드대학교로 다시 돌아와 1912년 열일곱 살에 철학 박사 학위를 받고 졸업했다. 학위 논문은 수리논리학에 관한 것이었다. 그 후, 케임브리지대학교에서 영국인 철학자 버트런드 러셀(Bertrand Russell, 1872~1970)과, 괴팅겐대학교(University of Göttingen)에서 독일 수학자 다비트 힐베르트(David Hilbert, 1862~1943)와 함께 철학을 연구했다.

위너는 제1차 세계대전 중에 병역에 복무한 뒤 매사추세

츠공과대학교(MIT)에서 가르쳤다. 그는 그곳에서 컴퓨터, 레이더 그리고 관성유도 기술 분야의 가장 진보적인 과학자들과 함께 연구했다. 사회과학 및 자연과학뿐 아니라 인문학의 가장 위대한 인물들과 더불어 연구한 위너의 폭넓고 다양한 경험은 독특하고 남달랐다. 그것은 여러 학문 분야가 관련된 사이버네틱스의 개념화를 위한 완벽한 준비 과정이기도 했다.

피드백 루프

사이버네틱스 연구자들은 생물학적 시스템과 기계 시스템이 **피드백 루프**를 통해 소통하고 균형을 유지한다는 것을 발견했다. 피드백 루프는 회로나 고리(loop)를 형성해 환경에서 시스템으로 정보를 '피드백 하는' 인과관계 사슬이다. 시스템은 되돌아온 반응에 적응하고, 활동을 수정하고, 새로운 정보를 피드백 하는 인과관계 사슬을 작동시킨다. 시스템은 최적 기능을 유지하기 위해 필요에 따라 지속적으로 조절하고 적응한다.

인체를 예로 들자면, 여러 기관들은 기온에 관한 정보를 감지해 전달하고, 체온을 유지하기 위해 땀샘과 그 밖의 기관의 반응을 조절한다. 인체는 지속적으로 음식을 먹고, 숨을 쉬고, 말하고, 걷는 등 다양한 활동을 하는 동안 필요에 따라 계속 정보를 감시하며 체온을 조절한다.

피드포워드 루프

그와 마찬가지로, **피드포워드 루프**는 유기체가 현재의 정보와 예상되는 상황에 입각해 미래를 내다보고 당면한 조치를 취하도록 한다. 그 덕분에 유기체는 자신을 위험으로부터 보

사이버네틱스에 대한 정의들

"효율적인 조직학."—스태포드 비어(Stafford Beer)

"사이버네틱스는 모든 차원의 생물계에 존재하는 합목적성, 목표, 정보 흐름, 의사결정 관리 과정, 피드백에 관한 것이다."—피터 코닝(Peter Corning)

"사이버네틱스의 한 가지 핵심 개념, 곧 제1원리는 순환성이 될 것이다."—하인츠 폰 푀르스터(Heinz von Foerster)

"사이버네틱스 모델들은 대체로 위계적이고, 적응성 있고, 피드백 루프를 영구적으로 활용한다는 특징을 지닌다."—프랭크 하니윌 조지(Frank Honywill George)

"사이버네틱스는 가능성과 제약성의 세계에서 균형을 잡게 하는 기법이다."—에른스트 폰 글라저스펠트(Ernst von Glasersfeld)

"사이버네틱스는 사물이 아니라 행동 방식을 다룬다. 그것은 '이것은 무엇이지?'가 아니라, '무엇을 하는 거지?'라고 묻는다. 따라서 그것은 본래 기능적이고 행동주의적이다."—W. 로스 애슈비(W. Ross Ashby)

"오늘날의 사이버네틱스는 생물학과 인공지능(AI)과 신경 모형화(neural modeling)와 심리학, 교육, 수학의 주요 혁명의 근본을 이룬다. 오랫동안 지속된 과학과 예술의 차이, 외적 현실과 내적 신념의 차이를 무효화하는 통합적 틀(unifying framework)이 마침내 출현하였다."—폴 팬가로(Paul Pangaro)

"좀 더 최근에 시스템이 스스로를 드러내고, 제어하고, 자율적으로 조직하는 방식을 이해하려는 연구가 [사이버네틱스 분야에서] 시도되었다. 사이버네틱스는 짧은 역사에도 불구하고 사람들을 적극적인 조직자로, 공유하는 전달자로, 그리고 자율적이고 책임 있는 개인으로 참여시키는 광범한 과정에 대한 관심을 불러일으켰다."—스튜어트 움플비(Stuart Umpleby)

"좁은 의미의 사이버네틱스는 항로 변경을 차감 계산해 방향타를 회전시킴으로써 항로를 유지하는 조타술이다. 조타수는 바로잡을 이전의 행위의 결과를 아주 잘 파악해야 한다. 그러한 과정의 사례로는 신경 활동, 반사운동, 식욕의 내재적 제어 기능이 있다. 조타의 경우에 그렇듯이, 이 모든 과정에서 반드시 되돌아와야 하는 것은 에너지가 아니라 정보다."—워런 맥컬럭(Warren McCulloch)

호하거나 기회를 최적화하기 위해 예상되는 사건에 반응할 수 있다. 예측과 준비에 입각해, 피드포워드 루프는 특정한 신호를 받는 경우에 일정한 방식으로 반응을 나타낸다.

어떤 시스템에 들어오는 정보를 판단하는 피드백 루프가 시스템의 반응을 바꾸게 할 수 없다면, 그 시스템은 수정 없이 정해진 반응을 계속 보일 것이다. 시스템은 효과적으로 방향을 조종하거나 통치하기 위해 피드백 루프와 피드포워드 루프를 모두 활용해야 한다.

사이버네틱스와 목적

다른 과학 분야에는 없고 사이버네틱스에는 존재하는 개념이 '목적'이다. 수학자는 어떤 목적을 달성하기 위해 수학을 활용할 수 있다. 하지만, 수학에 관한 연구는 연구 자체를 목적으로 삼는다. 생물 진화에 관해 알려고 화석들을 연구하는 경우에도, 그에 관한 지식을 얻는 것이 유일한 목적이다. 사이버네틱스는 목적에 대한 이해를 필요로 한다. 목적을 알지 못하면,

그림 4-3 《사이버네틱스와 인간의 지식에 관한 저널 *Journal of Cybernetics & Human Knowing*》

이차 사이버네틱스에 관한 정기간행물. 시스템이 스스로 관찰하고 설명하고 제어하고 조직하는 방식을 중점적으로 다룬다. 2002년에 사망한 하인츠 폰 푀르스터를 오래도록 기념하기 위해 2003년부터 발행되고 있다.

왜 어떤 데이터에 대해서는 피드백으로 여겨 반응하는 반면에 다른 데이터에 대해서는 그러지 않는지 이해할 수 없다.

조직화라는 목적이 없다면, 시스템은 무작위로 반응하거나 전혀 반응을 보이지 않을 것이고, 결국 존재를 멈추게 되기 십상이다.

관련 학문들의 발전

사이버네틱스는 초기 발전 단계부터 학제 간 연구였다. 그것은 시스템에 관한 역학, 물리학, 생물학, 인지과학, 사회학 연구들을 다양한 형태로 조합하였다. 하지만, 20세기 중반 이후로 다음의 두 가지 일반 분야가 우위를 차지하게 되었다.

- 계산, 조절, 제어에 기반을 둔 기술과 컴퓨터 설계와 로봇공학
- 자율성, 인지, 독자성, 목적, 자기 지시 이론에 기반을 둔 생물학과 사회과학

일부 과학자들은 더 인도적인 세상을 만드는 일에 관심을 두었고, 일부 과학자들은 세상을 있는 그대로 이해하는 데에만 관심을 두었다. 시스템이 환경과 소통하고 그것을 제어하는 방식에 관한 연구는, '이차 사이버네틱스'와 구별하기 위해, 지금은 '일차 사이버네틱스'라고 부른다.

이차 사이버네틱스

이차 사이버네틱스는 환경에 스스로 적응하는 시스템에 관한

연구를 뛰어넘어 자기를 관찰하는 시스템을 연구한다. 오스트리아 출신의 미국 물리학자 겸 철학자인 하인츠 폰 푀르스터(1911~2002)는 마음에 관한 사이버네틱스를 연구하려고 애쓰던 중에 그것을 개념화했다.

인체는 일종의 자기 관찰 시스템으로서, 환경에 반응할 따름인 시스템보다 훨씬 복잡한 피드백 구조를 가지고 있다. 그것은 자기 관찰과 자기 결정을 할 수 있는 시스템이다. 그것은 환경에서 오는 피드백과 관계없이 자체 목적에 따라 기능을 수행할 수 있다.(스탠리-존스, 1961)

따라서 이차 사이버네틱스는 '사이버네틱스 중의 사이버네틱스'이며, 자기 관찰 시스템이 소통하고, 제어하고, 측정하고, 자기 조직하는 방식과 관계가 있다. 학습조직(learning organization)이 그 사례이다.

강한 조직 만들기

인간의 조직은 환경 이외의 것들에도 반응한다. 그것은 내부 기능, 구성원 및 구성원 간의 관계에 대해 반응한다. 한 조직의 각 부분—각 개인과 집단—은 자기 인식 능력과 각자의 목적을 가지고 있다. 그 구성원은 다양해서, 개구리의 각 기관이 함께 발달하거나 시계의 부품이 조립되어 함께 작동하는 방식과 똑같이 함께 발전했을 성싶지 않다. 기업처럼 각 구성원의 목적뿐 아니라 공동의 목적도 가진 인간의 조직을 관리하는 데에는 목적 달성을 위해 모든 인적자원을 존중하고 활용할 통치 방식이 필요하다.

엔덴뷔르흐는 사이버네틱스에 관한 지식을 통해, 어떤 시스템이 자치하고 소통하고 모든 요소를 조정하는 방식이 그것의 힘을 결정하고 그것의 지속 가능성을 좌우한다는 것을 알고 있었다. 또한, 인간의 조직이 자기 조직화 시스템, 즉 자기를 인식하고 관찰하는 시스템이 되어야 한다는 것도 알았다. 그런 시스템은 어떻게 가능할까?

강한 시스템의 공통점은 다음과 같다.

- 회복력: 원래대로 돌아가는 능력
- 자기 조직화: 조직을 개조해서 새로운 구조를 만들어내는 능력
- 일관성 있는 구조를 유지하는 능력

세 가지 특성이 모두 존재하는 경우, 조직은 필요에 따라 신속하게 적응하면서 성장하고 변화할 수 있다. 역경에서 회복하여 새로운 자원을 만들어내고, 일관성을 유지한 채로 끊임없이 스스로를 조직하고 재조직할 수 있다. 그런 조직은 역동적이고 활기가 넘칠 것이다.

동적 조직들은 활기차고 강력하다. 그러나 그것은 그 조직이 현금준비금을 충분히 보유하고 시장을 지배하거나, 최우수 MBA 졸업생들을 고용하고 있기 때문은 아니다. 그러한 조직은 다음과 같은 이유로 역동적이다.

- 역경에 대응할 준비가 되어 있다.
- 혼란을 초래하지 않으면서 발전하고 변화하도록 설계되어 있다.

● 조직 내 모든 부분이 이해할 수 있도록 일관성 있는 구조를 갖추고 있다.

조직의 목적 달성 능력과 효율성은 그 조직이 얼마나 회복력이 있고, 자기 조직화가 가능하며, 일관성 있는 구조를 갖추고 있느냐에 달려 있다.(미도우즈, 2008) 엔덴뷔르흐의 세 가지 원리는 그런 조직들을 만들어내기 위해 개발되었다.

제1원리: 동의(consent)

물리계에서 모든 요소는 동등한 관계를 맺고 있다. 각자 맡은 임무는 다르지만, 항상 준비하고 있다가 필요에 따라 온 힘을 다해 반응한다. 엔덴뷔르흐는 그의 회사에 근무하는 모두가 그런 식으로 행동하기를 바랐다. 각자가 기업가처럼 사고하고, 혁신과 운영에 책임을 다하기를 바랐다.

노동자들이 기업가처럼 사고하기 위해서는, 자신의 업무에 적용되는 방침을 의미 있게 관리하게 해줄 실용적인 방법이 필요했다.

손익이 회사의 중요한 성과 지표이므로, 모든 구성원은 손익을 이해하고 손익에 책임을 질 수 있도록 위험과 보상을 경험해야 했다. 그들은 주어진 환경에서 수행한 활동의 효과, 시장과 조직이 주는 피드백을 경험할 필요가 있었다.

엔덴뷔르흐는 노동자와 관리자, 투자자가 다 함께 회사의 성공에 책임을 지도록 장려하는 보상 구조를 만들었다. 노동자나 관리자의 경우 공정한 시장가치에 따라, 주주의 경우에는 투자액에 비례하여 주어지는 고정성 보상 외에, 그는 변동성 보상을 추가했다. 변동성 보상금 지급은 회사와 부서, 개인의 성과와 직결되어 있었다. 그 결과, 투자자와 고용인의 경계

선이 흐릿해졌다. 모든 구성원은 이제 잘못된 결정과 시장 변동성으로 인한 재정적 위기에 책임을 질 수밖에 없었고, 성공한 경우에는 누구나 혜택을 누렸다.

노동자들이 기업가처럼 사고하기 위해서는, 자신의 업무에 적용되는 방침을 의미 있게 관리하게 해줄 실용적인 방법이 필요했다. 노동자와 관리자와 투자자가 어떻게 회사에 해를 끼치지 않으면서 동등한 협력자로서 함께 의사결정을 내릴 수 있을까? 기업 운영에서는 신속한 결정을 요하는 일들이 많다. 기술적 전문 지식과 다양한 개인적 가치를 가진 고용인들이 경쟁적 사업 환경에서 어떻게 집단 전원 합의제를 활용해 의사결정을 내릴 수 있을까?

다른 의사결정 방식들, 다시 말해 독재적 방식이나 다수결 방식 또는 압도적 다수결 방식[4] 중 어느 것도 투자자와 관리자와 노동자의 이익을 동등하게 보호하지 못했다. 이 방법들은 특히 압력을 받은 상태에서 조작될 수 있었다.

엔덴뷔르흐는 개인적으로 은거하던 중에 자기가 생각한 방법의 모든 단계를 검토했고, 해법으로 이끌어줄 만하다고 생각되는 것들을 모두 파악했다. 그리고 마침내 해법이 없다고 결론지었다. 그는 짐을 꾸려서 자신의 자동차에 싣기 시작했는데, 바로 그때 해법이 머릿속에 떠올랐다. **동의!**(벅, 2003)

과학기술 분야에서, 한 시스템의 모든 요소는 목적이 없는

---

4 다수결에는 크게 세 가지가 있다. 가장 많은 표를 얻은 대안을 선택하는 방식, 과반의 표를 얻은 대안을 선택하는 방식, 그리고 2/3 또는 3/4 등 압도적으로 많은 표를 얻어야 선택하는 방식이다.

상태에서 함께 작동한다. 한 부분이 고장이 날 임계점까지 압력을 받을 때, 그것은 진행을 늦추거나 커다란 소음을 일으킴으로써 피드백을 보낸다. 그러고는 마침내 기능을 멈춘다. **그것은 이의를 제기한다.** 그것은 동의를 철회하고, 시스템은 작동을 멈춘다.(엔덴뷔르흐, 1981)

엔덴뷔르흐는 자신의 제1원리를 수립했다. 의사결정의 토대는 '이의 없음'으로 정의되는 동의다. 조직의 구성원은 누구나 이의 제기를 통해 역효과 신호를 낼 수 있다.

제2원리: 서클 회의(circle meeting)

일상 업무에서 시시각각 신속하게 결정을 내릴 수 있는 관리자의 리더십은 임무 완수를 위한 가장 효율적인 수단이다. 관리자가 결정권을 가지는 상황에서 어떻게 모든 노동자가 동등한 입장에서 임무를 수행할 수 있는가? 생산성에 영향을 미치지 않으면서 어떻게 노동자에게 권한을 부여할 수 있는가? 모든 사람이 자신의 업무에 책임을 지게 하려면 각자의 업무를 규정하는 방침을 각자가 통제할 수 있어야 했다.

엔덴뷔르흐의 해법은 직원회의와 별도로 회의를 개최하는 것이었다. 그 회의에서 관리자와 감독자, 그리고 노동자는 동등한 자격으로 만나서 일상 업무에 영향을 주는 정책을 결정했다. 이 서클 회의에서 참가자들은 동의제(consent)를 통해 직무 과정을 규정하고, 목표를 세우고, 역할과 책임을 정해서 할당하고, 관리자가 어떻게 지휘하고 노동자가 어떻게 그에 따를지를 결정했다. 그리고 이런 장치 덕분에, 모든 구성원이 환경 변화에 신속하게 대응할 수 있는 효율적 운영 방침을 함께 세워갈 수 있었다.

제3원리: 이중 연결(double links)

각 서클에서 서클의 목표에 따라 정책적 의사결정을 하기 위해서는 소통과 조정의 수단이 필요했다. 대체로 이사회와 고위 관리자들에 의해 내려지던 결정들이 이제는 결정의 영향을 직접 받는 구성원들에 의해 서클 회의에서 이루어졌다. 엔덴뷔르흐의 해법은 전문화된 각 서클의 구성원들로 이루어진 총서클을 만들어서 ⑴ 여러 서클에 영향을 미치는 정책을 세우고, ⑵ 전반적인 계획을 수립하도록 하는 것이었다. 누가 서클을 대표해야 할까?

전기공학에서는 하나의 전선이 정보를 두 방향으로 보낼 수 없다. 엔덴뷔르흐는 서클 간에 신뢰할 만한 소통이 이루어지려면 두 개의 회로가 필요할 것이라고 결론지었다. 즉, 서클의 실무 책임자인 하향링크(downlink, 하향 연결을 맡는 사람, 운영장長)가 정보를 상위 조직에서 실무 단위로 전달하는 책임을, 상향링크(uplink, 상향 연결을 맡는 사람, 서클대표)는 실무 단위를 대표해 정보를 상위 조직으로 전달하는 책임을 맡아야 한다는 것이다.

이런 방식으로 이중 연결은 조직의 모든 단위를 연결하고 이끄는 피드백 루프를 구축했고, 이중으로 결합된 서클들은 일관성 있는 통치 구조를 이루었다.

방법 검증하기

최근의 일화는 엔덴뷔르흐의 소시오크라시 방법이 얼마나 효과적이었는지 잘 보여준다. 1976년, 네덜란드의 조선업은 일본과의 경쟁으로 압박을 받아 무너지다가 순식간에 문을 닫았다. 엔덴뷔르흐 일렉트릭의 노동자 가운데 상당수가 그 조선소에 고용되어 완벽한 전기 시스템을 제조·설치하고 있었다. 배를 만들지 않으면 일자리가 사라질 것이 뻔했다.

엔덴뷔르흐는 정리 해고에 대한 대책을 수립하기 위해 이사회(최상위 서클인 톱서클Top Circle)의 긴급회의를 소집했다. 네덜란드에서 노동자들에 대한 정리 해고는 절차가 복잡하다. 일부 이사들은 매우 중대한 경영 사안, 즉 회사를 살리는 문제에 직면해 있으므로 소시오크라시 실험을 그만두어야 한다고 엔덴뷔르흐에게 말했다.

엔덴뷔르흐 일렉트릭도 그곳의 노동자도 소유주가 아니었다. 회사를 꼭두각시처럼 부릴 수 있는 수단이 전혀 없었다. 회사는 적대적 기업 인수로부터 보호되었고, 구성원과 함께 사거나 팔 수 없었다.

강력한 정리 해고 방침이 조선업 관련 부서들에 발표되자, 전기기기 조립에 종사하는 한 기계공은 자신이 속한 서클의 긴급회의를 소집했다. 그는 이렇게 말했다. "우리는 조선업에 종사하는 동료들을 해고할 필요가 없습니다. 회사는 비상사태에 대처할 전략적 대안을 수립해두었는데, 지금이 비상사태입니다. 저는 조선소 노동자들을 지원하고 그들이 밖에 나가 더 많은 사업을 수주할 수 있도록 마케팅 분야의 교육을 제공할 것을 제안합니다."

서클은 그의 의견을 지지했고, 그의 의견을 총서클에 제시하도록 도왔다. 모든 생산 및 경영지원 부문 각 서클의 운영장(하향링크)과 서클대표(상향링크)로 이루어진 총서클은 그의 제안을 약간 수정해 최고 경영진과 이사진에 제안할 수 있도록 도왔다.

격렬한 토론을 벌인 끝에 두 명의 이사는 그 기계공이 그 자리에 있어서는 안 된다며 이사직을 사임하고 회의장을 떠났다. 그들이 보기에, 그러한 결정은 조직의 최고 경영진이 아닌 어느 누구도 내릴 수 없는 것이었다. 나머지 이사들은 의견을 달리했지만, 기계공의 제안을 조금 더 수정하여 채택했다.

그 결과, 조선소 노동자들은 마케팅 교육을 받았고, 몇 주 안에 대다수가 정리 해고를 당하지 않아도 될 만큼 새로운 주문을 받아 왔다. 게다가 회사에서 숙련 노동자들의 고용을 유지하고 임직원들의 사기를 북돋우고 사업을 한층 다각화했기 때문에, 그 조선소는 더 강해진 모습으로 위기에서 벗어났다.(엔덴뷔르흐, 1981)

엔덴뷔르흐는 이제 그의 방법이 다음과 같은 효과를 낸다는 증거를 확보하게 되었다.

- 대단히 융통성이 있고, 매우 효율적이고 창의적인 사고를 가능하게 하였다.
- 리더십이 조직의 모든 부문에서 발휘되어 인정받도록 하였다.
- 콩트의 이상을 충족시키는 과학적 방법들을 적용했다.
- 워드가 입증하고 칭찬한 개인의 자기 이익과 의지력이라는 원리가 복잡한 조직의 운영에도 적용될 수 있음을 보여 주었다.
- 부커 부부와 엔덴뷔르흐의 부모, 그 밖의 사회 개혁 옹호자들의 요구대로 모든 노동자를 보호했다.
- 시장경제의 요구에 따라 노동자들의 이익뿐 아니라 투

자자들의 이익도 보호했다.

- 엔덴뷔르흐가 소중하게 여긴 바대로 생산적으로 함께 일하는 조화로운 노동환경을 조성했다.

하지만, 엔덴뷔르흐는 한 가지 더 바로잡고 싶은 점이 있었다. 권력이라는 근본적 문제였다.

자유 조직

동의는 사실상 엔덴뷔르흐 일렉트릭에서 통치의 토대가 아니었다. 엔덴뷔르흐가 회사를 여전히 소유했기 때문이다. 그는 언제든 그것을 팔거나 폐쇄하거나 독재적으로 경영할 수 있었다. 그런 막강한 권한이 존재하는 한, 소시오크라시에 의한 통치는 장기적으로 보장될 수 없었다.

자신의 변호사·회계사들과 여러 차례 의논한 끝에, 엔덴뷔르흐는 조직이 그 자신의 소유주가 되도록 하는 법적 구조, 다시 말해 소유권이 의미가 없는 자유 조직(free organization)을 고안했다. 엔덴뷔르흐 일렉트릭도 그곳의 노동자도 소유주가 아니었다. 회사를 꼭두각시처럼 부릴 수 있는 수단이 전혀 없었다. 회사는 적대적 기업 인수로부터 보호되었고, 구성원과 함께 사거나 팔 수 없었다. 회사 자체의 방침에 따라 이의가 없는 경우에만 합병이나 해체에 합의할 수 있었다.(엔덴뷔르흐, 1981, 1997)

엔덴뷔르흐는 여전히 주주이자 최고 경영자(CEO)로서 최고 경영자의 역할과 책무를 맡았지만, 더는 '생사여탈'의 지배

> 엔덴뷔르흐는 조직이 그 자신의 소유주가 되도록 하는 법적 구조, 다시 말해 소유권이 의미가 없는 자유 조직을 고안했다.

권을 가지지 않았다. 그는 엔덴뷔르흐 일렉트릭을 자치권을 가지고 자기 조직하는, 일종의 노동자-관리자-투자자 협동조합으로 바꾸었다. 진정한 소시오크라시였다.

PART **02**

조직의 권력 재설계

『소시오크라시』는 권력을 효과적으로 조직해 목표와 목적을 달성하는 방법을 다룬다.

*organization*은 라틴어 *organum*(오르가눔)에서 파생한 말로서, 특정한 용도나 기능을 가진 '도구나 수단'을 뜻한다. 예컨대, 심장은 몸 안에서 혈액을 순환시킨다는 목적을 달성하는 오르가눔이다.

접미사 *-ize*는 '~이게 하다, ~이 되게 하다'를 뜻하고, 접미사 *-ation*은 '어떤 행위 또는 어떤 행위의 결과'를 뜻한다. 따라서 *to organize*는 어떤 임무를 수행하도록 고안된 어떤 도구를 만들어내는 것이다. 인간 사회에서 사람들은 사회경제적 목적을 달성하기 위한 도구로서 조직을 만든다.

조직의 목표는 오래된 영화 함께 보기처럼 아주 단순한 것일 수도 있고, 국가 조세 정책에 영향력 행사하기처럼 복잡한 것일 수도 있다. 하지만 단순한 영화 동아리조차도 사람들이 스스로 조직해서 언제 어디에서 어떻게 영화를 볼지 다 함께 의사결정을 할 필요가 있다. 조용히 감상할 것인가, 아니면 논평을 곁들여 감상할 것인가? 각자의 집을 순회할 것인가, 아니면 중간 장소에서 만날 것인가? 이런 의사결정 역량은 그들이 권력을 얼마나 효율적으로 활용하고 있는지를 말해준다.

또한, 영화 동아리의 사명 가운데 하나가 즐거움이므로, 모두가 즐거운지 정기적으로 점검해야 한다. 모임이 좋은 결정을 내리면, 그들은 행복할 것이다. 그렇지 않으면, 화가 나서 언쟁을 벌이다가 심지어 해체될 수도 있다. 그들은 정기적으로 점검하고 필요에 따라 바로잡음으로써 분노에서 벗어나 목표 달성 능력을 향상시키는 쪽으로 그들의 권력을 돌릴 수 있다.

오늘날에는 조직들 간의 상호작용 없이는 어떤 것도 이룰 수 없다. 자급 농업조차도 땅을 갈아 씨앗을 심고 열매를 수확해 요리하고 천을 짜고 물물교환을 할 많은 사람을 필요로 한다. 자동차를 만들거나 영화를 제작하려면, 난해하고 상호의존적인 기술들을 전문적으로 다루는 사람들로 이루어진 여러 집단과 복잡하게 상호작용을 할 수밖에 없다. 국내 및 국제 시장을 상대로 우유나 야채 같은 단순한 상품을 판매하는 농민들조차 지역, 국가, 국제 수준의 다양한 정부 기관들의 규제를 알아야 할지도 모르는 상황인 것이다.

오늘날의 높은 생활수준은 지식을 공유하면서 함께 일하는 능력이 만들어내는 결과다. 우리는 역사상 어느 때보다도 질병과 불편이 덜한 상태에서 더욱더 호사를 부리면서 장수를 누리고 있다. 우리는 이전 세대들은 이해하지 못할 수준의 전문성과 복잡성을 바탕으로 교육하고 전문화하고 조직화한다. 우리의 은행, 공공시설, 학교, 제조 업체, 병원 등은 강력한 대규모 조직화의 산물이다.

우리가 자기 옷, 신발, 오락물, 자동차, 음식 등을 저마다 직접 만들려고 애쓰고 있었다면 오늘날의 생활양식은 생겨날 수 없었을 것이다.

누가 통제권을 쥐고 있는가?

우리는 각자가 가진 창조력과 생산력을 조직함으로써 생활을 향상시켰다. 하지만 훌륭한 리더십과 관리가 없으면, 불완전하고 탐욕스러운 정책들이 우리의 최선의 노력에 반하는 결과를 낳는다. 우리에게 안전과 자유와 부를 가져다주는 바로 그 조직들이 빈곤과 소외와 경제 붕괴와 정서적 속박을 가져다 줄 수도 있다. 기업들은 모든 나라들보다 더 많은 예산과 직원들을 확보하고 있다. 정부와 일반인에 대한 기업들의 지배력은 막강하다.

조직의 목표는 때때로 우리 자신의 목표와 상충하고 심지어 우리의 목표를 바꿔놓기도 한다. 장차 영국 국왕이 될 찰스(Charles) 왕세자는 이렇게 말했다. "나는 열 살 무렵에 내가 함정에 빠졌다는 것을 깨달았다." 군주제조차도 일종의 조직, 다시 말해 그것이 주는 혜택을 누리는 대가로 일련의 규칙과 기대에 부응해야 하는 조직이다. 그 규칙을 지키려면 우리의 근로 생활을 다른 사람의 기대를 충족시키는 데 바쳐야 할 수도 있다.

왕가가 특권을 버리지 않았던 것처럼, 우리는 편안한 생활 양식을 포기해서는 안 된다. 우리의 조직이 우리를 행복하게 해주지 못하고 있다면, 그 조직을 변화시킬 필요가 있다. 그러려면 새로운 통치 방식이 필요하다.

해결책은 기업이나 단체를 해체하는 것이 아니다. 우리는 그들을 바꿀 필요가 있다. 우리는 완전한 동반자로서 생활양식을 결정하는 데 참여할 필요가 있다. 우리에게는 더 나은 정책 결정, 더 나은 관리, 더 나은 실천, 더 많은 투명성과 책임이 필요하다. 우리에게는 협력과 책임 공유가 필요하다.

기업, 기관, 협회와 학교 제도 등은 우리의 생활을 지배하지만, 2008년 금융 붕괴에서 드러났듯이 조직 자체는 스스로를 통제하지 못한다.

조직의 권력 재설계

제4장 '사이버네틱스와 소시오크라시'에서 살펴보았듯이, 소시오크라시는 지속 가능성을 뛰어넘어 최적화에 도달할 수 있는 조직 설계 방법을 찾기 위해 사이버네틱스의 원리들을 활용한다.

공산주의와 사회주의 같은 일부 통치 체제들은 사적 소유를 없애고 생산을 국가에 맡김으로써 군주제와 자본주의의 문제점들을 바로잡으려 했지만, 국가가 여전히 독재 체제이고 국민 내부에서 자기 조직화를 장려할 능력이 부족한 탓에 효과를 보지 못했다.

> 자치와 자기 조직화와 리더십을 장려함으로써, 소시오크라시는 자유경제를 뒷받침하는 원리와 실천을 발전시키는 자본주의 시장 내에서 작동한다.

자치와 자기 조직화와 리더십을 장려함으로써, 소시오크라시는 자유경제를 뒷받침하는 원리와 실천을 발전시키는 자본주의 시장 내에서 작동한다. 소시오크라시는 시장경제를 거부하는 것이 아니라, 그것을 경영하는 새로운 방식이다.

소시오크라시는 시장경제를 다음과 같이 다르게 관리한다.

- 평등, 투명성 그리고 효과의 가치를 중시한다.
- 성공적 조직 경영에 관한 전통적 관심사, 즉 훌륭한 의사결정과 리더십, 전술 및 전략 수립, 품질관리, 재정 안정성을 중점적으로 다룬다.

다음 장에서는 소시오크라시의 원리가 어떻게 조직이 전

체의 목표를 달성하면서도 개개인을 필수적인 참여자로 소중히 여기도록 하는지를 다룬다.

제2부에서 살펴볼 문제들은 다음과 같다.

- ◉ 의사결정이란 무엇인가?
- ◉ 지도적 역할이란 무엇인가?
- ◉ 측정과 평가가 리더십만큼 중요한 까닭은 무엇인가?

이 질문들은 일상생활이나 업무와는 동떨어진 철학적 문제처럼 보이지만, 사실은 매우 실용적이다.

'통치'는 무엇이고, 누가 통치하는가?

모든 조직에는 공식적이든 비공식적이든, 국가 헌법에 명시되어 있든 가족의 경우처럼 함축적이든, 소기업처럼 단순하든 대기업처럼 복잡하든 간에 통치 구조가 존재한다. '통치(governance)'는 '정부(the government)'와 다르다.

> '통치'는 '정부'와 다르다. 모든 조직은 통치된다. 모든 조직에는 누가 결정을 내리는지에 관한 규칙과 규정이 존재한다. 누가 주도하고 누가 거부권을 가지는지에 관한 규칙이.

모든 조직은 통치된다. 모든 조직에는 누가 결정을 내리는지에 관한 규칙과 규정이 존재한다. 누가 주도하는가? 누가 거부권을 가지고 있는가? 통치 구조의 효율성은 어떤 조직이 얼마나 강력하고 앞으로 얼마나 강력해질지를, 그 조직이 성공할 것인지를 결정한다.

소시오크라시는 노동자 소유나 공동소유의 모델이 아니다. 오히려 그것은 소유의 개념 전체를 재구성하고 주종 관계를 없앤다. 그럼으로써 그것은 강력한 관리에 큰 기대를 걸고 안전한 장기 투자를 바라는 투자자의 요구를 더 잘 충족시킨다. 조직에서 존중받으며 진정한 구성원으로 인정받아 의결권을 부여받고 싶은 직원들의 욕구를 한층 잘 충족시킨다. 직원들의 신뢰와 협조, 충성심을 바라는 경영진과 관리자들의 욕구를 더 잘 충족시킨다. 그리고 리더십을 강화한다. 어떻게 그럴 수 있느냐가 바로 이 책이 말하려는 바이다.

다음 장부터는 정말로 평등한 조직을 만들어내고 최상의 품질 기준들을 충족시켜주고 공동체에 기여하게 해줄, 그리고 물론 전통적인 요구 사항인 생산성과 수익률 향상 또한 가져다줄 실용적 도구들이 제시될 것이다.

5장

포괄적 의사결정

조직에서 누가 의사결정을 내리는지를 확인하는 것은 권력이 누구에게 있는지를 이해하는 가장 좋은 방법 중 하나다. 절대 군주제에서 왕가와 그들이 임명한 사람들은 막강한 권력을 가지고 있다. 대다수의 민주국가에서는 다수가 권력을 가지고 있다. 회사에서는 투자자들이 선출한 이사회나 소유주가 권력을 가지고 있다. 종업원 지주회사에서조차 결정은 아주 흔히 이사회가 내린다.

단체나 사업체를 설립할 때, 독재자로서 모든 결정을 내리는 독재 체제를 원하는가? 선의의 독재자는 참여 경영이나 자문 경영 방식을 활용하겠지만, 실권을 자기 몫으로 간직하고 최종 결정은 자신이 내릴 것이다. 당신이 고용한 사람들이 어떤 결정을 내리도록 허용할 것인가? 당신은 어떤 식으로 모든 사람이 당신의 결정을 따르게 할 것인가?

> 단체나 사업체를 설립할 때, 독재자로서 모든 결정을 내리는 독재 체제를 원하는가?

소시오크라시 조직에서는 모든 사람이 결정을 내린다. 이사회, 소유주, 최고 경영자(CEO), 관리자, 고용인, 자원봉사자 등이 모두 자신의 업무에 영향을 미치는 결정을 내린다. 권력은 조직의 모든 부문에 위임된다. 많은 사람이 그것은 불가능하다고 생각할 수도 있다. 모두가 의사결정을 하고 권력 다툼을 하면서 시간을 보내는데 조직이 어떻게 제 기능을 수행하겠는가?

해법은 개개인과 각 단위의 에너지를 강화하고 조직의 목표에 그것을 집중하도록 하는 조직을 설계하는 데 있다. 강력한 조직의 특징은 헌신성, 즉 모든 구성원이 목적의식을 가지고 힘을 모아 하나의 목표를 향해 활기차게 일한다는 데에서 찾을 수 있다. 어떤 개인이나 부서가 소외될 경우, 조직 전체가 영향을 받을 터이다. 조직의 모든 부문에서 결정에 영향을 받는 구성원들이 그 결정을 내리게 하면, 구성원들이 바꾸거나 영향을 미칠 수 없는 결정에 통제받을 때 느끼는 무력감이나 단절감은 생기지 않는다.

> 결정의 질과 그것을 실행하려는 의지를 확보하기 위해, 결정은 그것을 수행하는 사람들에 의해 이루어진다.

모든 사람을 의사결정에 참여시키는 일이 불가능할 것 같지만, 우리는 가정과 사회집단에서 날마다 그렇게 하고 있다. 기념일 행사를 계획하거나 포커 게임 하는 날을 정할 때, 아이들과 함께 노는 날을 조정할 때 우리는 상대편의 반론을 존중하고 동의를 구한다. 이러한 일들은 포괄적이고 공정한 참여를 보여주는, 의사결정에 관한 가장 기분 좋은 경험이 될 수 있다. 모두가 온전하게 참여하고, 모두가 서로의 의견에 귀를 기울인다.

그러나 일터에서는 관리자와 감독자가 우리에게 권력을

행사한다. 노동자들이 전혀 알지 못하는 사람들이기 십상인 이사진이나 소유주가 정리 해고나 공장폐쇄 같은 가장 중요한 결정을 내린다. 이러한 의사결정들이 그 실행을 담당하는 사람들과는 조직상 몇 단계 떨어진 상층에서 흔히 이루어지는 것이 바로 독재적 조직에서 구성원의 헌신성을 유지하기 어려운 이유다.

소시오크라시 의사결정과 권력의 구조는 그와는 사뭇 다르다. 결정의 질과 그것을 실행하려는 의지를 확보하기 위해, 결정은 그것을 수행하는 사람들에 의해 이루어진다. 어떤 결정이 목표를 달성할 능력을 저해한다면, 구성원들에게는 반대할 권리가 있다.

동의의 중요성과 반대할 권리를 이해하려면, 권력의 역사를 좀 더 자세히 살펴볼 필요가 있다.

권위주의적 의사결정

최초의 복잡한 인간 조직은 지도자가 신의 뜻이라는 해석에 입각해 결정을 내렸던 신정국가였다. 지도자를 흔히 신으로 여겼다. 신정국가의 자취는 신과 같은 신분을 환기시키는 의식과 맹세 등에서 찾아볼 수 있다. 특유의 법복, 군 장교의 독특한 제복, 대통령의 입장과 퇴장에 맞춰 연주되는 특별한 음악 등이 그것이다.

군주제는 신정정치와 밀접한 관련이 있었으며, 일부 군주들은 20세기까지 신성시되었다. 예컨대, 일본 천황은 신도에서 모시는 신들의 직계 후손으로 여겨졌으며, 전통 의식을 명하는 사제의 신분을 유지했다. 그의 신성에 관한 언급은 1945

년 제2차 세계대전 후 항복의 일환으로서 국가 문서와 공식 행사에서 제거되었다.

16세기 중반에 군주제를 타도하고 나라를 다스릴 의회 기구를 만드는 혁명이 시작되었다. 의원 자격은 흔히 귀족계급으로 제한되어 있었지만, 시민들에게는 의사결정 권한이 이전보다 훨씬 많이 주어졌다. 그러나 군주제에서 군주가 모든 권력을 행사하듯, 일터에서는 여전히 인권을 전혀 고려하지 않은 채 독재 경영이 계속되었다. 산업혁명 후, 일부 시민들은 정부 대표들을 투표로 선출할 수 있었지만, 여전히 하루 열네 시간씩 주 6일을 근무했다. 공장에서는 여섯 살밖에 안 된 아동을 고용했고, 노동자는 쉴 새 없이 작동하는 기계에 진저리를 쳤다. 이런 상황을 강제할 수 있었던 것은 소유권을 신성한 권리로 여겼기 때문이었다.

산업혁명 후, 일부 시민들은 정부 대표들을 투표로 선출할 수 있었지만, 여전히 하루 열네 시간씩 주 6일을 근무했다.

1817년, 영국의 공장주였던 로버트 오언(Robert Owen)은 자신의 저서 『제조 시스템의 효과에 관한 고찰*Observations on the Effect of the Manufacturing System*』에서 노동자 협동조합을 내세웠다. 그는 노동자 관리(worker control)를 제안했지만, 그의 계획은 투자자와 소유주의 권리를 보호하지 못했기 때문에 실행될 수 없었다. 투자자가 나설 리 없는 터에, 노동자들 스스로 투자할 돈을 마련할 수도 없었다. 새로 출현한 노동운동은 작업환경을 개선하기 위해 그의 사상을 받아들였지만, 소유주의 독점적 권력의 변화를 꾀하지는 않았다. 노동자와 소유주 간의 투쟁은 지속되었다. 도시 통치에 스며든 자유는 공장의 피켓라인을 넘어서지 못했다.

효율적 의사결정

미국에서는 1865년 남북전쟁이 끝난 뒤 기업의 규모와 수가 늘어났다. 지도자들은 한층 확고한 안정성과 적은 마찰, 더 많은 수익을 추구하기 시작했다. 노동자들이 모두 함께 결정할 일을 없앰으로써 그들에 대한 집중적 통제를 심화했다.

컴퓨터 및 관리 이론의 선구자이며 미국의 수학자 겸 기계공학자인 찰스 배비지(Charles Babbage, 1791~1871)는 객관적 자료가 결정의 길잡이 역할을 한다고 주장했다. 미국의 기계공학자인 프레드릭 윈슬로 테일러(Frederik Winslow Taylor, 1856~1915)는 소유주와 관리자에게 각 노동자의 동작을 측정함으로써 자료를 수집하라고 권했다. 그는 동작 편차에 의한 낭비를 줄여줄 시간-동작 연구를 개발하여 '과학적 관리(scientific management)'를 대중화했다. 예컨대, 그는 벽돌을 쌓고 석탄을 삽으로 푸는 데 필요한 동작을 측정한 뒤 무게가 9.5킬로그램쯤 되는 각기 다른 재료를 가장 효율적으로 운반하는 데 쓸, 크기와 모양이 다양한 삽을 고안했다.

'테일러리즘'은 테일러의 자녀 중 한 명이 쓴 베스트셀러 소설과 영화 〈열두 명의 웬수들*Cheaper by the Dozen*〉에서 풍자적으로 묘사되었다. 작품 속 어느 가족은 각 자녀가 임무 기술서에 따라 정해진 시간 안에 임무를 완수하도록 조직화되었다.

테일러는 경영진과 노동자들 간의 협력 관계가 필수적이지만 관리자의 역할은 결정을 내리는 것이고 노동자의 역할은 지시에 따르는 것이라고 보았다. 노동자에게 각자의 업무에 대한 생각을 요구하거나 인간의 개인차를 허용하는 관리자는 약자로 여겨져 불복종을 초래할 위험이 있다고 보았다. 이러한 피드백의 부재는 조직 구조에 내재하는 결함이므로, 테일러리즘은 애초부터 실패하게 되어 있었다. 그리고 헨리 포드(Henry Ford)가 그것을 입증할 참이었다.

미국의 기업가 겸 포드자동차 창업자인 헨리 포드(1863~1947)는 노동자뿐 아니라 관리자에 의한 의사결정도 배제함으로써 효율성의 극치를 이루어냈다. 그는 자신의 제품과 생산 라인을 표준화하여 동일한 모델의 검정색 자동차를 대량으로 생산했다. 그는 노동자의 시간을 분 단위로 측정해 분석하는 '분 단위 관리법(minute management)'을 고안하여, 각 노동자가 한 가지 소단위 작업을 익혀 온종일 그것만 반복하도록 작업을 단순화하고 세분화했다. 그리고 그것을 가능하게 해줄 움직이는 조립라인을 발명함으로써, 차대를 생산하는

그림 5-1
포드자동차
(Ford Motors)
조립 공장

검정색의 똑같은 포드 모델-T 자동차들이 이곳에서 생산되었다.

데 걸리는 시간을 12시간 28분에서 93분으로 줄였다.

영국의 희극배우 겸 영화제작자인 찰리 채플린(Charlie Chaplin, 1889~1977)은 미시간주의 리버루지(River Rouge)에 있는 포드자동차 공장을 둘러본 뒤, 자신의 풍자적인 영화 〈모던 타임스*Modern Times*〉(1936)를 통해 그 조립라인의 특징을 묘사했다. 영화에서 채플린은 컨베이어벨트의 속도에 맞추려고 애쓰다가 점점 더 빨리 움직이는 조립라인에 보조를 맞추지 못하고는 미쳐서 결국 정신병원에 입원하는 공장노동자를 연기했다. 텔레비전 프로그램 〈왈가닥 루시*I love Lucy*〉의 '직업 바꾸기'(Job Switching)' 편에서, 등장인물인 루시 아르나즈(Lucy Arnaz)와 에셀 메르츠(Ethel Mertz)는 점점 빠르게 지나가는 초콜릿들을 포장하려고 애쓴다. 그들은 보조를 맞추려고 애쓰지만 실패하고 말자 결국 그 과자를 먹기 시작한다.

포드의 노동자들은 채플린 영화의 등장인물처럼 되지 않으려고 떼를 지어 퇴사했다. 컨베이어시스템을 도입한 조립라

그림 5-2
헨리 포드의
모델-T

포드자동차의 가장
성공적인 초기 자동
차(1913년 사진)

인은 1913년에 처음 설치되었는데, 그 해에 노동자 이직률은 380퍼센트에 달했다. 포드는 고용 인원수 100명을 유지하기 위해 963명을 채용할 수밖에 없었다. 고용 인원수를 유지하는 데 너무 많은 비용이 들었기 때문에 자동차 한 대당 수익이 2달러에 불과했다.

아마도 포드가 범한 가장 결정적인 잘못은, 실수를 범할 가능성을 줄이려고 자기 혼자서 모든 의사결정을 내렸던 점일 터이다. 그 때문에 관리자와 노동자의 혁신하는 법을 배우는 능력이 사라졌고, 그들이 창의적으로 사고할 길이 막혀버렸다. 소비자들이 더 다양한 제품을 요구하기 시작했을 때, 포드에게는 새로운 모델을 개발할 디자이너가 없었고 새로운 모델을 생산할 새로운 공장을 출범시킬 줄 아는 사람도 없었다. 고객의 요구를 충족시켜 경쟁력을 유지하려면 권한을 위임하거나 분권화하거나 다각화할 수밖에 없었지만, 그는 그럴 수 없었다.(주보프, 2002)

협의에 의한 의사결정

같은 시기에, 미국의 사회사업가 겸 관리이론가인 메리 파커 폴렛(Mary Parker Follett, 1868~1933)만이 유일하게 노동자들에게 더 많은 책임성이 주어져야 한다고 주장했다. 그녀는 창의성이 관리자뿐 아니라 노동자로부터도 나올 수 있으며, 조직에도 사회적 책임이 있다고 생각했다. 이러한 주장은 웨스턴 일렉트릭(Western Electric)의 시카고 공장 호손 워크스(Hawthorne Works)에서 시행된 널리 알려진 실험에서 그의 견해가 옳다는 사실이 확인되고 나서야 주목받게 되었다.

그림 5-3 메리 파커 폴렛

노동자를 인간적으로 대할수록 생산성이 향상될 것이라고 주장했다. 관리자는 강압적 방식이 아니라 상호 협력적 방식으로 권한을 행사해야 한다. 2008년 피터 드러커(Peter Drucker)가 그녀의 업적을 처음으로 칭찬했을 때까지 그녀는 무시되고 잊혔다.

호손 워크스의 관리자들은 오스트레일리아 출신의 미국인 산업심리학자 겸 조직이론가 엘턴 메이오(Elton Mayo, 1880~1949)를 채용해 공장 작업장의 조명을 연구하게 했다. 그들은 조명을 밝게 하면 생산성이 향상되리라고 기대했지만, 한편으로 생산성 향상분이 전기료 증가분으로 상쇄되지 않을까 우려했다. 메이오는 1924년부터 1932년까지 일련의 실험을 실시했다. 그는 먼저 기존 생산성 수준을 측정한 다음에 뚜렷한 변화를 느낄 정도로 조명을 밝게 해달라고 경영진에 요청했다. 생산성이 향상되었다. 그는 또다시 조명을 밝게 해달라고 부탁했고, 생산성은 다시 향상되었다. 조명을 밝게 할 때마다 생산성은 향상되었다. 조명이 너무 밝은 상태가 되자, 메이오는 조명을 점차 어둡게 함으로써 자신의 연구 결과를 재확인하기로 마음먹었다. 놀랍게도, 생산성이 계속 향상되었다. 조명이 원래 수준으로 회복되었을 때, 생산성은 원래보다 훨씬 높은 수준에 올라 있었다. 의도하지 않은 바였지만, 메이오는 노동자의 욕구에 대한 관심 같은 인간적 배려가 노동자의 생산성을 향상시켰다는 점을 확인했다. 조명은 그것과 거의 또는 전혀 관계가 없었다.

이 연구 결과는 폴렛이 1913년에 이미 밝힌 견해를 뒷받침했으며, 인간관계의 중요성이 사회적으로 공인되는 계기가 되었다. 오스트리아 출신의 저명한 미국인 경영이론가 피터 드러커(1909~2005)는 훗날 메리 파커 폴렛을 '경영의 선지자'라고 부르며 그녀에게 존경을 표했다. 그는 『피터 드러커의 마지막 인터뷰Inside Drucker's Brain』(2008)의 저자 제프리 크레임스(Jeffrey Krames)에게 이렇게 말했다.

> 그녀는 완전히 잊혔어요. 까맣게 잊혔지요. 그저 망각된 것이 아니라 억압을 당했습니다. 갈등과 적대적 관계에 주의를 기울이던 1930년대의 사고방식과 너무 달랐던 탓에, 갈등 해소에 관한 그녀의 주장은 도저히 받아들여질 수 없었습니다.

폴렛은 조직을 위계적 독재 시스템으로 보기보다는 '집단 네트워크(group network)'로 보았다. 1924년, 폴렛은 『창의적 체험Creative Experience』에서 '지배하는 힘(power over)'에 반대되는 '함께하는 힘(power with)'이라는 개념을 소개했다. '지배하는 힘'이 강압적이고 분열을 초래한다는 이유로, 폴렛은 그것을 '가짜 권력(pseudo power)'이라고 여겼다. 그 반면에, '함께하는 힘'은 전체, 통합

> 폴렛은 '지배하는 힘'에 반대되는 '함께하는 힘'이라는 개념을 소개했다. '지배하는 힘'이 강압적이고 분열을 초래한다는 이유로, 폴렛은 그것을 '가짜 권력'이라고 여겼다.

을 이루어내기 때문에 통합적 권력이라고 보았다.

사회관계의 핵심 문제는 무엇인가? 바로 권력이다. 권력은 산업의 문제이자 정치의 문제이며, 국제 관계의 문제다. 그러나 우리의 과제는 권력을 어디에 둘지를 배우는 것이 아니라 권력을 발전시키는 법을 익히는 것이다. 오늘날 권력 이양이 마치 만병통치약이라도 되는 양 말하는 사람들이 많다. 권력을 직업 집단에 이양하면 모든 일이 잘될 거라고 그들은 말한다. 하지만 인류 역사 전체가 곧 권력 이양의 역사였지 않은가. 사제들에게, 국왕에게, 귀족에게, 의회나 선출된 시민들에게 권력은 이양되어 왔다. 그런 자리 빼앗기 놀이를 계속하는 데 만족하는가? 권력 '이양'이 진보의 길이라고 생각하는 한, 우리는 틀림없이 그렇게 할 것이다. 그러나 진정한 권력은 오로지 키울 수 있을 뿐이다. 진정한 권력은 모든 독재자의 손아귀에서 벗어날 것이다. 진정한 권력이란 강압적 통제가 아니라 상호 협력적 통제를 뜻하기 때문이다. 지배하는 힘이 천하의 골칫거리인 반면, 함께하는 힘은 만인에게 풍요이자 진보다.(폴렛, 1924)

독재적 위계 구조가 아니라 함께하는 힘과 갈등 해소, 네트워크형 조직에 관한 이러한 개념은 장차 부커 부부와 엔덴뷔르흐가 선보일 방법들의 중심이자 소시오크라시 원리의 바탕이 될 터였다.

20세기 중반, 조직 행동과 경제행위를 분석하기 위해 정확한 데이터와 컴퓨터 시뮬레이션의 활용과 인간의 잠재력에 관한 이론들이 결합되었다. 미국의 정치학자 겸 사회과학자인 허버트 사이먼(Herbert Simon, 1916~2001)은 1978년 경제조직 내의 의사결정 과정에 관한 연구 업적으로 노벨 경제학상을 받았다. 사이먼은 의사결정이 경영에 가장 중요하며, 인지와 선택에 관한 연구가 의사결정의 이해에 필수적이라고 보았다. 1947년, 그는 이제는 고전이 된 저서 『행정 행태론: 행정조직의 의사결정에 관한 연구*Administration Behavior: a Study of Decision-Making Processes in Administration Organization*』를 펴냈다. 이 책에서 그는 행정가들이 일상적으로 내리는 경제적 결정들을 설명하기 위해 **'최소 요건을 충족시키다(satisfice)'**라는 말을 만들어냈다. 분에 넘치게 최적의 결정을 내리려 하거나 그것을 실현하려고 드는 대신에, 행정가들은 포기할 것은 포기한 채 과제의 최소 요건을 '충족하는(suffice)' 범위 안에서 가장 '만족을 주는(satisfy)' 대안을 선택한다는 것이다.

1954년, 사이먼은 컴퓨터 시뮬레이션을 활용해 문제 해결 과정을 분석하면서 '제한된 합리성(bounded rationality)'에 관한 이론을 개발하여 1957년에 펴낸 『인간 행동의 모델*Models of Man*』에서 제시했다. 사이먼에 따르면, 결정은 최적 조건이나 가장 합리적인 판단에 의해 내려지지 않고, 의사결정자의 인지 능력과 활용 가능한 정보, 시간상의 제약에 의해 내려진다. 제한된 합리성은 이제 행동경제학과 불확실성 이론의 핵심 주제다.

사이먼의 연구에 뒤이어, 미국의 경제학자 겸 통계학자인 리처드 사이어트(Richard Cyert, 1921~1998)와 조직이론가인 제임스 마치(James March)는 『기업 행동론*A Behavioral Theory of the Firm*』(1963)에서 변화하는 그리고 예측 불가능한 환경에서 내려지는 결정은 미리 결정된 규격화된 규칙들에 근거를 둘 수 없다는 것을 입증했다. 최상의 결정은 특정 환경에서 함께 일한 경험이 있는 사람들에 의해 시시각각으로 내려진다. 이론가들은 더 낮고 더 정밀한 지배 권력 시스템을 만들려는 노력을 포기하고, 일상생활과 상호 협력적 권력의 실체를 연구하기 시작했다.

> 최상의 결정은 특정 환경에서 함께 일한 경험이 있는 사람들에 의해 시시각각으로 내려진다.

권력과 의사결정에 대한 이 새로운 이해는, 의사결정에서 동의를 활용하고 동료(소시오크라시의 'socio-')로서 함께 일하는 사람들에게 권력을 배분하는 일의 타당성을 뒷받침한다.

정책 결정 대 운영 결정

의사결정은 우리가 하는 모든 행위 속에 존재한다. 과거의 결정을 바탕으로 습관적으로 하는 행위도 많지만, 환경이 바뀌거나 관심사가 변할 때마다 우리는 새로운 결정을 내린다. 우리는 어떤 옷을 입을지, 돈을 얼마나 써야 할지, 어떤 상품의 가격이 너무 비싼지 싼지 등을 판단한다. 우리는 어느 동료에게 말을 건넬지 말지, 일하러 갈지 집에 머물러 있을지를 결정한다. 이러한 결정의 질이 삶의 성패를 좌우할 것이다. 즉, 우리에게는 각자의 삶에 대한 통제권이 있다.

이러한 결정들 가운데 복장 스타일과 같은 미래의 행동 기준을 정하는 결정이 정책 결정이다. 그 정책을 현재 상황에 적용하여 매 순간 내리는 결정이 운영 결정이다. 예를 들자면, 파

의사결정자 찰스

어느 날 아침, 사무실에 도착해 외투를 옷걸이에 건 찰스는 전화기의 메시지 대기 표시등이 깜박이는 것을 발견한다. 아침 회의 준비를 미리 해놓아 시간 여유가 있는 찰스는 메시지에 답하기 전에 커피를 마시기로 한다. 그는 주방 쪽으로 걸어가 커피를 따른 다음, 자기네 상사와 회계부의 잘생긴 남자 사이의 불륜 소문에 관해 이야기하던 두 동료의 대화에 끼기로 한다. 잠시 후, 그는 대화를 중단하고 자기 책상으로 돌아온다. 그는 이렇게 혼잣말을 한다. "정말이지, 그런 대화에는 끼지 말아야 했어. 그 친구들, 시간을 너무 허비하는군."

이 사례에서 찰스는 의사결정자로서 가능한 대안들 중에서 선택을 하고 있다. 커피를 마시기로 한 것은 주의 깊은 선택이었다. 그 결정은 독재적으로 내려졌다. 다른 상황에서, 예컨대 그가 개인적 종교 의식의 일환으로 커피를 마시기로 했다면, 그것은 신정주의적 결정이 되었을 터이다. 만일 그가 직장 내 커피 동호회 회원이라면, 민주적인 다수결제에 참여해 어떤 맛 커피를 이용할지를 두고 투표를 했을 것이다. 또는 소시오크라시 원리에 입각해 아무도 이의를 제기하지 않는 브랜드를 선택하는 포괄적 의사결정을 했을 수도 있다.

란색 옷을 입을지 빨강색 옷을 입을지를 정하는 것이다.

단순하든 복잡하든 간에 결정이란 여러 대안 중에서 선택하는 것이다. 각 결정을 내리는 순간에 그 효과가 분명히 드러나지 않을 수도 있다. 우리는 여러 관점에서 그 결정들을 분석해볼 수 있다. 예컨대, 각 선택의 효과를 측정하는 컴퓨터 모델을 활용할 수도 있고, 어떤 결정이 시간이나 돈의 투자에 가장 이로운지를 살펴보는 손익 분석을 할 수도 있으며, 기존 사회구조 안에서 대인 관계의 유효성에 미치는 영향을 분석할 수도 있을 것이다.

어떤 결정은 독재자에 의해 전횡적으로 내려질 수도 있고, 투표를 통해 집단에 의해 다수결로 이루어질 수도 있다. 개인적 믿음이나 종교적 신앙에 바탕을 둔 결정들은 신정주의적

그림 5-4
정책 결정과
운영 결정

정책 결정과 운영 결정의 구분에 따라 결정을 내리는 방식과 주체가 달라진다.

정책 결정

정책 결정은 미래의 다양한 의사결정을 통제하거나 인도할 일반 원리나 규칙을 정하는 것이다. 정책 결정은 대체로 포괄 범위가 넓고, 수년간 영향을 미치게 된다.

[보기] · 비전, 사명, 목표 선언문
· 가치 선언문
· 재정, 시설, 인적 자원의 분배
· 생산 조건과 목표
· 기대 행동
· 인사 규정
· 개인 정보 보호 정책

운영 결정

운영 결정은 정책 결정을 바탕으로 일상 활동을 관리하기 위해 내려진다. 운영 결정은 자주, 단기적으로, 보통은 특정한 상황에서 제한적으로 이루어진다.

[보기] · 서신에 대한 답장
· 기계 가동
· 특별 서비스 제공
· 작업의 우선순위를 정하고 작업을 할당하는 일
· 돌발 상황에 대처하는 일
· 재고 보충과 구매 등

이다. 우리는 이런 다양한 의사결정 방식들을 활용해 여러 대안 중에서 한 가지를 선택한다.

소시오크라시는 정책 결정과 운영 결정을 명확히 구별한다. 정책 결정은 새 정책이 만들어질 때까지 조직의 활동 방침을 규정하는 기본 원칙들을 확립하는 것이고, 일상적으로 내리는 운영 결정은 특정한 시점에 특정한 임무를 완수하기 위해 이루어진다. 정책 결정과 운영 결정을 명확히 구별함으로써, 우리는 비조직적인 행위와 부정적 결과를 피할 수 있게 된다.

운영 결정은 그 효과가 즉각적이므로, 결과가 대체로 상당히 빠르고 분명하게 드러난다. 운영 결정은 작업 현장, 근무처 대기실, 임시 직원회의 자리, 직장 동료의 책상에서 실시간으로 이루어진다. 이 결정으로 인해 미래의 결정 요건이 바뀌지는 않는 것이 보통이다.

정책 결정은 더 오랫동안 더 많은 사람과 더 많은 행위에 영향을 주기 쉽다. 부서 예산 승인은 더 작은 여러 결정들을 대표하고 많은 파생 효과를 낳는 정책 결정이다. 할인 판매 중인 연필을 1년분 구입한다는 결정은 다음번 주문 때 쉽게 변경할 수 있는 운영 결정이다.

분산된 정책 의사결정

소시오크라시는 독재적 조직과 달리 조직 내의 모든 단위에서 정책 결정을 하도록 권력을 분산한다. 정책 결정이 이사회나 최고 경영진에 의해 내려지는 경우, 조직의 나머지 구성원들은 그 결정을 잘 이해하지 못할 수도 있다. 구성원 대다수가 결정자를 알지 못할 수도 있다. 누구도 자신이 알지 못하는 전략 계획에 전념할 것 같지 않다.

이러한 단절을 막기 위해, 엔덴뷔르흐는 모두가 참여하는 포괄적 의사결정과 투명성에 바탕을 둔 통치 구조를 개발했다. 정책 결정은 그 영향을 받는 조직의 모든 단위의 업무에 배분되고 통합된다. 모든 정책 결정—예산, 급여, 역할과 책임, 목표 등—에 관한 기록은, 자신의 책임 영역에 영향을 미칠 결정들을 내리는 데 그것을 필요로 하는 모든 구성원에게 공개된다. 이는 의사결정의 질적 수준과 운영 효율성, 리더십 자질의 개발을 극적으로 향상시킨다. 이 방식과 그렇게 하는 이유를 이해하려면 권력 개념과, 권력이 정책 결정의 토대로서 동의제(consent)와 관계를 맺는 방식을 살펴볼 필요가 있다.

조직 안의 힘

물리학에서 힘은 어떤 시간 동안 일을 수행하는 능력으로 정의된다. 강력한 자동차란 아주 빨리 높은 속력에 도달해 그 속력을 유지하며 먼 거리를 달릴 수 있는 자동차다. 혹은 속력이 그보다 낮더라도 그 속력을 유지하며 훨씬 먼 거리를 달릴 수 있는 자동차다. 그렇게 움직이게 하려면 에너지의 축적과 전달을 통제할 수 있어야 한다. 작동하는 모든 부품은 자동차가 앞으로 움직이고 바람과 울퉁불퉁한 도로에 대응할 수 있도록 최대한 원활하게 협력해야 한다. 자동차 엔진이 가솔린을 이용해 에너지를 생산하고, 생산된 에너지가 바퀴를 움직이는 동력 전달계로 전달되어야 한다. 전달 과정에서 에너지가 낭비되면, 자동차의 성능에 부정적인 영향을 미칠 것이다. 에너지를 마찰과 저항을 극복하는 데 쓸수록 자동차를 앞으로 움직이는 데 쓸 에너지는 더욱 적어질 것이다.

인간 조직도 같은 방식으로 움직인다. 조직에서 힘은 자본과 기술, 동기부여의 형태로 축적한 다음 조직의 목표 달성을 향해 사용할 때 강력해진다. 사람들은 적극적이거나 소극적일 수 있다. 그들은 회복력이 좋거나 저항적일 수 있다. 임무를 제대로 수행하지 못하는 개인이나 부서는 심한 저항을 일으켜 다른 사람이나 부서까지도 무기력하게 만들 수 있다. 그들의 힘은 생산성이 아니라 저항에 쓰일 것이다.

찰스의 정책 결정

사내 소문에 관여하지 않겠다는 찰스의 결정은 일종의 정책 결정이다. 그것은 아마 한동안 사무실에서 그의 행동에 적용될 것이다. 그 결정의 효과는 훨씬 나중에 밝혀질 수도 있다. 사내 소문에 관여하지 않는 것은 시간 절약에 도움이 되는 한편, 그의 업무에도 영향을 미칠 수 있다. 상사의 불륜 관계에 관한 이야기를 듣지 않았다면, 예컨대 상사 앞에서 그의 애인에 대해 비판적인 발언을 할 수도 있을 것이다.

찰스의 운영 결정

찰스가 내린 처음 세 가지 결정, 즉 커피를 마시는 것, 소문에 관해 대화를 나누는 것, 그 대화를 중단하는 것 등은 사무실에서 아침마다 진행되는 일상 속에서 내려진 일회성 운영 결정들이었다. 그의 네 번째 결정, 다시 말해 가십성 대화 전반에 대해 거리를 두겠다고 스스로 다짐한 것은 개인적 정책 결정이었다.

엔덴뷔르흐는 강력한 자동차의 힘이 운전자에게 달려 있지 않다는 것을 알고 있었다. 뛰어난 운전자라도 타이어가 펑크 난 자동차를 타이어 네 개가 멀쩡한 자동차만큼 잘 운전할 수는 없다. 조직을 더 강력하게 만드는 길은 채용 및 훈련 담당 관리자에게 있지 않다(비록 그들의 역할이 중요하기는 하지만). 그 길은 모든 구성원의 에너지 흐름이 마찰 때문에 낭비되지 않고 온전히 생산적으로 쓰이도록 하는 조직을 설계하는 데 있다.

동의란 무엇인가?

에너지 전달에서 동의, 즉 이의 없음이 왜 중요한지는 그림 5-5의 중앙난방 시스템에서 쉽게 유추할 수 있다. 이 시스템은 작동을 제어하는 세 가지 요소인 지하실의 보일러와 거실 벽

찰스의 상사 수전이 제품 안내 책자를 다시 디자인하기로 결정했는데 직원들이 그 결정을 받아들이지 않는 경우, 그들은 마찰을 빚어 에너지를 분산시키는 식으로 저항할 수도 있고, 에너지를 회수해 소극적인 태도를 취할 수도 있다. 그녀의 지시를 '완벽하게' 따름으로써 사실상 태업을 할 수도 있다. 어떤 지시든 결코 '완벽할' 수 없으므로, 그녀의 지시를 미주알고주알 해석하면서 에너지를 낭비할 수 있는 것이다. 수전이 직원들을 해고할 수도 있겠지만, 그러면 그녀의 권력은 더욱 약화될 것이다. 새로운 안내 책자를 만들려면 그들의 기량과 자발성이 필요하기 때문이다.

전통적인 리더십 이론이라면 타인을 감화하여 설득하고, 가장 훌륭한 직원을 채용하고, 직원들이 그녀의 뜻에 따라 더욱 열심히 일하도록 장려하는 인사고과표를 작성하는 능력 등 관리자로서 그녀의 개인적 자질을 향상시킴으로써 저항을 처리하는 데 초점을 맞출 터이다. 그러나 소시오크라시에서는 더 나은 조직과 통합적 의사결정으로 마찰과 저항을 예방하는 데 중점을 둔다.

에 붙어 있는 스위치와 온도계로 구성되어 있다. 온도계는 거실의 온도를 측정하고, 리더(leader) 격인 스위치는 희망 온도와 실제 온도를 평가하여 필요에 따라 보일러를 가동해 열을 발생시킨다. 온도계의 측정값이 실내 온도 상승을 가리킬 때, 스위치는 그 정보를 원하는 실내 온도와 비교해서 적절한 시점에 보일러의 가동을 멈추게 한다.

이 과정은 필요할 때마다 되풀이된다. 스위치는 보일러의 가동 여부를 제어하고, 보일러는 열을 발생시키고, 온도계는 실내 온도를 스위치에 전달한다. 피드백 루프를 만들어내는 이 '지도-실행-측정'이라는 순환 과정 덕분에 시스템의 자동 제어가 가능해진다.

한 요소가 다른 요소의 한계를 무시하면 어떻게 될까? 스위치가 라디에이터에 보낼 물을 섭씨 120도까지 가열하라고 보일러에 독재자처럼 명령하면 어떻게 될까? 물의 끓는점이 섭씨 100도니까 그랬다가는 배관이 터지고 보일러가 폭발해서 난방 시스템을 수리하는 데 비용이 많이 든다는 이유를 들어, 보일러는 그 결정에 반대해야 한다. 스위치와 보일러, 온도계가 다수결로 의사결정을 한다 해도 결과가 나아지지는 않을 것이다. 보일러가 반대해도 스위치와 온도계는 온도를 더 높이는 데 찬성할 수 있다. 보일러가 2 대 1로 열세일 터이고, 온도가 올라가서 이번에도 보일러가 폭발할 것이다.

난방 시스템의 세 요소가 모두 장치 운용에서 동등한 가치를 가지고 있다는 점, 곧 각자의 동의가 나머지의 기능 수행에 필수적이라는 점을 이해해야 시스템이 최상의 결과를 얻을 수 있다. 인간 세상으로 치면, 이것은 사람들이 임무를 제대로 수행할 수 없는 경우에 일을 거부하면서 그만두거나 비효율적으로 수행하는 것에 비유할 수 있다. 그로 인해 저항과

그림 5-5
난방 시스템과
동의

이 재래식 난방장치 그림이 의사결정에서 동의의 중요성을 잘 보여준다. 각 요소가 기능을 수행할 수 없으면 시스템 전체가 작동을 멈출 것이다.

마찰이 발생하여 결국 집단의 기능이 완전히 마비될 수도 있다. 따라서 이의 없음으로 정의되는 동의제가 강력한 조직을 만들기 위한 엔덴뷔르흐의 제1 원리가 되었다.

사이버네틱스라는 학문과 실제 경험에 바탕을 둔 동의의 원리는 통치와 조직 기능에 관한 인식 체계의 대전환이다. 협력의 토대인 동의는, 결정들이 그로부터 영향을 받는 사람들을 존중하는 방식으로 내려지도록 해준다.

동의에 의한 정책 의사결정

'동의'는 미국 독립선언문에 또렷하게 명시되어 있다. 그에 따르면 인민은 피통치자의 천부적 권리들을 부여받았는데, "생명과 자유와 행복 추구"의 권리가 그에 해당한다. 정부는 이 권리들을 보장하기 위해 조직되며, "정부 권력의 정당성은 피통치자의 동의로부터 유래한다". 정부가 그 권리들을 파괴할 경우, 그 정부를 폐지하고 새로운 보호 조치를 취하는 것이 피통치자의 의무다. 선언문은 이어서 국왕의 위법 행위에 관한 상세한 불만 사항들을 길게 나열하고 있다.

소시오크라시의 용어로 표현하면, 미국 독립선언문은 식민지들이 그 국왕의 조직, 즉 대영제국의 일원으로 간주되는 것에 대한 동의를 철회하고 그들 자신의 조직을 구성할 것을 천명하고 있다.

소시오크라시는 이 동의의 권리를 미국 헌법의 첫 구절 "우리들 인민(We the People)"의 모든 집단으로 확대하여 각자의 통치 체제를 수립하게 한다. 조직 안에서 각자가 맡은 역할과 무관하게, 사람들은 매일 함께 일하는 방식을 결정하는 정

동의, 제1 원리

정책 결정은 동의에 의한다. 동의는 제안된 정책 결정에 이의 없음을 뜻한다. 이의는 부여된 역할과 책임을 완수하는 개인의 능력에 바탕을 두며 타당한 이유가 있어야 한다.

정책 결정은 이후의 운영 결정과 다른 정책 결정들에 영향을 미친다. 정책 결정에는 비전·사명·목표에 관한 선언문, 인력·시설·재정 자원의 할당, 역할과 책임을 맡을 인물 선출 등이 포함된다.

그림 5-6
동의, 제1 원리
동의는 '의견 일치'가 아니라 '이의 없음'으로 정의된다. 동의는 단지 그 결정을 지지할 수 있는지를 물을 따름이다.

소시오크라시 조직에서 사용되는 의사결정 방식

정책 결정:

• 동의(이의 없음)

일상적 운영 결정:

• 혼돈(각개약진)
• 신정적, 이념적, 마법적, 또는 그 밖의 신념 체계
• 독재 또는 권위주의
• 다수결
• 합의
• 연대

그림 5-7
소시오크라시 조직의 의사결정 방식
동의에 의해 선택되었다면 그 밖의 다른 의사결정 방식도 활용할 수 있다.

책에 대해 동의권을 가져야 한다. 조직의 유형에 따라 정책을 부르는 이름은 정관, 부서 매뉴얼, 절차, 실행 지침 등으로 다양하지만, 명칭과 상관없이 이 정책들은 헌법과 마찬가지다.

운영 결정은 매일 시시각각으로 내려지며, 대체로 동의로 이루어지지 않는다. 더 정확히 말하자면, 전체로서 집단이 운영 결정을 내리는 방식에 대해 정책 결정을 내리고, 운영 결정은 그 정책에 따라 운영장이 내리는 것이 보통이다. 예컨대, 소시오크라시 팀에서는 흔히 운영장이 그 팀의 정책에 따라 일상적 결정을 상당히 독단적으로 할 수 있도록 결정하곤 한다.

어떤 사안에 대해서는 다수결이 적절하고 만족스럽다. 어

떤 것은 종교적 신앙이나 전통에 따라 결정할 수도 있다.(그림 5-7 참조)

중요한 것은 동의제로 정책 결정을 내리고, 정책 결정이 그 밖의 모든 결정의 토대가 된다는 점이다. 사람들은 특정 조건 아래서 함께 일하기로 동의하고, 조건이 바뀌면 동의를 철회한다.

소시오크라시 조직에서 시간을 들여 동의 의사결정에 참여하는 사람은 전체 중 비교적 소수이다. 하지만 조직의 '시민들'이 동의를 철회하고 합리적 이유를 들어 이의를 제기할 수 있으므로, 동의에 의한 의사결정이라는 점에는 변함이 없다.

영역(Domain)

물론, 모든 사람이 모든 정책에 동의해야 하는 것은 아니다. 또한 그러고 싶지도 않을 터이다. 결정은 그 영향을 가장 크게 받고 그에 대해 '책임이 있는 영역' 안에 있는 조직 단위에 위임된다. 함께 일하는 모든 사람은 그들의 일을 규정하는 정책 결정에 동의해야 한다. 나중에 우리는 하나 이상의 조직 단위에 영향을 미치는 정책 결정을 내리는 방식을 다룰 것이다.

이의는 타당해야 한다

어떤 결정에 관한 동의가 반드시 그에 대한 찬성을 뜻하는 것은 아니다. 동의는 이의 없음을 뜻한다. 다른 조치를 선호하거나 그에 대해 의견이 전혀 없을 수도 있다. 동의는 지지가 아니다. 결과를 받아들여 기꺼이 일할 수 있다는 뜻이다.

수학과 논리학에서, 타당하거나 논증된 반론은 진리에 관한 논리적 표현이다. 물이 담긴 유리컵에는 객관적인 매개변수와 측정값을 활용해 정확하게 표현할 수 있는 물리적 속성, 즉 **논거가** 있다. 예컨대, 당신은 손으로 물이 담긴 유리컵의 측면을 꿰뚫을 수 없다. 유리컵이 가지는 속성(논거) 중 예컨대 '굳기' 같은 것이 손으로 유리컵을 꿰뚫는 것을 막기 때문이다. 하지만, 그 유리컵의 가장자리를 넘어 물속으로 손을 집어넣을 수 있다. 가장자리에는 다른 논리가 작용하기 때문이다. 당신의 자동차는 당신이 원하는 대로 어디로든 운전해도 된다고 동의하지만, 낮은 유압 때문에 곧 엔진에 무리가 가서 자동차가 멈출 것 같을 때에는 반론의 표시로 계기반의 적색등을 깜빡임으로써 동의를 철회할 의사를 표현한다.

물론 이의가 반드시 형식논리학이나 수학의 말로 표현되어야 하는 것은 아니다. 하지만 이의에는 반드시 이해할 만한 설명이 포함되어야 한다. 이의는 우울이나 답답함 같은 막연한 불쾌감이나 부담감에서 시작될 수도 있다. 네덜란드 말로는 그것을 *overwegend bezwaar*(오버르베헌트 베즈바르)라고 한다. *overwegend*는 '과중한'으로 번역된다. *bezwaar*는 지적·정서적 부담을 가리킨다. 영어에는 이의의 지적·정서적 함의를 전달할 말이 없다.

그런 무겁고 불쾌한 느낌이 이의의 첫 번째 진술이 될 만하다. 서클의 다른 구성원들이 그 느낌의 원인을 탐색하고 명료화하는 작업을 도울 수 있다. 결국, 이의는 사실에 입각해 표현되고 해명되어야 한다. 예컨대, 이의는 다음과 같은 문장으로 시작될 수 있다. "저는 다음과 같은 이유로 제 직무를 수행할 수 없기 때문에 반대합니다."

이의가 다른 사람들이 이해할 수 있을 만큼 충분히 명료하게 설명되지 않으면 해결도 할 수 없다.

이의와 업무 수행 능력

이의는 조직 내에서 업무를 수행하는 능력에 영향을 미칠 수밖에 없다. 난방 시스템에 관한 예시에서 살펴보았듯이, 기계 장치의 부품들은 언제나 한도 내에서 기능을 수행해야 한다. 한도를 벗어나면, 부품들은 기능을 더는 수행하지 못할 것이다. 예컨대, 난방 시스템이 처음에 "끼익!" 하는 소리와 "철커덕!" 하는 소리, "덜컹!" 하는 소리를 내는 것은 주요한 이의 표현이다. 즉, '나는 그런 식으로 작동할 수 없다'는 뜻이다.

그러나 기계와 달리 사람은 스위치를 '껐다 켰다' 할 수 없다. 일하거나 참여하는 것 자체를 막을 정도는 아니더라도, 저항과 마찰을 초래하는 많은 요소들이 있기 마련이다. 이의는 뉘앙스가 좀 더 풍부해서, 일을 아예 하지 않는 것보다는 더

그림 5-8
타당한 이의와
그 근거 검토하기
이의는 거부가 아니라 탐구의 시작이다.

타당한 이의

타당한 이의란 제안된 결정이 관련된 책임 영역(domain)에 부정적 영향을 줄 것이라는 진술이다.

이의의 근거 검토하기

- 제안된 정책 결정이 서클의 목표 달성 능력에 악영향을 미치는가?
- 그 결정이 새로운 난제들을 발생시키는가?
- 이 이의는 두려움이나 부정적 예측이 아니라 알려진 사실이나 조건에 바탕을 둔 것인가?
- 제안된 결정이 서클의 책임 영역 외부의 다른 정책이나 정관과 상충하지 않는가?

효과적으로 일할 수 있는 능력에 근거를 두고 있다. 타당한 이의는 예컨대 "몇 가지는 안전 한도를 벗어날 위험이 있거나, 이 제안이 실행될 경우 요구되는 업무를 수행할 수 없을 것이다"와 같은 식으로 제기된다. 제안된 결정의 결과는 '수용 한도를 벗어날' 것이다. 여러 사회 환경에서 다양한 사람들과 함께하면서 균형 감각을 유지할 수 있는 사람은 더 예측 가능한 환경을 요구하는 사람에 비해 수용 한도가 훨씬 넓다.

조직의 모든 단위는 임무를 수행할 수 없을 때 이의를 제기하고 그것을 해결할 수 있어야 한다. 난방 시스템에 관한 예시에서 살펴보았듯이, 아무리 스위치가 정교하고 온도계가 예민하고 보일러가 비싸더라도 각 요소는 똑같이 중요하다. 각 요소는 나머지가 없으면 무의미하다.

앞으로 나아가기 전에 이의를 검토하여 해결하자는 요구는, 의사결정 과정을 다툼에서 모두의 궁극적

앞으로 나아가기 전에 이의를 검토하여 해결하자는 요구는, 의사결정 과정을 다툼에서 모두의 궁극적 이익을 위한 문제 해결 과정으로 바꾸어준다.

이익을 위한 문제 해결 과정으로 바꾸어준다. 즉, 개인적 이해나 관심사가 아니라 찬성 또는 반대에 관한 타당한 논거에 초점을 맞추게 해준다.

반대는 거부가 아니다

동의제의 원리는 거부권 행사가 아니다. *veto(베토)*라는 라틴어는 '나는 금지한다'를 뜻한다. 당신에게 동의 여부를 묻는 것이 곧 당신에게 어떤 결정을 금지할 권리를 부여한다는 말인 것은 아니다. 당신에게 이의가 있는지 묻는 것이다. 동의는 이의 없음을 뜻한다.

이의는 제안의 목표와 서클이라는 관점에서 분명히 진술되어야 정상적으로 해결될 수 있다. 앞으로 나아가기 위해 제안을 조정하고 이의를 실제적으로 검증하는 여러 방법이 있다. 어떤 제안이 의사결정의 자리까지 오기 위해서는 서클의 일부 구성원들로부터 지지를 받아야 했을 것이다. 그들은 서클로부터 초안을 작성하도록 요청을 받았을 수도 있고, 따라서 적어도 일부 서클 구성원들은 그것이 필요하고도 적절한 조치라고 이미 결정한 셈이다.

모든 서클 구성원에게는 제안의 목표를 더 잘 충족시키고 부정적 결과를 방지하도록 수정하기 위해 이의를 제기할 권리, 심지어 의무가 있다. 초점은 일을 진척시키고 효과적인 조치를 찾는 데 있다. 완벽한 해결책을 찾다가 결정이 늦어져서 부정적 결과를 초래할 수도 있다. 이때 권력으로 동의를 강제할 것이 아니라 측정과 검증을 바탕으로 의사결정을 해야 한다. 결정의 타당성을 실천적으로 검증하고, 그 결과를 측정하고, 측정 결과를 바탕으로 결정을 수정해서 개선하는 편이 더 낫다.

훌륭한 퍼실리테이터는 이의를 찾아내고 환영하고 그것이 온전히 표현될 수 있게 할 것이다. 일부 서클 구성원들이 '이의 없음'이라고 말하면서도 풀 죽은 표정으로 팔짱을 끼고 있다면, 퍼실리테이터는 제안과 관련해 아직 뭔가 남은 문제가 있느냐고 물어보아야 한다. 모든 우려와 이의가 제기되고 해결되지 않는다면, 그로 인한 불만이 서클의 성공 역량을 훼손하게 될 것이다. 이의는 반드시 해결해야 한다.

권력으로 동의를 강제할 것이 아니라 측정과 검증을 바탕으로 의사결정을 해야 한다.

퇴직자가 발생했을 때에야 면담을 통해 조직에 대한 생각을 묻는 것은, 부정적인 영향이 몇 달 내지 몇 년 동안 그 사람과 조직 단위 전체에 미쳐왔다는 것을 뜻한다. 한 사람 한 사람의 가치를 인정하는 수단으로서의 동의제는 조직의 역량을 극대화하는 실천적 방법이다.

의사결정이 행동을 결정한다

지배적인 의사결정 형식이 구성원의 조직 내 행동 방식을 결정한다. 권위주의 체제가 지배적인 경우, 구성원들의 행동은 습관적인 순종과 소극적인 공격성을 띨 것이다. 다수결이 지배적인 경우, 서로 다른 입장을 지지하는 파벌의 형성, 진리를 다수결과 동일시하는 경향, 뒷거래를 통한 투표 조작, 무시당한 소수의 분노와 저항 등이 나타날 것이다.

동의에 의한 의사결정이 지배적인 경우, 사람들과 조직들은 협력적이고 자기 조직화하게 된다. 그것은 조화와 활력을 불러일으킨다.

6장
품질 개발

소시오크라시가 우수한 품질을 가져다주는 까닭을 이해하려면, 작업장에서의 품질관리 역사를 들여다보는 것이 도움이된다. 14세기까지, 대부분의 소비재는 장인의 작업 기준에 따라 장인의 일터에서 생산되었다. 좋은 훈련을 받으려면 도제식이 필수였는데, 소년들은 열네 살 무렵에 훈련을 받기 시작했다. 장인은 훈련과 생산을 모두 통제했다.

그러던 것이 산업혁명으로 극적으로 바뀌었다. 헨리 포드의 조립라인처럼, 당시의 고속 생산은 공장 노동자들이 가급적 두어 가지 기술만 다루도록 표준화되었다. 표준화는 일정한 품질 수준을 보장했지만, 노동자들은 어떤 문제를 바로잡거나, 자신의 업무를 시작하거나 관리하는 데 요구되는 결정을 내릴 수 있는 훈련을 전혀 받지 못했다. 그들은 기계 부품이나 다를 바 없었다. 그들은 품질을 관리하지 못했다.

> 14세기까지, 대부분의 소비재는 장인의 작업 기준에 따라 장인의 일터에서 생산되었다.

작업환경과 노사 관계는 1920년대와 1930년대에 바뀌기 시작했다. 당시에 메리 파커 폴렛의 연구 성과는 제5장 '포괄적 의사결정'에서 언급한 호손 실험을 통해 타당성이 입증되었다. 노동자들과 관리자들은 특히 작업환경에 관한 의사결정에 상당한 정도로 참여하기 시작했고, 조직들은 한층 포괄적 참여의 성격을 띠게 되었다.

제1차 세계대전 이후의 불황이 1920년대에 끝난 뒤 소비자 지출이 급증했다. 백화점들은 호황을 누렸고, 특허 받은 새로운 발명품들이 불티나게 팔렸다. 대형 백화점들은 소비자들이 여러 신제품을 구입하기 전에 서로 비교하여 품질을 판단할 수 있게 했다. 소비자들은 어떤 제품을 구입할지 선택하는 과정에서 마음에 드는 기준을 정하기 시작했다. 품질은 소비자가 원하고 돈을 지불하는 기준이 되었다.

하지만, 제2차 세계대전 후 새로운 소재 및 제조 방식의 폭발적 증가와 국제무역의 성장으로 제조와 구매가 훨씬 어려워졌다. 기업이나 소비자 모두 품질을 판단할 수 없었다. 기업의 경우, 다른 나라의 다른 소재로 구성된 부품과 장비는 믿을 수 없을뿐더러 흔히 호환성이 없었다. 소비자들은 제품이 갑자기 망가지거나 사용자에게 해독을 끼칠 수 있음을 알게 되었다.

품질관리

일본은 품질에 대한 관심이 경제 전반을 얼마나 빨리 바꿀 수 있는지를 가장 잘 보여주는 사례 중 하나다. 1950년대에 '일본제(Made in Japan)'는 '잡동사니'나 다름없었다. 미국의 통계학자 에드워즈 데밍(Edwards Deming, 1900~1993)과 미국의 공학자 겸 품질관리 전문가 조지프 주란(Joseph Juran, 1904~2008)의 도움을 받아 일본인들이 열심히 노력한 끝에, 품질에 대한 관심이 일본 경제를 되살렸다. 일본은 성공적인 첨단 기술 제조업 국가가 되었고, 1970년대에 '일본제'는 값싸고 품질 좋은 혁신적 제품이 되었다. 일본 제품이 미국 시장에 밀려들었고, 기업 경영자들에게 충격을 주었다.

우수한 일본 제품들의 경제적 성공으로, 디자인과 생산과 소비자 욕구의 충족에서 품질의 중요성이 널리 알려지게 되었다.

1947년, 곧 있을 일본 인구조사를 도와달라는 요청을 받았을 때 데밍은 통계적 공정관리에 관해 연구하고 있었다. 일본 문화와 긴밀한 관계를 맺게 된 그는 일본과학기술자연맹(Japanese Union of Scientists and Engineers)의 초청으로 강연을 했다. 그의 견해가 깊은 감명을 주어서, 1950년에 그는 수백 명의 공학자, 관리자, 학자에게 통계적 경영관리를 가르치게 되었다. 데밍은 그들에게 판매와 소비자 만족도를 포함해 생산과정의 모든 면을 측정하고 분석함으로써 우수한 품질을 확보하고 비용을 절감할 수 있다는 확신을 심어주었다. 데밍의 방법론은 여러 기업 중에서 모토로라(Motorola)가 개발하고 제너럴 모터스(General Motors)가 활용한 식스 시그마(Six Sigma) 품질 개발의 토대가 되었다.

1954년, 주란은 데밍과 별도로 일본에서 연구하기 시작했다. 주란은 데밍과 달리 통계에 역점을 두기보다는 소비자의 관점에서 품질을 기술했다. 첫째, 품질 수준이 더 높다는 것은 소비자의 욕구를 충족시키는 특성이 더 많음을 의미한다. 둘째, 그것은 '결함 없음'을 의미한다. 결함이 훨씬 적은 상태에서 소비자의 욕구를 충족시키는 것으로 품질을 정의한 결과, 소비자 욕구의 미묘한 차이를 반영한 틈새시장에 초점을 맞춘 믿을 만한 대량생산 제품과 서비스가 전례 없이 다양해졌다.

결함이 훨씬 적은 상태에서 소비자의 욕구를 충족시키는 것으로 품질을 정의한 결과, 소비자 욕구의 미묘한 차이를 반영한 틈새시장에 초점을 맞춘 믿을 만한 대량생산 제품과 서비스가 전례 없이 다양해졌다.

주란은 일본 대기업의 최고 경영자들과 함께 연구하면서 품질관리 훈련 담당자의 중요성을 강조했다. 그는 '매우 중요한 소수'를 '쓸모 있는 다수'와 구별하는 파레토 법칙(Pareto Principle), 곧 80 대 20 법칙을 개념화했다. 파레토 법칙이라는 명칭은 이탈리아의 경제학자 빌프레도 파레토(Vilfredo Pareto)의 이름에서 따온 것이다. 그는 이탈리아 국토의 80퍼센트를 국민의 20퍼센트가 소유하고 있다는 사실을 발견하고 나서 사회경제적 데이터를 평가하고 그 특성을 기술하는 방법을 공식화했다. 파레토 법칙의 보편적 적용 가능성 덕분에, 그것은 오늘날 조직에서 가장 쓸모 있는 개념과 도구 가운데 하나가 되었다.

생산성 향상의 열쇠가 되는 20퍼센트라는 요인을 확인함으로써, 주란은 기업이 모든 것에 똑같이 주의를 기울일 때보다 생산성을 훨씬 빨리 향상시킬 수 있다는 사실을 발견했다. 그의 권위 있는 저서 『관리의 획기적 발전*Managerial Breakthrough*』(1964)은 상품과 서비스의 품질을 향상시키기 위한 연속적 단계를 설명한 최초의 책이다.

데밍과 주란은 전사적 품질 경영(Total Quality Management), 즉 지속적인 품질 향상에 역점을 두고 모든 조직 구성원에 의해 실행되는 통합적 관리법에 영향을 주었다. 그것은 공정과 생산, 서비스와 직장 문화, 고객 만족도의 향상를 포괄하는 종합적 관리 기법이다.

품질 인증

데밍과 주란이 품질관리에 대한 관심이 매우 이로우며 그들의 방법이 품질을 보장한다는 점을 입증했지만, 20세기 중반의 세계화는 새로운 난제를 초래했다. 나라마다 서로 다른 생산 기준과 측정법을 적용한 탓에, 제조업체로서는 독일에서 주문받은 부품이 미국에서 만든 자동차에서도 작동할 것이라고 장담할 수 없었다. 기업 간의 서비스가 증가하자, 기업들은 불만족스러운 고객이 되었다. 그와 동시에, 급속히 증대하는 유동성이 기업과 고객의 기존 관계를 단절시켰기 때문에, 고품질로 명성을 얻는 사업을 일으키기가 점점 더 어려워졌다. 기업과 고객이 모두 '한 치 앞도 내다볼 수 없는 현실'에 직면했다. 세계화가 가속화하자, 제조업체와 고객이 지리적으로 분리되고 같은 언어를 사용하지 않더라도, 끊임없이 변화하는 새로운 고객에게 즉각적으로 품질을 입증할 수밖에 없었다.

고객 보호뿐 아니라 기업의 상호 보호를 위해서도 국제 표준과 독립된 인증이 필요해졌다.

국제표준화기구(International Organization for Standardization: ISO)는 1947년 25개국 대표에 의해 설립되었다. 언어별로 이름의 머리글자가 달리 표기될 우려가 있었기 때문에, 기구에서는 '동등하다'라는 뜻을 가진 그리스어 *isos*에서 파생된 ISO를 공식 명칭으로 채택했다. 2015년, ISO는 165개국이 참여한 컨소시엄으로서 "산업의 효과성과 효율성을 제고하기 위해 제품과 서비스, 우수한 관행의 최신 규격"에 관한 품질 기준을 공표한다. ISO는 식품 안전, 컴퓨터, 농업, 건강관리, 업무관리 등의 물리적 규격과 생산공정에 적용되는 19,500개 이상의 국제 표준을 공표했다. 현재 몇몇 기관에서 인증 절차를 수행하고 있는데, 의무 사항은 아니지만 여러 산업 부문에서 국제 품질 인증은 매우 중요하다. 예컨대, 많은 회사들이 ISO 인증을 받은 회사와만 거래하고 있으므로, 국제 경쟁에서 품질 인증은 필수적이다.

생산관리에 관한 일차 표준인 ISO 9000 인증을 획득하기 위해 기업들에서는 생산공정과 기록 관리를 점검할 컨설턴트를 채용하고 예비 회계감사, 사전 평가 회계감사, 문서 작성 및 검토, 종업원 훈련, 계획 수립 등의 방법을 배우는 교육 과정에 관리자들을 보냈다. 그 과정이 소모적이어서, 해당 기업이 기회비용을 들여 인증을 추진하는 동안 그 자체로 손실과 생산성 저하가 나타났다.

소시오크라시 방식은 결과에 대한 지속적인 측정과 평가에 바탕을 두고 있다. 정책, 측정, 공정에 대한 평가, 금융거래 등에 관한 기록들은 보존되어야 한다. 공장, 비영리 무료 급식소, 법률사무소, 학교를 막론하고 모든 조직은 품질관리를 보장하도록 고안된 원칙과 업무 관행을 준수할 터이다. 놀랍게도, 엔덴뷔르흐 일렉트릭은 그런 기록들을 가지고 있었기 때문에, **인증 심사에 일반적으로 요구되는 대대적인 준비 없이도** ISO 9000 인증을 받을 수 있었다. 1990년, 이 회사는 네덜란드의 해당 산업 분야에서 최초로 ISO 인증을 받았다.

소시오크라시 방식이 ISO 인증에 의해 명시된 품질보증 절차에 바탕을 두고 있기 때문에, 엔덴뷔르흐 일렉트릭이 했던 것은 그 표준들을 검토하고 모든 부서에서 일상적으로 작성했던 기록에 근거해 관련 보고서를 작성하는 것이었다. 대부분의 작업은 단순히 기존 기록을 ISO에서 인정하는 용어로 옮기는 것이었다. 그 절차에 적응하는 데 1년쯤 걸렸지만, 그들은 어떠한 별도 교육도 받지 않았고, 예비 심사에 시간과 노력을 쓰느라 생산성이 떨어지는 위험도 겪지 않았으며, 외부 컨설턴트를 고용하지도 않고 스스로 해냈다.

소시오크라시에 바탕을 둔 조직과 기업은 필연적으로 최상의 품질관리 원리를 자동으로 적용하게 되며, 이를 입증할 기록을 가지고 있다.

품질관리와 자기 조직화

이론상, 전형적인 소시오크라시 조직 구조는 노동자-관리자-이사회라는 계층구조를 가지는 대다수 조직과 닮은 것처럼 보인다. 그러나 몇 가지 주요한 차이점을 다음 장들에서 살펴보려 한다.

첫째, 대체로 이사회와 최고 경영진이 수행하는 정책 결정은 소시오크라시 조직의 모든 단위로 배분된다. 감독자나 관리자가 주도하는 전통적인 직원회의 외에, 팀들은 운영 관리자를 포함해 노동자 또는 구성원 모두가 동등한 자격으로 참여하여 정책 결정을 내리는 별도의 회의를 가진다. 일부 소시

그림 6-1
서클 회의

소시오크라시 조직의 모든 구성원은 일상적 업무 결정을 좌우할 정책을 결정하는 서클 구성원이다. 서클 구성원들은 서클의 목적을 달성하는 방식을 결정할 때 동등한 자격으로 참여한다.

오크라시 조직들이 계층구조 대신에 노동자 자주관리 팀과 네트워크 등을 활용하기도 하지만, 모든 소시오크라시 조직은 서클 회의를 개최한다.

서클 회의는 예산, 역할과 책임의 규정과 부여, 채용 및 해고, 직무 과정, 서클 구성원의 능력 계발 및 교육에 관한 계획 등의 일상적인 업무 운영에 지침이 될 정책을 개발하는 회의다.

서클은 부여된 목표, 규정된 업무 영역(domain) 또는 책임 범위, 상위 조직의 정책과 절차 안에서 업무에 대한 완전한 통제권을 가진다. 그와 더불어, 서클 구성원은 서비스를 제공하거나 생산 및 품질 요건을 충족시키는 방법 등을 날마다 함께 결정한다.

제조법과 공정 같은 민감한 특허 정보, 법정 소송과 관련된 기록들을 제외한 모든 기록이 투명하게 공개되고, 모든 서클 구성원은 책임 있는 정책 결정을 내리기 위해 그 정보를 활용할 수 있다. 서클 구성원은 저마다 수행하는 업무의 시의성과 질을 보장할 책임이 있다.

바로 앞 장에서는 소시오크라시의 제1원리인 동의를 다루었다. 제2원리는 서클이다.

서클

서클은 정책이 시의성을 잃지 않고 문제들이 제때에 다루어질 수 있도록 필요할 때마다 회의를 여는데, 적어도 4~6주에 한 번씩은 회의를 개최한다. 참여자의 수는 전체 조직과 단위 조직의 규모에 따라 다르다. 큰 조직이라면 서클에서 내릴 만한 결정을, 작은 조직에서는 개별 목표를 부여 받은 한 사람이 스스로 내리면서 상당히 독립적으로 일할 수도 있다. 대부분의 경우, 서클 규모는 팀과 유사하게 5~20명이 가장 적절할 것이다. 목표가 아주 단순하고 구성원들이 아주 유사한 업무를 수행하지 않는 한, 40명 이상은 통제하기 힘들다.

조직의 모든 구성원은 최소한 하나의 서클에 속한다. 모든 사람—관리자, 감독자, 부서장, 의장, 노동자, 직원, 회원, 자원봉사자 등—은 각자가 속한 서클의 목표 달성에 책임이 있다. 서클 구성원은 각자의 역할과 책임을 규정하는 정책 결정에 참여한다. 서클은 회의 퍼실리테이터, 서기, 서클일지[1] 관리자,

---

1 서클의 목표 및 성격, 업무 등에 관한 종합 일지

제2 통치 원리

서클은 제한된 자치권을 가지고 자기 조직하는 단위로, 자체의 목표와 영역을 가진다. 서클은 해당 영역 내에서 정책 결정을 내리며 구성원은 지도-실행-측정의 기능을 위임받는다. 서클은 자체의 기록 시스템을 가지며, 서클 내 개발에 관한 계획을 수립한다.

서클 회의의 전형적인 안건과 의사결정

- 서클의 비전, 사명, 목표
- 정책 및 전략 방안
- 서클의 목표 추진 과정
- 직무 과정 설계
- 서클의 조직 설계 및 그와 관련된 절차
- 서클 구성원들의 역할과 책임 규정
- 역할과 임무를 수행할 담당자 선출
- 구성원의 충원이나 해임
- 서클 발전 계획

그림 6-2
서클, 제2 통치 원리

서클 구성원은 목표를 공유하고, 서클 회의를 통해 정책 결정을 내린다.

그림 6-3
서클 회의의 전형적인 의사결정

서클 구성원은 서클 회의에서 동등한 자격으로 일상 활동을 좌우할 결정을 내린다.

그리고 상위 조직과의 소통에서 서클을 대변할 한 명 이상의 대표자를 선출한다.

모든 서클 구성원은 역할과 책임 규정, 예산, 직무 과정, 성과 기록, 목표, 결정 사항, 업무 지침과 그 밖의 업무 관련 문서를 포괄하는 서클일지(logbook)를 가지고 있다. 구성원들은 정보를 동등하게 활용함으로써 동등한 자격으로 직무를 수행할 수 있다. 모든 사람이 의사결정에 참여하려면 결정의 근거가 되는 정보가 모두에게 있어야 한다.

서클의 책임에는 서클의 목표 달성에 필요한 모든 활동이 포함된다. 지도-실행-측정이라는 모든 기능은 해당 서클이 통제한다. 서클은 '조직을 생산하는 일'과 '생산을 조직화하는 찰스는 동료인 압둘(Abdul)과 보니(Bonnie)와 수전(Susan)과 함께 기술 회의를 준비하고 있다. 그들의 서클은 매달 첫 번째 월요일에 회의를 한다. 6개월 전, 그들은 수전을 서클 회의의 퍼실리테이터로, 찰스를 서기로 선출했는데, 둘의 임기는 1년이었다.

찰스는 서기로서 회의 일정을 정하고, 회의록을 배포하고, 서클의 모든 정책 관련 문서들이 포함된 서클 일지를 관리한다. 지난달 회의에서 결정한 이번 회의의 안건은 최근에 가진 소비자 대회에 대한 평가와, 다음 대회 준비를 위한 정책 변경의 필요성에 관한 검토였다.

일'을 모두 수행한다. 다시 말해서, 서클은 제품을 생산하고 서비스를 제공하기 위해 서클 구성원과 자원을 활용하는 방법을 결정한다.

독재적 조직에서 피고용인들은 대체로 운영, 즉 그들이 매일 하는 일에 관한 회의에만 참석하고, 어떤 일이 진행될 것인지, 자원이 어떤 식으로 할당될 것인지에 관한 결정에서는 배제된다. 노동자들에게 의견을 구하는 참여 경영에서조차도, 관리자들에게는 노동자들의 의견을 존중할 의무가 없다. 소시오크라시 조직에서는 그런 존중이 요구된다.

소시오크라시 조직에서는 모두가 정책회의와 운영회의에 참여하기 때문에 구성원들이 지도-실행-측정의 과정을 더 잘 이해하고 있으므로 일상적인 감독을 훨씬 덜 받게 되고, 따라서 회의 횟수가 훨씬 적다.

독재적 조직에서, '최고위층'은 정책을 결정하고 '최하위층'에게 실행을 맡긴다. 소시오크라시는 정책 결정을 모든 단위 조직에 맡긴다. 소시오크라시에서, 모든 서클은 상위 조직에서 동의로 정한 범위 안에서 그 자신의 정책을 결정하고 실행한다.

조직 만들기

서클의 기본 임무는 서클의 목표를 달성하는 것이고, 목표를 달성하기 위해 자기 조직한다. 서클은 '조직을 만들기' 위해 목표 달성을 위한 모든 단계, 즉 비전·사명·목표를 포함하는 서클의 목적을 정의하고, 생산공정과 순환적 피드백 절차, 업무 분장 및 위임 등에 관한 매일의 업무 운영을 규정하는 방법을 알아야 한다.

이 단계들은 목표로 시작해서 순차적으로 제시되지만, 동시에 논의될 수도 있다. 목표를 정의하는 일부터 시작하는 편이 가장 쉬울 때가 많은데, 목표가 곧 서클을 만드는 목적이며 구체적이기 때문이다. 비전과 사명은 훨씬 추상적이고, 생산공정은 훨씬 더 구체적이다. 조직을 만드는 과정을 개념적으로 이해하려면, 비전부터 시작하는 것이 더 명확하기는 하다.

조직 만들기
목적
　　　비전 정의하기
　　사명 정의하기
　목표 정의하기

운영
　　생산공정 설계하기
　　　순환적 피드백 절차 설계하기
　　　업무 분장 및 위임 결정하기
　　　　지속적 개발 프로그램 설계하기

그림 6-4
조직 만들기
직무 과정을 뒷받침할 조직을 만들 때 대체로 조직의 목표 설정부터 시작한다. 조직을 정의하기는 쉽지만, 그 생성 과정은 각 단계가 완결될 때까지 각 단계를 수정하며 좌충우돌하는 과정을 겪기 때문이다.

비전(Vision)

비전 선언문은 서클이 희망하는 미래를 서술한 것이다. 그것은 영감을 불어넣는다. 상황이 좋지 않을 때 비전은 서클 구성원들에게 다시 초점을 맞춘다. 비전 선언문은 상황, 느낌, 가치에 관한 진술이거나 말 그대로 어떤 꿈에 관한 묘사일 수도 있다.

사명(Mission)

*mission*이라는 말은 선교와 밀접한 관련이 있다. 사명 선언문은 비전을 완수하는 방법을 서술한 것이다. 사명은 서클 구성원들에게 동기를 부여하고, 비전에서 정의한 세계나 고객과 맺는 특정한 관계를 규정한다. 비전이 바람직한 외부 세계에 대한 정의라면, 사명은 조직 내부로 눈을 돌려 비전 실현 과정에서의 임무를 규정한다.

목표(Aim)

목표는 사명 완수가 가져다주는 소기의 결과인 제품이나 서비스, 즉 '무엇'에 관한 서술이다.

그것은 주고받을 수 있다는 점에서 실체적이다. 고객이 그 목표를 인식하고 다른 목표, 다른 제품, 다른 서비스와 구별할 수 있어야 한다. 따라서 서클은 고객의 관점에서 자신의 목표를 정의해야 한다. 즉, 목표는 주란(Juran)이 제시한 품질 개념—결함을 최소화하면서 고객의 요구를 최대한으로 충족시킨다는—을 압축적으로 표현해내야 한다.

목표는 고객과의 관계, 협회나 네트워크 구성원과의 관계

찰스가 속한 통신 서클의 비전은 '모든 고객이 자사의 제품에 관해 충분히 알고 제품에 대한 기대로 들떠 있는 것'이다.

사명은 '고객이 자사 제품에 익숙해지도록 하는 것'이다.

목표는 '다양한 미디어 채널을 통해 고객 맞춤형 정보를 제공하는 것', '소비자 대회를 조직하는 것', '쌍방향 월간 뉴스레터를 발행하는 것', '온라인 소비자 포럼을 진행하는 것', '제품의 창의적 사용자를 대상으로 하는 우수 고객 포상 프로그램을 운영하는 것'이다.

에 생기를 불어넣는다. 그것은 성공을 측정하는 척도이자 제안된 조치를 평가하는 논거가 된다. 서클은 목표를 제대로 정의해야 이의를 해결할 수 있다. 분명하게 잘 수립된 목표는 작업 과정의 혼선을 방지하고 바람직한 방향으로 나아가기 위한 전제 조건이다. 목표에 대해서는 제13장 '업무 체계화'에서 더 자세히 살펴볼 것이다.

생산공정

목표는 목표 선언문에 기술된 제품이나 서비스의 생산공정을 설계하는 일—실행—의 출발점이다.

서클은 어떻게 스스로를 조직하는가? '실행'을 좀 더 면밀히 살펴보자. 운영 관리에서 실행(doing)은 투입(input), 변환 (transformation), 산출(output)이라는 세 가지 단계로 진행된다. 일상어로 말하자면, 고객과 계약하는 것이 투입, 제품이나 서비스를 생산하는 것이 변환, 상품과 서비스를 고객에게 제공해 만족을 주는 것이 산출이다. 계약은 그렇게 완성된다.

다음 단계(조향 과정 설계)로 연결되는 생산공정 설계 과정에 모든 노동자를 참여시킴으로써, 소시오크라시는 품질관리에 많은 이점을 가져다준다. 생산 및 조향(steering) 과정의 설계야말로 품질관리의 핵심이다.

순환 과정

서클은 업무 실행뿐 아니라 결과의 측정과 평가도 스스로 책임진다. 나중에 좀 더 충분히 다루겠지만, 교정과 향상에 꼭 필요한 지도-실행-측정의 순환 과정—피드백 루프—을 활용함으로써, 서클은 역동적으로 업무를 수행할 수 있도록 스스로를 조직한다.

성공적인 팀은 예기치 않은 변화의 필연성에 적응할 수 있는 자율 최적화 시스템으로서 임무를 수행할 것이다. 잘 구성된 지도-실행-측정 과정은 구성원으로 하여금 각자의 업무 수행을 시시각각 바로잡아 서클의 목표를 달성하게 해준다. 하나의 시스템으로서 서클은 회복력이 있고 자기 조직하도록, 그리고 자신의 생명 과정을 이해하고 통제하는 구조를 가지도

그림 6-5
순환 과정
순환 과정은 세 가지 기능을 강조하기 위해 삼각형으로 표현되어 있다. 삼각형의 변들은 기능 간의 연결을 의미한다. 흔히 서클을 상징하는 이미지로 삼각형이 활용되는데, 소시오크라시의 상징이 되었다.

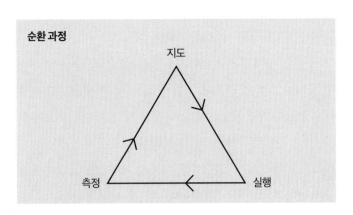

록 설계된다.

소시오크라시에서 지도-실행-측정에 대한 일차적 책임은
서클 구성원에게 있다. 제5장 '포괄적 의사결정'에서 사이어트
와 마치의 연구를 논하면서 언급했듯이, 최선의 결정은 특정
한 상황에서 함께 일한 경험을 가진 사람들에 의해 그때그때
내려진다.

업무의 정의와 위임

소시오크라시에서 역할과 책임은 서클 회의에서 내린 정책 결
정에 따라 정의되고 부여된다. 서클 구성원은 운영장에게 독
재적으로 업무를 배분할 권한을 줄 수도 있고, 소시오크라시
선출 방식으로 업무를 분장할 수도 있고, 심지어 제비뽑기를
하거나 교대로 책임을 맡는 방식을 택할 수도 있다. 하지만 이
모든 경우에, 어떤 과정을 활용하고 누가 그것을 집행할 책임
을 지고 이러한 결정들을 언제 검토할 것인지를, 팀은 서클 회
의에서 동의제로 결정한다.

전문성 신장

서클은 일련의 업무를 배정받은 사람들의 명부 이상의 의미
가 있다. 제한적 자치권을 가지고 자기 조직하는 유기적 실체
로서 끊임없이 발전한다. 서클은 서클 목표에 영향을 미칠 경
쟁 대상 신제품들을 파악하고 새로운 소재와 공정을 이해하
고 평가해야 한다. 개발(development)—학습, 교육, 연구—은
서클의 업무 계획 수립과 업무 수행에 대한 기대에서 핵심적
이다. 팀 구성원들은 변화하는 요구에 대응하는 데 유용한 서

찰스가 담당한 소비자 대회의 경우, 계약 단계(투입)는 대회 참가 신청을 할 만한 고객들의 욕구를 담은 제안으로 시작할 것이다. '서비스 생산'—두 번째 단계(변환)—은 대회 개최와 프레젠테이션 자료 배부가 될 터이다. 세 번째 단계(산출)는 고객이나 구성원의 만족도를 평가하는 것이 될 것이다. 고객이나 구성원의 만족도는 평가서와, 대회 결과로 발생한 매출을 통해 측정될 수 있다.

찰스네 서클은 대회를 준비하고 운영하는 데 필요한 각 단계에 관한 지침을 작성했다. 거기에는 대회 예산 편성과 주제 개발부터 대회 홍보와 운영, 평가서와 매출 통계의 수집·분석에 관한 내용이 포함되어 있었다. 각 실행 단계는 지도-실행-측정이라는 순환 과정으로 이루어져 있고, 측정은 지침의 변화로 이어질 수도 있다.

클과 개인의 역량 개발 계획을 모두 수립하게 될 것이다.

1979년, 엔덴뷔르흐는 개발을 서클의 책무 가운데 하나로 포함시키는 것이 중요하다는 사실을 명확히 인식했다. 당시에 여러 연구자들 중 한 사람이 소시오크라시 실행 결과를 연구하러 엔덴뷔르흐 일렉트릭을 방문했다. 그 연구에 따르면, 9년간의 운영 후 일부 노동자들은 그러한 통치 과정에 참여하기를 그만두었다. 어떤 서클 회의는 참석자가 거의 없었고, 일부는 애초부터 열리지 않았다. 사람들이 통치에 참여하려면, 그러한 기회를 알리기만 하는 것이 아니라 더 많은 조치가 필요했다. 음으로 양으로 독재적 리더십이 발휘되는 조직에서 근무했던 사람들은, '소시오크라시로 방향을 바꾸기 전에 철저한 민주화 단계를 거칠' 필요가 있었다. 달리 말하자면, 온전히 책임지고 자치를 수행하기 전에 우선 통치에 참여해볼 필요가 있었다.

더 많은 연습과 두 번째 실행을 거쳐, 엔덴뷔르흐는 서클들이 자체 역량 개발—학습과 교육과 연구—에 스스로 책임을 진다는 점을 분명히 하는 소시오크라시 방법을 정립했다.

자기 관찰 조직

제4장 '사이버네틱스와 소시오크라시 원리들'에서 다루었듯이, 소시오크라시는 서클 회의라는 인적 시스템과 서클 일지라는 자료 시스템으로 자기 관찰 시스템을 만들어낸다. 예컨대, 지도-실행-측정 과정 전반에 스며든 피드백 루프 덕분에, 조직을 지속적 발전으로 이끌어줄 자료들을 확보할 수 있게 된다. 결정이 동의로 내려지기 때문에, 조직은 일이 잘못 돌아가고 있거나 뜻밖의 긍정적 변화가 일어나고 있는 부문에서 구성원들이 발하는 경보에 주의를 기울여야 한다.

음으로 양으로 독재적 리더십이 발휘되는 조직에서 근무했던 사람들은, '소시오크라시로 방향을 바꾸기 전에 철저한 민주화 단계를 거칠' 필요가 있었다. 달리 말하자면, 온전히 책임지고 자치를 수행하기 전에 우선 통치에 참여해볼 필요가 있었다.

　조정하고 변화하고 학습하고 성장하려면 과정이 투명해야 한다.

왜 이런 식으로 조직을 설계하는가?

소시오크라시 방식으로 업무를 조직하는 것에는 생산과 서비스의 품질관리 측면 외에도 이점이 많다.

- 복잡한 과정들의 방향을 조정해갈 수 있다.
- 과정이 환경으로부터 분리되지 않는다.
- 서클 구성원이 자기 영역(공동 목표와 수행 과정)을 이해한다.

- 서클 구성원이 자기 업무 결과에 책임을 진다.
- 업무 과정에 빈틈이 생기지 않는다.
- 모든 단위 조직이 문제의 이해와 해결을 아주 쉽게 해 주는 동일하고 보편적인 의사결정 방식을 따른다.
- 관리 및 정보 시스템이 주요 업무 프로세스를 중심으로 통합된다.
- 고객 지향성이 업무 프로세스의 일부로 확실히 자리 잡는다.

소시오크라시는 의료 기관, 스크래블 클럽, 양로원, 여름 캠프, 자동차 공장, 학교, 스포츠 행사, 연극 제작, 협회 등 모든 종류의 네트워크에 적용할 수 있다. 그런 의미에서 그것을 "빈 방법"이라고 부르기도 한다. 각 조직이 제 나름의 내용으로 그것을 채운다는 것이다.

소시오크라시 조직을 설계하는 과정은 집단이든 개인이든 언제나 동일하다. 내용만 바뀔 따름이다. 그 패턴은 자연에서 흔히 볼 수 있는 프랙털[2]로, 소시오크라시 조직 설계 방식을 배울 때 느끼게 되는 아름다움 가운데 하나다. 그것은 보편적으로 효과를 내지만 고정된 처방전은 아니다. 구조는 유지하되 조직에 맞추어 조정할 수 있다.

---

2 fractal: 부분과 전체가 닮은꼴로 끝없이 되풀이되는 구조

7장

조향과 구조

물리학에서, *dynamic(다이내믹)*이라는 말은 움직이거나 변화하는 요소를 설명하는 데 쓰인다. 반대말인 *static(스태틱)*은 변화할 수 없는 요소를 설명하는 데 쓰인다. 자연환경과 경제 환경은 모두 동적이지만, 많은 조직 구조는 정적이다. 조절하고 적응하는 것은 설령 가능하더라도 매우 어렵다. 어떤 조직이 생명체처럼 변화할 수 있다면 계속 기능을 다하며 환경에 적응할 수 있다. 그 조직은 어떤 문제나 힘든 상황이 닥치더라도 목표를 지속적으로 성취할 수 있다.

소시오크라시 조직은 역동적으로 설계된다. 그래서 소시오크라시를 흔히 '동적 통치'라고 부른다. 그 원리와 실천 기법은 최적화 능력, 즉 불안정 상태를 관리하면서 즉각 대응할 수 있는 역량을 만들어낸다. 소시오크라시는 업무 프로세스를 체계화한 다음 운용 방향을 조정하기 위해 지도-실행-측정이라는 순환 과정을

> 소시오크라시 조직은 역동적으로 설계된다. 그래서 소시오크라시를 흔히 '동적 통치'라고 부른다.

활용함으로써 활력을 유지한다. 운영을 지속하면서도 신속하게 변화할 수 있는 것은 그처럼 지속적 피드백 장치를 내장하고 있기 때문이다.

이중 연결하는 서클

피드백 루프를 운영 관리에 제대로 적용하는 것은 드문 일이 아니다. 소시오크라시에서 독특한 점은 **피드백 루프가 통치 구조에 통합되어 있다**는 것이다. 바로 앞 장에서 살펴보았듯이, 조직의 모든 단위—서클들—는 자치 조직으로서 저마다 정책을 결정한다. 하지만, 이 구조에는 서클들이 상충하는 정책 결정을 내릴 위험성이 따른다. 그 위험을 피하는 한 가지 방법은 각 서클의 영역이 중복되지 않도록 주의 깊게 각자의 영역을 정의하는 것이다. 두 번째 방법은 서클 간의 소통 및 제어 체계를 확립하는 것인데, 이는 조직의 다른 여러 기능들에도 도움이 된다.

우리는 이미 강력한 시스템들이 얼마나 회복력이 있고 어떻게 자기 조직하며 일관성 있는 구조로 되어 있는지를 다루었다. 대부분의 조직은 각 단위가 하위 단위를 통제하는 계층구조로 이루어져 있다. 그에 도사린 위험은 일방적이고 독단적인 하향식 의사결정이 거의 불가피하다는 점이다. *위계(hierarchy)*라는 말은 **독재적**(autocratic)이라는 말의 동의어나 다름없다.

앞에서 말했듯이, 소시오크라시는 소통과 제어가 조직 내에서 하향식뿐 아니라 상향식으로도 이루어지는 **순환 계층구조**(circular hierarchy)를 확립함으로써 독재적인 선형 계층

제3 통치 원리: 이중 연결

서클 간의 피드백 루프는 차상위 서클 구성원인 운영장과 선출된 한 명 이상의 서클대표에 의해 형성된다. 지도-실행-측정이라는 순환 과정에서 운영장은 지도 기능을 담당하고, 서클대표는 측정 기능을 담당한다.

그림 7-1
제3 통치 원리
서클 간의 순환 과정을 유지시켜주는 피드백 루프를 형성하기 위한 서클 간의 이중 연결

구조와 달라진다. 순환 계층구조는 또한 공동 목표를 가진 일종의 네트워크라고도 볼 수 있다. 각 허브(hub)는 공동 목표와 연관된 자체의 목표와 기능을 가지고 있다.

소시오크라시 조직의 순환 계층구조는 서클 간의 **이중 연결**(double-link)로 확립된다. 운영장과 선출된 한 명 이상의 서클대표는 차상위 서클의 구성원이기도 하다. 운영장은 정보를 조직에서 서클로 전달하는 역할과 지도(leading) 기능을 담당하고, 서클대표는 정보를 서클에서 조직으로 전달하는 역할과 측정(measuring) 기능을 담당한다. 둘 중 어느 쪽이든 논의 사항에 제약이 있는 것은 아니고, 각자가 특정 정보를 전달할 책임을 진다는 뜻이다. 피드백 루프는 서클 간에 그렇게 '내장되어' 있다.

소시오크라시 조직의 순환 계층구조는 서클 간의 이중 연결로 확립된다.

이중 연결은 모든 서클에 복제되고, 지도-실행-측정이라는 순환 과정을 통치 구조에 통합한다. 정책 결정이 동의제로 이루어지기 때문에, 피드백은 무시되지 않고 인정될 수밖에 없다. 이중 연결은 독재적인 하향식 의사결정을 방지하고, 조직 전체가 회복력과 더 많은 변화 능력과 더불어 일관성을 유지하게 한다. 이중 연결은 각 서클이 다른 서클들의 동의를 얻고 그들과 최상의 조화를 이루면서 운영될 수 있도록 해준다.

이것은 두 가지 역할, 곧 서클대표와 운영장의 역할이 동일인에게 부여될 수 없음을 의미한다. 운영장의 임무는 조직을 대신하여 지도하는 것이고, 서클대표의 임무는 서클의 반응을 평가하여 그것을 총서클에 전달하는 것이다. 그들은 각자 분명한 목표를 가지고 있다. 지도는 측정 결과에 대한 평가를 포함하지만 측정과 분리되어야 한다. 전기를 비유로 들자면, 전기는 하나의 전선에서 동시에 두 방향으로 흐를 수 없다.

서클대표

서클은 구성원 중 1인 이상을 차상위 서클 회의에서 그들을 대표할 사람으로 선출한다. 임기 1년인 대표를 선출할 수도 있고, 특수한 관심사를 다루거나 사안에 대한 전문 지식을 갖춘 사람이 요구되는 특별 회의에서 그들을 대표할 또 다른 사람을 선출할 수도 있다. 맡아야 하는 책임이 서로 전혀 달라서

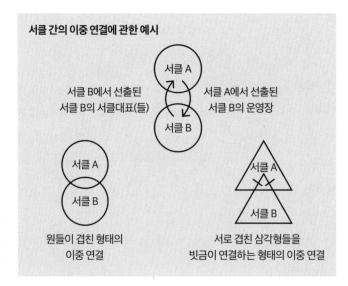

그림7-1b
서클 간의 이중 연결

이중 연결은 피드백 루프와 피드포워드 루프를 확립하고 유지함으로써 순환 과정을 완성한다.

정확한 소통을 위해 한 명 이상의 서클대표를 선출해야 하는 서클들도 있다.

결정을 다수결로 내리지 않기 때문에, 서클이 파견하는 서클대표의 수는 가변적이다. 어떤 결정을 조작하기 위해 추가로 파견하는 것이 아니라 그저 정확한 정보를 알리기 위해서일 뿐이다. 의사결정은 찬성 또는 반대하는 인원수나 특정한 선택지를 지지하는 사람들의 지위가 아니라, 정보와 논거에 입각해 내려진다.

운영장을 제외한 모든 구성원이 서클대표로 선출될 수 있지만, 서클의 관심사에 대해 분명히 설명하는 능력과, 서클의 동등한 구성원으로서 제 역할을 다할 수 있는 좀 더 높은 수준의 추상적 사고 능력이 요구된다.

이 일은 능력과 관심을 모두 필요로 한다. 더할 나위 없이 유능하고 지적인 사람이더라도 추상적 분석에는 전혀 관심이 없을 수 있고, 그렇다면 아마 장기적으로는 좋은 서클대표가 되지 못할 것이다.

서클대표들이 동의해야 결정이 이루어지도록 한 점은 서클대표의 피드백이 무시될 수 없다는 것을 의미하므로 매우 중요한 요건이다. 실제로, 동의제는 조직을 구성하는 의사결정 서클들 간의 연결을 강화한다.

운영장

각 서클 회의에는 운영장이 포함되는데, 이때 운영장은 다른 구성원들과 동등한 자격으로 참여하게 된다. 운영장은 서클의 업무를 관리할 책임이 있다. 서클은 제한적 자치권을 가지

찰스가 근무하는 통신과는 마케팅부에 업무를 보고한다. 수전은 마케팅부에서 발탁하여 통신과장이
되었다. 그녀는 운영장으로서 마케팅부의 모든 정보를 통신과로 분명히 전달할 책임이 있다.
통신과는 서클 회의에서 3년 동안 해마다 찰스를 마케팅부의 서클 회의에 참석할 서클대표로 선출했다.
그의 참여와 동의는 통신과의 서클 회의뿐 아니라 마케팅부의 서클 회의에서도 필수적이다. 수전을 발
탁하여 통신과장으로 임명하는 과정에 찰스가 참여해 동의했기 때문에 그녀는 채용될 수 있었다.
따라서 수전과 찰스는 마케팅부와 통신과의 서클 회의들을 연결하는 피드백 루프를 형성한다.

고 자기 조직하므로, 운영장의 역할은 자기 서클이 속한 상위
조직의 정책들 안에서 서클이 나아갈 방향을 조정하는 것, 서
클이 상위 조직을 뒷받침하면서 서로의 목적이 어긋나지 않는
방식으로 업무를 수행하도록 하는 것이다. 잘 발전한 서클은
절차와 지침을 비롯해 잘 정리된 최신 정책들을 담은 서클일
지를 보유한다.

　　일일 직무 수행에서, 운영장은 서클의 정책에 따라 업무를
처리한다. 그 정책을 결정하는 데 참여해 채택에 동의권을 행사
한다. 기존 정책에 포함되어 있지 않은 사안에 대
해 결정해야 할 경우 자기가 최상이라고 생각하
는 판단에 따라 결정을 내리고, 다음 서클 회의
에서 그에 대해 검토한다. 이로써 서클은 매 순간 가능한 최상
의 결정을 내리면서 앞으로 나아갈 수 있다. 필요한 경우 특별
회의를 소집할 수 있지만, 그런 경우는 드물다. 일상적으로는,
운영장은 좀 더 독단적으로 직무를 수행한다.

　　이중 연결의 중요성과 그 연결이 어떻게 일관성과 회복력

일일 직무 수행에서, 운영장은 서클의 정책에 따라 업무를 처리한다.

이 있고 자기 조직하는 효율적 조직 구조를 만들어 내는지를 이해하려면, 긍정적 피드백 루프와 부정적 피드백 루프, 그리고 예측을 통해 선행되는 피드포워드 루프가 작동하는 방식을 이해할 필요가 있다.

순환 과정

지도-실행-측정은 조직이 스스로 바로잡아 자율 최적화하게 하는 피드백 루프를 구성하는 순환 과정이다.

모든 체계가 스스로 바로잡는 것은 아니다. 자동판매기는 에너지를 다 써버리거나 고장이 날 때까지 변화하지 않은 채 선형 방식으로 기능을 수행하도록 설계되어 있다. 피드백이 없거나 무시되는 경우, 변화는 제멋대로 일어날 것이고 기껏해야 불완전한 정보에 근거를 둘 것이다. 피드백은 우리가 잘하고 있는지 여부를 알려준다. 다시 말해서, 우리는 피드백에 근거해 평가하고 활동함으로써 우리의 행동을 변화·향상시킬 수 있다.

훌륭한 피드백 시스템은 우리가 무엇을 언제 알아야 하는지 파악할 수 있게 한다. 앞서 다룬 난방 시스템의 온도계는 보일러를 켜거나 끌 시점을 '알려줄' 수 있도록 스위치에 피드백을 제공하는 순환 과정의 하나다. 비행기 계기반의 계기들은 뭔가가 작동하고 있지 않거나 조정될 필요가 있을 때 조종사에게 피드백을 제공한다.

독재적 구조에서, 책임자는 피드백을 무시할 수 있다. 소시오크라시에서, 이중 연결은 그렇게 할 수 없는 구조를 공고히 한다. 동의의 원리는 제1의 통치 원리로서 서클 구성원의 피드백을 무시할 수 없도록 보장한다. 이중 연결은 제3의 통치 원리로서 서클과 서클 사이에서도 피드백이 무시될 수 없는 구조를 구축한다. 피드백은 역동적인 환경에서 조직이 방향을 조정해 가는 토대이다.

조향(steering)의 유형

그림 7-2에서 보듯이, 조향은 **수동적**이거나 **능동적**일 수 있고, **정적**이거나 **동적**일 수 있다. 각각의 조향은 각기 다른 환경에서 효과적이다. 수동적 조향은 그저 환경에 반응을 보일 따름이지만, 능동적 조향은 환경을 예측하여 변화를 꾀한다. 정적 조향은 내적 변화를 요구하지 않지만, 동적 조향은 지도-실행-측정이라는 순환 과정을 충분히 활용해서 살아남는 데 꼭 필요한 내적·외적 변화를 꾀한다.

> 조향은 수동적이거나 능동적일 수 있고, 정적이거나 동적일 수 있다. 각각의 조향은 각기 다른 환경에서 효과적이다.

예컨대, 등딱지 안쪽으로 머리를 끌어당기는 거북은 수동적-정적 조향을 통해 환경의 위협으로부터 자신을 보호한다. 거북은 수백 년 동안 그런 식으로 행동해왔으므로, 그것은 거북에게 아주 효과적이다. 과밀 학급 문제에 대해 그저 입학을 제한할 따름인 학교 제도도 그와 마찬가지로 수동적-정적 조향을 활용하고 있지만, 아이들을 받아줄 다른 학교가 없다면 그 조치는 아마 지역사회에 효과적이지 않을 것이다.

외국 경쟁 업체가 들어오지 못하도록 무역 장벽을 쳐달라고 정부에 요청하는 직물 공장은 수동적-정적 조향에 대한 보호법 형태의 지원을 요청하는 것이다. 수동적-정적 조향을 활용하는 조직은 위협 세력과 소통하거나 내적 변화를 꾀하지

조향의 유형

	정적	동적
수동적	**숨는다** • 쭈그리고 앉는다. • 학교 입학을 제한한다.	**대응한다** • 상황에 반응한다. • 교실을 더 짓는다.
능동적	**도망친다** • 달아난다. • 아이들을 다른 학교로 통학시킨다.	**예측한다** • 상황을 예측한다. • 신생아 수를 추적한다. • 과밀을 예상해 교실을 짓는다.

그림 7-2
조향의 유형

정적인 조직은 환경에 반응하되 변함없는 조향 방식을 활용한다. 동적인 조직은 미래 상황을 예측하고 그에 대응하게 해주는 피드백 및 피드포워드 루프를 만들어내는 순환 과정을 활용함으로써 환경과 상호작용한다.

않은 채 자신과 문제 사이에 장벽을 친다. 그저 장벽을 치는 것은 장기적으로 조직과 경제에 손해를 끼칠 수 있고, 결코 조직을 더 강력하게 만들어주지 않는다.

능동적-정적 조향을 활용하는 조직은 새롭고 위협적이지 않은 환경을 찾음으로써 환경에 대응한다. 토끼는 위협적인 여우가 없는 새로운 환경으로 이동하기 위해 속도를 이용한다. 어느 학교에서는 아이들을 과밀 학교에서 이웃 학교로 통학시킨다. 어느 의류 업체에서는 임금이 더 싼 다른 나라에 공장을 세움으로써 원가를 낮춘다. 이런저런 조치들이 취해지지만, 시스템은 바꾸지 않고 도망칠 뿐이다.

한편, 동적 조향에서는 환경에 반응을 보이거나 회피하는 데 그치지 않고 순환 과정을 활용해 시스템을 변화시킨다. 수동적-동적 조향은 현재의 조건과 기존 기준 간의 모든 차이를 측정하는 **차이 관리 과정**(difference-controlled process)이다. 차이는 필요한 모든 교정 활동의 토대가 된다.

앞에서 예로 든 난방 시스템은 수동적-동적 조향, 즉 차이 관리형 조향을 활용한다. 원하는 온도가 설정되어, 실내 온도가 설정 온도 이하로 내려가면 스위치가 보일러를 가동한다. 전형적인 재고관리 시스템 역시 차이 관리형 조향을 활용한다. 공급품의 재고가 설정치 이하로 떨어지면, 재고관리 담당자나 컴퓨터가 더 많은 양을 주문한다. 이미 있는 학급들이 특정한 과밀 기준에 도달했을 때 교실을 더 짓기로 결정하는 학교 이사회 역시 수동적-동적 조향, 즉 차이 관리형 조향을 활용하고 있다.

차이 관리적 조향은 비교적 단순하지만, 시차 때문에 상대적으로 큰 변동을 초래할 수 있다. 외부 온도가 급격히 떨어지면, 보일러가 실내 온도를 높이기까지 시간이 어느 정도 걸릴 수도 있다. 학교 이사회가 과밀 학급이 생기기 시작하는 경우에만 교실 신축에 착수한다면, 새 교실이 마련될 때까지 학생들이 극심한 과밀학급을 경험할 수도 있다. 차이 관리형 조향이나 수동적-동적 조향을 활용하는 사업체는 시장의 급변 상황에 미처 적응하기 전에 도산할 수도 있다.

이스트먼 코닥(Eastman Kodak)이 그런 사례이다. 이 회사는 한때 시장점유율이 90퍼센트에 이를 정도로 사진용 필름 산업을 장악했지만, 1990년대에 디지털 사진술로의 변화에 적응하지 못해 2007년까지 수익성을 회복하지 못했다.

확실히 수동적-동적 조향 쪽이 수동적-정적 조향보다 적응성이 낮지만, 변화를 예측할 수 있게 해주는 요인들을 측정하는 경우만큼 적응성이 좋지는 않다.

예측에 의한 조향에 바탕을 둔 시스템들은 피드**백** 루프 말고도 미래를 예측하기 위해 피드**포워드** 루프를 활용한다. 그들은 미래의 사건들이 시스템에 미칠 영향을 반영하는 예측 모델을 만들어낸다. 예컨대, 우리의 난방 시스템이 외부 온도 변화를 측정하는 온도계를 건물 외부에 가지고 있어서, 조만간 실내 온도에 영향을 줄 환경 변화를 예측해 보일러 가동을 시작하거나 멈추는 식이다.

예측에 의한 조향은 미래의 모델을 만들어 낸다. 난방 시스템 모델에는 벽체의 열전도성(R값)과 보일러의 열 방출량이 포함될 것이다. 그 정보 덕분에 스위치는 외부 온도가 변화할 때 실내 온도가 얼마나 빠르게 떨어질지 계산할 수 있다. 스위치는 실내 온도가 떨어지는 것을 막기 위해 언제 보일러를 가동해야 하고 해 뜬 후 과잉 난방을 막기 위해 어느 시점에 보일러를 꺼야 할지 알 것이다. 이 시스템은 실내 온도의 변동 폭을 크게 줄여줄 것이다.

예측에 의한 조향에 바탕을 둔 시스템들은 피드백 루프 말고도 미래를 예측하기 위해 피드포워드 루프를 활용한다. 그들은 미래의 사건들이 시스템에 미칠 영향을 반영하는 예측 모델을 만들어낸다.

언제 새 교실을 지어야 할지 예측하기 위해 학교 이사회에서 신생아 수, 신규 주택 건설에 관한 예보, 지역 경제개발을 지켜본다면 능동적-동적 조향을 활용하고 있는 것이다. 능동적-동적 조향은 회사가 미래의 수요를 예측하고 그에 맞추어 혁신적인 제품을 만들도록 해준다.

능동적-동적 조향에 필요한 시스템 모델은 매우 복잡해서 그것을 확립하고 검토할 대규모 컴퓨터 프로그래밍을 필요로 할 수 있다. 난방 시스템을 예로 들자면, 벽체의 열전도성은 풍속과 풍향, 기압, 습도에 따라 달라질 수 있다. 따라서 그런 환경조건들을 측정하고 변수들을 고려해 스위치가 끔-켬 결정의 효과를 '학습하는' 것을 도와줄 인공지능 프로그램에 데이

찰스의 서클이 능동적-동적 조향을 활용한다면, 다음 사용자 대회가 열리기 몇 달 전에 사용자들의 관심을 예측하려고 노력할 것이다. 예측 자료를 문서화하고, 그것을 중심으로 계획을 세우고, 새로운 정보에 입각해 예측 자료를 업데이트하고, 그에 따라 계획을 수정할 것이다.

터를 제공하기 위해 감지기들을 설치할 수도 있다. 자동제어가 가능한 이 시스템은 시간이 지날수록 더 민감하고 정확해질 것이다. 그와 마찬가지로, 전략적 또는 장기적 사업 계획 역시 새로운 자료 이용이 가능해지면서 업데이트된, 정교한 동적 시스템 모델을 일정 부분 고려하면서 수립하게 될 것이다.

피드백 루프와 피드포워드 루프

조직이 순환 과정, 특히 능동적-동적 조향, 다시 말해 예측에 의한 조향을 활용하기 시작하는 경우에 성과는 극적으로 향상된다. 그 조직은 더 많은 변수를 고려하고, 외부 변화를 좀 더 정확히 예측하고, 내부 변화를 한층 효과적으로 꾀한다.

피드포워드 루프, 즉 능동적-동적 조향의 문제점은 미래에 대한 예측이 완벽하게 정확할 수 없다는 것이다. 환경과 그 밖의 변수들에 관한 추정 모델들은 예측일 뿐이다. 피드포워드 루프는 대부분의 요동—예측 불가능한 변수들—을 둔화시킬 수 있지만, 그것이 시스템을 항상 허용 한도 내에서 유지해주리라고 확신할 수는 없다. 예컨대, 아이들의 유입을 예측하는 학교 이사회가 경기침체로 노동자들이 지역에서 떠나는 상황은 예측하지 못할 수도 있다.

따라서 조직들은 조향의 균형을 잡는 피드백 루프와 피드포워드 루프를 모두 필요로 한다. 실질적인 면에서, 서클 회의는 현재 상황을 측정하고, 변화를 예측하고, 그것이 예측 모델에 어떤 의미가 있을 수도 있는지 계산하는 데 집중해야 한다. 시스템이 점차 커지고 더욱 복잡해짐에 따라, 예측에 입각한 변화를 가능하게 해줄 섬세하고도 시의적절한 자료를 확보하려면 갈수록 더 복잡해지는 측정과 기술이 요구된다.

정적 구조와 동적 구조

앞에서 말했듯이, 정적인 통치는 본래 독재적이다. 책임자는 방침을 결정하고, 전략을 수립하고, 그것을 지휘 계통의 말단 사원에게까지 전달한다. 선형 명령 구조는 '실행'을 관리하는 매우 강력한 방식이다.

군대 조직은 명령을 신속하고 정확하게 따르도록 병사들을 훈련하는 데 그것을 활용한다. 선형 구조는 애매함이나 주저함이 용인될 수 없는 경우에 아주 효과적이기 때문이다. 군대의 임무는 최악의 조건에서도 직무를 다하고 강한 유대감과 조직의 목표에 대한 충성심을 여전히 유지할 수 있는 막강한 병사 집단을 만들어내는 것이다. 그것은 아무리 임무가 힘들고 위험하더라도 명확히 정의되어 있고 신속하게 수행될 수 있는 경우에 잘 작동한다.

그러나 정적인 선형 구조는 공식적이거나 확실한 피드백

> 선형 명령 구조는 '실행'을 관리하는 매우 강력한 방식이다. 군대 조직은 명령을 신속하고 정확하게 따르도록 병사들을 훈련하는 데 그것을 활용한다. 선형 구조는 애매함이나 주저함이 용인될 수 없는 경우에 아주 효과적이기 때문이다.

루프가 없기 때문에 변화에 제대로 대응할 수 없다. 그것은 변화를 정확하게 파악하거나 측정할 수 없으므로 제대로 반응할 수 없다.

선형 구조에서, 어떤 조치는 '지휘 계통'의 한쪽 끝에서 고안되고, 다른 쪽 끝에서 수행된다. 총에서 총알이 나아가게 하는 힘처럼, 탄도의 한쪽 끝에서 생겨난 에너지는 다른 쪽 끝으로 이동함에 따라 사라진다. 열역학의 법칙들에 따르면 에너지가 한 방향으로만, 곧 이용 가능한 형태에서 이용 불가능한 형태로만 바뀌기 때문이다. 그것은 스스로를 갱신할 능력이 없다.

에너지 소실을 향한 이 필연적 운동은 선형 리더십 구조의 부정적 특성이다. 어떤 명령이 여러 단위에서 실행에 옮겨지는 복잡한 조직에서, 그런 소실 요인은 행동을 정확히 관리하고 통제할 수 있는 긍정적 특성을 심각하게 약화시킨다. 선형 구조에서 에너지는 항상 최고위층으로부터 새로 공급되어야 한다. 리더(leader)는 활동을 멈출 수 없다. 독재적 구조는 사슬에 쇠뭉치가 달린 족쇄와 같다.

또 다른 문제점은, 독재적 지도자가 해석이나 조정을 허용하지 않는 정책을 세우려고 하면 명료성이 결딴나버린다는 것이다. 이때 노동자들은 계속해서 명료화를 요청하며 제자리걸음을 하기 마련이다. 변화하는 상황에서 그 정책을 어떻게 적용하기를 바라는지 알려달라고 지도자에게 물을 수밖에 없기 때문이다. 그렇지 않은 경우에도, 노동자들이 지도자의 의도와 어긋나게 행동한다면, 지도자는 노동자의 활동을 면밀히 관찰하고 교정하기 위해 더 많은 힘을 쓸 수밖에 없다.

그림 7-3에서 보듯이, 정적-독재적 선형 구조는 리더에게

그림 7-3 독재적 관리의 무거운 짐

**최고위층이 모든 결정을 내릴 수밖에 없을 때,
관리자들은 그 조직의 무게를 온몸으로 느낀다.**

격려하고, 동기를 부여하고, 더 많은 결정을 내리고, 더 많은 행동을 바로잡도록 끊임없이 압력을 가한다.

포디즘(Fordism)[3]이 그렇듯이, 독재 체제의 책임자는 리더십 기능을 중앙집권화하고, 변화에 대응할 수 없는 조직을 만듦으로써 업무를 '단순화하는' 경향이 있다.

소시오크라시는 목표를 향해 조직의 방향을 조정하는 과정에 모두를 참여시킴으로써 최하위층의 무감각, 최상위층의 탈진, 에너지와 정보의 전반적인 소실을 막는다. 자기 조직하고, 제한적 자치권을 가지고 있고, 이중 연결되어 있는 서클들의 네트워크는 피드백 루프와 피드포워드 루프를 직무 과정

3　미국의 포드 자동차 회사에서 처음 개발된, 컨베이어 벨트의 도입에 의한 일관작업 방식

에 통합시킨다. 그렇게 설계된 구조는 조직의 모든 단위에서 능동적-동적이고 예측에 의한 조향을 가능하게 한다. 그것은 에너지와 정보가 조직 구조에서 '아래로'는 물론이고 '위로'도 전달되도록 보장한다.

자기 조직하고, 제한적 자치권을 가지고 있고, 이중 연결되어 있는 서클들의 네트워크는 피드백 루프와 피드포워드 루프를 직무 과정에 통합시킨다.

물론 피드백은 독재적 조직에서도 이루어지지만, 그것은 비공식적이고 신뢰할 수 없고 한결같지 않다. 그것은 "이번 주에 누가 상사의 주목을 받느냐"에 따라 바뀔 수 있다. 또한, 피드백은 상사가 그것을 좋아하지 않거나 믿지 않기로 결정하면 무시될 수 있다. 그것이 인정되어야 한다는 요건조차 없다.

독재적 구조로 된 회사들의 일부 책임자들은 이 피드백 문제를 바로잡으려고 애썼다. 사장이 회사에 근무하는 200명의 직원 각자와 대화를 나누기 위해 해마다 2주 동안 자기 자리를 떠나 있기도 한다. 다른 조직들에서는 마을회의와 비슷한 회의를 연다. 하지만, 그런 유형의 피드백은 조직 안에 공식으로 구조화되어 있지 않다. 그것은 간헐적인 데다 불편하면 지연되거나 취소될 수 있다. 그것은 여전히 책임자에게 초점이 맞추어져 있으며, 정확히 듣고 평가하는 한 사람의 능력에 좌우된다.

또한, 직무 과정 대신에 리더에게 초점을 맞추는 것은, 회사 전체의 성패 여부를 지도자의 개성이나 자질에 맡긴다는 것을 의미할 수 있다. 실패할 경우, 회사 이사회는 직무 과정을 살펴보는 것이 아니라 최고 책임자를 교체할 뿐이다. 소시오크라시 조직에서는 성공과 실패가 더 공평하게 공유되고, 초점은 업무에 맞춰진다.

이중 연결과 동적 통치

동의와 관련해 언급한 대로 **계층구조**를 **독재 체제**, 특히 대부분의 조직의 정적-독재적 통치 구조와 동일시하는 사람이 많기 때문에, 계층구조라는 개념은 부정적인 의미를 띠기 쉽다. 이 점이 조직 운영에서 계층구조의 중요성을 이해하기 어렵게 만들어왔다. 소시오크라시는 효율적인 생산을 위해 운영, 곧 실행에서 계층구조라는 강력한 선형 구조를 활용한다.

하지만, 이 구조는 하향 에너지와 상향 에너지의 균형을 잡고 동의 의사결정으로 구조를 제어하는 피드백 과정을 통해 관리된다. 그것은 '지배하는 힘'이 아니라 '함께하는 힘'을 구축한다.

독재적 계층구조의 또 다른 문제점은 의사결정에서 추상성의 수준을 구분하고 배치하는 일의 중요성을 흐린다는 것이다. '더 낮은' 수준의 운영은 단기간에 수행되는 덜 추상적이고 훨씬 실제적인 업무이다. '더 높은' 수준의 운영은 더 긴 기간과 훨씬 추상적인 정보에 바탕을 둔 결정과 관계가 있다. 더 높은 수준의 운영은 대체로 한 서클에만 관계되는 임무보다는 여러 서클에 영향을 미치는 사안들과 더 관련이 있다.

그림 7-4는 일반적인 서클 명칭—톱서클(top circle), 총서클(general circle), 부서클(department circle)—으로 나타낸 간단한 소시오크라시 조직 구조도다. 수준과 서클의 수는 규모와 복잡성에 따라 조직마다 다를 것이다. 일부 조직들은 여러 서클로 이루어질 것이다. 서클의 구체적 이름도 조직에 의해 정해질 것이다. 하지만 업무의 계층구조에서 서클들이 수행하는 기능을 이해하는 데에는 일반 명칭이 유용하다.

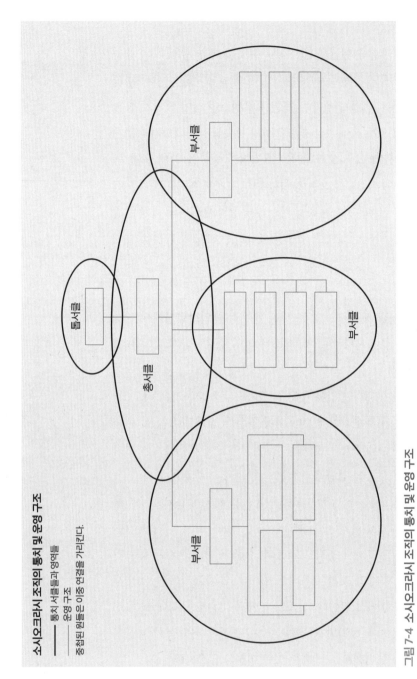

소시오크라시 조직의 통치 및 운영 구조

—— 통치 서클들과 영역들
—— 운영 구조

중첩된 원들은 이중 연결을 가리킨다.

그림 7-4 소시오크라시 조직의 통치 및 운영 구조
서클의 통치 구조는 영역별 일상 업무 운영 또는 의사결정 범위를 보여주는 계층구조다.

부서클은 책무에 따라 다음과 같은 두 종류로 분류될 것이다.

1. 조직의 목표를 수행하는 서클
2. 회계, 인사, 시설 관리를 비롯한 행정 기능을 제공하는 지원서클

전형적인 소시오크라시 조직이라면, 조직의 모든 수준에 소시오크라시 통치의 활용과 지속적 발전을 감독하는 지원서클을 둘 것이다. 총서클은 전반적인 운영 정책을 결정하기 위해 두 유형의 부서클들을 연결시킨다.

부서클은 직무상 함께 일하는 구성원들로 이루어진다. 예컨대, 공장 조립라인의 특정한 분임조일 수도 있고, 어느 대규모 고등학교의 특정 학과일 수도 있다. 한 커뮤니티 조직의 멤버십 담당이나 프로그램 담당 또는 규약 담당 서클이 될 수도 있다.

총서클은 각 부서클의 운영장, 부서클에서 선출된 서클대표, 그리고 총괄 관리자 또는 최고 경영자(CEO)로 구성된다. 총서클은 각 부서클의 운영장들을 선출하고, 부서클들의 일반 정책에 영향을 미치는 결정들을 내린다.

톱서클(이른바 이사회)은 외부 전문가들, 총괄 관리자 또는 최고 경영자, 총서클에서 선출된 서클대표들로 구성된다. 톱서클의 역할은 최고 경영자(총괄 관리자 또는 CEO)를 선출하고, 장기 계획 및 외부 조직들과의 관계를 수립하는 데 초점이 맞추어져 있다.

예컨대, 찰스네 회사에서 그가 속한 통신 서클은 특정한 영역, 곧 그 회사의 제품에 관한 고객과의 의사소통에 관여한다. 통신에 관한 모든 결정은 고객과 회사 내 다른 부서들로부터의 피드백에 입각해 통신 서클에서 내린다. 마케팅 서클은 이미지, 광고, 포장, 인쇄, 자원 등과 관련된 더 광범한 사안들을 검토한다. 차상위 서클인 총서클은 마케팅, 소프트웨어 개발, 행정, 재무 등 회사의 모든 서클의 업무에 영향을 미치는 사안들을 검토한다. 총서클은 장기 계획 수립을 책임지며, 마케팅 서클은 개별적인 마케팅 활동 계획을 수립한다. 찰스의 통신 서클의 경우, 다음 번 뉴스레터와 사용자 대회를 준비하느라 일정이 매우 빠듯하다.

그러나 찰스와 그의 동료들이 상위 서클인 마케팅 서클 회의에 참여하는 경우, 그들이 계획 수립에서 고려해야 할 시간대는 최소 3년이며, 신제품과 다년간의 예산을 고려해야 한다.

톱서클의 외부 전문가들은 서클의 정식 구성원으로서 참여하는데, 조직의 목표를 잘 아는 기술 전문가, 사회사업 또는 조직 전문가, 법률 전문가, 정부 전문가, 주주나 자금조달기관이나 비영리단체의 기부자의 이익을 대변할 수 있는 금융 또는 경제 전문가를 포함하는 것이 보통이다. 톱서클은 최고 경영자, 총서클에서 선출된 서클대표들과 더불어 전문가들을 포함함으로써 조직 자체와 그 구성원들, 외부 환경, 해당 직종 및 산업 분야의 이해관계를 포괄하게 된다.

조직들의 연합체나 네트워크에서 이른바 협의회라는 중앙운영위원회는 회원 단체들의 톱서클 구성원들로 이루어지는데, 그들은 연합체 운영위원회의 구성원 역할을 수행하게 된다. 그들은 전문가, 최고 경영자와 선출된 서클대표들이다. 어떤 경우에든, 이중 연결은 유지된다.

톱서클의 외부 구성원들은 조직을 외부 환경에 연결함으로써, 조직이 닫힌 시스템이 되는 것을 막아준다. 닫힌 시스템 안에서 순환 과정이 제공하는 제어 기능의 이점을 조직 운영에서 누리는 한편, 이 닫힌 시스템은 외부로부터 흘러드는 에너지가 제공하는 이점을 누린다.

톱서클에는 언제나 최고 경영자나 그에 상당하는 인물과 총서클에서 선출된 서클대표들이 포함된다. 많은 조직에서, 외부인들로만 구성되는 전통적인 이사회는 독재적 성격을 띠며, 최고 경영자와 그 밖의 모든 고용인들과의 관계를 통제한다. 소시오크라시 조직에서는 그런 관계를 허용하지 않는다. 소시오크라시 조직에서는 최고 경영자뿐 아니라 총서클의 다른 구성원들이 톱서클의 구성원으로 선출된다. 톱서클 내에서, 동의 의사결정과 이중 연결을 통한 관계의 재구성은 최고 경영자와 선출된 서클대표들과 외부 전문가들로 하여금 정책 개발 과정에서 진정한 동반자로서 협력하게 해준다.

도움서클

또 다른 유형의 서클은 도움서클이다. 도움서클의 목표는 정책 준비다. 도움서클은 정책이나 실행에 관한 문제들, 마케팅 과제, 연구 과제 등 필요에 따라 만들어지는 임시 서클이다. 이 서클은 기존 서클에 속하는 사람들로 구성되는데, 필요 시 외부 전문가들로 보강된다. 도움서클은 예컨대 잠재적인 신규 고객에 대한 마케팅 전략 계획을 준비하기 위해 서로 다른 부서 소속 직원들로 구성될 수도 있다. 이것은 아주 복잡한 조직에서 흔히 일어나는 일이다.

하지만 도움서클은 정책 결정을 내리지는 않고 제안할 따름이다. 정책에 대한 동의 의사결정은 그 도움서클을 만든 서클(들)에 의해서만 이루어진다.

서클총회

어떤 조직들에서는 모든 서클이 함께 모여 토론하거나 모든 구성원에게 영향을 미치는 결정을 내리는 것이 바람직하거나 필요하다. 이를테면, 일부 아파트들은 모든 소유자의 연례 회의에서 특정한 결정을 내릴 필요가 있다. 모든 구성원의 참여를 바탕으로 하는 국제단체들과 대학 교수진과 종교 단체들은 공동체 의식을 전반적으로 함양하는 데 초점을 맞추면서 함께 모여서 특정한 결정을 내리고 싶어 한다.

서클총회는 그런 목적에 알맞다. 톱서클 또는 조정서클(coordinating circle)의 임원들은, 서클총회의 임원들, 즉 대표와 서기와 퍼실리테이터가 될 수도 있다. 서클총회가 드물게 열릴 수도 있기 때문에, 임원들을 따로 두는 것은 의미가 없을 수도 있다.

조직에 서클총회가 있는 경우, 총회에서 내리거나 권고하는 정책 결정은 모든 서클의 목표로 규정되어야 한다. 서클총회에서 정책을 정하는 과정은 각 서클에서 정책 결정을 내리는 과정과 같을 것이다.

8장
새로운 리더십 전략

우리는 *지도자(leader)*라는 말을 들을 때, 흔히 특별히 뛰어난 인물들, 예컨대 치명적인 질병에 대한 치료제를 발견한 과학자나 여러 세대의 청중에게 영감을 불어넣은 정치인을 머리에 떠올린다. 아마도 우리는 군사 지도자나 우주 비행사, 결정을 내리고 자금을 관리하고 다른 사람들을 마음대로 채용하고 해고하는 카리스마적이고 강력한 인물처럼 흔치 않은 여건에서 놀라운 용기를 보여준 인물들을 머리에 떠올릴 터이다. 따라서 잭 웰치(Jack Welch) 같은 오늘날의 최고 경영자는 전설적인 인물이 되었다. 웰치는 『잭 웰치의 리더십*Jack Welch on Leadership*』, 『거물들: 잭 웰치식 경영*Big Shots: Business the Jack Welch Way*』, 『잭 웰치와 4E 리더십*Jack Welch and 4E's of Leadership*』, 『잭 웰치와 GE 방식*Jack Welch and GE Way*』, 『GE 방식 필드북*The GE Way Fieldbook*』,

> 모두에 의한 리더십은 통치 원리와 조직 구조에 의해 촉진된다.

『위대한 승리*Winning*』등을 비롯해 제너럴일렉트릭(General Electric)에서 발휘한 자신의 리더십에 초점을 맞춘 10권의 베스트셀러를 집필했다.

소시오크라시 조직에서, 모두에 의한 리더십은 특별히 뛰어난 인물만이 아니라 모든 사람의 책무다. 리더십은 통치 원리와 조직 구조에 의해 촉진된다.

리더십에 관한 연구에서는 흔히 리더십이 독특한 개인적 자질이며, 사장과 관리자의 리더십, 관리자와 일선 감독자의 리더십, 변혁적 리더십과 실무적 리더십이 서로 다르다고 추정한다. 이 관점에서 보면, 이사회의 리더십과 현장 감독자의 리더십과 평화운동가나 퍼실리테이터의 리더십은 서로 다르다. 이러한 접근 방식은 리더십을 특정한 자질에 관한 목록으로 정의하게 만든다. 어떤 정의는 11가지 자질을, 어떤 정의는 4가지 자질을 열거한다. 자질에 관한 목록은 파이를 자르는 방식에 관한 논의로 이어지지만, 파이의 본질을 무시해버린다. 특히, 그 목록들은 리더십과 업무의 본질 간의 관계를 무시해버린다.

리더십을 연구하는 학자들은 가장 성공적인 지도자들의 사례를 연구한다. 그들은 독재적 명령 구조, 즉 리더십의 본질과 특성을 심하게 제한하는 구조를 활용하는 조직들에서 자료를 수집하므로, 그러한 연구는 리더십에 관한 아주 편협한 결과를 보여준다. 헨리 포드와 그의 조립라인에 관한 사례에서 살펴보았듯이, 권위주의적 구조는 리더십을 촉진하기는커녕 위축시킨다.

소시오크라시 조직은 그와 아주 다르게 리더십에 접근한

다. 첫째, 이 조직은 리더십의 역할과 리더십의 기능을 구별한다. 대다수의 사람들은 리더십을 머리에 떠올릴 때 사장, 다시 말해 나머지 사람들에게 해야 할 일을 지시하는 사람을 생각한다. 소시오크라시 조직에서 지도자는 독재자가 아니다. 운영장의 책무는 처음에는 그를 리더로 선출하는 서클에 의해, 그다음에는 그의 업무 지휘를 받는 서클에 의해 동의로 결정된다. 따라서 운영장의 책무는 그의 영향을 받는 모든 사람에 의해 규정된다.

실무 운영과 관련된 리더십이 소시오크라시에서 매우 중요해서 각 업무 단위마다 승인받은 책임자를 두기는 하지만, 단지 역할을 수행하는 것이 리더십의 전부는 아니다. 리더십의 기능이 존재한다. 그것은 자기 자신과 다른 사람들의 실천을 격려하고, 평가하고 계획을 수립하고, 자원을 확보하여 배분하고, 임무를 정의하여 기대하는 결과를 확정하고, 아이디어를 제안하고, 그것을 실행하는 데 따르는 위험과 보상을 공유하는 능력이다. 그런 리더십 기능은 모든 사람에게 요구된다. 다시 말해서, 누구나 지도자처럼 사고하고 각자의 책임 영역 안에서 기업가가 되도록 격려받는다.

독재적 지도자는 나약해 보일까봐 불확실성과 관련된 표현을 피하기 마련이다. 소시오크라시 조직에서는 불확실성이 해법을 찾는 과정의 중요한 일부다. 지도자는 강력하면서도 확신이 없을 수 있다.

> 소시오크라시 조직에서 지도자는 독재자가 아니다. 운영장의 책무는 처음에는 그를 리더로 선출하는 서클에 의해, 그다음에는 그의 업무 지휘를 받는 서클에 의해 동의로 결정된다. 따라서 운영장의 책무는 그의 영향을 받는 모든 사람에 의해 규정된다.

리더 선출하기

동의 원리가 적용되는 선출 과정은 채용, 업무 배분, 책임자 선정이다. 이 과정은 여러 가능성 중에서 선택하는 데 활용될 수 있다. 그 과정에서 서클 구성원들은 먼저 뽑고자 하는 사람의 책임, 자격(요구되는 역량), 임기를 정한다. 추천이 이루어지고 추천 사유가 설명된 뒤, 후보자들에 대한 검토가 모든 참석자들 사이에 공개적으로 진행된다. 토의는 직무 관련 자격 요건과 각 후보의 직무 수행 능력에 초점을 둔다. 짧은 토의를 통해 선택지가 분명해질 때가 많은데, 그 시점에서 선출 책임자가 선택에 관한 제안을 할 수도 있다. 모든 사람이 그 제안에 동의하면 선출 과정은 완료된다.(더 자세한 사항에 관해서는 제12장 '임원 선출' 참조)

대부분의 조직으로서는 생소하겠지만, 이 과정의 효과는 아주 긍정적이다. 서클과 조직의 목표라는 맥락에 비추어 후보자들의 역량이 공개적으로 평가받고 인정되기 때문이다. 선출된 사람은 동료들이 자신을 전폭적으로 지지한다는 사실을 알게 되고, 동료들이 자신에게 기대하는 바가 무엇인지를 이해하게 된다. 따라서 선출 과정을 통해 강력한 업무 집단이 만들어진다. 또한, 모든 사람이 최종 결정을 기꺼이 받아들임에 따라 불화가 줄어들고 생산성은 향상된다.

소시오크라시에 바탕을 둔 선출 과정에는 다수결 투표에서 보는 것 같은 승자와 패자를 위한 축하나 위로 의례가 전혀 없다. 추천위원회 추천 절차를 둘러싼 의혹도 전혀 없으며, 상

> 소시오크라시에 바탕을 둔 선출 과정에는 다수결 투표에서 보는 것 같은 승자와 패자를 위한 축하나 위로 의례가 전혀 없다. 추천위원회 추천 절차를 둘러싼 의혹도 전혀 없으며, 상사가 이해할 수 없는 선택을 발표할 때 야기될 수 있는 질투나 분노나 당혹감이나 절망감도 전혀 없다.

사가 이해할 수 없는 선택을 발표할 때 야기될 수 있는 질투나 분노나 당혹감이나 절망감도 전혀 없다. 선출 결과는 모든 사람이 협력하는 방식에 긍정적 영향을 줌으로써 결국 서클 발전으로 이어진다.

업무 기능으로서의 리더십

소시오크라시 조직은 리더십의 권리와 책무를 모든 조직 구성원으로 확대하지만, 그렇다고 해서 그 조직이 권위주의적 조직에서 일반적으로 보이는 계층구조를 없앤다는 뜻은 아니다. 오히려 그것을 다른 방식으로 활용한다. 소시오크라시 계층구조는 누가 누구에게 권력을 행사하느냐가 아니라 직무 과정의 요건에 바탕을 둔다.

이 차이를 이해하는 것이 중요하다. 대다수의 사람들이 계층구조의 중요성을 무시하거나 오해해서 그것과 함께 소시오크라시 개념까지 거부하기 때문이다. 헝가리 출신의 영국 작가 아서 케스틀러(Arthur Koestler, 1905~1983)는 과학적 주제들에 관한 글을 폭넓게 썼는데, 많은 사람들이 계층구조에 대해 품고 있는 부정적 견해를 다룬 바 있다.

유감스럽게도, '계층구조'라는 말 자체는 그다지 매력적이지 못해서 흔히 정서적 저항감을 불러일으킨다. 그것은 군인이나 성직자들의 협회를 연상시키거나 농가 마당에 있는 닭들의 '모이 쪼기 서열'을 머리에 떠오르게 함으로써, 융통성 없고 권위주의적인 구조라는 인상을 전달한다. 오늘날의 이론에서는 계층구조가 다양한 유연성과 자유를 부여받은, 자율

적이고 자치적인 홀론[4](holon)으로 이루어져 있다고 보는 데도 그렇다.(케스틀러, 1980)

케스틀러의 **홀론**과 그로부터 파생된 **홀라키**(holarchy), 즉 케스틀러가 만들어내고 미국 철학자 켄 윌버(Ken Wilber, 1949~)와 그 밖의 사람들이 활용한 신조어는 소시오크라시 조직의 서클과 유사한 것을 가리키고 있다. 서클은 홀론처럼 제한적 자치권을 가지고 자기 조직하지만, 그와 동시에 계층구조로 연결되어 있고 상호의존적이다.

화원 만들기라는 사례를 통해 우리는 작업의 계층구조와 과업의 추상화가 어떻게 이루어지는지를 살펴볼 수 있다. 정원을 설계하려면 색상과 질감을 선택하고 예산을 책정해야 한다. 특정한 식물들을 선택하는 것은 예산에 관한 결정을 필요로 한다. 일년생으로 할지 다년생으로 할지와 모종을 옮겨 심을지 씨앗을 심을지를 결정한 다음, 모종과 씨앗을 구한다. 계획을 세워 구입하고 나서 실제로 심는다. 심는 것은 날씨와 더불어 모종과 씨앗과 작업자가 조화를 이루어야 한다. 실제로 심기 전에 토양이 준비되어야 한다. 이 모든 단계는 일정한 순서에 따라 진행되어야 한다.

그다음으로 물과 거름을 주고 가지치기를 하는 과정이 진행되고 나서 다음 계절에 대한 준비가 이루어진다. 이 단계들

---

4 부분으로서 전체의 구성에 관여하는 동시에 각자가 하나의 전체를 이루는 단위

역시 특정한 순서대로 진행되어야 하고, 각 단계의 성공은 그 이전 단계가 얼마나 성공적으로 이루어졌느냐에 좌우된다. 이 정원 만들기를 통해 작업의 계층구조가 어떻게 활동의 계층구조로 이어지는지가 드러난다. 초기의 추상적 계획 수립이 심고 기르는 육체노동의 지침이 된다.

이제 화원의 규모가 공원이나 식물원처럼 축구장만 하다고 가정해보자. 설계하고 심는 과정에 포함된 각 단계는 많은 사람과 몇 개의 조직을 필요로 하는 과업이 된다. 게다가, 많은 사람이 참여해 잘 협력한다면, 과업 중 일부는 동시에 진행될 수도 있다. 한 모임이 시의회로부터 설계에 대한 승인을 받는 동안, 다른 모임은 모종과 씨앗의 가격을 조사하고 있을 수 있다. 일단 설계가 완료되면, 한 모임이 모종을 구하는 동안, 다른 모임은 토양을 준비할 수 있다. 토양이 준비되거나 예산이 승인되기도 전에 모종이 주문되지 않도록 주의 깊게 계획을 수립해야 한다.

소시오크라시 조직이 케스틀러의 표현을 빌리자면 많은 사람에게 그다지 '매력적이지 못한' 구조에 기반을 두고 있는 까닭이 바로 여기에 있다. 이 계층구조는 연관된 과업들 간의 소통을 조직화하고, 일이 효율적으로 진행되도록 복잡한 과업들을 제어한다.

소시오크라시 조직은 또한 하향식 제어에 대하여 균형을 잡아주고 그것을 바로잡는 상향식 제어를 피드백 루프로서 포함한다. 그림 8-1에 예시된 것처럼, 이 조직을 거꾸로 된 계층 구조(bottom-archy)라고 표현할 수도 있을 터이다. 실제로, 소시오크라시 조직은 계층구조이자 거꾸로 된 계층구조다.

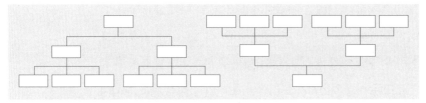

그림 8-1 계층구조와 거꾸로 된 계층 구조(Bottom-archy)
소시오크라시 조직은 제한적 자치권을 가지고 자기 조직하는 서클들 간의 통치 관계의 계층구조이자 거꾸로 된 계층구조다. 소통과 제어, 즉 조직의 권력은 조직의 아래위로 행사된다.

하향식 의사결정에 근거를 둔 독재적 계층구조는 스스로를 쉽게 손상시킬 수 있다. 정확한 피드백을 보장하는 메커니즘이 거의 없기 때문이다. 이때 리더십은 카리스마와 권력 장악의 문제로 바뀐다. 실제 업무와 관련된 피드백이 이루어지지 않으면, 영역 다툼이 성과보다 우선시되고 생산성은 떨어진다.

> 하향식 의사결정에 근거를 둔 독재적 계층구조는 스스로를 쉽게 손상시킬 수 있다. 정확한 피드백을 보장하는 메커니즘이 거의 없기 때문이다.

짐 콜린스(Jim Collins, 1958~)는 『좋은 기업을 넘어 위대한 기업으로*Good to Great*』(2001)에서 좋은 기업을 위대한 기업으로 발전시키는 요인들을 논한다. 잭 웰치가 이끄는 제너럴일렉트릭(GE)이 15년 동안 업계 평균의 2.8배가 넘는 실적을 올리자, GE는 미국에서 가장 잘 경영되는 기업으로 여겨졌다. 하지만, (일반인이 거의 알지 못하는)위대한 기업들은, 좋은 기업에서 위대한 기업으로 도약하는 과정에서 업계 평균의 6.9배가 넘는 실적을 올렸다. 이 위대한 기업들의 지도자들은 무엇보다도 성과에 관심을 두었다. 그들은 자기 자신에게 관심을 두지 않았다.

좋은 기업을 위대한 기업으로 전환시킨 지도자들은 결코 전설적인 영웅이 되려고 하지 않았다. 그들은 존경받는 인물이 되거나 보통 사람은 꿈도 못 꿀 우상이 되겠다는 뜻을 품지 않았다. 그들은 조용히 비범한 성과를 내는 외견상 평범한 사람들이었다.(콜린스, 2001)

이처럼 성과와 결과에 초점을 맞추는 모습이 바로 소시오크라시 조직에서 모든 사람에게 구현하라고 장려하는 리더십 유형이다.

전략 계획 수립과 병법

소시오크라시 방법들은 매우 개념적이면서도 근본적으로 실질적이다. 그것들은 직접적이고 효율적인 행동을 높이 평가하는 사람뿐 아니라, 복잡한 이론적 원리들을 높이 평가하는 사람의 관심을 끈다. 둘 다 훌륭한 전략 계획 수립을 필요로 한다.

그런데, 전략 계획이란 무엇인가?

군사 이론가들은 전략 계획 수립에 관한 여러 저서를 집필했다. 프로이센의 저명한 군사 이론가 겸 교육자였던 카를 폰 클라우제비츠(Carl von Clausewitz, 1780~1831)는 서양 문화의 초창기 인물이었는데, 1832년 전략 계획 수립에 관한 유명한 저서인 『전쟁론 On War』을 펴냈다. 이 책은 여전히 군사 전략에 관한 가장 영향력 있는 저서들 중 하나다. 그는 전략 계획 수립에 관한 첫째 권에서, 날마다 바뀔 수 있는 단기적 전술과 그렇지 않은 장기적 전략을 구별했다. 일일 작전의 목적은 단기적 전술 결정을 실행에 옮김으로써 장기적 전략을 달성하는 것이다.

클라우제비츠의 말에 따르면, 전략 계획 수립에는 다음과 같은 것들이 포함되어야 한다.

- 명확한 전반적 목표
- 장차 필요해질 터이고 현재 이용 가능한 자원에 대한 합리적 평가
- 실제적인 비상시 대책
- 우수한 정보원의 확보
- 훌륭한 지휘관들의 발굴

그는 예측 가능한 모든 상황에 대한 대책을 수립하는 것과, 예측 불가능한 상황에 대비할 충분한 자원을 파악하는 것이 전략에 포함된다고 강조했다.

여기에서 우리는 분명히 리더십을 역할이 아니라 기능으로서 보게 된다. 비록 독재적 조직 방식만 알았던 클라우제비츠가 그 기능들을 리더십을 담당하는 사람들 몫으로 한정했다지만, 우리는 모든 사람이 각자가 맡은 업무 수준에서 그러한 계획 수립을 포함시켜야 하며, 최대한 효율적으로 직무를 수행하려면 자기 업무가 상위 조직의 계획과 어떻게 부합하는지를 이해해야 한다는 것을 알 수 있다.

클라우제비츠의 저서에서는 오늘날의 비선형 및 복잡성 이론, 즉 엔덴뷔르흐가 소시오크라시 조직의 원리들을 개발하는 데 활용한 바로 그 이론들과 놀랄 만큼 유사한 점도 찾을 수 있다. 클라우제비츠의 말에 따르면 조직의 힘을 키운다는 것은, 훗날 헨리 포드가 자신의 조립라인을 설계하면서 그랬

던 것처럼 사람들에게 똑같은 일을 반복하도록 가르치는 것이 아니라, 조직의 인적 자본을 개발하는 것을 의미한다.

필요에 따라 새로운 기술들을 개발할 수 있도록 근본 원리를 이해해야 한다. 좋은 정보가 해결의 열쇠가 되지만, 궁극적 성공의 좀 더 중요한 예측 변수는 바로 전략 계획 수립 능력이다.

세상이 시시각각 변화하므로, 특정한 기술을 아는 것은 장기적으로 쓸모가 없다. 필요에 따라 새로운 기술들을 개발할 수 있도록 근본 원리를 이해해야 한다. 좋은 정보가 해결의 열쇠가 되지만, 궁극적 성공의 좀 더 중요한 예측 변수는 바로 전략 계획 수립 능력이다.

1970년대에 일본인들이 우수하고 훨씬 값싼 기술을 앞세워 세계 시장에 불쑥 등장했을 때, 기원전 500년에 집필된 『손자병법』이 그들에게 영감을 주는 책으로 인용되었다. 그것은 곧 경영 프로그램의 필독서가 되었고, 학생들은 모두 사무라이가 되라는 말을 들었다.

손자(기원전 544~496)는 최대한 손실을 줄이면서 교묘하고 신속한 조치를 취하는 것을 높이 평가했다. 그는 물리적 폭력을 쓰지 말라고 충고했다. 그는 말했다. "잠행과 간계로 이길 수 있는데 왜 파괴하는가? 싸우지 않고 적의 군사를 제압하는 것이 상책이다." 그는 유능한 장수는 적의 동맹과 사기와 경제적 토대를 허물어뜨린다고 강조한다. 손자의 말에 따르면, 물리력은 최상의 무기가 아니며 파괴도 최고의 가치가 결코 아니다. 조직과 리더십은 더 많은 수완과 교묘함을 필요로 한다.

그림 8-2 『손자병법』
수천 쇄가 발행되었다.

전쟁 비유의 결점

클라우제비츠와 손자는 모두 뛰어난 이론가였고 그들의 사상은 매우 성공적으로 적용되어왔지만, 적을 물리치는 싸움을 성공이라고 보는 것은 성취가 아니라 타도에 초점을 맞춘다는 점에서 전쟁 비유의 활용에는 결점이 있다. 전쟁의 초점에 대한 손자의 설명(파괴하지 않고 얻기)이 좀 더 섬세하기는 하지만, 강조점은 여전히 '타인'과 구별되는 기준으로서의 탁월함이 아니라 타인을 지배하는 권력에 주어진다. 콜린스가 자신의 연구에서 발견했듯이, 위대한 기업들은 다른 기업들이 무엇을 하고 있는지와 상관없이 지속적으로 개선을 추진하면서 자신의 성과 지표에 집중했다. 그런 기업의 지도자들 이름이 경쟁적인 업계 소식지에 오르지 않는 것은 흔히 있는 일이었다.

군사 지도자들, 특히 성공적인 전시 지도자였던 인물들이 다른 유형의 조직에서 반드시 성공하는 것은 아니다. 예컨대, 율리시스 S. 그랜트(Ulysses S. Grant, 1822~1885)는 미국의 남북 전쟁 이전과 대통령 퇴임 후에 모두 사업에 실패했다. 하지만 전시에는 단연 북군의 최고 군사 전략가로서, 잔인하고 영리한 전술가였던 로버트 E. 리(Robert E. Lee, 1807~1870)를 굴복시켰다.

군대는 고도로 구조화된 조직으로서, 명확히 정의된 목표와 흔히 선택의 여지 없이 최소한의 보상을 받으며 일하는 노동 인력을 보유하고 있다. 이 조직의 세계관은 흑백 논리다. 이 조직은 에너지를 집중하기 위해 대립을 조장하고 전투에 지대한 중요성을 부여한다. 전쟁은 그야말로 생사가 걸린 문제라서 절박하기 그지없다.

> 적을 물리치는 싸움이 성공이라고 보는 것은 성취가 아니라 타도에 초점을 맞춘다는 점에서 전쟁 비유의 활용에는 결점이 있다.

전쟁 지도자들을 본받으려 한다면, 적을 가려내야만 한다. 비영리 자선단체라면 자연스레 질병이나 인권이나 빈곤에 초점을 맞추겠지만, 기업의 경우 눈에 띄는 유일한 적은 경쟁 업체이기 마련이다. 경쟁 업체를 거꾸러뜨리는 것이 소비자나 고객의 최상의 이익에 기여하는 것보다 더 중요할 수도 있다. 회원들에게 봉사하기 위해 조직된 협회들조차도 그런 함정에 빠질 수 있다. 이를테면 미국교사연맹(American Federation of Teachers, AFT)과 전미교육협회(National Education Association, NEA)는 이미 노동조합에 가입한 학구 교사들을 대표할 권리를 둘러싸고 서로 경쟁하느라 엄청난 액수의 돈을 쓴다. 이 단체들은 교육이나 교사의 지위나 교직보다는 최대 규모의 조직을 구축하려는 내적 욕구에 집중한다. 일종의 전략으로서, 이때 강조점은 여전히 저임금에 시달리고 제대로 존중받지 못하는 교사나 보살핌을 충분히 받지 못하는 학생들이 아니라 경쟁 상대에 주어진다.

전략 계획 수립 과정

소시오크라시 조직은 소비자나 고객에 대한 제품이나 서비스의 제공이라는 목표와, 그 목표를 달성하는 데 필요한 계획 수립이라는 전략을 둘 다 이해하는 지도자들을 찾는다. 여러 가지 전략 계획 수립 일정이 가능하다. 그중 하나는 톱서클의 리트릿(retreat)[5]으로 시작하여 총서클의 리트릿, 각 부서클의 리

---

5 충분히 머리를 식히는 휴식 과정을 수반하는 연수회

트릿으로 이어가는 것이다.

이 과정은 톱서클에서 조직의 목표를 검토하는 것으로 시작된다. "우리는 고객이 지금 원하는 바를 정확히 제공하고 있는가?" 톱서클에는 외부 전문가들이 포함되어 있으므로, 이 과정에는 그 회사를 잘 아는 사람들이 제공하는 다양한 시각이 포함된다. 톱서클에서는 목표 및 그와 관련된 전략을 가장 추상적인 관점에서 검토하는 반면, 계층구조의 아래쪽으로 과정이 이동할수록 전략은 더 구체화되고 직무 과정과 전반적인 운영에 초점이 더 맞추어진다.

각 서클은 새로운 전체 목표에 맞추어 자체 목표를 조정한다. 부서나 팀 단위 서클들은 그 목표를 달성하기 위해 일일 운영에 요구되는 임무를 설정한다.

소시오크라시 조직에서는 각 서클과 각 구성원이 계획을 검토해 수정 보완할 사항을 제안함으로써 계획 수립이 상향식으로도 이루어지는 것이 중요하다. 추상적 수준에서는 아주 훌륭하게 보이는 계획도 일부 단위에서는 실행이 불가능할 수 있다. 더 구체적인 목표들이 실현될 수 있도록 더 추상적인 목표들을 수정해야 할 수도 있다. 전략 계획은 다른 정책 결정들과 마찬가지로 동의의 대상이다.

상·하위 서클들의 검토 의견을 바탕으로, 각 서클은 자신의 기존 전략을 조정하고 직무 과정을 재정비한다.

서클들에서 조정 작업이 완료되면, 각 구성원은 자신의 업무에서 성취하고 싶은 바와 그것을 달성하는 방법, 자신의 시간과 자원을 할당하는 방식을 포괄하는 자신의 전략을 수정한다. 이어서 선거 라운드(round)가 시작된다. 각 서클은 현재의 운영장들을 재신임하거나 새로 선출한다. 서클들은 새로운 목표를 반영한 새로운 과업들을 구성원들에게 다시 나누어 맡긴다. 그리고 서클대표들을 재신임하거나 새로 뽑는다.

모든 사람은 이러한 과정에서 내려진 결정들을 개인 업무일지에 기록한다. 업무일지에는 조직의 예산안이나 전략 계획 등의 작업 문서들(working documents)도 포함된다. 모든 사람이 모든 정책 문서와 자신의 업무에 관련된 그 밖의 모든 기록을 직접 이용한다. 모두가 리더십의 책무를 떠맡고 의사결정에 등등하게 참여할 것으로 기대되는 상황에서, 그와 같은 투명성은 필수적이다.

모두가 리더십의 책무를 떠맡고 의사결정에 등등하게 참여할 것으로 기대되는 상황에서, 투명성은 필수적이다.

이중 연결된 서클 구조 덕분에, 전략 계획 수립 과정에서 장기 전략 계획을 단기적 전술 계획과 일일 운영에 바로 연결할 수 있게 된다. 리더들은 전략 계획과 정의된 목표라는 맥락 안에서 선출된다. 따라서 리더의 선출은 목표 달성에 도움이 되는 그의 능력에 초점이 맞추어진다.

9장

자유롭고 스스로 최적화하는 조직

효율적이고 공정한 조직의 운영에 대한 소시오크라시의 주요한 공헌 가운데 하나는, 조직이 자신의 미래를 통제하게 해주는 구조를 만든 것이다. 조직은 그 자신의 승인 없이 사거나 팔거나 해체되거나 합병될 수 없다. 기업의 자기소유권(self-ownership)의 중요성을 알려면 기업—영리 및 비영리 기업—의 역사와, 그것이 사회조직들의 힘에 끼친 영향을 살펴볼 필요가 있다.

미국이 영국으로부터 자유를 쟁취한 1783년, 기업들에 대한 설립 인가가 일정 연한과 특정한 목적을 조건으로 주정부들에 의해 승인되었다. 기업들이 그 목적에서 벗어날 경우, 주정부들은 언제든 인가를 철회할 수 있었다. 주정부들은 인가를 갱신하도록 요구받지 않았고, 자동으로 갱신해주지도 않았다. 지방정부들은

> 미국이 영국으로부터 자유를 쟁취한 1783년, 기업들에 대한 설립 인가가 일정 연한과 특정한 목적을 조건으로 주정부들에 의해 승인되었다. 기업들이 그 목적에서 벗어날 경우, 주정부들은 언제든 인가를 철회할 수 있었다. 주정부들은 인가를 갱신하도록 요구받지 않았고, 자동으로 갱신해주지도 않았다. 지방정부들은 특정 기업이 최선을 다해 공동체에 기여하는지 판단했다.

특정한 기업이 최선을 다해 공동체에 기여하는지 판단했다. 1886년, 한 사건을 계기로 기업 활동에 대한 주정부의 통제권이 바뀌는 과정이 시작되었다.

기업들에 오늘날과 같은 막강한 권력을 제공하는 토대가 되었던 그 사건은 **산타클라라 카운티**(*Santa Clara County*) **대 서던퍼시픽레일로드**(*Southern Pacific Railroad*) 소송 결과에서 비롯하였다. 당시에 카운티에서는 특별 법인세율로 철도 회사로부터 재산세를 징수하려고 했다. 한 법원 서기가 사건과 관련 없는 이 사안에 대한 판결에 앞서 작성한 요지에 따르면, 재판관들은 기업들이 수정헌법 14조에 따라 보호되어야 한다는 입장이었다. 이 조항에서는 주정부가 누구에게든 법률에 의한 동등한 보호를 거부하는 것을 금지하고 있다.

> 미국에서 출생하거나 귀화해서 미국의 관할권에 속하는 모든 사람은 미국 시민이자 거주하는 주의 시민이다. 어떤 주도 미국 시민의 특권과 면책권을 박탈하는 법률을 제정하거나 시행할 수 없다. 어떤 주도 정당한 법의 절차에 의하지 않고서는 어떤 사람에게서도 생명이나 자유나 재산을 빼앗을 수 없으며, 그 관할권 내에 있는 누구에게든 법률에 의한 동등한 보호를 거부하지 못한다.

기업이 '법인'이라는 점이 소송의 주제가 아니었던 데다 단지 웨이트(Waite) 대법원장의 의견에 불과했을 수도 있지만, 그 판결은 오늘날에도 유효한 판례가 되었다. 해당 법원의 수정헌법 14조 적용은 그다음 판결들에서도 계속되어 사업을 하는 기업들의 지배력은 더욱 확대된 반면, 정부의 간섭이나 감독은 축소되었다. 2010년, **시민연대**(*Citizens United*) **대 연방선거위원회**(*Federal Election Commission, FEC*) 소송에서 대법원은 수정헌법 제1조에서 정부가 기업의 정치헌금을 제한하는 것을 금지한다고 판결했다. 그 후, 이 권리는 비영리 기업과 노동조합과 회원제 협회들로 확대되었다. 2014년, **버웰**(*Burwell*) **대 하비로비스토어스**(*Hobby Lobby Stores*) 소송에서 대법원은 소수 주주 지배 회사(closely held corporation)는 소유권자들이 종교적 신앙에 따라 반대하는 경우에 '환자 보호 및 부담 적정 보험법(Affordable Care Act, 2010)' 이행을 거부할 수 있다고 판결했다.

오늘날, 개인이나 지방정부는 돈 많은 대기업들이 자신을 인간처럼 대우해달라고 요구하더라도 그들을 상대로 민사소송을 제기할 재원이 전혀 없다. 유감스럽게도, 손해를 입히고 행위의 영향을 은폐하는 기업들의 능력과 권력은 개인이나 심지어 대부분의 도시보다도 훨씬 크다. 이 점은 부정적 정보를 일부러 숨긴 채 수익성이 매우 좋은 담배 제품들의 유해성을 공개적으로 부인한 주요 담배 회사들을 상대로 제기된 소송에서 분명히 드러났다. 하지만 1998년 주요 담배 회사들과 46개주 간에 체결된 '담배기본정산협약(Tobacco Master Settlement Agreement, MSA)'은 기만적인 마케팅 관행을 금지하고, 흡연으로 인해 발생하는 의료비의 일부 지급을 요구할 수 있을 따름이다. 협약은 담배 제품들의 판매를 막지 못했다. 심지어 마케팅 관행을 제한할 능력조차도 거의 없는

> 유감스럽게도, 손해를 입히고 행위의 영향을 은폐하는 기업들의 능력과 권력은 개인이나 심지어 대부분의 도시보다도 훨씬 크다.

상태이고, 그나마도 개별 시민으로서는 감당 못 할 만큼 소송 기간이 길다.

사회적 책임

기업을 없애면 기업의 지배가 종식되겠지만, 매일 우리에게 많은 혜택을 가져다주는 여러 제품과 서비스 역시 사라질 것이다. 주식회사들은 다수의 투자자를 끌어들임으로써 지방 소기업으로서는 불가능한 수량과 비용으로 소비재를 개발해 생산할 수 있다. 기업들은 공익 재단과 복지 정부의 가장 지독한 침해자인 것으로 밝혀졌는데, 학교 제도와 공익 협회와 자선 단체가 모두 그와 유사한 비윤리적 행태를 보여 왔다.

그런 대규모 조직들이 최상의 사회적 이익에 공헌하도록 보장할 새로운 구조가 필요하다.

소시오크라시 조직은 모든 조직 구성원 및 이해 당사자에게 권한을 부여하는 일련의 원리들과 견제와 균형에 바탕을 둔 구조를 갖추고 있기 때문에 최상의 사회적 이익에 공헌한다. 소시오크라시에 바탕을 둔 구조는 근본적으로 사리 추구를 보장하기 때문에 법률을 만들고 시행하는 것보다 사회를 보호하는 데 훨씬 효과적이다.

왜 그런지 이해하려면, 먼저 수익과 보상에 관한 개념들을 살펴보아야 한다.

수익과 돈이라는 측정 기준

경쟁(competition)만큼이나 *수익*(profit)도 어떤 사람들에게는 부정적 의미를 띤 말이, 어떤 사람들에게는 강박관념이 되었

다. 워낙 감정을 자극하는 말이 되는 바람에, 그 주요 속성들 중 하나—정보를 전달하고, 조직의 효율성을 측정하고, 계속 성장하고 발전할 수 있는 동력을 생산하는 능력—가 저평가되기 일쑤다. 영리 기업과 비영리 단체에서, 수익은 직원들의 급여와 비용을 지불하고 남은 수입이다.

수익은 연구, 서비스 확대, 제품 개발, 직원 역량 계발에 대한 재투자와 성장을 위해 쓸 수 있는 돈의 총액이다. 영리 조직과 비영리 조직의 차이점은, 영리 조직은 제품과 서비스를 제공하는 대가로 돈을 벌어 운영되고, 투자자에게 배당금을 지급하기 위해 수익의 일부를 쓴다는 것이다. 주식회사가 아닌 영리 조직은 소유주에게 수익을 지급한다. 비영리 조직은 공익에 기여할 목적으로 교육이나 자선 사업을 위해 운영되지만, 그 조직에 수입을 제공하는 회원들이나 재단이나 기부자나 정부 기관에 수익을 나누어주지 않는다. 비영리 조직의 모든 수익은 조직을 발전시키고 공익 서비스를 제공하는 능력을 향상시키는 데 쓰인다.

기업과 단체가 전혀 수익을 올리지 못하면, 위기에 대비할 자금을 마련하거나 새로운 설비나 시설에 투자하거나 연구를 실시하거나 서비스를 확대하거나 월급을 올려줄 수 없다. 수익은 조직이 장차 무엇을 할 수 있는지를 좌우하는 '부가가치'다.

역기능적 의사소통

조직개발 컨설턴트들이 중점적으로 다루어달라고 가장 자주 부탁받는 것은, 수익을 올리는 능력이 아니라, '의사소통 부족'을 특징으로 하는 정보 전달의 문제이다. 정보가 전혀 공유되

그림 9-1 마거릿 휘틀리

미국의 작가 겸 조직개발 컨설턴트. 보이스카우트 단원들부터 고위급 육군 장교들에 이르기까지 광범한 조직들과 함께 활동해왔다. 더 조화롭고 인간답게 공존하는 법을 찾고 싶은 인간의 보편적 욕구가 어떻게 더 많은 사람을 이롭게 하는지에 관심이 있다.

지 않거나 너무 형편없이 공유되기 때문에 차라리 없는 편이 낫거나, 정말이지 필요한 정보가 전혀 존재하지 않는다. 미국의 경영 컨설턴트 마거릿 휘틀리(Margaret Wheatley, 1944~)는 『현대 과학과 리더십*Leadership and the New Science*』에서 그 점을 중점적으로 다루고 있다.

조직 내에 왜 '빈약한 의사소통'이 전염병처럼 만연하는가? 내가 근무한 모든 곳에서, 직원들은 그것을 주요한 문제들의 목록 중에서 1위로 꼽았다. 사실은 그것이 목록에 오를 것이 너무 뻔했기 때문에, 나는 그 문제에 대해 다소 감각이 무뎌지고 있었다. 빈약한 의사소통이란 좀 더 구체적인 문제들을 은폐하는 피상적인 진단이라고 나는 생각했다. 내가 틀렸다. 예나 지금이나, 우리를 괴롭히고 있는 것은 정보에 대한 오개념이다. 정보란 무엇이고, 어떤 작용을 하며, 그로부터 무엇을 기대할 수 있는가에 대하여 우리는 잘못 알고 있다. 문제의 핵심은 우리가 정보를 '사물', 즉 퍼뜨려야 할 비활성 실체로 다루어왔다는 것이다.

사물은 안정적이다. 그것은 크기와 부피를 가지고 있다. 진화와 질서에 관한 새로운 이론들에서, 정보는 주목받는 동적 요소다. 질서를 부여하고, 성장을 촉진하고, 살아 있음을 규정하는 것은 바로 정보다. 그것은 생명을 지탱하는 기저 구조이자 동적 과정이다.(휘틀리, 1992)

정보 공유, 다시 말해 정보를 한 사람에서 다음 사람으로, 한 부서에서 다른 부서로, 다국적기업의 서로 다른 부문들 간에 전달한다는 것은 매우 어려운 일이다. '의사소통의 부족'이 미치는 영향을 잘 보여주는 사례는 2010년 멕시코만에서 발생한, 딥워터 호라이즌(Deepwater Horizon)호에 의한 석유 유출 사건이다. 미국이 경험한 이 최악의 환경 재난으로 4개 주에 걸친 몇백 킬로미터의 해안선이 오염되어 수많은 식물과 야생동물이 죽었고, 지금도 어류와 동물들에서 돌연변이가 발생하고 있다.

관련 조사들에서는 참사의 원인을, 멕시코만의 석유 시추 장비들에 대한 구체적 안전기준 문제의 심각성을 다른 대륙과 문화권에 속한 비피글로벌(BP Global)의 경영진에게 알리는 데 실패했던 데에서 찾았다. 미국 정부조사단은 경비 절감이라는 관행과 더불어 체계적 의사소통의 부족을 비판한 바 있다.

브리티시퍼트롤리엄(British Petroleum, 이하 BP)은 의원 전용 클럽과 테라스하우스들이 즐비한, 런던의 우아한 세인트제임스 광장에 본사를 두고 있다. CBS뉴스의 한 기자는 그러한 분열상을 다음과 같이 묘사하고 있다.

어떤 간극들은 메워질 수 없다. 런던의 세인트제임스 광장은 의원 전용 클럽 거리의 심장부다. (……) 옆쪽에는 칼라일(Carlyle)이 세운 런던도서관이 있다. 새커리(Thackeray)는 그곳의 첫 청강생이었고, 그 회원들 중에는 디킨스(Dickens), 조지 엘리엇(George Eliot), 키플링(Kipling), 쇼(Shaw), 헨리 제임스(Henry James), T. S. 엘리엇(T. S. Eliot) 등이 있었다. 이곳은 유황 냄새가 나는 텍사스시티의 거리나 딥워터 호라이즌의 석유 시추 설비가 있는, 폭풍이 휩쓸고 간 바다에서 아주 멀리 떨어져 있다. 이런, 세인트제임스 광장은 BP 본사의 거처이기도 하다. 세인트제임스 광장에 서 있으면서 멕시코만 석유 시추 노동자들의 생활을 상상할 수는 없는 노릇이다. 그들의 세계관이나 생활환경을 제대로 알수는 없는 일이다. 그런 간극이 이런 물음들을 던지게 한다. 어떤 기업들은 관리하기에는 너무 큰 것 아닐까? 공학과 경영의 복잡성에 대한 우리의 사랑이 우리 능력의 한계 너머로 우리를 데려다놓은 것 아닐까?(헤퍼넌, 2010)

세계에서 네 번째로 큰 기업인 BP는 80개가 넘는 나라에 사업체를 두고 있다. 게다가 그 사업체들은 생산을 소재지의 국영기업과 민간기업에 위탁한다. 각각의 지역과 기업은 문화가 서로 다른 데다 완전히 다른 언어를 사용하는 경우도 많다.

앞서 말한 석유 유출에 관한 조사에서는 여러 기업들과 맺은 중복되고 모순된 계약들의 난맥상을 세밀히 살펴볼 필요가 있었다. BP는 법적 책임이 있었는데, 계약 관계의 그러한 복잡성이 관련된 위험을 알릴 수 없는 무능력을 한층 악화시켰다. 또한, 다른 기업이나 부문에 책임을 전가할 수 있었기 때문에, 계약 당사자들로 하여금 위험에 관한 모든 정보를 무시하게 만들었다.

제7장 '조향과 구조'에서 살펴보았듯이, 바로잡기를 요구하는 피드백 루프가 포함되어 있지도 않았으니 이 복잡한 구조는 더더욱 실패할 수밖에 없었다. 만일 석유 시추 노동자들이 의사결정 과정에 참여해 문제점을 계속해서 보고했더라면 딥워터 호라이즌의 실패는 결코 일어나지 않았을 터이다. 그랬다면 노동자들은 조직의 최고 경영진이 자신들의 의견에 귀를 기울여야 한다고 주장할 수 있었을 것이다.

문제의 석유 시추 설비가 파괴된 지 5년 후인 2015년, BP는 멕시코만 연안의 다섯 주와 미국 연방정부가 제기한 소송을 해결하기 위해 187억 달러의 손해배상금을 부담했다. 조직의 역기능 때문에 모든 관련자가 엄청나게 값비싼 대가를 치러야 했다.

갈수록 더 상호의존성이 커지는 세계경제에서, 더 효율적인 구조와 관행을 도입하지 않는 한, 필수적인 의사소통이 무시될 가능성은 증가할 것이다. 소시오크라시 원리에 따라 조직된 구조를 갖추었다면, 현장 노동자들이 보내는 피드백에 귀를 기울일 수 없었던 BP의 구조적 무능력은 예방되었을 터이다.

의사소통, 측정, 피드백

의사소통이 효율적이려면 정보에 대한 오해와 왜곡이 최소화
되어야 한다. 정보 한 조각이 숫자 하나로 표현될 수 있으면 오
해의 소지가 거의 없다. 숫자로 나타낸 측정치
는, 제대로 정의되고 보고될 경우, 매우 정확한
형태의 피드백이라서 쉽게 소통이 된다. 기업과
단체에서 활용하는 주요 지표는 수익이다. 그것

> 조직은 사업을 통해 수입을 얻을
> 뿐 아니라 환경을 바꾸고 조직 자
> 체를 유지·발전시킬 수 있는 능력
> 을 얻는다.

이 환경을 바꾸고 조직 자체를 유지·발전시킬 능력을 뜻하기
때문이다.

지도-실행-측정이라는 순환 과정에서 수익은 피드백을 주
는 측정값이다. 그것은 정보를 전달한다. 앞에서 말했듯이, 측
정값 형태의 피드백은 조향에 필수적이다. 피드백의 정확성과
적절성과 적시성은 운영을 효과적으로 평가하고 감독하는 지
도 기능의 능력을 좌우한다.

정보로 가공된 측정은 다음 문제들에 대한 통찰력을 줄
수 있다.

- 조직이 임무를 얼마나 잘 수행하고 있는가?
- 개인들이 임무를 얼마나 잘 수행할 수 있는가?
- 경쟁 업체들이 더 나은 결과를 얻고 있는가?
- 보상이 성과를 적절하게 인정하는가?
- 조직이 얼마나 지속 가능한가?

그것은 예전에 조치를 취했던 문제들이 여전히 존재하는
지에 관한 정보도 제공할 수 있다.

돈이 유일한 척도일 때 정보는 우리를 오도할 수 있다. 수익은 돈만의 문제가 아니다. 수익에는 성공에 관한 모든 척도가 포함되어 있다.

하지만, 돈이 유일한 척도일 때 그 정보는 우리를 오도할 수 있다. 수익은 돈만의 문제가 아니다. 수익에는 성공에 관한 모든 척도가 포함되어 있다. 이 점은 특히 비영리 조직에서 분명하다. 예컨대, 지뢰 제거를 목표로 하는 조직인 경우, 의사소통과 직원·자원봉사자의 조직화를 지원하는 데 비용이 드니까 돈이 하나의 척도일 수 있다. 그러나 그 조직은 그 밖에도 조사관의 입국을 허용하고 있는 정부들의 수, 밝혀진 지뢰 매설 지역의 수, 새롭게 발견된 지뢰 매설 지역의 수, 지뢰를 사용하지 않기로 동의한 국가의 수 같은 다른 수익 관련 지표들에도 주의를 기울여야 할 것이다.

혹시 어느 조직이 재단들로부터 받은 기부금과 보조금 면에서 금전적으로 아주 높은 수익을 올린다 해도, 다른 측정값들이 제자리걸음을 하고 있다면 그 조직은 사명을 다하지 못할 터이고, 사회적으로나 재정적으로 지속할 수 없게 될 것이다. 앞으로도 기부자들이 계속 기부를 하고 입법부에서 지속적으로 기금을 대고 자원봉사자들이 계속 자원봉사를 하게 하려면, 비영리 조직은 자신의 목표를 달성해야만 한다. 수익에 관한 비금전적 척도는 정의하고 수량화하기가 더욱 어렵지만, 동적 조직을 만들어 관리하려면 그것을 측정하는 것이 필수적이다.

하지만 부적절하게 정의된 척도는 조직을 기능 부전에 빠뜨릴 수 있다.

하지만 부적절하게 정의된 척도는 조직을 기능 부전에 빠뜨릴 수 있다. 예컨대, 데밍은 그의 고객들 중 하나인 재향군인관리국(Veteran's Administration, VA) 산하 병원들에서 성공을 제공된 '환자 병상 일수'로 정의하고 측정한다는 것을 알았다. 그러다 보니 병원들은 다른 환자가 병상을 채울 수 있을 때까지 기존 환자를 퇴원시키지 않았다. 그 결과, 재향군인관리국 병원들은 재원 기간이 다른 병원들에 비해 훨씬 길어서 평판이 아주 나빴다.

데밍은 성공의 척도를 '건강해진 환자'의 수로 바꾸도록 재향군인관리국을 설득했다. '건강한 상태'는 퇴원 후 적어도 30일 동안 재입원하지 않는 환자로 정의되었다. 그 결과로 직원들의 태도가 바뀌었고, 병원들에 대한 평판은 좋아졌다. 병원과 환자들 간의 상호작용은 건강한 재향군인들의 수를 늘린다는 목표에 제대로 초점이 맞춰졌다.

판매, 구매, 시장 지배력, 생산방식 같은 사업 운영상의 금전 관련 자료들만 가지고 조직을 평가하는 기업은 사회와 자신이 맺는 관계를 충분히 측정하지 못한다. 주가를 기준으로 성공을 평가하는 것 역시 근시안적이다. 맞는 말이다, 기업은 조세의 형태로 사회에 기여한다. 하지만 기업은 조직의 전반적 수익성에 영향을 미치는 여러 금전 외적 효과 역시 가진다. 거기에는 기업이 환경 자원, 직원들의 복지, 인접한 이웃의 상황에 미치는 영향들도 포함된다. 일부 회계사들이 그 요인들을 '선의'라고 부르면서 그것들에 금전적 가치를 부여할 수도 있겠지만, 한 조직이 공동체에 미치는 사회적 영향을 제대로 측정하려는 시도는 존재하지 않으며, 부정적 영향에 대해서는 확실히 그렇다.

기업과 비영리 조직의 경우, 금전 외적 수익과 손실을 평가하지 못하는 것은 금전적 수익과 손실을 평가하지 못하는 것

> 판매, 구매, 시장 지배력, 생산방식 같은 사업 운영상의 금전 관련 자료들만 가지고 조직을 평가하는 기업은 사회와 자신이 맺는 관계를 충분히 측정하지 못한다. 주가를 기준으로 성공을 평가하는 것 역시 근시안적이다.

만큼이나 자멸적이다. 그러한 실패는 고객을 유지하는 데 필요한 믿음과 존경심을 약화시킨다.

교환 과정

조직과 사회는 '교환'한다. 조직은 돈이나 답례품을 받는 대신에 제품이나 서비스를 제공한다. 그런 교환이 환경 자원과 직원들과 인접한 이웃들에게 미치는 영향은 긍정적일 수도, 부정적일 수도 있다.

　사람은 누구나 그런 식으로 주고받는다. 사람들은 신발을 직접 만들기보다 돈을 주고 그것을 얻는다. 주택 청소부와 의사는 서비스를 제공하는 대가로 돈을 받는다. 사람들은 자신의 상품과 서비스를 남에게 제공하는 대가로 돈을 받거나 물물교환을 한다. 그것을 '교환 과정'이라고 부른다.

　상품과 서비스는 '교환의 토대'다. 우리는 원하는 바와 그것을 얻기 위해 얼마나 지불할 것인지를 결정한다. 사업에서는 무엇을 만들거나 제공하느냐가 우리의 목표다. 그것이 초콜릿이든 유리창 청소든 간에 고객은 돈을 내고 그것을 산다. 비영리단체의 경우, 돈을 내는 사람과 서비스를 받는 사람은 동일인이 아니기 쉽다. 재단이나 기관에서는 그 단체가 제시하는 목표가 마음에 들어서 자금을 대고, 그 서비스를 필요로 하는 사람이 그것을 제공받는다. 따라서 비영리 조직

그림 9-2
'목표'의 정의
목표는 조직 구성의 중심이 된다.

'목표'의 정의
목표는 다른 목표들과 차별화되고 고객의 관점에서 정의되는 제품이나 서비스다.

은 돈을 내는 사람들이 생각하는 목적과 서비스를 받는 사람들이 필요로 하는 바가 일치하지 않는다는, 난처한 교환 상황에 처할 때가 많다. 기업과 비영리단체에서는 지속적인 교환 과정을 확립해 유지하는 것이 성공의 척도다. 부정적인 교환이 바로잡히지 않는다면, 그 조직은 업계에서 퇴출될 것이다.

목표는 교환의 토대를 이룬다. 그것은 수요와 공급의 관계, 즉 기업과 소비자의 관계나 서비스와 고객의 관계를 만들어낸다. 좋은 교환은 모든 참여자에게 이롭다. 만일 내 목표가 신발을 만드는 것이고 당신의 목표가 셔츠를 만드는 것이라면, 우리는 셔츠와 신발을 교환할 수 있다. 양자가 모두 교환하기 전보다 형편이 더 나아지기 때문에 이득을 본다. 내 셔츠와 당신의 신발은 성공적인 목표였다.

비영리단체라 한들 쓰는 것보다 더 많은 돈을 확보하지 않는 한 존립할 수 없으니, '비영리'는 잘못 붙인 이름이다. 조직의 수입원과 그들이 봉사하는 사람이 서로 다르니까, '간접 고객' 단체라고 말하는 편이 더 정확하다. 노숙자 보호소는 노숙자에게 도움을 주지만, 그곳의 수입원은 기금을 대는 기관이나 재단이다. 제과점은 빵 값을 지불하는 바로 그 사람, 즉 가게의 수입원에 직접 빵을 팔기 때문에 '직접 고객' 기업이다.

교환 과정의 균형을 유지할 필요성이라는 면에서는 영리 조직과 비영리 조직이 다를 바가 없다. 모든 유형의 조직은 교환과 그로부터 비롯한 수익을 평가해야 한다. 그 정보가 없는 한, 훌륭한 조향은 불가능하다.

자율 최적화

우리는 왜 일하는가? 신체적 욕구를 충족시키려는 욕구 때문인가? 아니면 결핍에 대한 두려움 때문인가? 미국의 수학자이자 노벨상 수상자인 존 포브스 내쉬(John Forbes Nash, 1928~2015)는 영화 제목으로도 쓰인 『뷰티풀 마인드*A Beautiful Mind*』(2001)라는 책에서, 우리가 살아 있다는 사실 안에 근본적인 '경제적 동기'가 존재한다고 가정한다. 그것은 금전 감각보다 큰 경제적 감각이다. 그것은 자원의 최적화나 향상을 향한 본능적 충동이다. 최적화 충동은 보디 페인팅 솜씨나 자기가 웃길 수 있는 사람의 수나 부를 수 있는 노래의 수에 집중될 수도 있다. 소시오크라시는 내쉬의 연구에 입각해 지속적인 자율 최적화로 작동하는 조직을 만들어내기 위해 고안되었다.

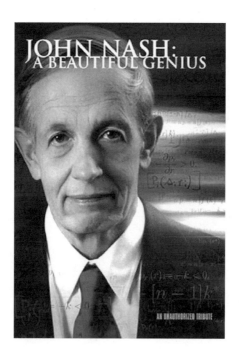

그림 9-3 존 내쉬
그의 생애를 그린 다큐멘터리 DVD 〈존 포브스 내쉬: 뷰티풀 지니어스 *John Forbes Nash: A Beautiful Genius*〉(트리니티 홈 엔터테인먼트, 2002) 커버 사진.

모든 교환 과정은 목적의식적으로 이루어지든 자연발생적이든 간에 자율 최적화한다. 교환 과정이 자율 최적화를 멈춘다면, 원래의 목표가 바뀌었거나 사라졌기 때문이다. 자율 최적화는 지도-실행-측정이라는 순환 과정을 이용해 끊임없이 측정할 것을 요구한다. 그것은 어떤 목표를 달성하는 더 나은 방식을 지속적·능동적으로 추구한다. 따라서 예컨대 생산에 필요한 자원의 부족이 반드시 결핍감이나 경솔한 생산성 감소를 초래하는 것은 아니다.

존 스튜어트 밀(John Stuart Mill, 1803~1876)은 사회의 결핍 문제가 부의 결핍 때문이 아니라 부적절한 자원 배분 때문이라고 말한 바 있다. 밀의 이러한 생각이 본질적으로는 조직 안의 결핍 문제에도 그대로 적용된다.

투명성

모든 단위가 의사결정에 참여하는 소시오크라시 조직에서, 측정에 활용되는 정보에 접근할 권리는 모든 구성원에게 필수적이다. 모든 구성원이 리더십 활동과 정책 의사결정에 참여하고 있는 경우에 각자의 책임 영역에서 훌륭한 결정을 내리려면 충분한 정보가 필요하다. 모든 구성원은 기업의 전반적 상황이나 팀과 개인의 기여도에 관한 통계를 비롯해 소시오크라시 재무 보고 시스템을 이용할 수 있다. 특허 제조법과 경쟁사 정보를 비롯한 일부 정보는 보호되지만, 특정 팀의 결정과 관련이 있는 경우에는 이용될 수 있다. 자료가 조작되거나 노동자들에게 불리하게 활용될 것이라는 우려는 동의 의사결정에 의해 보장되는 보호, 보장된 기본급, 운영의 투명성 등 몇 가지 이유로 시간이 흐를수록 소시오크라시 조직에서 감소한다.

독재 구조의 기업에서는 오로지 소유주나 주주와 때로는 최고 경영진만이 수익을 (상여금 형태로) 독차지한다. 소시오크라시 구조의 조직에서는 모든 참여자가 독특한 보상 구조를 통해 손익을 공유한다.

측정에 따른 보상

앞에서 살펴보았듯이, 수익은 돈 말고도 재정착한 난민의 수, 향상된 독서 수준, 감소한 소비자 불만, 통화 과잉 등 그 조직에 관련된 모든 면에서 보고될 수도 있다. 하지만, 수익 분배에 관한 이후의 논의를 위해, 가장 쉽게 교환되는 수익 형태인 돈에 초점을 맞추려 한다.

대부분의 조직에는 두 가지 유형의 참여자들이 존재한다.

- 매일 노동력을 제공하는 참여자들
- 주주나 비영리 조직의 기부자나 후원자

두 가지 범주는 조직의 존립과 성공에 똑같이 중요하다. 소시오크라시 조직에서 노동자와 주주는 보장된 기본급(Guaranteed Base Wage, 이하 GBW)의 형태로 확실히 보상을 받는다. 노동자의 경우, 그렇게 보장된 급여는 각자의 역할과 임무에 대한 시장가치와, 그 급여를 유지할 수 있는 조직의 역량에 바탕을 둔 것이다. GBW는 수익 분배와 관련이 없다. 그것을 네덜란드어로 그대로 번역하면 '생활 가능성 보장 (existence possibility guarantee)'이다. 투자자나 기부자의 경우, GBW는 보장된 기본 투자수익이다. 기부자나 후원자의 경우, 이 보장된 기본 수익이란 목표 집단에 기본적 수준의 서비스를 제공하는 것일 수도 있다.

임금 노동자든 투자자든, 조직의 모든 참여자는 GBW 말고도 지도-실행-측정이라는 순환 과정을 급여/분배 구조에 적용하여 산출한 변동성 지급금이나 '측정' 지급금을 받는다. 급여/분배율에 바탕을 둔 특정한 측정 지급금 구조는 조직의 정관에 기록되어 있다. 모든 구성원은 조직의 손익과 변동성 지급금에 관한 보고서를 열람할 수 있다.

변동성 지급금이 너무 뜸하게 지급되면 참여자들이 피드백을 충분히 받지 못할 수도 있다. 12월에 책정되는 연봉은 2월 초에 이루어진 활동에 관한 정확한 정보를 제공하지 못할 수도 있으며, 2월의 활동과 8월의 활동을 구별하지 못할 수도 있다. 정확한 측정을 위해서는 측정 과정이 좀 더 직접적이고 시의적절한 방식으로 진행되어야 한다. 따라서 소시오크라시는 두 가지 변동성 지급금 측정, 즉 장기 측정(Long-Term Measurement, 이하 LTM)과 단기 측정(Short-Term Measurement, 이하 STM)을 활용한다.

업종과 제공되는 서비스에 따라, STM은 단 하나의 프로젝트가 지속되는 기간에 한해, 또는 기간이 더 긴 프로젝트인 경우에는 특정한 주요 단계 이후까지 진행될 수 있다. 지급액은 원래의 추정 수익과 실제 성과 간의 차이다. 성과가 추정치보다 낮은 경우 STM 지급금은 없으며, 더 나아가, 부족분은 그보다 많은 STM 지급금이나 LTM 지급금이 조성되기 전에 채워져야 한다.(더 자세한 사항에 대해서는 제14장 '돈이라는 척도' 참조)

변동성 지급금 시스템은 사람들이 각 작업이 완료될 때마다 보수를 받는 삯일과 같지 않다. 차이점은 두 가지이다. 첫째, GBW는 STM 지급금과 LTM 지급금에 관계없이 지급된다. 둘째, 이 보상 시스템은 주주와 이사회 임원부터 우편물실 직원들에 이르기까지 모든 구성원에게 예외 없이 적용된다. 그것은 유일한 조향 장치다.

보상 구조는 소시오크라시 조직의 모든 참여자가 손익을 공유하도록 보장하기 때문에 그들은 공동의 이해를 밀접하게 공유한다. 모든 구성원은 혜택을 누리거나, 수익이 떨어지는 경우에 고통을 받는다. 또한, 그것은 모든 구성원이 서로에 대해 더욱 의식적으로 책임감을 느끼며 고용주와 고용인 사이에, 상급자와 하급자 사이에 불신과 경쟁이 더는 존재하지 않는다는 것을 뜻한다. 모두가 한 배를 타고 있으니까.

투자자와 투자 자본

그런데 모두가 조직의 수익을 공유하는 경우, 기업들은 어떻게 투자자들을 끌어들이는가? 그 기업들은 어떻게 창업 자금을 마련하고 증자하는가?

원칙적으로, 성장과 발전을 위한 자본을 제공할 투자자들을 끌어들이는 여러 대안은 전통적인 독재적 조직과 마찬가지로 소시오크라시 조직에도 존재한다. 소시오크라시 조직은 필

그림 9-4 **우리는 모두 한 배를 타고 있다**

소시오크라시 조직에서 모든 구성원은 손익, 곧 이익과 손실에 바탕을 둔 보상이라는 면에서 같은 배를 타고 있다.

요한 자본을 전통적 방식, 다시 말해 대출, 신용 거래, 모기지, 채권, 주식과 그 밖의 가능한 모든 수단을 통해 끌어들일 수 있다. 투자자들은 톱서클 구성원인 자기네 대표들을 통해 참여하고 GBW에 상당하는 대가를 받는다.

영리 조직이든 비영리 조직이든, 독재적 조직에서 이사회는 통치 기구로서 정책을 승인한다. 주주나 후원자나 기부자는 이사회를 통해 정책에 영향력을 행사하지만, 그 조직의 직원이나 구성원들에게는 그렇게 할 기존 수단이 없다.

모든 조직 구성원이 정책 결정에 참여하는 소시오크라시 조직에서 톱서클에는 조직의 다른 단위들에서 선출된 서클대표들이 포함되고, 결정들은 동의의 대상이다. 톱서클의 기능에는 장기 계획 수립과 같은 전통적인 이사회의 역할이 포함되지만, 조직에 대한 독재적 통제권은 없다. 게다가 조직의 계획과 재무가 투명하고 모든 조직 구성원이 그에 관한 정보를 살펴볼 수 있으므로, 톱서클의 활동은 대다수 이사회의 결정과 활동과는 달리 공개적이다.

주요 정보를 경쟁 업체들에 누설하지 않은 채 사내에서 투명성을 유지하는 방식들에 대해서는 나중에 다룰 것이다.

계획된 수익 분배

독재적 구조로 된 기업과 소시오크라시 구조로 된 기업 간의 또 다른 차이점은, 독재적 구조로 된 기업에서 이해 당사자가 수익이 어떻게 공유될 것인지를 **소급적**으로 결정한다는 점이다. 그 수익은 배당금으로 이해 당사자들에게 분배되거나 그 조직의 이런저런 부문에 재투자되거나 최고 경영자(CEO)에게 보너스로 지급되거나 사내유보금으로 적립될 수도 있다. 소시오크라시 조직에서는 서클들이 *미리* 손익 분배 시스템을 확정하므로 모든 구성원이 무엇을 기대할 수 있는지를 알고 있으며, 분배가 한 집단 또는 다른 집단의 일시적 생각이나 정치적 압력이 아니라 확고한 계획 수립에 근거해 이루어질 가능성이 크다.

소시오크라시 조직은 종업원지주회사가 아니다. 대부분의 종업원지주회사는 독재적 구조로 되어 있다. 종업원의 모두 혹은 대다수가 주주이고 주주로서 수익을 공유하지만, 대다수는 흔히 정책 결정에 관여하지 않는다. 비종업원지주회사와 마찬가지로 이사회에서 결정을 내릴 것이다. 독재적 기업에서 종업원들은 심지어 주주인 경우에조차 정책 결정에 참여하지

이해 당사자의 보상에 대한 권리 비교

	고정성 보상	변동성 보상	보상 정책 결정
독재적 기업:			
자본 제공	-	○	○
노동 제공	○	-	-
소시오크라시 기업:			
자본 제공	○	○	○
노동 제공	○	○	○

그림 9-5 이해 당사자의 보상에 대한 권리 비교

독재적 기업에서 이해 당사자의 권리는 이해 당사자가 제공하는 것이 자본이냐 노동력이냐에 따라 다르다. 소시오크라시 조직에서 모든 이해 당사자는 보상과 보상에 관한 정책 결정에 동등하게 접근할 수 있다.

못하거나 일일 운영 결정을 내리지 못하거나 맡은 임무를 완수할 최선의 방법을 결정하지 못하거나 성과급 계획에 참여하지 못한다. 그들의 지배력의 유일한 원천은 소유권이다. 그들은 소유주로서 간접적으로 이사회의 구성원을 선출하는 것 말고는 그 기업의 운영 방식에 관해 어떤 의견도 제시하지 못한다.

게다가 종업원지주회사는 지배권이 다수의 지분에 달려 있기 때문에 투자자 자본을 끌어들이는 능력에 한계가 있다. 하지만 소시오크라시 기업은 조직의 지배권을 잃지 않은 채 자유롭게 주식을 판매함으로써 증자할 수 있다. 기업이 주주, 노동자, 경영진, 자원봉사자 등 모든 참여자에 의해 관리되기 때문이다. 서클들의 이중 연결은 조직의 모든 구성원에게 동의제라는 보호 제도를 제공한다. 그림 9-5는 독재적 기업과 소시오크라시 기업에서 자본과 노동력에 대한 보상 구조가 참여자들에게 제공되는 방식을 예시한 것이다.

주인도 노예도 없다

전통적으로는, 자본을 제공한 사람들이 조직을 소유하고 소유권의 효력에 의해 그것을 지배한다. 자본은 주주나 자금을 제공하는 재단이나 개인 소유자로부터 나올 수 있다. 종업원들이 주주로서 그것을 소유할 수도 있다. 그러나 자금을 제공한 사람이라면 누구나 그 기업을 소유하고, 매각하거나 폐쇄하거나 거래할 수 있다. 다시 말해서, 그들은 조직을 자기 마음대로 할 수 있다.

설령 사람들의 생활과 복지가 걸려 있더라도, 소유주들은 기업을 빌딩이나 말 같은 사물로 바라보는 경향이 있다. 하지만 완전한 소시오크라시 기업은 모든 자유 시민처럼 스스로 다스린다. 기업은 소유물이 아니다. 기업은 매일 그것을 창조하고 재창조하는 사람들에 의해 새롭게 태어난다.

> 완전한 소시오크라시 기업은 모든 자유 시민처럼 스스로 다스린다. 기업은 소유물이 아니다. 기업은 매일 그것을 창조하고 재창조하는 사람들에 의해 새롭게 태어난다.

이 조직의 참여자들은 연합체를 형성하거나 다른 조직들과 합병하는 데 찬성할 수 있지만, 조직이 타의에 의해 '경영권이 양도되거나' 매각될 수는 없다. 주주들을 포함해 일종의 집단으로서 참여자들이 그 조직 자체이며, 그중 한 부분이 나머지 구성원들의 동의 없이 자신이나 조직 전체를 매각할 수 없다. 더는 물건이 아닌 자유기업으로서, 소시오크라시 조직은 마치 완전한 생체 시스템처럼 자유롭게 운영된다. 사람이 그런 것처럼, 해방은 조직의 생명

력과 수익성에도 매우 이로운 영향을 미친다. 자유로운 하나
의 실체로서, 조화롭고 지속 가능한 환경을 조성하는 것, 곧
최상의 사회적 이익을 위해 운영하는 것은 조직에 최상의 이
익이 된다.

PART 03

강점 체계화

1876년, 헨리 M. 로버트(Henry M. Robert, 1837~1923)는 의회 운영 절차에 관한 전문가로서, 민주적 조직들의 토론에서 무질서가 난무하는 것에 대해 대안을 제시한 『심의회 의사 진행 규칙에 관한 소책자A Pocket Manual of Rules of Order for Deliberative Assemblies』를 집필했다. 지금은 로버트의 의사 진행법으로 알려져 있는 그 책은, 미국의 의회 운영 절차에 적용되는 표준 참고서가 되었다. 로버트의 목표는 공정한 토론을 보장하는 것이었지만, 그의 연구는 다수결이 최상의 의사결정 방식이라는 가정에 근거를 두고 있었다. 독재적 의사결정에 비하면 아마 그럴 테지만, 소시오크라시 통치에서는 더 나은 방법을 활용할 수 있다. 제3부 '강점 체계화'에서는 소시오크라시 조직의 '의사 진행'에 관해 설명할 것이다.

둘의 유사점이 과장되지 않도록, 엔덴뷔르흐는 '엔덴뷔르흐식 의사 진행법'을 만드는 일을 하지 않았으며, 소시오크라시 원리의 '규칙들'과 로버트의 규칙들이 의미가 서로 다르다는 점을 밝혀두어야겠다. 소시오크라시의 원리와 실천 기법은 물리학과 자연과학에서 진리로 밝혀진 바를 받아들여, 통치와 경영에 관한 사회과학 분야에 그것을 적용한다. 그 원리와 실천 기법은 일련의 자의적인 법칙이 아니다.

엔덴뷔르흐는 '엔덴뷔르흐식 의사 진행법'을 만드는 일을 하지 않았으며, 소시오크라시 원리의 '규칙들'과 로버트의 규칙들은 의미가 서로 다르다.

또한, 로버트의 규칙은 조직 구조나 효율성이나 직무 과정에 관해 전혀 언급하지 않는다. 그것은 토론을 관리하고 기록하는 일과 임원들의 기능을 다루고 있을 따름이다. 그것은 토론 절차를 확립한다. 예컨대, 토론을 계속하기 전에 정보의 요점들이 중점적으로 검토되어야 한다. 그것은 리더십이나 측정이나 피드백이나 조직의 자치 활동에 필요한 그 밖의 과정들을 다루지 않는다.

로버트의 규칙은 토론과 투표에 관한 규율을 지켜야 하는 대규모 단체에서 쓸모가 있지만, 규칙의 규제력이 너무 커서, 그것을 따르다보면 토론이 기본 논점에서 벗어날 수 있다. 의회 법규에서, 좋은 결정은 적절한 토론 절차를 준수하고, 제대로 투표를 실시해 그 결과를 기록하는 것에서 비롯한다. 유일한 질적 판단 기준은 다수결이다.

그 반면에, 소시오크라시에 입각한 토의는 다수의 의견이 아니라 논거에 초점을 맞춘다. 논거는 조직이나 부서, 서클 고유의 목표 또는 특정한 의사결정의 목표라는 맥락에서 진술된다. 근본적인 질문들은 다음과 같다. 그것은 공동의 목표에 초점을 맞추고 있는가? 그것은 목표를 향해 나아가는 주목할 만한 방식인가? 모두가 효과적으로 일할 수 있을 것인가?

… 소시오크라시에 입각한 토의는 다수의 의견이 아니라 논거에 초점을 맞춘다.

모든 조직 구성원이 조직의 목표를 이해하도록 하려면, 역할과 책임을 목표와 관련지어 정의해야 한다. 그것은 소시오크라시 조직이 구성원들에게 더 많은 만족을 주고, 그들이 업무를 한층 효과적으로 수행하도록 해주는 요인 중 하나다.

방법

제3부에서는 조직의 역량을 극대화하기 위해 소시오크라시 개념을 적용하는 방법과, 그 원리와 실천 기법에 관한 실질적 조언을 가감 없이 제시한다. 설령 지금 당장은 그 원리와 실천 기법을 실행할 계획이 없더라도, 3부의 내용을 숙독하시기 바

란다. 개념들은 실행에 관한 설명을 통해 더욱 분명해질 때가 많다. 이미 소시오크라시에 입각해 통치되는 조직의 구성원인 경우, 이 설명은 보충 자료나 참고 자료, 즉 정의와 과정을 빠르게 찾아보는 수단으로서 도움이 될 수 있다.

이 정보는 특정한 상황을 중점적으로 다룰 수 있는 전문적인 소시오크라시 컨설턴트의 조언을 대신하는 것이 아니다. 그러나 전문가가 필요한지, 그 전문가로부터 어떤 조언을 받을 수 있는지를 이해하는 토대가 될 것이다.

소시오크라시 방식은 그것을 낳은 과학적 인식이 발전함에 따라 계속 발전할 것이다. 유일한 목표는 각자의 동등성을 확립하고 보호할 뿐 아니라, 서로 한마음이 되어 일하면서 번영을 누리며 살아가는 능력을 향상시키는 것이다. 그런 의미에서, 소시오크라시는 흔히 '텅 빈' 방식이라고 불린다. 거기에는 다른 어떤 정치적 의제도 존재하지 않는다.

제10장 '서클 그리고 실행'에서는 실행 절차와 조직 체계화에 관한 개요를 설명한다. 제11장 '동의와 라운드'에서는 서클 회의를 진행하는 과정의 개요를 설명하고, 각자가 발언할 여지를 마련함으로써 어떻게 동등성을 유지하고 각자가 필요에 따라 이의를 제기할 수 있도록 보장하는지를 설명한다. 제12장 '임원 선출'에서는 공개 토의를 통해 동의로 임원을 선출하는 방식을 상세히 다룬다. 이 의사결정 과정은 소시오크라시 서클 방식에 고유한 것으로, 서클 운영의 모든 국면에서 동의를 유지하는 데 필수적이다. 제13장 '조직 만들기를 통한 업무 체계화'에서는 목표를 정의하는 과정과, 직무 과정의 실행에 관한 개요를 설명한다. 제14장 '돈이라는 척도'에서는 단기

및 장기 성과급을 산출하는 방식을 설명한다.

이러한 방식들은 간단하지만, 조심스럽게 적용하는 것이 중요하다. 부록에서는 연구용 '지침'과 회의용 '지침'에서 이 방식들의 개요가 제시된다.

우리의 경험상, 서클이든 개인이든 소시오크라시를 익혀 적용하고 있는 다른 사람들과 접촉하는 경우에 도입하기가 훨씬 쉽다. '후기'에서는, 소시오크라시를 자신의 기업과 단체에서 실행에 옮기고 있는 다른 사람들과 연결하는 방법을 설명한다.

10장
서클 그리고 실행

정책 결정은 통치의 토대를 형성한다. 정책은 개인이나 서클이나 조직이 장차 어떻게 일할지를 좌우하는 결정이다. 정책은 언제 무엇을 해야 할 책임이 누구에게 있다는 것을 나타낸다. 정책은 긍정형이나 부정형으로, 아니면 둘 다로 표현될 수 있다. 정책은 업무 운영 방식을 결정한다.

··· 실행서클은 계획을 수립하고, 작은 조치를 시도해보고, 성과를 측정하고, 계획을 평가해 조정하며, 필요에 따라 같은 과정을 되풀이한다.

소시오크라시의 경우, 정책들은 더 큰 조직의 정책 안에서 해당 서클이 미래의 운영에 대해 모든 서클 구성원의 동의로 내린 결정들이다.

신규 조직이나 기존 조직에서 소시오크라시 통치의 도입은 다음과 같이 시작된다.

● 공인된 소시오크라시 컨설턴트의 도움을 받아 원리와 실천 기법을 훈련한다.

- 실행서클[1]을 구성한다.
- 통치를 책임질 서클 구조를 설계한다.

마치 조직의 한 단면처럼, 실행서클은 다양한 층위의 구성원들로 이루어지는 것이 보통이다.

- 현행 구조의 최고 경영진이나 임원들
- 주요 부서들이나 단위들에서 뽑은 서클대표들
- 직원들
- 해당되는 경우, 자원봉사자들

신규 조직에서는 초기의 핵심 구성원들이 실행서클을 구성할 수도 있다.

실행서클은 지도-실행-측정이라는 순환 과정을 통해 계획을 수립하고, 작은 조치를 시도해보고, 성과를 측정하고, 계획을 평가해 조정하며, 필요에 따라 같은 과정을 되풀이한다. 이 과정에서 운영에 변화가 생길 수도 있는데, 그 변화들은 새로운 구조를 받아들이는 데 필요한 것들이라기보다는 대체로 조직 만들기에서 개선해야 할 점들이고, 해당 직무 과정을 더 세분하는 것이 바람직해서 취한 조치들이다. 예를 들자면 다음과 같다.

---

1   학습 후에 소시오크라시를 내면화하고 실제로 적용할 목적으로 만드는 일종의 TF 팀

- 한 네덜란드 경찰 조직에서, 실행서클은 보고 단계의 수를 극적으로 줄였다. 그것들이 불필요하며 새로운 구조가 더 나은 대안을 제시한다는 점을 구성원들이 알 수 있었기 때문이다.
- 여러 지역 지부와 아주 평면적인 운영 구조를 갖추고 급성장 중이던 미국의 한 비영리단체에서, 소시오크라시의 도입은 지역 구조를 신설해 이전에는 없었던 한 단계를 계층구조에 설정하도록 하였다.

다른 사례들에서는 서클 구조가 단순히 기존 운영 구조를 반영하기도 한다.

일단 제자리를 잡은 서클 조직은 운영 구조 안에서 정책 지침 개발을 준비한다. 실행서클은 그 기능을 적절하게 조직 안에 통합시키면서 총서클과 계속 협력할 수도 있다.

실행서클

이 책을 읽고 나서 스스로 소시오크라시를 시행할 수 있는 사람도 있겠지만, 복잡한 조직들은 순조롭게 변화하려면 조직 설계에서 전문 지식이 필요하기 때문에 공인된 소시오크라시 컨설턴트의 지원이 아주 유익할 수 있다. 소시오크라시는 익숙한 행동 유형에 여러모로 미묘한 변화를 가져오는데, 컨설턴트는 그러한 유형을 인지하고 바로잡는 데 익숙하다. 실행서클의 책임자들뿐 아니라 모든 구성원이 훈련을 받는 것이 중요하다. 실행서클은 처음부터 동의의

> 이 책을 읽고 나서 스스로 소시오크라시를 시행할 수 있는 조직도 있겠지만, 소시오크라시는 익숙한 행동 유형에 여러모로 미묘한 변화를 가져오기 때문에, 공인된 소시오크라시 컨설턴트의 지원이 아주 유익할 수 있다.

원리를 활용하여 소시오크라시에 입각해 직무를 수행함으로 써 나중에 조직의 나머지 구성원들과 공유할 수 있는 중요한 경험을 쌓아야 한다.

실행서클과 각 서클의 첫 번째 조치들은 다음과 같다.

- 역할과 책임을 맡을 서클 구성원들을 뽑는다.
- 서클일지를 만든다.
- 각 책임 영역의 직무 과정을 설계한다.
- 서클 구성원들의 지속적 교육과 역량 개발에 관한 계획 을 수립한다.

실행서클은 통치 구조를 유지하기 위한 기반을 확립하는 데, 다음 사항들이 거기에 포함된다.

- 기록 보존을 위한 서클일지 시스템
- 회의록 배부에 관한 방침
- 정례회의 일정
- 현재의 조직 구성원들에 대한 훈련
- 조직에 합류하는 신입자들에 대한 오리엔테이션과 훈련

실행서클은 각 서클들의 활성화 순서를 정해야 한다. 만일 톱서클(이사회 포함)이 활성화되지 않았다면, 되도록 신속하게 활성화되어야 한다. 때로는 톱서클이 실행서클보다 먼저 활성 화되기도 한다. 이는 조직이 이미 소시오크라시에 입각해 운 영되기 시작하여 실행서클 구성원을 선출했다는 것을 뜻한

다. 아니면 실행서클이 가장 먼저 직무를 수행하기 시작한다. 그 순서는 조직의 규모와 복잡성과 선호도에 달려 있다.

일단 총서클이 설립되어 제 기능을 수행하면, 실행서클은 총서클에 보고하는 지원서클이 된다. 실행서클의 일부 구성원들은 조직 내 교육 담당자로서 계속 활동할 수도 있다. 일부 조직의 경우, 현재의 구성원이나 고용인이 컨설턴트로 공인받아 지속적인 훈련에 대한 책임을 맡기도 한다.

톱서클

여러 유형의 조직에서, 특히 '이사회'라는 관리 기구는 법에 따라 요구되거나 그 이름으로 이미 존재할 수도 있다. 하지만 이사회는 대체로 이해 당사자들에 의해 톱서클보다 많은 권한을 부여받는다. 이사회는 보통 재무 관련 결정에 관한 거부권과, 조직을 매각하거나 합병할 권리를 누리면서 조직을 독재적으로 통제한다.

그 반면에, 톱서클은 그런 권한을 갖지 못한 채 이사회의 나머지 직무들에 대해 책임을 진다. 하지만 이 차이를 이해하면서도 많은 조직에서 톱서클을 이사회로 부르는 것을 선호하거나, 법률 요건을 충족시키기 위해 이사회가 곧 톱서클이라고 정의하고 있다.

톱서클에는 다음과 같은 사람들이 포함된다.

● 최고 경영자(CEO) 또는 (톱서클에 의해 채용되거나 톱서클

의 의장으로 선출될 수도 있는)총괄 관리자

● 최고 재무 책임자(CFO)나 부사장이나 비서실장처럼 톱
  서클의 결정에 따라 임명된 그 밖의 경영진
● 주주들이나 투자자들의 대표
● 총서클의 서클대표(들)
● 공동체의 구성원들 같은 그 밖의 이해 당사자들의 대
  표들
● 재무, 법률, 그리고 그 조직의 목표와 관련이 있는 분야
  의 외부 전문가들

소시오크라시 도입 후, 톱서클은 새로운 통치 방식에 대한
정기 평가를 실시하고, 최종적으로는 의사결정, 정책 결정과
관련된 서클 회의, 서클 간의 이중 연결, 역할과 책임을 맡을
인물의 선출에서 동의를 토대로 확립하기 위해서 조직의 창
립 문서인 정관 또는 사규를 수정해야 한다.[앞의 내용에 관한 표
현들을 예시한 부록 (마)와 부록 (바) 참조]

톱서클의 직무는 법률적이고 재무적인 관리
를 뛰어넘는다. 교육기관 및 비영리단체의 이사
회에 통치 자원과 교육과 자문을 제공하는 단
체인 보드소스(Board Source)에 따르면, 톱서클
구성원들은 자신에게 주어진 시간의 65퍼센트

> 소시오크라시에서도 중요하고 필
> 수적이지만, 톱서클은 재무와 수
> 탁 업무에는 주어진 시간의 5~10
> 퍼센트만 쓴다.

를 다른 조직들과의 연결 업무, 새로운 트렌드와 개발품에 관
한 자기 교육과 경쟁 업체 연구에 쓰고, 30퍼센트를 전략 계
획 수립에 써야 한다.

다시 말해서, 톱서클의 주된 책무는 이사회의 전통적인 역

할처럼 외부에 초점이 맞춰져 있다. 즉, 네트워크 형성, 아이디어 소개, 기업이나 단체에 이로운 직업상의 관계 형성, 미래를 위한 계획 수립 등이 톱서클의 주요 책무이다. 그 반면에, 소시오크라시에서도 중요하고 필수적이지만, 재무와 수탁 업무에는 주어진 시간의 5~10퍼센트만 쓴다.

따라서 톱서클의 역할은 생성력(generativity), 곧 기업과 단체와 협회와 네트워크의 창조적 도전과 확장에 집중된다. 생성력은 각자의 책임 영역 안에서 각 서클이 지속적으로 발전하는 것과도 관련되지만, 이사회는 조직이 처한 환경과 관련해서 조직 전체의 방향을 책임진다.

톱서클은 외부 출신 톱서클 구성원들과, 일일 운영을 관리하는 운영장—최고 경영자 또는 총괄 관리자—를 선출한다.

총서클

총서클은 모든 부서클의 운영장과 서클대표로 구성되는데, 톱서클의 전략 계획이 모든 단위의 운영에서 실행되도록 할 책임을 진다. 최고 경영자(CEO, 총서클의 운영장)와 서클대표(들)의 참여를 통해, 총서클은 톱서클의 전략 계획 수립 과정에 참여하고 부서클들의 요구와 역량을 충족시키도록 보장한다. 총서클은 향후 몇 년에 걸친 조직 운영, 모든 부서에 적용될 정책 수립, 부서클들이 해결하지 못한 사안의 해결 등에 관한 전략 계획을 수립할 책임을 진다.

총서클은 또한 새로운 부서클이 필요한 시기를 결정한다. 다음과 같은 조치를 취함으로써 새로운 서클을 설립한다.

- 목표를 정의한다.
- 책임 영역을 정의한다.
- 운영장을 선출한다.
- 예산을 수립한다.
- 자원을 할당한다.

톱서클은 모든 서클로부터 받은 피드백을 바탕으로 조직 전체의 예산을 확정한다. 그러면 총서클은 부서클의 운영 예산을 확정하고 자원을 할당한다.

소시오크라시를 실행하는 과정에서 이러한 기능들을 돕고 요건들을 충족시키는 통치 기구가 있는지 판단하기 위해 관리 체계에 대한 평가가 이루어지게 된다. 만일 없다면, 새로운 기구가 설립되어 훈련을 받아야 한다.

부서클

기존 조직에서 소시오크라시를 실행하는 경우, 부서는 대체로 이미 만들어져 있다. 실행서클과 총서클은 각 부서의 구조와 목표와 책임 영역을 다시 검토하고, 그것들이 최적의 상태인 경우 예산을 확정적으로 할당한다. 부서를 재조직할 수도 있지만, 그것이 소시오크라시를 실행하는 목적은 아니다. 실행 중에 때때로 더 나은 조직 구조가 나타날 수 있지만, 그것을 바로 도입하든 나중에 하든 상관없다.

부서 단위에서 통치 구조를 갖추는 것이 대체로 생소하므로, 부서 구성원들은 정책 결정을 내리는 데 덜 익숙할 수 있

> 부서 단위에서 통치 구조를 갖추는 것이 대체로 생소하므로, 부서클 구성원들은 정책 결정을 내리는 데 익숙하지 않을 수 있다.

다. 따라서 부서 구성원들이 톱서클이나 총서클 구성원들보다 더 지속적으로 통치에 관한 훈련을 받아야 할 수도 있다. 이 일을 소홀히 할 때가 많은데, 관리자를 훈련시켜서 '낙수 효과'를 기대하는 것이 일반적이기 때문이다. 이런 일반론이 항상 유효한 것은 아니다. 모든 서클 구성원이 동등하게 참여하기를 기대한다면 훈련도 동등하게 해야 더 효과적일 터이다.

부서클에서는 총서클에서 선출된 운영장과 함께 총서클에서 일할 서클대표를 선출한다. 모든 서클 회의에서 구성원들은 동등한 자격으로 참여하므로, 서클대표는 운영장에게 종속되지 않는다. 총서클에서 어느 부서클의 운영장을 선출할 때에는 그 서클의 서클대표가 선출 회의에 참석하며, 선출은 그 서클대표의 '동의'를 필요로 한다. 이런 방식으로, 부서클들은 자기 부서의 운영장 선출에 참여한다.

부서 단위 서클들은 장기 계획 수립이 아니라 일일 운영에 관한 정책 결정에 관여하기 때문에, 총서클이나 이사회보다 훨씬 자주 회의를 가진다. 확정된 정책이 거의 없거나 전혀 없는 경우, 실행 과정에서 더욱 자주 회의를 소집하게 될 것이다. 일단 정책이 수립되어 있으면, 부서 서클은 필요에 따라, 하지만 적어도 6~8주에 한 번은 회의를 열어 정책을 재검토하고, 필요할 경우 새로운 정책을 수립한다.

부서클이 내리는 결정에는 운영장을 비롯한 구성원들의 역할과 책임, 자원의 할당, 역할을 맡을 임원들과 인물들의 선출, 직무 과정 등이 포함된다.

부서클들은 단위 서클이 필요한지 결정한다. 만일 그렇다

면, 단위 서클은 총서클이 부서클을 설립할 때 따르는 절차[2]
를 그대로 밟는다.

통치의 토대 만들기

각 서클에는 네 명의 임원이 있는데, 모두 동의로 선출되며 구
체적인 임기가 있다.

- ● 운영장
- ● 서클 회의 퍼실리테이터
- ● 서기와 서클일지 관리자(겸임 가능)
- ● 차상위 서클에 참여하는 서클대표

운영장들은 조직과 소속 서클이 정한 정책 안에서 일상적
운영에 관한 결정을 내리고, 직무 기술서에 포함되어 있지 않
은 모든 과업을 부여할 권한을 가진다. 필요에 따라 운영회의
를 소집해 대체로 전통적인 독재 방식으로 안건을 처리할 수
도 있다. 서클은 운영장을 퍼실리테이터나 서기로 선출할 수
도 있지만, 운영장은 서클대표를 겸임할 수 없다.

퍼실리테이터는 서클 회의를 주관할 책임을 맡는데, 해당
서클에서 선출한다. 퍼실리테이터는 능숙하게 토론의 방향을
조정하고, 결정을 이끌어내고, 모두가 회의 목적과 서클의 목

---

2 새 단위 서클의 목표와 책임 영역 정의, 운영장 선출, 예산 배분 및
자원 할당 등

적, 제안이나 다른 현안들의 목적에 집중하도록 한다.

또한, 서클은 서기와 서클일지 관리자 역할을 할 사람을 뽑는다. 두 역할은 서클의 규모와 업무의 복잡성에 따라 분리되거나 통합될 수 있다.(이하 '서기'로 표기) 서기는 구성원들로부터 안건을 접수하고, 퍼실리테이터와 협력해 안건을 정하며, 안건과 회의 통지서를 발송하고, 주요 인물 및 초청 인사의 참석을 확인하고, 회의실을 마련하고, 회의록을 만들고, 회의록 및 관련 문서를 배부하는 책임을 맡는다.

서기는 서클의 업무 관련 문서들을 보관하고, 필요에 따라 사본을 서클 구성원들에게 배부하는 책임을 맡는다.

서클대표

퍼실리테이터와 서기를 선출하는 것 말고도, 서클은 차상위 서클에 참여할 한 명 이상의 서클대표를 뽑는다. 서클대표가 퍼실리테이터나 서기를 겸할 수는 있지만, 운영장을 겸임할 수는 없다. 제7장 '조향과 구조'에서 말했듯이, 서클대표가 정보와 권력을 조직의 '위로' 전달하는 반면에 운영장은 조직의 '아래로' 전달하기 때문이다. 힘은 전기처럼 하나의 경로에서 한 방향으로만 전달될 수 있다. 이중 연결이 두 서클 간의 피드백 루프를 형성하므로, 양쪽이 모두 명확한 정보를 전달할 수 있다는 것은 매우 중요하다.

서클대표는 그저 서클의 방침에 따라 직무를 수행하는 거수기나 대리인이 아니다. 양쪽 서클에 전적으로 참여하고 최상의 판단력을 발휘하여 동의에 의한 의사결정에 참여한다. 서클대표는 다음

서클대표는 그저 서클의 방침에 따라 직무를 수행하는 거수기나 대리인이 아니다. 양쪽 서클에 전적으로 참여하고 최상의 판단력을 발휘하여 동의 의사결정에 참여한다.

과 같은 능력을 갖추어야 한다.

- 하위 서클의 관심사를 이해하고 전달한다.
- 더 추상도가 높은 결정들에 참여한다.
- 자기 서클 구성원들이 이해할 수 있도록 사안과 결정에 대해 설명한다.
- 더 폭넓은 시각을 개발한다.
- 더 장기적인 계획을 수립한다.

'능력'이란 관심을 뜻하기도 한다. 서클대표의 임무를 완수할 능력을 갖춘 사람이더라도 그 일에 관심이 없을 수 있다.

서클의 복잡성과 요구에 따라, 한 서클에 한 명 이상의 서클대표를 둘 수도 있다. 또한, 임시 대표로 선출된 노동자가 톱 서클에 참여해서 조선소 노동자들을 해고하기보다는 신사업 개척에 종사하는 영업 사원으로 발령을 내자고 제안할 수 있었던 사례에서 보았듯이, 특정한 결정 과정에서 임시로 서클을 대변할 대표(들)를 추가로 뽑을 수도 있다. (자세한 사항에 대해서는 제4장 '사이버네틱스와 소시오크라시 원리들' 참조)

서클 회의

서클 회의는 서클의 일일 운영에 영향을 미치는 모든 정책 결정을 내리거나 위임하는 자리이므로, 대체로 바쁘고 심지어 흥미진진하기까지 한 행사다. 각자의 직무와 무관하게 모든 사람이 초대되어 다른 모든 구성원들과 함께 아이디어와 지식과 감정을 공유한다. 다음은 모든 서클에서 중점적으로 다룰 만한 주제들이다.

- 비전, 사명, 목표
- 정책 및 전략 계획
- 목표를 향한 진전
- 직무 과정 설계
- 서클 조직 설계, 운영 설계와 그에 따른 수행 절차
- 서클 구성원들의 직무 기술서
- 역할과 책임 분담
- 서클 구성원의 추가 또는 제명
- 서클의 역량 개발 과정, 즉 훈련·교육·연구에 관한 계획
- 현재의 서클 운영과 관련해 개인적으로 불편한 점

…서클은 공동 목표를 가지고 합의된 틀 안에서 함께 결정을 내리는 사람들의 집단이다. 그것은 제한적 자치권을 가지고 자기 조직한다. 서클 스스로 정책을 정하고, 목표와 예산 범위 안에서 업무를 완수할 방법을 결정한다.

제6장 '품질 개발'에서 살펴보았듯이, 서클은 공동 목표를 가지고 합의된 틀 안에서 함께 결정을 내리는 사람들의 집단이다. 그것은 제한적 자치권을 가지고 자기 조직한다. 서클 스스로 정책을 정하고, 목표와 예산 범위 안에서 업무를 완수할 방법을 결정한다. 따라서 서클의 (정책)회의 구조는 운영회의 구조와 다르다.

서클 회의에 모든 구성원은 동료로서 참여한다. 소시오크라시 조직은 일일 업무를 결정하는 운영회의를 지속적으로 가진다. 하지만, '일일 운영의 계기판 눈금'에 초점을 맞추는 데다 서클이 설계한 직무 과정에 업무 위임과 효과적인 후속 조치에 관한 내용이 명시되어 있기 때문에, 운영회의는 더 짧고

더 효율적이기 마련이다.

제13장 '업무 체계화'에서는 '조직 만들기' 과정을 자세히 다룰 것이다.

앞에서 말했듯이, 서기는 회의와 관련된 상세한 준비를 책임진다. 서기는 회의가 열리기 며칠 전에 퍼실리테이터 및 운영장과 협의해 안건과 보조 자료를 모든 서클 구성원에게 공지한다.

서클 회의는 다음과 같이 예측 가능한 양식으로 진행된다.

1. 오프닝 라운드[3]
2. 행정 사항
3. 동의
4. 클로징 라운드

다른 모든 활동 전에 오프닝 라운드를 가지면, '동료 의식'을 느끼게 하는 회의 분위기가 조성되기 때문에 참석자들이 한마음으로 회의의 목표에 집중하게 된다. 경험이 많은 컨설턴트라면 집단이 의사 결정을 내리기 전에 몇 번의 라운드를 진행할 것이다. "집단 의사결정을 내리려면, 집단이 있어야 한다." 라운드는 모든 사람의 주의를 공동의 임무에 집중시킨다.

다른 모든 활동 전에 오프닝 라운드를 가지면, '동료 의식'을 느끼게 하는 회의 분위기가 조성되기 때문에 참석자들이 한마음으로 회의의 목표에 집중하게 된다.

---

3   round: 모든 구성원이 토의 없이 차례대로 돌아가며 말하는 회의 진행 방식

오프닝 라운드 후에 행정 사항이 다루어진다. 행정 사항에는 전달될 필요가 있는 다음과 같은 정보들이 포함된다.

- 초청 인사 소개(필요 시)
- 공지 사항 발표
- 회의 환경 관련 사항(실내 온도가 괜찮은가? 발표문서의 사본이 필요한가? 등)
- 이전 회의록에 이의(결정 사항과 다르게 기록된 점이 있는지)를 제기하고 필요 시 수정
- 이번 회의 안건에 대한 동의 확인

오프닝 라운드와 행정 사항 확인은 본 회의를 진행하기 위한 준비 과정이며, 이는 회의 안건에 대한 동의로 끝나게 되어 있다. 안건은 구성원들이 회의에서 다룰 업무를 처리하기 위해 체결하는 일종의 계약이다.

보통은 세 종류의 안건이 있다.

- 정보를 제공하는 보고
- 정책 제안
- 제안으로 이어질 수도 있는 사안에 관한 토의

어떤 안건이 재무 보고서처럼 그저 정보를 제공하는 것에 불과한 경우, 그 보고서의 채택 여부를 정하면 된다. 그것이 정책에 관한 제안인 경우, 그 제안을 받아들일지 여부를 결정하면 된다. 어떤 역할과 책임을 맡을 인물의 선출이라는 과제를

다룰 수도 있다.[4]

(준비된 제안을 발표하여 채택 여부를 토의하는 것과 달리) 때로는 회의에서 사안들을 탐구하고, 제안을 진전시킨다. 모든 결정은 동등한 자격으로 참여한 서클 구성원의 동의로 내려져야 한다. 서클 회의는 대개 라운드와 토의, 그리고 대화가 결합된 방식으로 과제를 처리하게 된다. 구성원 간의 동등성을 확고히 하고, 각자에게 이의를 제기할 기회를 제공할 뿐 아니라 그렇게 하도록 권유하기 때문에, 라운드는 소시오크라시에서 매우 중요하다.(제11장 '동의와 라운드' 참조)

클로징 라운드는 회의를 평가하는 단계이다. 이때는 다음과 같은 질문들을 중점적으로 다룰 수 있다.

- 회의가 제대로 진행되었는가?
- 개선할 점은 무엇인가?
- 토론의 질은 어떠했는가?
- 안건은 모두 처리되었는가?
- 다음번 회의에서 어떤 항목들을 다시 다루어야 하는가?
- 시간은 잘 관리되었는가?
- 구성원들의 기분은 어떠했는가?
- 다음번 회의까지 구성원들이 할 일은 무엇인가?
- 어떤 훈련이나 정보가 필요한가?
- 이번 회의를 통해 무엇을 얻었는가?

---

4   선출 회의도 정책회의의 일종이다.

앞의 내용은 권장 사항이며, 서클 회의를 준비하고 진행하는 방식은 아주 다양하다. 예컨대, 어떤 서클 회의에서는 사전에 아무런 준비도 하지 않은 채 오프닝 라운드 후에 안건을 수집한다. 또한, 어떤 회의에서는 여러 항목을 다룰 수도 있고, 어떤 회의에서는 직무 과정과 역할과 책임만 중점적으로 다룰 수도 있다.

구성원 간의 동등성을 확고히 하고, 각자에게 이의를 제기할 기회를 제공할 뿐 아니라 그렇게 하도록 권유하기 때문에, 라운드는 소시오크라시에서 매우 중요하다.

또한, 몇 개의 부서클이나 심지어 모든 서클이 함께 모여서 서클 회의를 개최할 수도 있다. 전체 서클 회의는 아주 다양한 주제들에 초점을 맞추어 다양한 접근 방식을 활용할 수도 있다. 예를 들자면, 다음과 같다.

- 논의 사안들을 확인하고 분류하는 기법으로서 인원수가 2,000명이 넘는 집단에서도 활용된 바 있는 오픈 스페이스 테크놀로지(Open Space Technology, OST)
- 강점과 약점과 기회와 위협을 평가하는 스와트 분석(SWOT analysis)
- 분석과 의사결정과 전략적 변화의 창출을 위한 긍정탐구(Appreciative Inquiry)
- 구성원들이 자발적으로 제시하는 일련의 아이디어를 수집하는 브레인스토밍(Brainstorming)
- 결정의 위험성을 평가하여 완화하는 케프너-트리거 기법(Kepner-Tregoe Matrix)

그 밖에도 여러 가지가 있다. 선택은 조직이 바라는 성과와 조직의 유형에 달려 있다.

서클일지와 서클 회의록

각 서클은 서클에 관한 기억 시스템, 이른바 서클일지에 대한 책임이 있다. 여기에는 회의록, 정책 결정·전략 계획·직무 과정 관련 문서 등이 포함된다. 서기는 서클일지가 최신 정보에 근거하도록 유지할 책임이 있다. 서클일지에는 보통 다음과 같은 사항이 포함된다.

- 조직과 서클의 비전, 사명, 목표에 관한 선언문
- 조직의 정관
- 조직의 서클 조직도
- 서클의 정책과 실천
- 모든 서클 회의의 기록
- 서클 구성원들의 역할과 책임
- 서클의 직무 과정, 곧 지도-실행-측정 활동을 나타내는 도표
- 서클 발전 계획

회의록에는 다음 사항들이 포함되어야 한다.

- 서클의 명칭
- 회의 일시
- 참석자
- 결정 사항

● 실행 가능한 클로징 라운드의 의견들

회의록에는 결정의 맥락을 이해하는 데 필요한 사항만 포함되어야 한다. 너무 상세하게 기록하면 서기가 회의에 참여하지 못할 뿐 아니라, 세부 사항에 많은 시간을 허비하는 것은 비생산적일 수 있다.

복잡하고 어려운 결정의 경우, 그 근거가 명시되도록 하기 위해 결정을 내리는 과정에서 제시된 논거나 추론을 요약해 둘 필요가 있을 수 있다. 서클이 제안 형성을 위해 정보 검토를 하고 그 결과로 정리된 사안들의 목록에 대해 동의할 경우, 그 목록이 회의록에 포함될 수도 있다. 회의록은 하나의 제안서처럼 임무의 위임 사항이 기록되어야 한다.

아니면, 역할이나 책무의 할당과 실천 과제에 관한 기록을 포함해 결론만 기록해도 된다.

"실내가 너무 더웠다"거나 "문서들이 더 일찍 전달되어야 했다" 같은, 클로징 라운드에서 나온 향후 실천 과제들을 기록하는 것도 기억을 되살리는 데 유익할 수 있다.

서클은 구성원들이 회의록을 즉시 이용하고 이의를 제기할 기회를 가지도록 보장하는 절차를 개발해야 한다. 사정이 있어 회의 참석 자체가 불가능했던 구성원들도 그런 기회를 누릴 수 있어야 한다. 이의 제기의 목적은 어떤 정책이 채택되는 경우에 누구나 효과적으로 일할 수 있고 제안 개선에 도움이 될 정보를 제공할 수 있도록 보장하는 것이다. 어떤 사람이 회의에 불참했다고 해서 정보를 제공하지 않으면 안 된다. 정보를 제공하는 것이 서클에 가장 이롭기 때문이다.

11장

동의와 라운드

플립차트[5]부터 시선 맞추기(eye contact)에 이르기까지 널리
알려진 여러 기술과 기법, 그리고 기록하고 그것을 관리하는
일을 담당하는 서기를 위한 지침은 성공적인 회
의 진행을 가능하게 한다. 그중에는 서클 회의
에도 쓸모가 있는 것이 많지만, 우리는 그것들
을 되풀이하지는 않았다. 우리는 단지 소시오크
라시 서클 회의의 독특한 리듬과, 동의 의사결
정에서 동등성을 확고히 하고 유지하기 위한 라운드의 활용
만을 살펴볼 것이다.

> …라운드의 근본 기능은 동등성을
> 만들어내고 유지하는 것이다. 라
> 운드에서 회의 참석자들은 돌아가
> 면서 발언 기회를 얻는다.

---

5   flip chart: 강연 등에서 뒤로 한 장씩 넘겨가며 보여주는 큰 도면

라운드

좀 더 일반적인 유형의 라운드는 오프닝 라운드와 클로징 라운드와 반응 라운드와 동의 라운드다. 퍼실리테이터는 여러 목적으로 서클 회의에서 라운드를 활용하는데, 그것의 근본 기능은 동등성을 만들어내고 유지하는 것이다. 라운드에서 회의 참석자들은 동등한 발언 기회를 얻는다.

퍼실리테이터는 한 사람에게 먼저 발언하도록 요청함으로써 라운드를 시작한다. 각자는 시계 방향이나 반시계 방향으로 돌아가며 발언하거나 발언권을 다음 사람에게 넘긴다. 퍼실리테이터는 때로는 맞은편에 있는 사람을 선택하고, 때로는 왼쪽이나 오른쪽에 있는 사람을 선택하는 것이 좋다. 그러면 퍼실리테이터가 라운드의 처음이나 마지막이 아니라 중간에 발언할 수 있고, 각기 다른 사람이 라운드를 시작할 수 있다.

서클 구성원들이 원탁이나 회의용 테이블에 앉아 있지 않아서 누가 다음에 발언해야 할지를 두고 혼동이 일어날 경우, 퍼실리테이터는 머리를 끄덕임으로써 다음 사람을 가리킬 수 있다. 서클 회의가 전화나 화상으로 진행될 경우, 퍼실리테이터가 가상 테이블이나 가상 시계를 활용해 참석자들에게 위치를 지정해주는 것이 도움이 된다. "조지는 1시 방향에 있고, 마샤는 2시 방향에 있고 등등."(라운드 변형에 관해서는 제12장 '임원 선출' 참조)

"누가 시작하시겠습니까?"라고 묻는 것은 잘못이다. 첫째, 퍼실리테이터는 *이끌어야* 하고, 서클은 방침이 분명한 쪽이 더 편할 것이다. 둘째, 자원해서 시작한 사람이 불쾌한 기분으로 회의 분위기에 부정적 영향을 미치면 어떻게 될까? 또는 아무도 시작하지 않으려고 하면 어떻게 될까? 아니면 몇 사람이 동시에 시작하려고 하면 어떻게 될까? 그들 중에서 선택하는 것은 라운드의 주요 목적 중 한 가지인 동등성을 확실히 한다는 것에 곧바로 영향을 미친다. 퍼실리테이터가 임의로 선택하는 것이 보통은 가장 효과적이다.

제안 검토에서는, 중간중간의 공개 토의와 대화가 라운드의 주를 이룬다. 공개 토의에서 퍼실리테이터는 다음에 발언하고 싶어 하는 사람들의 대기 순서를 염두에 둔다. 대기 행렬이 너무 길어서 기억하기 힘들다면, 그것은 라운드가 생각보다 유익할 수도 있다는 좋은 조짐이다. 토의는 방안들이 신속하게 마련되도록 하는 데 유리할 수 있다. 한편, 개성이 강한 일부 사람들이 위압적이라서 다른 사람들이 전혀 발언하지 못할 경우, 자기 조직화 과정에 매우 중요한 동등성을 불안정하게 만들 수 있다는 약점도 있다. 라운드는 (누구나 돌아가며 말하게 되므로) 지속적으로 동등성을 확보할 수 있는 방법이다. 한 명 이상 여럿이 나누는 대화를 통해 정보를 제공하고, 특정한 쟁점을 명확히 할 수 있다.

> 토의는 방안들이 신속하게 마련되도록 하는 데 유리할 수 있다. 한편, 개성이 강한 일부 사람들이 위압적이라서 다른 사람들이 전혀 발언하지 못할 경우, 자기 조직화 과정에 매우 중요한 동등성을 불안정하게 만들 수 있다는 약점도 있다.

서클 회의에서 라운드는 모두가 발언 기회를 가지도록 보장한다. 더 나아가, 라운드는 각자가 토의 과정에 참여할 예정이라는 점을 명확히 해준다.

오프닝 라운드

소시오크라시 회의 형식은 (역동적이라는 의미에서) 혼돈의 열기를 만들어낸다. 오프닝 라운드는 회의실 안에 활기를 불어넣는 첫 번째 활동으로서 매우 중요하다. 회의실 안에 있는 한 사람 한 사람이 회의에 온전히 속하게 되기 때문이다. 그것은 활기를 불어넣고, 집단의식을 만들어낸다.

회의를 퍼실리테이터의 발표나 안건에 대한 토의로 시작하면, 퍼실리테이터가 회의를 좌지우지하고 모든 사람이 그의 지도에 따라야 할 것 같은 의도치 않은 분위기가 조성된다. 그러면 참석자들이 동등한 자격으로 의사결정을 하는 공개 토의로서 서클 회의를 진행한다는 취지가 약화된다. 활기도 사라진다. 회의실 안의 들뜬 분위기는 퍼실리테이터가 발언을 멈출 때까지 억제될 수밖에 없다.

오프닝 라운드는 다음과 같은 몇 가지 효과가 있다.

- 집단 구성원들을 서로 조화시켜 화합을 이루어낸다.
- '동등한 사람들'이 집단적으로 책임진다는 점을 분명히 한다.
- 협력을 통해 결론 낼 것이라는 점을 강조한다.

오프닝 라운드에서, 각자는 특히 서클의 목표와 관련하여 그 순간의 최대 관심사를 공유하게 된다. 사람들이 회의와 다음 회의 사이에 변화하므로, 다시 연결해주는 것이 중요하다. 오프닝 라운드는 한 구성원의 제휴 범위를 모든 서클 구성원으로 확대해줄 뿐 아니라, 자기 조직화 행동에도 아주 중요하다.

사람들이 오프닝 라운드에서 공유하는 것은 조직에 관한

이야기일 수도 있고, 그 순간에 자기에게 중요한 그 밖의 것들에 관한 이야기일 수도 있다. '진심으로'가 어떤 맥락들에서는 너무 개인적인 표현으로 여겨질 수도 있지만, 오프닝 라운드에서는 개인 입장으로 의사를 밝히는 것이 중요하다.

구성원은 발언 없이 다음 사람에게 발언권을 넘길 수 있는데, 그중에는 심한 좌절감과 분노를 내비치면서 그러는 사람도 있을 수 있다. 서클이 당사자의 발언하지 않을 권리를 존중하는 것은 중요하지만, 퍼실리테이터는 그러한 상황을 기록해두어야 한다. 부정적 정서는 서클에 영향을 미치기 때문에 잘 살펴보아야 하며, 가능하다면 나중에라도 그 회의에서 해소될 필요가 있다.

> 오프닝 라운드에서, 각자는 특히 서클의 목표와 관련하여 그 순간의 최대 관심사를 공유하게 된다.

동의 과정

동의에 도달하는 과정은 현안에 따라 다양하다. 이의가 있을 것 같지 않은 간단한 결정이라면, 퍼실리테이터가 논의 중인 제안에 대해 "이의가 있습니까?"라고 간단히 물어볼 수 있다. 복잡하거나 논란이 많은 정책을 다루는 서클은 제안서 작성 과정을 하위 집단에 위임하거나, 다른 서클들의 구성원들과 외부 컨설턴트들이 포함된 도움서클을 구성할 수도 있다. 일부 결정들은 동의에 도달하기 위해 몇 차례의 회의와 많은 토의와 여러 라운드를 필요로 할 수도 있다. 대부분은 중간쯤에 해당되어, 대안을 조사하는 약간의 작업과 더불어 한두 번의 서클 회의를 통해 해결될 것이다. 그 제안에 직접 영향을 받는 사람들과 함께 자문을 받는 것도 동의 달성에는 도움이 될 수 있다.

또한, 많은 결정들이 퍼실리테이터가 이의가 있는지 묻는 것만으로 내려질 텐데, 그것은 이전 토의들을 통해 모든 문제가 명확해졌거나, 새로운 문제점을 내포하지 않은 사안에 대한 일상적 결정이기 때문이다. 어떤 문제나 기회에 대해서는 제안서를 쓰기 전에 검토해야 할 때도 있다. 하지만 미리 알리지 않은 제안을 회의 자리에서 제시하거나, 회의에서 제공된 정보를 활용해 제안을 개발하는 것도 가능하다.

제안 발표

잘 훈련된 서클은 회의 시간을 줄이기 위해 회의 전에 보고서와 정책 제안서와, 논의되어야 할 쟁점에 관한 설명서를 배부할 것이다. 구성원들은 그것을 읽고, 질문서를 작성하고, 스스로 조사하고, 제안 작성자와 이야기를 나눌 수 있다. 제안서가 회의 전에 배부되면, 퍼실리테이터는 설명을 요구하지 않은 채 단지 항목만 언급하거나 간단한 요약 설명을 한 뒤 이렇게 물을 수도 있다. "이의가 있습니까?"

가급적 회의가 열리기 최소 일주일 전에 제안서를 배부하는 정책을 세우고 싶어 하는 서클도 있을 수 있고, 회의를 시작할 때 자연스럽게 안건을 상정하기로 하는 서클도 있을 수 있고, 두 방식을 혼용하기로 하는 서클도 있을 수 있다.

즉석 반응 라운드

제안이 제시되어 명확하게 설명되면, 퍼실리테이터는 참석자들의 즉각적 반응을 요청하고, 서클 구성원들은 제안에 대한 의견과 느낌을 나타내는 짧은 반응을 제공한다.[6] 반응 라운드를 지켜본 뒤, 퍼실리테이터는 제안의 재검토를 제안자에게 요청하자고 제안하거나, 명료화 질문 단계로 넘어가거나, 그다음 단계인 동의 라운드로 넘어갈 수 있다. 앞의 단계들 중에서 아무 도움도 안 되는 단계는 건너뛸 수도 있다.

반응 라운드를 지켜본 뒤, 퍼실리테이터는 제안의 재검토를 제안자에게 요청하자고 제안하거나, 명료화 질문 단계로 넘어갈 수 있다.

재검토 라운드

서클 구성원들이 제안이 더 보완될 필요가 있다고 생각한다면 왜 그렇게 생각하는지 더 탐구할 수 있도록 라운드를 진행할 수 있다. 제안에 뚜렷한 결점이 있는 경우, 그 회의 말고 다른 자리에서 좀 더 신중하게 따로 다룰 수도 있다. 제안 생성 과정이 제대로 되었더라면 그런 일은 벌어지지 않겠지만, 제안을 만들 당시와 발표 시점 사이에 상황이 바뀔 수도 있다. 이 라운드는 제안 작성자뿐 아니라 제안에 관심이 큰 서클 구성원들과 함께 대화나 토론을 통해 진행될 수도 있다.

명료화 질문

제안 발표 후, 회의 전이든 도중이든 퍼실리테이터는 제안의 내용을 명확히 이해하기 위한 질문, 즉 명료화 질문(clarifying question)이 있는지 묻는다. 질문이 많은 경우, 라운드로 진행

---

6 표정이나 감탄사, 짧은 문장 등으로 매우 즉각적·직관적으로 간단하게 표현하게 된다.

한다. 참여자들이 명료화 질문을 하면, 퍼실리테이터는 제안에 대한 의견을 밝히기 시작하는 참석자들에게 "모두가 그 제안을 분명히 이해했다는 확신이 들 때까지 의견 표명을 유보해 달라"고 부탁한다.

명료화 질문의 목적은 제안 내용을 모두가 똑같이 그리고 분명히 이해하도록 보장하는 것이다. 이 라운드를 마친 후, 혼동을 일으키는 문구를 좀 더 명료한 표현으로 바꾸는 작업이 대개는 즉석에서 이루어진다. 예컨대, 개와 고양이의 사무실 출입을 금지하자는 제안에 대해 누군가가 거기에 맹인안내견도 포함되느냐고 물은 경우, 그 제안은 곧바로 "작업견은 제외하고"라는 어구가 추가될 수 있다.

모든 의문점이 해소되고 나면, 서클은 제안을 수정하고 제기되는 이의를 풀어나가는 단계로 넘어간다. 제안은 언제라도 재검토되어 수정될 수 있다. 특히, 문장을 잘 다듬는 작업과 계산 업데이트 작업은 회의 이외의 시간에 가장 잘 이루어진다.

이의 해결과 제안 개선

이의 해결의 목적은 제안을 개선하는 데 있다. 이 점은 아무리 강조해도 지나치지 않다. 이의의 목적은 제안을 개선하는 것이다.

이의는 명확히 진술되고 경험과 증거에 근거해야 한다. 경험이나 증거 또는 둘 다에 바탕을 둔 가설적 반론도 더러 있는데, 근거가 없을 경우 제안과는 거리가 먼 것이기 십상이다.

이의는 '명확한 진술'이 아니라 우려 표현으로 시작할 수도 있다. 그러나 그것도 무언가 검토할 만한 요소가 있음을 알리는 신호일 수 있으므로 그러한 이의도 표현할 수 있도록 이끌어낼 필요가 있다. 비판적 사고와 문제 해결에 관한 여러 지침은 반대 의견을 처리하는 법을 익히는 데 도움이 될 수 있다. 그 지침들은 맹점을 인식하고, 양자택일적 사고에서 벗어나 양자포괄적 사고를 지향하고, 제안된 조치를 다음 조치의 실행 전에 평가될 수 있는 작은 단계들로 세분화하는 법을 익히는 구성원들의 능력을 키워준다.

이의 해결 과정은 변화에 대한 제의를 포함한다. "만일 ……하다면, 더 효과적일 수도 있다." "만일 이것이 바뀌면, ……에 문제가 생길 수도 있다." "만일 ……을 추가하면, 한꺼번에 두 가지 문제를 해결할 수 있다."

이의를 해결하려는 조치들은 라운드나 토의에서 쏟아져 나온 중요한 새 아이디어들을 반영해 개선될 때가 많다. 새로운 라운드는 그와 같은 새로운 발상들에 반응할 기회를 모든 서클 구성원에게 제공할 것이다. 다시, 새로운 아이디어를 생각해보기 위해 언제든 제안은 재검토될 수 있다. 대체로 퍼실리테이터가 이러한 과정을 잘 다룰 터이다. 그런 기술을 가진 사람을 퍼실리테이터로 선출하기 때문이다.

경험이 많은 집단은 흔히 새로운 집단에 비해 좀 더 쉽게 합의에 도달할 수 있지만, 일부 쟁점들은 경험이 많은 집단에조차 어렵다. 어떤 제안들은 여러 번의 라운드와 개선이 필요할 수도 있다. 퍼실리테이터와 서클 구성원들이 흔히 활용하는 방법 중 일부는 다음과 같다.

- 제안에 관한 수정안을 제시한다.
- "이것을 어떻게 해결할 수 있는가?"라고 물으면서 라운드를 진행한다.
- 두세 명끼리 간단한 대화를 나눈다.
- 가능성이 있는 수정안에 관한 공개 토의를 권장한다.
- 제안을 검증하는 실험을 제안한다.
- 제안을 재검토해서 다시 작성한다.
- 쟁점들을 논의할 태스크포스 팀을 구성한다.
- 안건을 하위 서클이나 상위 서클에 위임한다.

필요하면 토의와 동의 라운드를 몇 차례 되풀이한다.

이의를 해결하는 과정은 언제나 흥미진진하다. 무거운 긴장 상태로 어려움을 겪을 때도 있고, 웃음꽃이 활짝 필 때도 있다. 서클의 한 구성원이 이의를 제기하면, 그것은 당사자뿐 아니라 모든 구성원의 사안이 된다. 이의란 다음과 같이 말하는 것이다. "우리는 목표를 달성하기 위한 시스템을 갖추고 있는데, 만일 우리가 무언가를 바꾼다면 그것은 무언가가 작동하지 않고 있거나 작동하지 않을 가능성이 있기 때문이다."

기계적 시스템에 비유하자면, 잔디 깎는 기계의 점화플러그가 잔뜩 오염된 경우, 오물 때문에 점화가 되지 않기 때문에 작동에 대해 '이의'를 제기할 터이다. 그것은 잔디깎이의 나머지 부분과 부조화 상태에 있는 것이 아니다. 단지 시동을 걸려는 조작자의 시도에 반응을 보일 수 없을 뿐이다. 문제의 근원은 그 점화플러그가 아니다. 점화플러그는 오물을 발생시키지 않는다. 오염의 원인을 찾아내려면 시스템 분석이 필요하다. 아마 근본적인 원인은 지저분한 오일 필터일 것이다. 아니면 헐거워진 크랭크 케이스일 수도 있다. 문제가 무엇이든 간에, 답은 점화플러그가 아닌 어딘가에 있다.

따라서 인간의 시스템에서 이의는 시스템 전체에 대한 사고를 요구한다. 물론 인간은 점화플러그보다 훨씬 복잡하지만, 우리는 실제로 '오염'되며 원칙은 여전히 똑같다. 문제 해결은 그 시스템에 속한 모든 사람과 관계가 있다는 것이다. 따라서 아주 실질적인 면에서, 이의는 모든 사람의 '소관사'이다.

일단 제기된 이의가 서클 전체의 소관사라는 접근법을 받아들이는 것은, 모든 서클 구성원이 이의를 제기하는 사람에게 공감을 느끼게도 한다. 그것은 집단 문제 해결을 가능하게 하는 조건이다.

동의 라운드

일단 제안이 명료해지고 모든 수정 작업이 이루어지고 굵직한 이의들이 해결되고 나면, 퍼실리테이터는 동의 라운드를 진행한다. 일부 관심사나 이의가 남아 있더라도 일단 진행하는데, 가장 본질적이고 필수적인 쟁점들을 확인하는 데 동의 라운드가 효과적이기 때문이다.

퍼실리테이터는 서기에게 제안을 낭독하도록 요청한 후 그에 대해 이의가 있는지 물어보면서 라운드를 진행한다.

동의 라운드에서는 반대 의견을 기꺼이 받아들일 뿐 아니라 열심히 찾는다. 그것은 진행을 방해하는 장애물이 아니라 어떤 정책이 실행 과정에서 벽에 부딪히기 전에 문제를 해결할 기회다. 자신의 목표를 효과적으로 달성하는 시스템을 개발하려고 시도할 때, 서클은 제안된 시스템에 어떤 결점이 있는지 파악해야 한다. 동의 라운드 도중에 한 참여자가 어깨를 으쓱하며 "이의가 없다"고 말한다면, 노련한 퍼실리테이터는 그 몸짓이 일종의 이의인 줄 알아차리고 이렇게 말할 수도 있다. "제리, 저는 당신이 어깨를 으쓱한 것이 마음에 걸립니다. 이의가 있는 것 같은데, 그렇다면 말씀해주세요."

동의에 의한 결정은 '구성원 전체'의 결정이다. 답답한 심정을 불러일으키는 이의는 분명히 밝혀져서 해결되어야 한다. 하지만 온갖 관심을 기울인다고 해도 반드시 해결되는 것은 아니다. 그 이의가 중요한지, 해결되었는지는 이의를 제기한 사람이 결정할 일이다.

> 동의 라운드에서는 반대 의견을 기꺼이 받아들일 뿐 아니라 열심히 찾는다. 그것은 진행을 방해하는 장애물이 아니라 어떤 정책이 실행 과정에서 벽에 부딪히기 전에 문제를 해결할 기회다.

퍼실리테이터는 동의 라운드가 완료되고 모든 이의가 기록될 때까지는 이의에 관한 토의를 허용하거나 상세한 설명을 요구해서는 안 된다. 라운드는 경청을 위한 것이다. 라운드 도중에 논의를 시작하면 주의가 분산돼 모든 사람의 의견을 듣지 못하게 될 것이다. 아무도 이의를 제기하지 않으면, 퍼실리테이터는 "이의가 없으므로, 이 제안은 채택되었습니다"와 같은 식으로 말한다.

오래 지속된 의사결정 과정 후, 서클은 축하를 하고 싶어질 수도 있다. 하지만 대체로 서클 회의에서는 종종 여러 결정을 내리게 되며, 그 과정은 복잡하지 않다.

클로징 라운드
서클 회의는 다음 사항들을 중점적으로 다루는 클로징 라운드로 종료된다.

- 해결되지 않은 쟁점들
- 누군가가 공유하고 싶어 하는 다른 쟁점
- 이번 회의에 대한 평가
- 이번 회의에서 얻어 가는 것들

소시오크라시 회의 과정을 처음 배우는 사람들은 대체로 이렇게 말하는 경향이 있다. "기분이 좋았다, 우리는 많은 일을 했다, 회사 업무를 즐겼다, 오래 걸리고 지루했다 등등." 필요한 것은 다음과 같은 구체적인 의견이다.

- "모두가 회의 전에 이러저러한 문서를 읽었더라면, 결정이 훨씬 쉽게 내려졌을 겁니다."
- "제시간에 시작할 수 있도록 모두 몇 분쯤 일찍 도착해야 합니다. 오늘 우리는 15분 늦게 시작했습니다."
- "그 사안에 대한 '누구누구'의 지적이 아주 유익했습니다. 덕분에 쟁점이 분명해졌습니다. 퍼실리테이터는 그 의견을 이해하고 나서 우리가 신속한 결정을 내리도록 이끌었습니다."

회의가 모두의 소관사라는 점을 명심하는 것이 중요하다. 회의에 대한 평가는 단지 퍼실리테이터에 대한 평가에 그치지 않는다.

평가 의견은 집단의 유형에 따라 다양할 터이다. 예컨대, 더 개인적인 문제들에 관심을 두는 집단이라면 다음과 같은 평가들을 기대할 것이다. "나는 이 회의 후에 기분이 나아졌다. 내가 이 집단에 속해 있다는 기분이 더욱 든다." "식단 짜기에 관한 이번 토의는 정말로 내 기분을 새롭게 해주었다." 때로는 다음과 같은 식의 논평이 나올 수도 있다. "나는 한 차례의 회의에서 너무 많은 항목을 서둘러 처리하는 경우에 마음이 불편하다. 아마도 그중 일부는 더 많은 시간을 들여서 다른 아이디어들에 귀를 기울이는 식으로 달리 처리할 수 있었을 것이다." 아니면, 누군가는 이렇게 말할 수도 있다. "다음번 회의에서, 나는 간단한 토의와 고찰의 시간을 갖고 싶다."

회의 진행을 준비하는 퍼실리테이터는, 언제나 지난번 회의의 마무리 논평을 살펴보아야 한다. 돌아오는 회의를 개선하는 데 아주 유익하다. 예컨대, 지난번 회의에 관한 논평을 확인한 뒤, 서기에게 이번 회의 안건을 발송할 때 사람들이 좀 더 일찍 도착하도록 일깨워달라고 부탁할 수도 있다.

사라의 이야기

보호를 위한 동의 의사결정

테나 미도우즈 오리어

아래 이야기는 소시오크라시에 관해 거의 알지 못하고 그에 입각해 조직되지 않은 집단에서, 어느 경험 많은 퍼실리테이터에 의해 소시오크라시의 원리와 방법이 적용된 방식을 구체적으로 보여준다.

사라는 몇 주 동안 정서장애 아동을 위한 기숙학교의 컨설턴트로서 근무하며, 그 학교의 안전 관리 개선에 도움이 될 방안을 마련하는 데 힘썼다. 사라는 전문 퍼실리테이터이자 전직 정신 건강 사회복지사 겸 관리자로서 이상적인 공동체를 설립하는 업무의 일환으로 소시오크라시 서클 조직 모델에 관한 교육을 받았다. 사라는 위기안정화센터(crisis stabilization unit, CSU, 이하 '센터') 폐지와 위기관리 서비스 분권화에 관해 논의하기 위해 교직원, 교장, 다른 학교 임원들을 포함해 20여 명이 참석한 긴급회의를 진행하고 있었다. 현재의 센터 직원들은 기숙사 사동들로 재배치되어 현장 지원을 제공하고, 센터 시설은 남학생용 정식 기숙사로 전환될 예정이었다. 이 권고안은 센터의 안전 문제를 분석한 교직원 태스크포스에 의해 제시되었다.

교직원들의 사기는 전반적으로 저조했다. 많은 직원은 학교 행정이 독단적이고 위선적이라고 보았다. 직원들이 결정에 참여하는 것을 지지한다고 해놓고 실제로는 직원들을 무시해버렸다. 교장은 교직원들의 끊임없는 불평에 좌절감을 느꼈고, 몇몇 직원들이 무능하기 이를 데 없다고 보았다.

회의의 위기

많은 회의 참석자들이 그 결정에 대한 의견을 가지고 있었는데, 일부는 주제에 충실했고, 일부는 주제에서 벗어나 저마다 센터가 실패한 이유를 따지기 바빴다. 모든 사람이 현재의 센터가 안전하지 않다는 데 동의했다. 한 치료사가 특히 그 제안에 반대했다. 그녀는 남학생 기숙사보다는 여학생 기숙사를 늘리는 것이 훨씬 더 필요하다고 보았다. 입학처장 역시 센터 폐쇄에 대해 우려를 표명했다. 절박성이 덜한 아동들로 입학을 제한하는 식으로 학교 입학에 영향을 미칠 수도 있었기 때문이다.

일부 참석자들은 결정을 미루어야 한다고 말하기 시작했고, 사라는 조치를 취할 수밖에 없다고 인식했다. 스케줄들을 조정해 회의 일정을 잡는 데 며칠이나 걸렸으므로, 그녀는 지금으로부터 4주 후가 아니라 지금 당장 결정을 내려야 했다. 그녀는 그 학교에 소시오크라시 방식들을 도입할 의도가 없었지만, 지금은 동의 결정을 절실히 필요로 하는 상황이었다.

동의에 관한 속성 교육

사라는 단호히 주장했다. "사실, 우리는 오늘 결정을 내릴 수 있습니다." 몇 사람이 재미있다는 표정과 냉소적인 표정을 번갈아 짓는 것을 그녀는 볼 수 있었다. 그들은 분명 그녀가 실패할 것이라고 생각했다. "제가 의사결정 방법론에 관한 속성 과정을 제공할 터인데, 우리는 그것을 활용할 겁니다. 제가 설명하는 방법은 '동의'(consent)를 활용하는 특정한 절차를 따릅니다. 이 말이 합의(consensus)라는 말처럼 들리겠지만 그렇지 않습니다. 어떤 제안의 내용이 나의 수용 범위(range of tolerance) 안에 있을 때 '동의'하시면 됩니다. '수용 범위'가 의미하는 바에 관한 간단한 예를 들어보겠습니다. 저는 옷을 살 때 파란색이나 초록색이 제 얼굴색에 잘 어울리기 때문에 그 색깔 옷을 고를 가능성이 있습니다. 저는 변화를 주기 위해 자줏빛이나 빨강색이나 심지어 오렌지색의 옷을 고를 수도 있습니다. 그러나 노란색 옷은 제 얼굴을 환자처럼 보이게 하기 때문에 저의 수용 범위를 벗어납니다. 다시 말해, 저는 노란색 옷은 수용할 수가 없습니다." 실내의 긴장감이 약간 풀리기 시작했다.

그녀는 계속 말을 이어갔다. "좀 더 생각을 요하는 예를 들어보겠습니다. 저는 사람들과 느긋하고 비공식적인 대화를 즐기지만, 다른 한편으로는 공식적인 의례나 탈의실 음담패설까지도 용인할 수 있습니다. 제가 거부하고 참을 수 없는 것은, 화가 잔뜩 나서 소리치고 때리거나 모욕을 주거나 편견이 섞인 무례한 말을 내뱉는 겁니다." 사라는 몇 사람이 고개를 끄덕이며 수긍하는 모습을 볼 수 있었다.

"이제 저는 센터를 폐지하자는 제안에 동의할 수 있는지 여러분께 돌아가면서 여쭤보겠습니다. 다시 말해서, 이 제안이 여러분의 수용 범위 안에 있습니까? 여러분 마음에 드느냐가 아니라 여러분이 그것을 수용할 수 있느냐가 문제입니다. 그 결정이 여러분의 수용 범위 안에 있지 않다면, 저는 여러분께 그 이유, 즉 여러분의 이의가 무엇인지를 우리에게 설명해달라고 부탁드릴 겁니다. 네, 저는 여러분의 동의를 구하는 게 아니라 여러분의 이의를 찾아내고 있는 겁니다."

첫 번째 동의 라운드

그녀는 방 안에 있는 사람들 중 한 명을 지목해 이렇게 물었다. "조지, 센터를 폐지하고, 분권화된 위기관리 서비스를 제공하고, 그곳을 정식 남학생 기숙사로 다시 열자는 제안에 대해 이의 있습니까?" 방에 있는 몇 사람이 바스댔다.

조지가 대답했다. "없습니다."

사라는 조지 옆에 앉아 있는 젊은 사회복지사에게 물었다. "마거릿, 이의가 있습니까?"

마거릿이 차분하게 답했다. "아무 이의도 없습니다."

다음 세 사람도 제안에 동의했다. 그다음은 치료사 차례였다. 그녀는 팔짱을 낀 채 이렇게 말했다. "글쎄요, 저는 이의가 있습니다. 저는 센터 폐지는 좋지만, 그것을 여학생 기숙사로 재개장해야 한다고 봅니다. 대기자 명단에 두 명의 소녀가 이미 올라 있습니다. 저는 여성 위탁인을 위한 침상 수가 부족하다고 봅니다. 게다가, 여학생용 시설이 추가되지 않으면, 각 사동에 있는 여학생들을 마음 맞는 사람끼리 짝을 짓게 할 대안이 제게는 별로 없습니다. 그 반면에, 남학생들을 돌보는 치료사들은 이미 그럴 기회를 누리고 있습니다." 사라는 그 치료사가 제안과 관련해 받아들이는 부분과 그렇지 않은 부분을 반영했고, 이의를 플립차트에 썼다. 그녀는 계속해서 돌아가며 발언하도록 했다. 아무런 이의 제기도 없던 차에 입학처장이, 제안대로라면 절박성이 덜한 아동들로 입학이 제한될 것이라고 보기 때문에 강력히 반대한다고 말했다. 그녀는 학교 안 센터가 없으면 입원 치료가 더 자주 필요해지지 않겠느냐고 우려를 표했다. 더 나아가, 자기가 보기에는 입원과 관련된 지침이 분명치 않다고도 했다.

교장이 불쑥 끼어들었다. "잠깐만요. 그것은 사실이 아닙니다. 주정부는 명확한 지침을 갖고 있습니다. (……)"

사라는 교장의 이야기를 가로막았다. "존, 제가 진행하고 있는 절차에 따르면, 우리는 모든 사람의 의견을 들을 때까지는 토의하지 않습니다. 그는 묵묵히 따랐고, 그녀는 몰래 안도의 한숨을 쉬었다. 먼저 참여자들을 훈련시키지 않고서 이 과정을 시도하는 것은 일종의 도박이었다. 그녀는 돌아서서 이의들을 플립차트에 기록했다.

그녀는 다음 사람에게 물었다. "바버라, 이 제안에 이의가 없습니까?" 나머지 사람 모두가 그 제안에 동의했다. 그중 몇 명은 정규 남학생 기숙사가 더 나은 종합 안전 대책의 표본이 될 것이라면서 강력한 지지 의사를 밝혔다.

여학생들의 필요에 대한 창의적 사고

사라는 사람들에게 말했다. "좋습니다. 우리는 첫 번째 라운드를 마쳤습니다. 우리 중 두 분이 그 제안을 받아들일 수 없다는 점을 아는 것이 아주 중요합니다." 그녀는 치료사의 이의를 다시 언급하며 더 자세한 정보를 부탁했다. 그 치료사는 같은 기숙사에서 지내는 두 여학생이 싸움을 벌일 만큼 적대적이었던 상황을 예로 들었다. 둘을 격려할 수 있는 다른 기숙사가 없어서, 그녀는 가장 불안정한 여학생을 센터로 옮겼다. "그런 선택지가 없었다면, 저는 대안이 마련될 때까지 둘을 격려할 어떤 방법도 없는 채로 손 놓고 있어야 했을 겁니다." 다른 두 사람이 갈등을 즉석에서 중재하기 위해 여학생 기숙사에 위기 개입 서비스를 제공하는 것을 포함해 타당해 보이는 대안적 해법을 제시했다. 두 번째 제안은 '진정시키기 위한' 장소로서 손님용 침대나 거의 이용되지 않는 여분의 빈 침대를 활용하자는 것이었다. 치료사는 그 대안에 대해 곰곰 생각해보더니 더 유연한 위기 개입 방식에 관해 열변을 토했고, 그런 지원들이 제대로 이루어진다면 그 제안에 이의를 제기하지 않겠다고 말했다. 그녀는 그 제안을 받아들일 수는 있지만, 여전히 여학생 기숙사가 하나 더 있으면 좋겠다고 강조하며 이야기를 마쳤다.

주정부 지침에 대한 창의적 사고

사라가 말했다. "이제, 입원에 관한 사항을 중점적으로 다뤄봅시다." 그녀는 교장을 바라보며 말했다. "존, 이 문제에 대한 당신의 생각을 말씀해주시겠어요?"

교장은 아동의 정신과 치료를 의뢰하는 데 대한 주정부 지침이 있다고 간략히 설명한 뒤, 센터를 폐지하기로 한 결정이 왜 지침에 대한 우려 때문에 보류되어야 하는지 이해할 수 없다고 강한 어조로 말했다.

사라는 다음으로 입학처장에게 물었고, 그녀는 센터가 학교의 관리하에 있고 학교 부지 안에 있으므로 센터에의 위탁은 비공식인 조치였으며 퇴학을 뜻하는 것도 아니라고 설명했다. 또, 주정부 지침이 존재하는 것은 맞지만 지침에서는 보험 처리 기준이나 교통편 알선, 법적 책임 등 해당 학교의 구체적 상황을 다루지 않는다고도 했다. 재무 관리자는 입원 조치의 실행 여부를 판정할 명확한 내부 기준이 없다는 점이 특히 우려된다고 말했다.

사라가 물었다. "이 제안이 오늘부터 2주 후 목요일까지 최초의 지침을 만들기 위해 당신과 의료 책임자와 임상 서비스 책임자로 구성되는 특별위원회를 포함하도록 수정된다면, 당신은 이 제안을 받아들일 수 있겠습니까?"

입학처장이 답했다. "그렇다면 받아들일 수 있습니다." 사라는 지침 초안을 발표하고, 다른 직원들로부터 의견을 구하고, 그 의견에 입각해 지침을 완성시키는 과정을 개괄적으로 설명했다. 그녀는 지침 작업이 추가됨으로써 수정된 제안을 다시 언급했다.

두 번째 동의 라운드: 의결

사라는 두 번째 라운드를 진행했다. 모두 아무런 이의도 제기하지 않아서 신속하게 진행되었다. 마지막 사람이 머리를 가로저으며 이의 없음을 표시하자, 사라는 쾌활하게 이렇게 말했다. "여러분, 수고하셨습니다. 우리는 방금 중요한 결정을 내렸습니다."

여러 사람의 얼굴에 기쁜 표정이 역력했다. 교장인 존은 자발적으로 이렇게 말했다. "대단하네요!" 1~2분 동안 지침 고려 사항에 관한 절차를 열거하고 나자, 도서관 직원이 손을 들었다. 그녀는 어리둥절해 하는 표정으로 이렇게 물었다. "그러면, 그 결정은 언제 확정됩니까? 예전에 이런 회의를 열고 결정을 내렸다고 생각했는데 나중에 집행위원회에서 결정을 바꾼 적이 있거든요."

사라가 이렇게 설명했다. "이 결정은 확정적입니다. 집행위원회가 이 자리에 참석했고, 그분들은 모두 동의했습니다." 집행위원회 구성원들이 머리를 끄덕여 동의의 뜻을 나타냈다.

다른 사람이 이렇게 말했다. "저는 당신이 우리에게 절차에 관해 더 많은 점을 알려주시면 좋겠어요. 지금까지 이렇게 활기차게 결정을 내린 적이 없거든요."

12장

임원 선출

역할과 책임을 맡을 인물을 선출하는 원리는 동의로 정책 결정을 내리는 일의 논리적 연장이다. 자원 할당은 누가 무엇을 할지, 얼마나 많은 사람에게 맡길지 등과 같은 인적 자원 배분을 포함하는 정책 결정이다. 이 것은 소시오크라시의 기능 수행에서 매우 핵심적이고 유일무이한 특징이다. 최적임자 선출에 관한 서클 구성원들의 동의로써, 직무를 맡는 사람들은 자신이 동료들의 지지를 받는다는 것을 알게 된다. 이 과정은 강한 신뢰감을 구축해 독재적 임명과 다수결 투표 과정이 초래하는 불화를 감소시킨다.

> 자원 할당은 누가 무엇을 할지, 얼마나 많은 사람에게 맡길지 등과 같은 인적 자원 배분을 포함하는 정책 결정이다.

소시오크라시에 입각한 선출은 대체로 재미있고, 흔히 결정 후에 은밀한 만족감을 가져다준다. 그 느낌은 다수결 선거와 독재적 선택과는 대조를 보인다. 다수결 선출의 경우에 다수는 축제 기분에 젖는 반면에 소수는 비탄에 젖거나 노발대

발한다. 독재적 선택의 경우 상사의 발표는 분노감이나 소외감, 질투심이나 심지어 불신감을 불러일으킬 수도 있다.

소시오크라시의 과정에는 공개 추천과 공개 토의가 포함되어 있어서, 모든 서클 구성원은 각자가 뽑힌 이유와 기대하는 바를 분명히 이해하게 될 것이다.

선출 과정

대개 전략 계획 실행의 일환으로 또는 다른 필요에 따라, 1년 내지 2년마다 서클은 서클 통치 임원과, 운영의 역할과 책임을 맡을 구성원을 선출하는 회의를 개최할 것이다. 선출은 한두 명을 뽑는 경우에는 정기 회의에서 이루어질 수도 있고, 여러 직책이 충원되거나 재신임을 받는 경우에는 선출만을 위한 별도의 회의에서 이루어질 수도 있다. 각 선출 과정은 다음과 같다.

1. 역할과 책임 기술서에 대한 동의
2. 후보 추천
3. 추천 근거(이유) 공유
4. 공유한 근거에 따른 추천 변경
5. 구성원들의 선택이 분명해 보이는 경우, 퍼실리테이터가 해당 후보의 선임을 제안하고 이유를 설명한다. 아니면, 토의와 라운드를 진행할 수 있다.
6. 동의 라운드를 통해 결정을 내린다.

역할과 책임 기술서

선출 과정은 수행되어야 할 역할과 책임에 관한 기술서, 곧 직무 기술서를 정의하고 낭독하는 것으로 시작된다. 그 기술서에는 직무와 직무 수행에 필요한 기술과 지식, 성과 검토 방식 그리고 임기가 포함된다. 어떤 정책도 무기한으로 적용되지 않는 것처럼, 인물의 배치 역시 마찬가지다.

직무는 서클의 영역과 관련된 역할이나 책무를 '수행하는 것'이면 무엇이든 해당할 수 있다. 때로는 직무를 설명하기가 쉽다. 맡겨진 과업이 '쓰레기 처리에 관한 도시법들을 조사해서 한 달 내로 보고하는 것'인 경우, 그것은 충분한 기술서일 수도 있다. 이 경우에 임기는 분명 한 달이고, 성공 기준은 명백하다. 그 보고서가 한 달 내로 제출되었는가?

때로는 복잡한 기술서가 필요할 수도 있다. 예컨대, 성장 중인 어느 소프트웨어 회사의 총서클에서 정규직 품질관리 책임자가 필요해졌을 때, 그 직무에 관한 역할과 책임을 열거하기에 앞서 카네기멜론대학교(Carnegie Mellon University)의 구성 성숙도 모델(Configuration Maturity Model)을 이용해 직무 기술서를 시작한 경우도 있다. 그 서클은 그 직무가 얼마 동안 쓸모가 있을지 등 기술서에 모든 사항을 담았는지 확실하지 않아서 지속적인 평가와 재정의를 전제로 임기를 1년으로 제한하는 결정을 내렸다.

복잡한 기술서는 모든 정책을 개발하여 동의를 이루어내는 것과 똑같은 과정을 따라야 한다.(제11장 '동의와 라운드', 부록 (사) '서클 회의에 관한 지침' 참조)

역할과 책임의 정의는 그것을 성취하는 데 중요할 뿐 아니라, 성과를 제대로 측정·평가할 수 있게 한다. 또한, 직무 기술서는 지속적인 직무 개발 프로그램에 관한 계획을 수립하고

각 서클 구성원이 현재와 미래에 필요한 기술을 습득하도록
하는 토대다.

후보 추천과 그 '근거'

일단 직무 기술서가 완성되어 낭독되면, 서기는 후보 추천 양
식으로 쓸 작은 종이를 나누어준다. 작은 메모장이나 색인 카
드의 낱장도 좋다. 선출하려는 직책에 대한 후보 추천은 합의
된 절차에 따라 한 번에 하나씩 이루어진다.

어느 후보자가 무엇을 잘 못하는
지가 아니라 무엇을 잘할 수 있는
지에 초점을 맞춘다.

퍼실리테이터를 비롯해 각 서클 구성원은
스스로를 추천하거나 다른 사람들을 추천하거
나 "추천 없음(기권)"이라고 쓰거나 "외부로부터
채용"이라고 적을 수도 있다. 예컨대, 전형적인
추천 양식에는 이렇게 적혀 있을 것이다. "마크는 낸시를 추천
한다."

기입을 마친 참여자들은 양식을 퍼실리테이터에게 건네준
다. 퍼실리테이터는 받은 순서대로 쌓아둔 뒤, 첫 번째 용지부
터 크게 소리 내어 읽고 나서 추천자에게 그 후보를 추천한 이
유를 설명해달라고 요청한다. "마크, 당신이 낸시를 추천한 이
유는…?" 많은 사람들이 자신이 추천된 사실에 놀라고, 사람
들이 자신의 기술에 관해 하는 말을 듣고 기뻐한다. 이것이 선
출 과정에서 특히 즐거운 대목이다.

추천받은 회수에 따라 결론을 내지는 않는다. 결론은 각
추천에서 제시한 논거에 의해 좌우된다. 후보 추천 라운드의
목적은 누군가가 그 직무에 적합한 인물일 수도 있다고 생각
하는 이유를 제시하는 것이다. 어느 후보자가 무엇을 잘 못하

는지가 아니라 무엇을 잘할 수 있는지에 초점을 맞춘다.

변경 또는 수정

모든 서클 구성원이 자신의 추천에 대해 설명하고 나면, 누가 가장 훌륭한 후보인지 분명해질 수도 있다. 퍼실리테이터는 분명해 보이는 이유와 함께 그 사람을 선출할 것을 제안할 수 있다. 확실한 후보자가 없는 경우, 퍼실리테이터는 이렇게 질문함으로써 변경 라운드를 시작한다. "제시된 근거에 따라 추천을 변경하고 싶은 분이 있으십니까? 린다, 당신부터 시작해 볼까요?"

일부는 추천을 변경해 다른 후보를 지지하거나 자기 후보를 지지하기 위해 더 많은 정보를 덧붙이고 싶을 수도 있다. 기권했던 사람이 추가로 추천하고 싶을 수도 있다. 각각의 경우에 퍼실리테이터는 그 근거를 요청한다. 이 과정에서, 참석자들은 가끔 선출될 가능성이 있는 후보자들에게 그 자신에 관한 명확한 정보를 제공해 줄 질문을 하기도 한다. 이때 그 후보자들은 자신이 직무를 담당할지에 대한 의사를 표현해서는 안 된다. 그러면 '합선' 사고가 난다.[7]

동의

일단 추천에 관한 설명이 이루어지고 아마도 일부가 추천을

---

7   '누가 하고 싶은지'가 아니라 '누가 적임자인지'를 가리려는 소시오크라시 선출 의도와 원칙에 어긋나는 시도가 이루어진다는 뜻이다.

변경하고 나면, 퍼실리테이터는 그 직책을 맡을 만한 가장 강력한 근거를 가진 사람을 추천하고, 그 이유를 제시한다. "저는 이 직책에 찰스를 제안합니다. 로버트와 린다에 따르면 그는 최근에 필요한 교육을 받았고, 제시된 그의 계산 능력을 감안하면, 가장 적임자입니다. 찰스에게 이 직책을 맡기는 데 대해 이의가 있습니까?"

퍼실리테이터는 첫 발언자를 지정하면서 동의 라운드를 시작한다. 추천된 사람이 마지막에 발언하도록 하기 위해 그 옆 사람부터 라운드를 시작하는 것이 좋다. 퍼실리테이터는 그 후보자에게 마지막으로 이의가 있는지 물어본다. 그렇게 하면, 그 후보는 답하기 전에 다른 서클 구성원들의 의견을 충분히 듣게 된다.

동의 라운드를 마칠 때까지 토의는 진행하지 않는다. 이의가 있지만 근거가 제시되지 않은 경우, 퍼실리테이터는 그 이유를 물어볼 수 있다.(이의는 제11장 '동의와 라운드'에서 설명한 과정으로 해결해나간다.)

이의가 있을 때 해결하는 한 가지 방안은 다른 사람을 추천하는 것이다. 또는 추천된 후보가 이의를 제기할 경우, 그 후보가 받아들일 수 있도록 직무 기술서를 변경할 수도 있다. 예를 들자면 이렇다. "이 직책의 임기를 6개월이 아니라 3개월로 할 수 있을까요?" "저는 제가 필요하지 않다고 생각하는 경우에 모든 서클 구성원을 일일이 상담하지 않아도 된다면 더욱 좋겠습니다. 그것이 항상 생산적인 것은 아닙니다." 또는 누군가의 퇴임 일정이나 다른 사람의 임기에 맞도록 직무 개시

> 추천된 사람이 마지막에 발언하도록 하기 위해 그 옆 사람부터 라운드를 시작하는 것이 좋다. 퍼실리테이터는 그 후보자에게 마지막으로 이의가 있는지 물어본다. 그렇게 하면, 그 후보는 답하기 전에 다른 서클 구성원들의 의견을 충분히 듣게 된다.

일과 종료일을 수정할 수도 있다.

그 직책을 맡을 사람이 아무도 없는 경우(선출이 안 될 경우), 퍼실리테이터는 결원을 선언하고, 운영장에게 서클의 채용 정책에 따라 서클의 외부에서 충원하도록 요청한다. 상위 서클로부터 예산 승인을 받아야 할 수도 있다. 만일 직무 기술서를 수정하거나 외부 인사를 알아보는 것으로 이의가 최종적으로 해결되면, 퍼실리테이터는 그에 대해 마지막 동의 라운드를 진행하여 결정을 확인한다.

주의 사항

선출 과정이 시작되기 전에 그 직책에 '누가 관심이 있는지?' 묻지 말아야 한다. 선출 과정은 개별 구성원이 아니라 서클의 소관사이다. 많은 경우에, 일단 서클이 특정인을 선택한 이유를 제시하면 그 사람이 그 역할을 받아들일 가능성이 더 커진다. 추천된 사람이 받아들일 수 없는 경우에, 직무 기술서가 어떤 식으로 수정될 수 있는지와, 어떤 다른 자격들이 필요한지가 더욱 분명해질 수도 있다.

> 선출 과정이 시작되기 전에 그 직책에 '누가 관심이 있는지?' 묻지 말아야 한다. 선출 과정은 개별 구성원이 아니라 서클의 소관사이다.

누가 담당하고 싶은지 묻지 않는 두 번째 이유는, 자원한 사람이 그 직책에 적합하지 않을 수도 있기 때문이다. 일단 누군가가 자원하면 이를 무시하고 추천하기가 어렵다. 추천으로 시작하여 모든 사람이 추천 이유를 들으면 그 직책의 최적임자가 누구인지가 더 분명해지고, 자격이 없는 사람들은 스스로 또는 타인에 의해 추천되지 않을 것이다.

다른 라운드처럼, 추천 라운드 중에 토의를 진행해서는 안

된다. 그 라운드를 마치고 모든 견해가 공유됨으로써 모두가 완벽하게 상황을 파악하는 것이 중요하다.

추천에 대해 이의를 제기하는 것이 공격이 되면 안 된다. 퍼실리테이터는 누군가를 낙인찍거나 특징짓거나 부정적으로 묘사하려는 시도를 막아야 한다. 퍼실리테이터는 이의 제기가 생산적으로 이루어지도록, 다시 말해 판단을 내리는 것이 아니라 그 직책의 자격 요건이 무엇인지, 그 사람이 선출되면 어떤 역할과 책임 수행이 어려워질 것 같은지, 그것들을 수행하는 데 무엇이 필요하다고 생각하는지 등의 논거를 들어 이의를 제기하도록 도와야 한다.

이 접근법은 인격이 아니라 서클과 직무의 목표에 선출의 초점이 맞추어지도록 한다. 어떤 후보도 완벽하지는 않다. 언제나 정도의 차이가 있을 뿐이다.

마지막으로, 아무리 사소하거나 익숙한 일이더라도 직무 기술서를 반드시 낭독해야 한다. 그래야 인격이 아니라 역할과 책임에 구성원들의 주의를 집중시킬 수 있다. 또 반드시 임기를 명시해야 한다. 그래야 임기가 끝났을 때 직책 담당자를 평가하여 필요하다면 바꿀 수 있다.

선출 과정은 어떻게 작동하는가

'자기 조직하는 체계의 각 요소는 동등해야 하기' 때문에, 이 절차를 정확히 따르는 것이 중요하다. 자기 조직화는 '자기 자신'에 대해 자주적으로 결정을 내리고, 책임을 지고, 방향을 정할 자유를 필요로 한다.

다시 말해서, 선출 과정은 자신의 추천에 대해 생각하고,

그 근거를 제시하고, 이의를 제기하거나 동의할 만한 이유를 생각할 시공간을 각자에게 제공하도록 설계되어 있다. 이 과정은 각각의 경우에 최상의 대안이 누구 또는 무엇인지에 대한 각자의 고유한 생각을 이끌어낸다. 각자가 자신의 의견을 추천 용지에 쓰도록 하는 것은, 다양한 가능성을 허용할 뿐 아니라 누구의 의견도 다른 사람들에게 영향을 주지 않는 여건을 조성한다. 변경 라운드는 추가적인 자기 조직 기회를 제공한다.

'자기 조직하는 체계의 각 요소는 동등해야 하기' 때문에, 이 절차를 정확히 따르는 것이 중요하다.

이 선출 과정을 처음 접하는 사람들 중에는 퍼실리테이터의 권한에 대해 우려를 표하는 사람도 있다. 예컨대, 퍼실리테이터가 다른 사람에 비해 추천을 덜 받은 누군가를 거리낌 없이 추천한다는 것이다. 그러나 소시오크라시에서 최다 득표는 결정적 요인이 아니다. 그것은 고려할 근거들 중 하나에 불과하다. 퍼실리테이터는 어느 정도는 경청 능력과 건전한 판단 능력 때문에 선출하기도 한다. 선출 과정을 진행하는 퍼실리테이터는 그 서클의 정식 퍼실리테이터가 아닐 수도 있으며, 특정한 선거를 위해 위임할 수도 있다.

서클의 한 구성원이 퍼실리테이터의 제안에 반대할 경우, 동의 라운드 중에 이의를 제기하고 이유를 제시할 수 있다. 퍼실리테이터에게 가장 효과적일 것 같은 대안을 제안하는 역할을 줌으로써 서클은 일을 진전시키고 앞으로 나아가며, 동의 라운드를 통해 그 선택이 서클의 수용 범위 안에서 이루어지게 한다.

퍼실리테이터에 의한 리더십과 퍼실리테이터의 조치에 대한 동의를 구하는 관행은, 선출 회의뿐 아니라 일반적인 회의의 특징이기도 하다. 그것은 강력한 리더십을 장려하고 판단의 오류를 바로잡는 과정이 된다.

다른 결정을 위해

이 선출 과정은 휴가 파티 날짜나 다음번 회의 장소 결정 등, 몇 개의 선택지 중에 골라야 하는 여러 가지 결정에도 활용할 수 있다.

13장
조직 만들기를 통한 업무 체계화

우리는 '생산 체계화(organizing production)'라는 구절을 쉽게 인식한다. 이는 제품을 생산하거나 소비자에게 서비스를 제공하는 과정을 설계하는 것을 의미한다. 거꾸로 된 말, '조직 만들기(producing organization)'에는 그다지 익숙하지 않다.

조직 만들기는 소시오크라시 조직에서 매우 중요한 개념이다. 거기에는 순환 과정에서 '실행', 즉 업무의 실행을 조직하고 관리하는 모든 과정에 관한 계획을 수립하는 것이 연관된다. 형편없는 실행 과정은 지도자가 얼마나 능숙한지나 그것을 수행하는 데 돈이 얼마나 드는지와 관계없이 부정적인 영향을 미칠 것이다. 앞서 말했듯이, 바퀴 하나가 빠져버린 사륜 자동차는 운전자의 능력이나 나머지 바퀴들의 품질에 관계없이 운전하기 어려울 것이다.

> 형편없는 실행 과정은 지도자가 얼마나 능숙한지나 그것을 수행하는 데 돈이 얼마나 드는지와 관계없이 부정적인 영향을 미칠 것이다.

'모든 바퀴를 갖춘' 조직을 설계하는 것 말고도, 소시오크라시 방식은 변화하는 환경에서 번창하는 조직을 설계하는 데 역점을 둔다. 다시 한 번 자동차에 관한 비유를 들자면, 충격 흡수 장치는 승객을 편안하게 해줄 뿐 아니라, 진동과 급격한 요동으로부터 엔진과 모든 부품을 보호하는 데 필수적이다. 변화하는 온도에서 작동하려면, 자동차는 추울 때 부동액이 필요하고 더울 때 냉각수가 필요하다. 그와 마찬가지로, 조직은 필요에 따라 자신을 조정하게 해주는 기제가 필요하다.

자동차처럼, 조직은 변화하는 조건에서 기능을 다하도록 설계된다. 하지만, 자동차와 달리, 조직은 경제변동과 정부 규제와 사회 동향과 기술 발전 같은 **예상 못 한** 환경 변화에 적응하도록 설계되어야 한다. 포식자를 피하거나 새로운 초원을 발견하는 사슴처럼, 조직은 환경 변화를 알아채고 그에 신속하게 적응할 수 있어야 한다. 조직은 설계되고 재설계되어야 한다. 또한 재설계되는 동안 기능을 제대로 유지해야 한다. 재조직을 위해 몇 달 동안 공장 전체가 문을 닫거나, 대학교가 교수진과 학생들을 집으로 돌려보내는 일은 거의 없다. 조직은 기능을 수행함과 동시에 적응할 수 있어야 한다.

조직 만들기는 서클의 주요 활동 중 하나다. 대부분의 사무실에 근무하는 모든 사람이 기본적인 컴퓨터 기술을 갖추고 있는 것처럼, 소시오크라시 조직의 사무실에 근무하는 모든 사람은 조직공학 기술을 필요로 한다. 이 기술은 한때는 산업공학자와 경영 컨설턴트에게 국한되었지만, 이제는 리더십에 해당한다. 소시오크라시 조직에서 모든 사람은 리더십에 책임이 있다.

제6장 '품질 개발'에서, 우리는 조직 만들기의 기본 단계를 제시했다. 또한 비전과 사명을 다소 자세히 다루었다. 여기에서는 목표가 비전과 사명의 맥락에서 존재한다는 점을 상기하면서, 그 목표와 '실행', 곧 그 목표를 달성하는 것을 중점적으로 다룰 것이다. 그 단계는 그림 13-1 '조직 만들기'에서 볼 수 있다.

목표 정의하기: 제품이나 서비스의 이름

훌륭한 목표 기술서의 세 가지 요소는 다음과 같다.

1. 제품이나 서비스의 이름
2. 차별화된 목표
3. 소비자나 고객 관점의 설명

잘 정의된 목표는 고객의 마음을 사로잡고, 생산 과정에 중심을 두며, 엇갈린 목적으로 일하는 것을 방지한다. 효과적이려면 자신이 어디로 가고 있는지, 자신의 목표에 따라 무엇이 결정되어 있는지를 알아야 하고, 목표를 달성하기 위해 나아가는 방향을 조정할 수 있어야 한다.

목표가 명확한지 검증하기 위해서 이렇게 자문해보아야 한다. "그것을 살 수 있을까? 임대할 수 있을까? 사용할 수 있을까? 즐길 수 있을까? 가리킬 수 있을까?" 누군가가 "내 목표는 세계를 변화시키는 것이다"라고 말했다면, 여러분은 이렇게 물음으로써 그 목표의 명료성을 검증할 수 있다. "변화

그림13-1
조직 만들기
목표 정의하기로 시작된다.

조직 만들기
목표 정의하기
　1. 생산과정 설계
　　2. 조향 과정 설계
　　　3. 업무 분담과 위임
　　　　4. 지속적 개발 프로그램 설계

된 세계 세 개 살 수 있어요? 내일 그것들을 배달해줄 수 있나요?" 분명히, 변화된 세계는 제품이나 서비스가 아니다. 변화된 세계는 여러분의 비전일 수도 있지만, 내가 여러분에게 수표를 지불하더라도 그것을 나에게 건네주거나 나를 위해 그것을 해줄 수 없다. 목표는 여러분이 생산해서 남들에게 줄 수 있는 것이다. 이를테면, 매니큐어는 일종의 목표다.

또한, 목표는 **교환될** 수 있는 것이다. 그것은 여러분이 다른 것과 거래할 수 있는 것이다. 우리는 어떤 목표와 관련해서 주고받게 되는데, 감사를 주고받는 것도 그에 포함된다.

우리는 매일 빈번하게 교환한다. 우리는 식료품 상인에게 돈을 주고, 식료품 상인은 우리에게 채소를 준다. 우리는 이웃집 사람들이 부재중일 때 그 집 개를 산책시키고, 그들은 우리가 부재중일 때 우리 고양이들에게 먹이를 준다. 우리는 급여를 받는 대가로 일한다. 또한, 우리는 남들한테 무언가를 기대하지 않은 채 그들에게 여러모로 도움을 준다. 스스로 무언가 받는 바가 있기 때문이다. 예컨대 자존심이나 업무상의 자부심이나 기부 활동의 기쁨 같은 것들이다. 이것 역시 교환이다.

목표 기술서의 목적은 거래되거나 교환될 수 있고 **교환가**

치를 가질 제품이나 서비스를 정의하는 것이다. 교환가치를 창출한다는 것은 당신 자신이나 가족이나 공동체나 고객이나 소비자 등 당신이 교환하는 모든 상대방과 협정을 맺고 유지한다는 것을 뜻한다.

목표를 문서로 작성할 때에는 소비자나 고객의, 가능하다면 잠재적 소비자나 고객의 목소리에까지 귀를 기울여야 한다. 그들이 당신의 전문 기술 영역과 관련해 무엇이 필요하다고 말하는가? 어떤 제품이 그들의 욕구를 충족시킬 것인가? 그것은 이미 존재하는가? 여러분은 그것을 개선하거나 대체할 수 있는가?

"더 나은 쥐덫을 설치하기 전에 쥐가 있는지 알아봐야 한다"는 옛 속담은 교환 기회가 있는지, 다시 말해 사람들이 그것을 원하거나 필요로 하는지 판단해야 한다는 훌륭한 격언이다.

일단 교환 기회가 있고, 제품이나 서비스 수요가 있고, 그것을 제공할 수 있다고 결론 내렸다면, 다음 단계는 목표 기술서를 작성하는 것이다. 당신의 제품이나 서비스가 고객의 필요를 충족시키는지 쉽게 이해할 수 있도록 되도록 사실에 입각해 객관적으로 작성해야 한다. "우리의 목표는 많은 사람의 등 부위 통증을 완화할 흥미진진하고 새로운 인체공학적 의자를 만드는 것이다"라고 말하는 것은 목표를 쓸데없이 장황하게 설명하는 것이다. "우리의 목표는 여러분이 몇 시간이고 앉아 있을 수 있는 안락의자를 만드는 것이다"라고 말한다면, 고객이 더 잘 이해할 수 있는 용어로 고객에게 제공하는 혜택을 표현하는 것이다.

차별화된 목표

당신의 안락의자는 다른 의자들, 특히 다른 안락의자들과 어떻게 다른가? 당신의 틈새시장은 무엇인가? 그에 답한다면, 당신의 목표는 한층 주목을 받으며 다른 회사들의 그것과 차별화될 것이다. "우리의 목표는 원호 생활 시설용으로서 편안하고 가벼운 플라스틱 의자를 만드는 것이다." 이 정의는 조직의 방향을 원호 생활 시설들과 거래하는 쪽으로 조정하는 데 집중되어 있다.

목표는 대체로 따로 존재하지 않는다. 좀 더 큰 목표 아래 하위 목표가 있다.

- 어느 백화점의 한 부문은 '아동용 의류를 제공한다는' 목표를 가지고 있지만, 그 목표는 '가격이 알맞은 의류를 제공한다는' 그 의류 백화점 전체 목표의 맥락에서 정의될 것이다.

- 어느 공동체 개발 조직은 '공동체를 건설할' 뿐 아니라, '400채 미만으로 이루어진 공동주택에서 공동체의 관계 및 서비스를 개발한다는' 목표를 가질 수도 있다. 혹은 '특별한 온라인 공동체 관리 소프트웨어를 제공함으로써' 공동체를 개발한다는 목표를 가질 수도 있다. 그것은 그 조직의 활동 영역을 국내나 전 세계나 특정한 지리적 범위로 규정하게 될 것이다.

- 어느 고무 생산업체는 고무를 생산할 뿐 아니라, 특정 산업에 필요한 고무를 생산한다는 목표를 가질 수도 있다. 예컨대, 그들의 목표에 따라 그 제품을 대량으로 생

그림 13-2
비전과 사명과
목표

때로는 목표부터 시
작하는 편이 훨씬
쉽다.

비전, 사명, 목표의 사례

유기농 채소 재배업자
- **비전** 일 년 내내 가정의 식탁에 저렴한 유기농 채소가 있는 것
- **사명** 일 년 내내 채소를 제공할 만큼 넓은 채소밭을 가꾼다.
- **목표** 여름용 신선한 채소, 겨울용 통조림 채소와 냉동 채소

대기업을 위한 기술 지원 업체
- **비전** 북미 어디에서나 1주일 내내 24시간 동안 모든 종업원이 필요한 정보에 접근할 수 있다.
- **사명** 모든 기업 자료에 대한 안전한 원격 접속을 제공한다.
- **목표** 위성 인터넷 서비스에 연결된 포털 화면과 안전한 노트북 접속

도시 소방서
- **비전** 화재로 인한 사망자가 없고 연간 국내 사고의 손실액이 최저화되는 것
- **사명** 탁월한 화재 안전 기반 시설과 교육 프로그램을 개발한다.
- **목표** 10분 안에 모든 주택에 도착할 수 있는 소방서. 모든 학교 및 기업체를 포함하는 종합적인 화재 안전 프로그램. 필수적인 건물 준공 검사.

스프링 제조업체
- **비전** 자동차가 안전하게 움직이고, 사람들이 편안하게 이용하는 것
- **사명** 충격 흡수 장치용 고품질 스프링을 자동차 제조업체에 제공한다.
- **목표** 최대한도의 인장강도를 가진 스프링

병원 응급실
- **비전** 모든 사람이 고품질 긴급 의료를 즉각적으로 이용한다.
- **사명** 치료 환경 분야에서 고도로 훈련된 직원들이 효율적이고 적절한 장비를 가지고 환자의 체력 유지에 효과적인 긴급 치료를 제공한다.
- **목표** 급성 외상이나 질병에 대한 응급 서비스. 하루에 20시간 동안 가정방문을 허용하는 입원 환자 서비스. 모든 환자와 가족들이 1주일 내내 24시간 동안 정신과 상담사와 현장에서 직접 상담할 수 있게 한다.

산할지 소량으로 생산할지가 좌우될 것이다.

- 한 연극은 도시 지역에서 예술교육의 질을 향상시킨다는 목표 아래 제작되거나, 국내 시상식에 출품할 연극들을 만든다는 목표 아래 제작될 수 있다. 이때 연극을 제작하는 목표는 좀 더 큰 목표에 의해 영향을 받을 것이고, 서로 다른 직무 과정과 평가 기준을 요구할 것이다.

고객이 이해하는 용어

목표는 소비자나 고객이 이해하고 그들의 관심을 끄는 언어를 사용해야 한다. 만일 어느 소프트웨어 회사가 다섯 살 아동에게 수학을 소개하는 새로운 게임을 개발했다면, 그 제품을 설명하는 패키지에 고차원의 컴퓨터 프로그래밍 용어를 사용하지 않을 터이다. 장난감 백화점에서 쇼핑하는 부모의 관심을 끌고 그들에게 도움을 주려는 소프트웨어인지, 회의나 전문화된 웹사이트에서 제품을 선정하는 교육 기술 전문가들의 관심을 끌려는 소프트웨어인지에 따라 제품에 대한 설명은 달라질 것이다.

생산과정 설계하기

목표를 정하고 나면, 다음 단계는 그 목표를 달성할 방법을 결정하는 것이다. 그림 13-1 '조직 만들기'에서, 첫 번째 단계 '생산과정 설계'는 목표 달성 계획을 세운다는 것을 뜻한다. 자신의 제품을 어떻게 생산하고 마케팅하고 제공할 것인가? 생산과정 설계는 목표에 언급되어 있는 제품이나 서비스를 생산하는 데 필요한 모든 단계를 설계하는 것이다. 당신이 단순화시키려고 열심히 노력했던 그 목표는, 이제 복잡하지만 질서 정연한 과정으로 확장될 것이다. 목표가 명료하면 그 과정도 더 명료해질 것이다. 직무 과정을 설계할 때, 다음을 정의해야 한다.

- 고객과의 거래를 모색하고 협상하는 방식
- 돈·기술·원자재 등의 자산을 새로운 것으로 변환시킴으로써 제품이나 서비스를 만들어내는 방식
- 여러분에게 가치 있는 것과 고객에게 가치 있는 것의 교환 과정을 완수하기 위해 고객에게 제품이나 서비스를 제공하는 방식. 그 교환의 완성도가 목표와 생산과정의 질적 수준을 보여준다.

이 세 가지 단계는 임의로 적은 것이 아니다. 세 가지 요소, 즉 투입(input), 변환(transformation), 산출(output)로 이루어지는 시스템공학의 개념을 반영한 것이다. 예컨대, 소비자나 고객과의 협정에 도달하는 과정은 투입 과정이다. 그다음에 여러분은 원자재와 기술과 그 밖의 자산을 제품이나 서비스로 변환해서 소비자나 고객에게 제공한다. 산출에는 금전적 이득이나 개인적 만족감 같은 비금전적 보상을 얻는 것이 포함되고, 산출을 통해 교환 과정이 완결된다.

> 생산과정의 각 단계에 대한 상세한 분석, 계획, 설명이 강한 조직을 낳는다.

또한, 각 요소에는 자체의 과정이 존재한다. 예컨대, 좀 더 넓은 의미의 투입 요소는 잠재적 소비자를 찾는 마케팅이라는 투입, 소비자와 협상하는 변환, 소비자와 계약을 맺는 산출

생산과정을 계획하고 체계화하기 위한 27칸 블록 차트

목표 의료용 디지털 카메라 생산	투입(I) 교환관계 확립		
	(I) 마케팅	(T) 등록 협상	(O) 계약, 등록
지도 활동	OEM 계약 계획, 이메일, 웹사이트, 전시회, 판매 전략	기술 협상을 위한 데이터시트, 후속 조치 절차,	표준 문서 및 계약 체크리스트
담당자	마케팅부 및 영업무	영업부 및 전무이사	영업부, 변호사
실행 활동	OEM 계약 체결, 전시회 참가, 연구 개발, 영업 상담 활동	소비자의 기술적 요구 사항에 관한 검토, 견적서 발송, 사후 조치, 서클일지	주문 접수에 관한 이메일 및 편지 발송
담당자	마케팅부, 영업부	영업부	영업부
측정 활동	이메일, 웹사이트, 전시회, 임의적 방문 상담 등을 통해 들어온 입찰에 대한 문의와 요청 건수	미결 견적서와 소비자의 기술상의 의문점이 있는가? 견적서에 오류가 있는가? 오류가 소비자에 의해 제기되었는가?	주문 접수증을 발송한 뒤 소비자가 '행복 모드'로 반응을 보였는가?
담당자	사무 보조원	영업부	영업부

그림 13-3 **생산과정을 계획하고 체계화하기 위한 27칸 블록 차트**

투입-변환-산출 과정과 지도-실행-측정이라는 순환 과정 사이의 공통 부분을 보여준다. 블록들은 행사든 제품이든 서비스든 간에 모든 직무 과정에 관한 계획을 수립하는 각 단계를 항목별로 작성하는 데 활용된다. 인도의 우메쉬 만그롤리야 아흐메다바드(Umesh Mangroliya, Ahmedabad)에 의해 설계되었다.

변환(T) 교환할 제품과 서비스 창출			산출(O) 교환 실행		
(I) 사전 준비 및 작업 지시	(T) 작업 실행	(O) 테스트 및 점검	(I) 출하 준비	(T) 출하	(O) 지불 및 수령
출하 체크리스트, 자재명세서(BOM) 포맷, 구매에 관한 예규(SOP), 인사	기계 가공 및 품질관리(QC)용 도면들, 부서 책임자 계획들, 생산에 관한 예규들, 품질관리, 하위 부품의 조립	장비 설치 테스트, 테스트 및 보고 활동에 관한 예	운송 및 포장 절차, 사전 점검 절차	출하에 관한 예규, 추적 절차	지불 확인 및 지불 연체에 대한 후속 조치 절차, 고객 만족도 조사 방법
구매부, 영업부, 관리부	설계부, 생산부, 품질관리부	품질관리부	회계부, 출하부	회계부, 출하부	회계부, 영업부
작업 지시서 발행, 생산 및 품질관리용 도면들, 자재명세서 발행, 주문 부족분	기계 가공, 품질관리, 부품들, 하위 부품 및 조립품의 준비와 조립 완성	소비자 주문마다 카메라의 성능 파라미터에 관한 점검	카메라 포장, 출하 문서 준비, 운송업체와의 조정	물품을 운송업체에 발송	지불 양도 증서 요청, 고객 만족도 검증
영업부, 설계부, 구매부	기계공장, 품질관리부, 조립 노동자	품질관리부	생산부, 회계부, 출하부	출하부	회계부, 영업부
자재와 인력 부족, 도면상의 오류는?	불량품, 재작업, 스크랩의 비율	성능에 관한 소비자 불만 사항	파손 불만 사항은? 문서 분실은? 출하 사전 점검 보고서는?	시의적절한 출하인가? 운송업체와의 분쟁이나 혼란은?	고객은 만족했는가? 지불은 기한과 조건에 맞게 이루어졌는가?
생산부	생산부, 품질관리부	영업부	회계부, 출하부, 영업부	회계부, 출하부	회계부, 영업부

로 이루어진다. 각 요소를 세 단계로 정의하고, 그 세 단계를 다시 세 단계로 정의하면 27칸 블록 차트가 만들어진다. 우리 중 대다수는 생산과정을 설계하지 않고 가족의 저녁 식사를 준비하는 과정에서 각 단계를 실행할 수 있다. 하지만, 가족의 저녁 식사가 67명으로 이루어진 대가족을 위한 것인 경우, 그 과정에는 조정되어야 할 여러 과제와 사람들이 포함될 터이다. 만일 그것이 50번째 결혼기념일을 축하하는 것이고 언론 보도를 포함한다면, 계획 수립은 27칸 블록 차트에 전력을 기울이는 것으로부터 효과를 보게 될 것이다.

제조업의 경우, 직무 과정에 관한 계획을 수립하는 것은 매우 복잡할 수 있으며, 그것이 제대로 되지 않으면 비용이 많이 드는 실패를 초래할 수 있다. 그림 13-3은 의료용 디지털 카메라를 생산하는 회사의 27칸 블록 차트의 사례. 그 과정을 좀 더 작은 단계들로 세분화하면, 직무 과정을 처음부터 끝까지 체계화하는 데 필요한 직무 기술서의 블록이 만들어진다.

조직들은 변환 단계에 집중하고, 계약을 체결하는 투입 단계와 제품이나 서비스를 제공하고 돈을 받는 산출 단계를 체계화하는 일은 무시하기 일쑤다. 이를테면, 우리는 역량 성숙 모델(Capability Maturity Model, CMM), 곧 소프트웨어 개발 과정의 최적화 정도를 측정하는 척도에서 높은 수준을 공인 받았지만 영업 부서에 필요한 연락처 통합 데이터베이스는 없는 어느 소프트웨어 개발 회사를 알고 있다. 그 회사는 투입, 다시 말해 영업 및 계약 과정을 체계화하는 것을 잊었다.

그 회사 소프트웨어의 품질이 최상이라는 점은 중요하지

않을 수 있다. 그 회사는 소비자를 효과적으로 발견해 소프트웨어 개발을 재정적으로 지원할 수 없게 될 것이다. 투입-변환-산출이라는 생산과정에 대한 세심한 주의가 건강한 조직을 낳는다.

운전대(steering wheel): 지도와 측정

그림 13-1에서 보여준 조직 만들기 과정의 2단계는 '조향 과정 설계'이다. 그림 13-3은 제6장 '품질 개발'에서 다룬 지도-실행-측정이라는 순환적 조향 과정과 투입-변환-산출이라는 선형 과정을 결합시킨다. 그림 13-3은 의료용 디지털카메라를 제조하는 어느 회사의 선형 과정과 순환적 조향 과정의 결합을 분명히 보여준다. 이 차트는 가로로 아홉 가지 선형 단계, 세로로 세 가지 조향 단계로 이루어진 27칸 볼록 차트다.

> 거의 모든 과정은 지도-실행-측정과 관련지어 투입-변환-산출 패러다임을 이용함으로써 설계되고 개선될 수 있다.

그림 13-3을 보면 아홉 가지 선형 단계 각각에 자체의 지도-실행-측정이라는 순환적 조향 단계, 즉 피드백 루프가 있다는 것을 알게 된다. '지도 활동'의 가로줄에 있는 항목들은 '실행 활동'의 지침이 된다. '측정 활동'의 가로줄에 있는 항목들은 지도 단계로 전달되는 피드백 정보가 된다. 그 피드백은 '지도 활동'이 기능을 얼마나 잘 수행하고 있는지를 알려준다. 예컨대, '마케팅'이라는 세로줄에서, 이메일을 통해 발생한 입찰에 대한 문의와 요청 건수가 저조하고 떨어지고 있다면, 마케팅부와 영업부는 이메일 포맷을 바꾸거나 그것을 모두 폐기하기로 결정할 수도 있다.

27칸 블록 차트는 지도-실행-측정이라는 순환 과정과 관련하여 투입-변환-산출이라는 각 단계에 대한 계획을 수립하는 데 쓸모가 있다. 또한, 그것은 문제가 발생한 경우에 그것을 정확히 찾아내서 해결하는 데 크게 도움이 된다.

직무 과정 정책

직무 과정은 정책 결정이다. 향후의 행동을 통제하는 모든 결정은 일종의 정책이고, 예산 수립과 업무 분담 등에서 보는 바와 같은 동의 과정에 의해 이루어진다.

> 직무 과정은 정책 결정이다. 향후의 행동을 통제하는 모든 결정은 일종의 정책이고, 예산 수립과 업무 분담 등에서 보는 바와 같은 동의 과정에 의해 이루어진다.

부록 (사) '소시오크라시 조직 구축을 위한 지침'에서 제시하는 정책 개발 지침은, 정책 개발 또한 어떻게 조직 만들기 과정에 따라 이루어지는지를 분명히 보여준다. 정보 수집 과정이나 '밑그림 그리기'는 투입이고, 제안 개발은 변환이고, 수정과 변경을 포함해 최종 버전에 대한 동의는 산출이다.

거의 모든 과정은 지도-실행-측정이라는 순환 과정과 관련지어 투입-변환-산출이라는 생산과정을 활용함으로써 설계되고 개선될 수 있다.

제6장 '품질 개발'에서 언급했듯이, 직무 과정을 설계하는 경우에 대체로 목표나 실행에서 시작하는 것이 가장 쉽다. 이어서 아홉 단계의 투입-변환-산출을 설계해보자. 일단 그 단계들이 정의되면, 각 단계에 지도 및 측정 과정을 추가해야 한다. 지도-실행-측정이라는 순환 과정은 제7장 '조향과 구조'에서 충분히 다루었다.

지도

목표를 추구하는 과정에서 돌발 상황은 언제나 발생한다. 리더십의 목적은 조향을 통해 목표를 달성하는 것이다. 방해가 없다면, 우리는 단번에 직무 과정을 체계화하여 리더십 없이 로봇처럼 직무를 수행할 수 있다. 모든 사람은 제시간에 일하러 출근하고 정해진 점심시간을 초과하지 않을 것이다. 그것은 엄격하고 정적이고 독재적인 조직이 실행하려고 애쓰는 바다.

물론, 대부분의 작업 환경에서 삶이란 그다지 예측 가능하지 않다. 상황이 계획대로 진행되지 않을 때 전진에 필요한 결정을 시시각각 내리는 것은 운영장의 임무다. 따라서 조직 만들기 과정의 모든 단계는 지도 기능을 포함한다.

ISO 9000 같은 공인된 품질관리 방식들처럼, 소시오크라시 과정은 해야 할 일을 모든 사람이 가능한 한 분명하고 확실하게 알도록 하기 위해 모든 단계에 대해 문서화를 권장한다. 앞에서 살펴보았듯이, 문서화는 ISO 인증 획득도 더 쉽게 해준다.

> ISO 9000 같은 공인된 품질관리 방식들처럼, 소시오크라시 과정은 해야 할 일을 모든 사람이 가능한 한 분명하고 확실하게 알도록 하기 위해 모든 단계에 대해 문서화를 권장한다.

지도 기능의 질적 수준을 높이는 한 가지 수단은 문제로부터 배우는 것이다. 고장이나 실수나 직장 동료들 간의 말다툼이나 그 밖의 곤란한 상황이 발생할 경우, 유능한 책임자는 당면한 문제를 해결하고 나서 이렇게 물을 것이다. "제가 확립한 구조와 정책들이 그 문제에 어떤 식으로 기여했습니까?" 우리의 경험에 따르면, 작업장의 골칫거리들은 언제나 감독자 측의 잘못과 소홀로 인해 발생한다. 책임자는 기대한 바대로 성공을 거두지 못한 경우에 정책을 재검토해야 한다.

측정

지도 이외에, 조향 과정의 필수 요소는 측정이다. 예컨대, 자전거 타기는 지도와 실행과 더불어 측정 또한 요구한다. 자전거를 타는 사람은 변화하는 환경과 전방에 있는 길을 눈으로 측정한다. 신경계와 내이는 평형 상태를 측정한다. 그런 측정 없이 페달을 밟는다면 목표를 달성하지 못할 것이다. 모든 직무과정에서, 계획 수립과 지도는 실행 결과에 관한 정보와 측정을 필요로 한다.

> 모든 직무 과정에서 지도는 실행 결과에 관한 정보를 필요로 한다. 각 단계는 측정 기능을 갖추어야 한다.

측정은 지도만큼이나 도전 의식을 북돋운다. 어설픈 측정 과정은 다른 일에 더 잘 쓰일 시간을 허비하게 한다. 주문이나 판매를 완결하기 위해 산더미 같은 회계 양식을 작성했던 경험이 있는 사람이라면 누구나 측정에 대한 부담으로 인한 좌절감을 너무도 잘 알 터이다.

측정 과정의 질적 수준을 점검하려면, 측정되는 과정이 측정값에 얼마나 잘 반영되는지 자문해보아야 한다. 만일 당신이 대형 선박의 선장이라면, 선박의 엔진이 제대로 작동하고 있는지 알고 싶어 한다. 여러분은 선교 위에 머물러야 하고, 직접 엔진을 확인하러 갈 수 없다. 즉, 여러분은 기계에 의존한다. 한 눈금판은 보일러의 압력을 나타낸다. 또 다른 눈금판은 남아 있는 연료량을 나타낸다. 또 다른 눈금판은 분당 회전수 등을 나타낸다. 그 눈금판들은 과열된 채 큰 소리로 요동치며 회전하는 엔진의 극적인 현실과 물리적으로 아주 딴판이다. 결과들에 대한 추상적 표현은 측정의 본질이다. 수치들은 다른 정보가 할 수 없는 방식으로 분석되고 비교될 수 있다.

유익하고 적절한 측정 도구를 고안하는 것이 프로젝트의 성패를 좌우할 수 있다. 예컨대, 라이트 형제는 가까스로 경쟁자들보다 먼저 비행기를 발명했다. 부분적으로는 그들이 측정 도구, 즉 상승력과 조향 능력을 측정하는 풍동과 그 밖의 장치를 고안했기 때문이다.

업무 분담

그림 13-1에서 보여준 조직 만들기 과정의 3단계는, '업무 분담과 위임'이다. 사람들은 실행 임무뿐 아니라 지도 임무와 측정 임무를 맡아야 한다. 그림 13-3에서 이 단계는 '담당자'로 분류되어 있다. 보통은 한 사람이 다른 단계를 위해 실행 기능과 더불어 측정 및 지도 기능도 수행하게 된다. 이를테면, 소시오크라시에 입각해 개업한 한 네덜란드 이발소에서 고객들은 접수 담당자로부터 환대를 받은 뒤 이발 과정에 대한 사전 준비로 머리를 감겨주는 사람에게 안내된다. 머리를 감겨주는 사람은 머리를 감긴 뒤에 고객에게 이렇게 물어봄으로써 접수 담당자를 평가할 책임을 진다. "기다리시는 동안 커피 한잔 드셨습니까?" "대기실의 실내 장식은 마음에 드셨나요?"

고객이 떠난 뒤, 머리를 감겨주는 사람은 고객으로부터 받은 피드백을 잠시 시간을 내서 고객 카드에 적는다. 그녀는 그날 뒤늦게 고객들을 어떤 식으로 환대하거나 접수 담당 구역

기능을 충분히 발휘하는 소시오크라시 조직은 대체로 좀 더 큰 조직의 새로운 목표 기술서에 입각해 필요에 따라 최소한 2년마다 업무 분담을 다시 검토하여 수정할 것이다.

을 고객들에게 어떤 모습으로 보여줄 것인지 결정할 책임이 있는 사람에게 자신이 작성한 모든 카드를 준다.

서클은 선출 과정을 통해 역할과 책임을 맡기거나, 전통적 방식에 따라 그것을 운영장에게 위임할 수 있다. 기능을 충분히 발휘하는 소시오크라시 조직은 대체로 좀 더 큰 조직의 새로운 목표 기술서에 입각해 필요에 따라 최소한 2년마다 업무 분담을 다시 검토하여 수정할 것이다. 서클은 재검토의 일환으로 새로운 역할과 책임을 맡을 구성원들을 다시 선출할 수도 있다.

개발을 위한 5퍼센트

그림 13-1에서 보여준 조직 만들기 과정의 4단계는, '지속적 개발 프로그램 설계'이다. 개발은 서클의 책무이고, 서클의 목표에 적합한 연구와 학습·교육을 포함한다. 엔덴뷔르흐는 시간이든 돈이든 조직의 자원 중 5퍼센트를 개발을 위해 준비할 것을 권고한다.

예컨대, 하역장에서 노동자들은 기술, 포장과 트럭 운송 방식에서의 새로운 발전, 다른 하역장들의 작업 방식, 신체 건강을 위한 최상의 작업 방식 등에 관한 정보를 최신 상태로 유지할 것이다. 각 서클 구성원은 서클의 발전 계획과 함께 저마다 자신의 역량 개발 계획과 상위 서클의 계획을 자신의 업무일지에 적어둔다.

많은 소기업들이 폐업하는 경기 침체기에, 자신의 능력을 계속 개발해온 노동자들은 일 처리 과정을 한층 향상시키고 신제품을 개발하여 기업체에 머물러 있을 수 있다. 소시오크라시에 입각해 버지니아주에 설립된 어느 플라스틱 제조업체는 2008년 글로벌 금융위기 중에 자금을 절약하고, 조직을 재설계하고, 새로운 시장을 개척함으로써 살아남았다.

왜 직무 과정을 설계하는가?

소시오크라시 서클 조직 모델은 다른 조직들, 특히 공학 기술 및 제조업 분야 조직들의 가장 좋은 관행들과 유사하다. 그러나 여전히 노동자 또는 구성원들이 직무 과정을 직접 설계하는 수준에는 미치지 못하거나, 생산 단계를 명시적으로 정의하지 못한다. 구성원들이 스스로 직무를 설계하는 과정에는 다음과 같은 많은 이점들이 따른다.

- 복잡한 과정 역시 조향해갈 수 있다.
- 처한 환경과 동떨어진 직무 과정으로 설계되지 않는다.
- 서클 구성원들이 자신의 업무 영역을 좀 더 분명하게 이해할 수 있다.
- 서클 구성원들이 자기 서클의 결과에 책임을 진다.
- "그들은 (……) 해야 한다"가 "우리는 (……) 해야 한다"로 바뀐다.
- 조직의 모든 차원에서 각 과정이 동일한 개념 모델을 따르기 때문에, 조직의 문제를 해결하기가 훨씬 쉬워진다.
- 과정들 사이에 틈이 생기지 않는다. 임무가 완수되지 못할 가능성이 없다.
- 관리 및 정보 시스템이 주요 생산과정의 일부로서 통합된다.

- 고객 지향성이 핵심 단계로서 포함된다.
- 과정에 대한 잘못된 정의 때문에 흔히 발생하는, 사람들 간의 협력 문제가 감소한다.
- 모든 당사자 간에 만족스러운 교환관계가 유지된다.

14장

돈이라는 척도

전체적인 개념을 이해할 수 있다면 이 장에 있는 계산과 도표는 건너뛰어도 좋다. 그것들은 변동성 보상 계산 방식을 알고 싶어 하는 사람들을 위해 제시한 것이다.

소시오크라시 조직은 여러 가지 척도를 활용하여 목표 달성 여부를 결정한다. 제6장 '품질 개발'에서 다루었듯이, 측정은 지도-실행-측정이라는 순환 과정의 세 번째 단계다. 우리는 지도하고 실행할 필요성은 대체로 잘 인식하는 반면에, 흔히 측정에는 주의를 기울이지 않는다. 하지만, 이미 살펴보았다시피 측정은 자기 조직하는 시스템이 스스로 방향을 조정하는 데 필수적이다. 사람들이 전면적으로 참여해 기업가처럼 위험과 보상을 공유하려면, 지도 및 실행과 더불어 측정도 담당할 필요가 있다. 조치가 효과적이었는지 파악하려면 부정적이든 긍정적이든 피드백이 필요하다.

측정은 자료를 수집하여 보고하는 것으로 이루어진다. 자료가 원시정보 그대로 보고되는 경우는 드물다. 원시정보는 '요약되는데', 이는 자료가 여러 통계적 방법을 통해 분석된 후에 보고된다는 것을 뜻한다.

돈은 전반적인 성과에 관한 아주 유용한 지표지만, 그것 역시 고도로 요약된다. 예컨대, 연간 손익계산서는 매우 복잡한 유형자산과 수천 명의 활동을 하나의 숫자, 곧 순이익이나 순손실로 요약한다.

돈, 동기부여 그리고 척도

자료의 요약은 정보를 혼동하게 만들기 쉽다. 예컨대, 상식에 따르면 돈과 동기부여 사이에 밀접한 상관관계가 있지만, 둘 사이의 관계가 별로 분명하지는 않다. 미국의 심리학자 에이브러햄 매슬로(Abraham Maslow, 1908~1970)는 동기부여 요인 중 일부는 불만 요인, 일부는 만족 요인이라고 인식했다. 이를테면, 안전은 동기 요인이 아니다. 곧, 그것은 불만 요인이다. 그것은 존재하지 않는 경우에 동기부여가 되고, 존재하는 경우에는 동기부여가 되지 않는다.

미국의 동기심리학자 다니엘 핑크(Daniel Pink, 1964~)는 기술이 필요하지만 창의적 사고를 요구하지 않는 반복적인 업무에는 돈이 동기 요인이 될 수 있다는 연구 결과를 보고한다. 돈은 독창성과 문제 해결을 요구하는 업무를 보상하는 데 쓰이는 경우에 동기를 잃게 할 수 있다. 자아실현, 곧 원하는 임무를 완수할 기회가 강력한 동기요인이다. 어떤 사람에게는 돈을 축적하는 것이 자아실현의 표본이다. 그들에게 돈과, 흔히 그것과 함께 오는 권력은 매우 강력한 동기 요인이다.

돈과 동기부여 간의 복잡한 관계는 권력—목표를 달성하고 비전을 실현할 힘—을 확보하고 행사하는 능력에 영향을 준다. 측정의 한 가지 기능은 그것이 돈과 동기부여의 적절한 역할, 곧 그것이 할 수 있는 일과 할 수 없는 일을 이해하는 토대를 제공한다는 점이다.

모든 사람이 조직을 조향하다

소시오크라시는 모든 사람에게 조직 관리의 역할을 맡기는 구조를 만든다. 그것은 모든 사람을 동등하게 여기는 데 따르는 결과다. 모든 사람은 직무 과정에 관한 계획을 수립할 때 자신의 업무와 다른 사람들의 업무의 관리자로서 조향에 개입한다. 조향이 피드백에 의존하므로, 모든 사람은 자기 결정들의 결과를 돈이 어떻게 반영하는지, 자신의 목표를 잘 달성하고 있는지 여부를 이해해야 한다.

기업체와 비영리단체 및 협회의 사업 부문의 경우, 돈은 조직의 성공에 본질적이다. 그것은 성공의 척도일 뿐 아니라 극히 중요한 척도다. 돈은 조직이 목표를 달성하는 데 필요한 힘을 제공한다. 매슬로가 언급했듯이, 그것은 중요하지 않다가 마침내 중요해진다.

모든 사람을 측정에 집중하게 하는 것은 각자의 성과와 집단의 성과에 관한 피드백을 제공한다. 제9장 '자유롭고 스스로 최적화하는 조직'에서는 수익이 척도이고, 보상이란 노동시장에 근거하여 보장되는 고정성 기본급(GBW)과 성과에 근거를 둔 변동성 단기 측정값(STM) 및 장기 측정값(LTM)으로 나뉜다는 개념을 제시했다. 이 장에서는 어느 조직에 속하는 각각의 참여자가 실행의 결과를 유불리와 무관하게 직접 경험하도록 하기 위해 수익에 근거하여 그 측정치를 계산하는 방법을 설명할 것이다.

너무 많은 돈은 너무 적은 돈만큼이나 악영향을 줄 수 있다. 높은 수익과 독점은 그 조직이 고객이나 소비자에게 상품이나 서비스를 잘 제공하고 있는지를 재는 척도인 돈의 가치를 떨어뜨린다. 경쟁이나 선택의 여지가 없는 경우, 돈은 실적이 아니라 지배력을 반영한다. 사회경제적으로, 고가주(번영)가 미래의 화근(불황)이 되는 일이 너무 많다. 엄청난 수익을 올린 조직은 변화에 대한 민감성을 유지할 수 있도록 가격을 낮추고, 재고를 줄이고, 연구 및 교육 예산을 늘리는 것이 현명할지 모른다.

…기술이 필요하지만 창의적 사고를 요구하지 않는 반복적인 업무에는 돈이 동기 요인이 될 수 있다. 돈은 독창성과 문제 해결을 요구하는 업무를 보상하는 데 쓰이는 경우에 동기를 잃게 할 수 있다.

돈은 동기를 부여하고 권력을 생산하는 능력을 갖고 있지만, 여기에서 우리의 관심사는 조직이 얼마나 잘 자신의 환경과 상호작용하면서 이익을 주고받는지를 측정하는 능력이다.

소시오크라시 보상 구조

다음의 보상 구조는 소시오크라시 서클 조직법(SCM)을 개발하던 중에 엔덴뷔르흐 일렉트릭에서 개발한 시스템에 바탕을 두고 있다. 소시오크라시에 입각해 조직하기로 결정한 조직은 그 방법들을 자체의 환경, 회계 기준, 규제 등에 적용한다.

다음 회계연도에 관한 계획을 수립하는 과정에서 예산 책정 기간의 초기에, 톱서클은 총서클이 부서 서클들에서 제안한 예산들에 입각해 작성한 예산안을 검토해 승인한다. 톱서클은 다음 해의 사내유보금에 얼마만큼 추가하고 싶은지 결정한다. 이 경우, 서클은 조직의 사내유보금 현황, 예상되는 경제 상황, 예상되는 현금 유동성 제약 요인들, 계획된 설비 개선 적립금 등과 같은 요인들을 고려한다.

다음으로, 톱서클은 이듬해의 예상 수익률을 정한다. 수익은 제품 및 서비스, 납세 충당금, 부채 이자, 운영 확대 등과 관련된 지출과 수입 간의 차이다. 사내유보금의 경우처럼 전년도의 경험, 새로운 경쟁 업체의 출현, 일반 대출금리 수준, 예상되는 생산성 향상 등을 비롯해 여러 가지 고려 사항들이 수익 추정치에 영향을 미칠 것이다. 비영리단체나 회원제 협회의 경우, 그런 고려 사항들에는 프로그램을 위한 새로운 보조금, 제공된 서비스에 대한 정부 보조금, 회비, 변화하는 주민의 요구, 서비스의 확대 등이 포함될 것이다.

전반적인 수익 목표를 정한 뒤, 톱서클은 총서클에 각 부서의 예상 목표를 조정하기 위한 지침을 제시한다. 예컨대, 톱서클은 손해를 본 어느 부서로 하여금 새로운 제품라인의 개설 또는 경쟁 업체의 공격을 막기 위한 마케팅 전략을 심사숙고하게 하는 결정을 내릴 수도 있다. 만일 어느 부서의 목표 수준을 낮추자는 결정을 내린다면, 나머지 부서들은 더 높은 목표 수준으로 그 부족분을 채워야 할 것이다.

예컨대, 그림 14-1은 여러 제품과 서비스를 제공하는 어느 회사의 3개 부서를 보여준다. 톱서클은 새로운 회계연도의 회사 전체 수익률 목표를 10퍼센트로 정했다[(800만 달러-720만

그림 14-1 **내년도 수익 추정치**

부서	(가) 지출 추정치	(나) 총수입 추정치	(다) 수익률 추정치 [(나-가)/나]
A	95만 달러	100만 달러	5%
B	265만 달러	300만 달러	12%
C	360만 달러	400만 달러	10%
총계	720만 달러	800만 달러	10%

달러)/800만 달러=10%]. 부서 A는 경쟁시장에서 새로운 제품 라인을 판매하고 있기 때문에, 그 부서의 그해 예상 수익률은 5퍼센트에 불과하다. 부서 B가 제공하는 서비스는 갑자기 수요가 늘어서, 톱서클과 그 부서에서는 12퍼센트의 수익률이 실현 가능하다고 본다. 그와 같은 더 높은 수익률은 부서 A에 대한 이 회사의 투자를 벌충한다. 부서 C는 이 회사의 인정받는 제품라인을 제공하므로 안정적인 수익률을 유지할 것으로 기대된다.

전사적 가중치

다음 단계는 사내유보금, 투자자, 일반관리비 항목상의 직원들을 포함하여 수익 배분에 이용할, 회사 전체의 가중치를 산출하는 것이다. 투자 자본은 과거 노동력의 산물로, '응축된' 또는 '농축된' 노동력이라고 볼 수 있다. 노동력은 기업의 성장과 발전을 위해 자본으로 투자된 돈과 교환되었다. 이것은 현재의 노동력과 투자 자본이 근본적으로 같다는 것을 뜻한다. 따라서 둘은 수익 배분율을 산출하는 데 활용될 수 있다. 다시 말해서, 100달러의 투자 자본은 100달러에 해당하는 현재의 노동력과 같은 상대적 가치를 지닌다.

투자 자본이 납세 후 현재 노동력의 나머지를 나타내기 때문에 현재의 노동력에 비해 더 높은 가중치가 주어져야 한다는 주장이 제기될 수 있다. 투자 자본과 노동력이 근본적으로 같은 것으로 취급되기만 한다면, 그렇게 조정할 수 있다.

이 개념을 이해하면, 가중치를 산출하여 그것들을 활용해 단기 측정값과 장기 측정값을 산출할 수 있다.

사내유보금과 투자자들과 일반관리비 항목상의 직원들의 경우, 사내유보금과 투자자나 직원의 기여도를 지난해의 총수입으로 나눔으로써 가중치를 계산한다. 이를테면, 해당 회계연도 말에 투자자의 주가가 100만 달러, 일반관리비 항목상의 직원들의 노동력 기여도가 120만 달러, 지난해 총수입이 800만 달러였다고 가정하면, 사내유보금과 투자자와 일반관리비 항목상의 직원의 수익 배분용으로 산출된 가중치는 그림 14-2와 같다.

그림 14-2 **전사적 가중치**

관련 항목	(가) 소정의 기여도	(나) 지난해 총수입	(다) 가중치 [(가)/(나)]
사내유보금 (톱서클에서 정한 총액)	50만 달러	800만 달러	0.06
회계연도 말의 투자자들의 주가(전문가 추정치 또는 회사 장부상 가격)	100만 달러	800만 달러	0.13
일반관리비 항목상의 직원들 (지난 회계연도 기준)	120만 달러	800만 달러	0.15

그림 14-3 배분되어야 할 단기 측정값 총액

주문 금액(수입)		50,000달러
주문 대응 비용:		
원료비	22,500달러	
인건비	20,000달러	
총비용		42,500달러
순수익(수입-비용)		7,500달러
최초 예상 수익률(5%)		2,500달러
분배되어야 할 단기 측정값 총액		5,000달러

단기 측정값 계산하기

그림 14-3은 단기 측정값을 계산하는 사례를 보여준다. 부서 A가 50,000달러의 고정가격 계약을 체결했다고 가정해보자. 그림 14-1에서 제시한 수익률 추정치는 5퍼센트였다. 하지만 작업은 예상보다 더욱 순조롭게 진행되었다. 원료비는 예측대로 정확히 22,500달러였고, 인건비는 25,000달러에 못 미치는 20,000달러에 불과했다. 부분적으로는 작업자들, 곧 존스와 스미스와 그린이 개발한 새로운 작업 방식 덕분에 인건비가 그처럼 절약되었다. 문제는 이 단기적 성공에서 올린 수익을 그에 기여한 모든 사람에게 분배하는 방법이다. 실제 수익률은 15퍼센트였다(50,000달러-42,500달러).

> 우리는 사내유보금과 투자자와, 작업에 직간접으로 노동을 제공한 모든 사람 사이에서 수익을 분배해야 한다.

우리는 사내유보금과 투자자와, 작업에 직간접으로 노동을 제공한 모든 사람 사이에서 수익을 분배해야 한다. 간접 참여자들은 회사의 총괄 관리자와 관리부(일반관리비)와 부서 A의 책임자다. 부서 A의 책임자는 몇 가지 계약을 다루고 계약별로 근무시간을 보고하지 않기 때문에, 그녀의 기여도는 사례의 취지에 맞게 간접적으로 산출된다.

우리는 계약 금액에 대한 직접 노동을 제공한 사람들의 인건비 추정치의 비율로서 그들에 관한 가중치를 계산한다. 그 인건비 추정치는 원래 25,000달러였다. 따라서 직접 노동 가중치는 25,000달러/50,000달러=0.5다. 우리는 그 가중치를 그림 14-2에서 산출된 가중치들과 함께 활용해 각 기여자의 단기 측정값을 계산할 것이다.

개별 작업자들의 가중치를 계산하기 위해, 우리는 그림 14-4에서 보듯이 0.5라는 직접 노동 가중치를 다시 나눈다. 마침내, 우리는 그림 14-5와 같이 5,000달러라는 단기 측정값 총액에 대한 각 기여자의 몫을 계산한다. 각 기여자의 단기 측정값 산출 비율은 모든 가중치의 합계[(가)의 합계]로 개별 가중치를 나눔으로써 계산된다. 달러 금액은 그 비율에다 5,000달러를 곱함으로써 얻어진다[세로줄 (다)].

장기 측정값 계산하기

5퍼센트의 예상 수익률로 산출한 소득을 나타내는 2,500달

그림 14-4 개인별 직접 노동 가중치 결정

작업자	(가) 원래 추정한 시간	(나) 기본급률	(다) 원래 추정한 기본 인건비 [(가)×(나)]	(라) 원래 추정한 계약 총액	(마) 가중치 [(다)/(라)]
존스	200	시급 40달러	8,000달러	50,000달러	0.16
스미스	200	시급 35달러	7,000달러	50,000달러	0.14
그린	500	시급 20달러	10,000달러	50,000달러	0.20

그림 14-5 그림14-2와 그림14-4의 가중치를 활용한 단기 측정값 계산

관련 항목	(가) 가중치	(나) 단기 측정값 산출 비율 [(가)/(가)의 합계]	(다) 단기 측정값 달러 금액의 몫 [(나)× 5,000]
사내유보금	0.06	0.071	357.14달러
투자자들	0.13	0.155	773.81달러
일반관리비 항목상의 직원들	0.15	0.179	892.86달러
존스	0.16	0.190	952.38달러
스미스	0.14	0.167	833.33달러
그린	0.20	0.238	1,190.48달러
합계	0.84	1.000	5,000.00달러

러는 6개월이나 1년마다 병렬식을 활용해 참여자들에게 분배된다. 직원들은 회사에 적립해둔 돈의 일부를 기본적으로 주주들처럼 투자하기로 선택할 수 있어야 한다. 그런 식으로, 그들은 노동력과 자본의 투자로 보상을 받음으로써 단기 측정값 및 장기 측정값의 지급금으로 받는 금액을 늘린다.

이러한 방식의 몇 가지 효과

회사의 회계장부는 경쟁상의 비밀 유지에 관한 안전조치 아래 모든 직원에게 공개되기 때문에, 평가 시스템은 속임수와 조작에 대한 대책을 갖추고 있다. 평가는 개인 성과를 인정하면서도 협동을 촉진하는 집단 성과를 반영한다. 관리부 직원들을 보상하면, 그들은 운영에 무관심한 전형적인 태도를 보이는 것이 아니라 능률이 엄청나게 향상된다. 예컨대, 회계 부서 직원들은 돈이 모일 때까지는 그들뿐 아니라 아무도 단기

측정값 지급금을 받지 못하므로 중요한 신용거래 대금을 수금하는 데 적극적으로 나설 것이다. 영업부 직원들은 자신들의 업무를 조정하기 위해 운영 부서와 의사소통을 할 동기가 생긴다.

관리부 직원들을 보상하면, 그들은 운영에 무관심한 전형적인 태도를 보이는 것이 아니라 능률이 엄청나게 향상된다.

영업부 직원들이 초기 계약 대금의 수수료를 받는 전형적인 처리 방식과 달리, 소시오크라시의 경우에 그들의 수수료는 초기 판매가 아니라 계약의 성공적 이행에 근거를 둔다.

개인과 집단의 성과에 힘입어 생산량이 늘어남에 따라, 단기 측정값 지급금으로 쓸 수 있는 돈은 증가한다. 어떤 일을 예상보다 더 짧은 시간 안에 끝마치는 노동자는 다른 일에 착수할 수 있다. 따라서 가장 유능한 노동자들은 단기 측정값 지급금을 통해 자신의 소득을 꽤 늘릴 수 있다. 시간이 흐를수록 그들의 기본급이 올라갈 수도 있다. 따라서 노동자들은 객관적으로 평가한 성과에 근거해 소득 증가를 가속화할 수 있다.

만일 우리가 제시한 사례에서 수익률이 추정치 5퍼센트보다 1퍼센트 낮은 4퍼센트였다면 그로 인해 적자가 초래될 터이므로, 단기 측정값 지급금이 추가로 지급되기 전에 반드시 바로잡아야 할 것이다. 모든 사람은 추정치에 못 미치는 성과의 영향을 느낄 것이다. 그러나 아마도 더 중요한 것은, 어떤 조직 단위를 없애거나 노동자들을 해고하는 것이 아니라 노동자 스스로 결함을 바로잡을 수 있으리라는 점일 터이다.

모든 사람은 동반자로서 위험과 보상을 똑같이 떠안는 경우에 재무 건전성의 유지에 기여하도록 동기부여 된다.

모든 사람은 동반자로서 위험과 보상을 똑같이 떠안는 경우에 재무 건전성의 유지에 기여하도록 동기부여 된다.

비영리단체를 위한 특별한 대안

개괄적으로 설명한 이 측정 시스템은 비영리단체에도 적용될 수 있지만, 투자자에 관한 범주는 법인화되지 않은 소기업의 경우와 마찬가지로 적용될 수 없다.

단체가 맺는 계약이 정액제 계약이 아닌 경우에도, 단기 측정값 및 장기 측정값 지급금은 여전히 준비되어야 한다. 예컨대, 계약이 비용 가산 정액제인 경우, 고정 요금의 일부를 단기 측정값용으로 떼어둘 수 있다. 계약이 순전히 시간과 재료의 양에 비례하는 것일 경우, 수지계산에서 노무 몫으로 할당된 금액의 일부는 단기 측정값 및 장기 측정값 지급금의 용도로 확보되어야 한다.

마지막으로, 회사는 어떻게 주요 재무 정보가 경쟁 업체들에 누설될 위험 없이 투명한 방식으로 이 방식을 활용할 수 있을까? 다시 말해서, 조직은 어떻게 투명성과 '블랙박스'를 동시에 확보할 수 있을까? 일반적으로, 서클들은 예컨대 간접비 같은 민감한 수치들이 단기 및 장기 측정값 산출에 정확히 반영되었다고 그냥 인정하고 넘어가기 마련이다. 하지만, 혹시 한 서클에서 계산에 '수상한 점'이 있지 않나 의심한다면, 그 구성원 중 한 명을 선출해 회계장부를 검토하게 할 수 있다. 그러면 그 사람이 검토 후 서클에 돌아와 "아무 문제 없다"고 보고할 수 있을 것이다.

물론, 가능한 해법은 그 밖에도 많이 있다. 이 '특별 감찰관' 전략은 엔덴뷔르흐 일렉트릭에서 여러 해 동안 성공적으로 활용되었다.

후기: 함께하기 위한 초대

지금까지 제시한 소시오크라시의 원리와 실천 기법이 우리가 바라는 기업체와 이웃과 공동체와 도시를 만드는 데 도움이 되어, 다툼과 낭비 없이 더욱 자유롭고 풍족하게 살 수 있기를 바란다. 소시오크라시는 무엇보다도 공동 목표를 달성하기 위해 서로 관계를 맺는 일과 관계가 있다.

이 글을 마무리하면서 여전히 미완성인 몇몇 아이디어와 최근의 교육에서 얻은 경험을 공유하고 싶다. 자기 가족을 위해 휴일 기념행사를 준비하던 한 어머니가 그 경험담을 들려주었다.

크리스마스 휴일의 활동 계획을 짜고 싶어서 지난주에 소시오크라시 가족회의를 열었어요. 지난번 회의에서 여러 질문이 쏟아져 나왔기 때문에, 가족들이 소시오크라시를 소개해 달라고 하더군요. 회의 진행을 맡고 있던 제가 간단하게 설명한 다음에, 우리는 계속해서 안건 이야기로 넘어갔어요. 시간이 부족했기 때문에, 저는 특별한 준비를 위해 이를테면 식사 계획이나 놀이 계획 같은 걸 짜는 소집단들을 구성하자고 제안했지요. 우리는 전체 가족 모임에서 일정표를 만들고 소집단들이 저마다 맡은 일을 완수할 날짜를 정했어요. 다음 날, 우리는 식사 준비를 위한 소집단 회의를 열었어요. 이제 열 살인 엘리자베스가 제가 하던 대로 회의를 진행하고 기록도 하더군요. 아이들이 얼마나 빨리 받아들이는지 여러분은 상상도 할 수 없을 거예요. 소집단 회의 후에, 아이들은 놀이를 준비하는 소집단 회의를 열었어요. 열세 살인 레너드가 퍼실리테이터를 맡았어요. 저는 그 소집단의 구성원이 아니었지요. 그날 저녁 우리가 모였을 때, 엘리자베스와 레너드는 소집단들의 결정 사항을 발표했어요. 정말 놀라운 광경이었지요.

이것은 소시오크라시 방식이 어떤 식으로 작동하여 우리의 삶을 조화롭게 꾸려가도록 돕는지를 보여주는 한 가지 작은 사례. 원리와 방식은 거의 훈련을 받지 않은 아이들이 이해할 만큼 간단하고 쉽지만, 효과는 매우 강력하다. 정부, 학교, 극장, 은행, 기업체 등 모든 단체가 소시오크라시를 바탕으로 조직된다면 어떨까? 우리가 알지 못하는 사이에 상황은 진척되고 있다. 예컨대, 네덜란드의 부르던(Woerden)시에서 많은 주민들과 주민센터들이 소시오크라시에 입각해 조직되어 있다. 네덜란드의 엔스헤더(Enschede)에서는 총 30개 학교가 공립학교 시스템 안에서 소오크라시에 입각해 활동한다.

더 많은 조직이 소시오크라시를 도입함에 따라, 사람들은 더욱 지원을 아끼지 않는 방식으로 한층 밀접한 관계를 유지하게 될 것이다. 네덜란드에는 관리자들이 서로 지원하고 소시오크라시 방식에 관한 의견을 공유하기 위해 만나는 다양한 소시오크라시 조직들의 총괄 관리자들로 구성된 서클들이 존재한다. 인도에서는 100개의 주민 서클로 이루어진 한 네트워크가 회의를 소집해 주민들의 생활과 관련된 결정을 내린다.

그런 유형의 조직화는 도시 전체의 모든 서클에 파견할 서클대표의 선출로 이어질 수 있다. 그것은 여러분이 소시오크라시 조직을 개발하도록 고무할 수 있는 모험 같은 것이다.

소시오크라시 사상은 지속적으로 발전하여 전 세계로 퍼져간다. 이 책은 기본 이론과 조직 관리에 적용할 방안에 초점을 맞추었지만, 소시오크라시의 또 다른 측면은 사회 전반에 관한 비전을 담고 있다.

예컨대, 오늘날의 경찰이 범죄나 자동차 사고를 줄이는 데 성공할 경우에 누가 이득을 보는가? 경찰이 아니라 오히려 보험회사들이다. 얄궂게도, 범죄를 완전히 없애는 것은 결코 경찰을 위한 일이 아니다. 범죄가 사라진다면, 범죄자들의 존재를 전제로 하는 일을 맡은 경찰의 예산도 사라질 것이다.

소시오크라시라면 경찰에 돈을 지급하는 다른 방식을 생각해낼 수 있을까? 예컨대, 세금이 여러분의 집에 강도가 들었을 때 보험회사가 아니라 경찰이 여러분에게 지급하는 일종의 보험금처럼 취급될 수 있을까? 그럴 경우, 더 많은 범죄가 아니라 더 적은 범죄에서 이익을 얻게 될 테니, 경찰의 목표는 정말로 범죄를 막는 것이 된다. 이것이 소시오크라시가 권장하는 창의적 사고방식이다.

예컨대, 다른 사회 부문에 비해 비용 증가가 훨씬 가속화하고 있는 의료 시스템을 살펴보자. 사람들이 건강을 되찾기 위해 돈을 내는 현재의 의료 시스템에서 환자가 없는 것이 의사에게 최상의 이익이 되는가? 의사에게 아주 건강한 고객이 찾아오면, 그 의사가 아니라 보험사가 이득을 본다. 중국의 전통에 따르면, 사람들은 침술사들에게 돈을 지불하고 가족의 건강을 지킨다. 어떤 사람이 병에 걸리면, 침술사는 어떤 의료비도 청구하지 않는다. 그것이 진정한 의료다. 목표는 건강을 지켜주는 것으로 이득을 보는 것이지, 질병으로 이득을 보는 것이 아니다.

그러나 의료는 다른 사회 부문들과 복잡하게 뒤얽혀 있다. 예컨대, 작장에서의 스트레스는 의료문제의 원인이 되는 것 같다. 스트레스를 예방하면, 사람들은 아마도 더욱 건강해질 것이다. 그런 식으로 바라보면, 우리 사회가 얼마나 복잡한지, 문제를 해결하는 수단뿐 아니라 문제에 관한 정보를 공유하는 방법이 얼마나 단편적인지 알 수 있다. 소시오크라시는 의미 있는 방식으로 조직들을 연결하는 구조에, 그처럼 밀접한 관계가 있고 복잡한 문제들을 통합적 방식으로 다룰 수 있는 가능성을 제공한다.

만일 여러분이 소시오크라시 원리를 여러분의 도시나 마을에 적용하고 싶다면, 여러분은 서클 구조를 만드는 일을 어떻게 시작할 것인가? 지역 전체의 서클 구조는 어떻게 더 나은 사회 조직 방식의 발전을 촉진할 수 있을까? 이 질문들은 아직 해결되지 않은 문제들이며, 우리는 여러분에게 의견을 구한다.

우리는 소시오크라시에 관한 여러분 각자의 이야기와 이 책에 대한 여러분의 반응을 알고 싶다. 여러분이 이 책을 여기까지 읽은 이유는 무엇이었는가? 어쩌면 여러분은 자기 회사가 수익을 더 많이 올리게 해줄 방법을 찾고 있는 기업 책임자일 수도 있고, 자신의 가치에 맞게 자기 집단을 더 능률적으로 이끌 방법을 찾는 사회 개혁 단체의 구성원일 수도 있고, 업무 스트레스가 줄도록 자신의 부서를 조직하는 법을 알고 싶어하는 법 집행관일 수도 있다.

여러분의 관점이 어떻든, 우리는 여러분이 그것을 다른 사람들과 공유하기를 권장한다. 여러분이 이용할 수 있는 교육 프로그램과 토론 그룹들이 세계 곳곳에 있다.

소시오크라시 컨설팅그룹(Sociocracy Consulting Group)의 존 벅 연락처

전화: (240)468-7102

이메일: contact@sociocracyconsulting.com

웹사이트: sociocracyconsulting.com

웹사이트 소시오크라시닷인포(Sociocracy.info)의 샤론 빌린스 연락처

이메일: sharon@sociocracy.info

웹사이트: sociocracy.info

샤론은 소시오크라시닷인포에서 블로그에 글을 올리고, 소시오크라시에 관한 정보를 다룬다. 또한, 그녀는 전 세계의 이메일 토론 리스트를 관리한다. 토론은 초보자 질문 사항부터 역사와 철학과 시스템과 그 밖의 회원들의 관심사에 관한 주제들에 이르기까지 다양하다.

그 토론 리스트에 가입하고 싶다면, 여러분이 사용하고 싶은 이메일 주소로 빈 메시지를 보내주기 바란다.

sociocracy@groups.io

우리는 더 많은 상호 연결을 바란다. 문화와 사회를 한껏 재미있게 만들어줄 새로운 길을 찾고 있기 때문이다.

소시오크라시 센터와 관련 자료

「이 책에 관하여」에서 말했듯이, 남·북·중앙아메리카와 아프리카와 아시아와 유럽과 오세아니아에서 소시오크라시를 활발하게 실행에 옮기고 가르치고 있다. 소시오크라시 센터와 프로그램은 급속하게 성장하며 변화하고 있다. 이 책은 자주 업데이트될 수 없으므로, 여러분이 국내 연락처를 찾을 수 있는 중앙 공급처를 여러분에게 알려주는 것이 가장 좋겠다.

글로벌 조직은 소시오크라시그룹(The Sciocracy Group, TSG)으로서 센터 및 모든 지부에 관한 연락처 정보를 제공하는 종합적 웹사이트를 운영한다. 웹사이트를 통해 교육 워크숍과 온라인 회의와 자격 인증 프로그램과 전 세계의 컨설턴트들에 관한 정보를 찾아볼 수 있다.

소시오크라시그룹

책임자: 아네빅 레이머르(Annewiek Reijmer)

이메일: jreijmer@sociocratie.nl

전화: +31 (0)6-22 24 60 89

웹사이트: thesociocracygroup.com

교육은 네덜란드어, 영어, 플라망어, 프랑스어, 독일어, 힌디어, 인도네시아어, 한국어, 포르투갈어, 러시아어, 스페인어, 스웨덴어 등 여러 언어로 이미 실시되고 있다. 다른 언어들로 이용 가능한 워크숍의 수는 급속하게 늘어나고 있다.

국내 자원, 곧 워크숍이나 컨설턴트를 찾아내는 한 가지 방법은 '소시오크라시'와 특정 언어나 나라를 인터넷에서 검색하는 것이다. 미국에서는 '동적 통치(dynamic governance)'로 검색할 수도 있다.

부록

부록에서, 여러분은 참고용과 메모용 추가 자료를 찾아볼 수 있을 것이다. 부록에는 워드와 부커와 엔덴뷔르흐의 세 가지 원문들, 두 종류의 정관, 서클 회의용 여러 지침이 실려 있다. 「한 사람을 위한 소시오크라시」도 포함되어 있는데, 소시오크라시를 언급하지 않은 채 포괄성과 동등성에 관한 소시오크라시의 원리 및 실천 기법을 도입하기 위해 모든 회의에서 실행해볼 수 있는 사항들의 목록이다.

소시오크라시: 레스터 프랭크 워드^(1841~1913)

프랭크 워드는 사무원으로 근무하며 식물학과 법률 분야의 학사 학위를 취득하기 위해 야간대학을 다녔다. 그는 당시에 연방정부의 고생물학자 겸 고고학자로서 일했다. 예순다섯 살 때 브라운대학교의 교수직을 수락했다. 1903년에 국제사회학연구소의 초대 소장, 1906년에 미국사회학회의 초대 회장으로 선출되었다. 미국 사회학의 창시자이자 미국의 아리스토텔레스로 자주 거론된다. 이 글은 1893년에 펴낸 『문명의 심리적 요인들』에서 발췌한 것이다.

세계는 전제정치 단계와 귀족정치 단계에서 민주정치 단계로 이행하면서 개인권력에 맞서는 자연선택을 통해 지금까지 정부의 영향력을 최소화해왔다. 예전에 정부를 이용해 자기 발전을 꾀했던 바로 그 정신이 이제 5단계, 금권정치를 예고하고 있다. 금권정치는 무기력한 민주정치와 짝을 이루어 번창한 끝에 민주정치를 완전히 대체하려 하고 있다. 금권정치의 가장 강력한 지배력은 모든 정부에 대한 광범한 불신에서 비롯하며, 그것은 정부에 대한 혐오 열풍을 부추기려고 온갖 수단을 다 쓴다. 그것은 더 강한 정부가 아니라 더 약한 정부를 요구한다. 그것은 개인의 자유를 약삭빠르게 떠들어대면서 전제정치 단계와 귀족정치 단계의 정부들이 저지른 잔학 행위를 끊임없이 상기시키면서, 그것이 재연

될 위험이 임박했다고 거짓 주장을 하고 있다. 기존 소유권의 강제를 제외하고는 사실상 모든 점에서 거의 무정부주의와 다를 바 없는 자유방임주의와 매우 극단적인 개인주의가 떠들썩하게 옹호되므로, 여론은 실제 상황에 대한 판단력을 잃고 만다.

지적 불평등과 법적 불평등

지금 사회를 괴롭히는 큰 폐단들은 지성 지상주의의 진전 중에 서서히 생겨났다. 그것들은 조직적인 간계가 점차 폭력의 영역을 잠식하는 과정에서 몰래 기어들었다. 정부는 그처럼 사라지는 영역에 대해 권력을 유지하고 있지만, 확대되면서 모두를 아우르는 정신적 영향력 분야에서는 여전히 무기력하다. 힘겨루기에서 상품은 최강자의 손으로 넘어가야 한다고 아무도 주장하지 않았다. 그같은 모든 경우에, 정부의 권력은 신장되고, 정의는 강화된다. 그런데도 사람과 사람 사이에, 아니 그보다는 개인과 오랜 세월에 걸친 사고의 산물인 조직화된 시스템 사이에서 목하 진행되고 있는 다양하고도 훨씬 불평등한 투쟁에서, 그런 일은 스스로 규제하도록 내버려두어서 적자생존이 허용되어야 한다고 말하는 것이 관례이다. 하지만, 정부의 일차적이고 주된 행위인 강제적 개입을 통해 물리적 힘겨루기의 자연스러운 결과가 관철되는 것을 공개적으로 공공연하게 막아왔다는 것은, 그 문제를 숙고하는 사람에게는 명백한 사실이다. 노상강도가 구속되어 감옥에 수감될 때마다 그 유명한 자연의 법칙은 지켜지지 않는다.

정신력이나 법적 의제[1]에 의한 권력 강화는 허용되어야 하고, 물리력에 의한 권력 강화는 금지되어야 한다고 말하는 것은 전혀 이치에 맞지 않는다. 지식의 힘에 의해 자행되는 부정은 억제되지 않는 상황에서 완력에 의해 자행되는

---

1 legal fiction: 회사를 인격화하여 법인으로 하는 따위

부정은 규제되어야 한다고 주장하는 것은 터무니없다.

　오로지 폭력만을 행사했던 원시적 단계의 정부는, 부의 공정하고 공평한 분배를 보장할 만큼 아주 막강했다. 정신력이 가장 중요하고 물리력은 아무것도 아닌 오늘날에, 정부는 전혀 그것을 달성할 수 없다. 이 사실 하나만으로도 정부가 자신의 제1성질[2], 곧 사회 보호 측면에서 강화되어야 한다는 점이 입증된다. 한 가지 보호에 적용되고 다른 보호에는 적용되지 않는 추론은 존재하지 않는다.

금권정치, 부자에 의한 지배

오늘날의 금권정치가 앞서 말한 다른 정부 형태들과 똑같은 의미에서 일종의 정부 형태인 것은 아니지만, 그럼에도 그 권력이 예전에 모든 정부가 행사했던 것만큼 막강하다는 것은 쉽게 알 수 있다. 정부 권력에 대한 시금석은 대개 국민에게 세금을 부과하는 방식이고, 그동안 최악의 전제정치에 대한 가장 강력한 기소장은 공물을 강압적으로 갈취한다는 데 초점이 맞추어져 왔다. 하지만 십일조 세금은 가혹한 것으로 여겨지고 있고, 어떤 산업에서든 산출량의 4분의 1을 세금으로 물린다면 폭동이 일어날 것은 당연한 일이다. 그런데도 오늘날 공정한 임금과 적정한 수익으로 생산하여 운송하고 교환하는 데 드는 원가의 2~3배를 사람들이 지불하는 상품들이 많이 있다. 실제로 많은 업종의 독점기업들이 상품 가격의 25~75퍼센트를 마치 세금처럼 소비자에게 부과하고 있다. 소비세가 그에 근접하는 상황을 상상해보라! 독점이나 공격적 경쟁의 영향 아래서, 모든 상품 가격은 그처럼 생산원가와 무관하게 상품이 대량으로 수익을 낼 수 있는 최대한도까지 치솟는다. 전 세계의 어떤 정부도 그런 약탈을 강행할 권력

2　primary quality: 물체에 고유한 성질. 수량·연장·형태·운동·정지 등을 가리킨다.

을 가지고 있지 않으며 가진 적도 없었다. 그것은 특혜 받은 개인들의 이익에 봉사하는 통치 권력으로, 그 힘은 왕권을 행사한 절대군주나 폭군의 권력보다 막강하다.

그렇다면 치유책은 무엇인가? 사회는 이기적인 지식층에 의한 이 마지막 권력 장악으로부터 벗어날 수 있는가? 우리 사회는 정부 수립을 통해 무력정치를 타도했다. 귀족정치로 전제정치를 대체했고, 민주정치로 귀족정치를 대체했다. 그리고 지금은 금권정치에 휘말려 있다. 거기에서 벗어날 수 있을까? 사회가 금권정치에 대항할 만한 권력을 얻으려면 전제정치로 돌아가야만 하는가? 어떤 전제군주도 자기 권력의 10분의 1도 행사하지 못했다. 그렇다면 사회가 파괴되도록 내버려두어야 하는가? 결코 그렇지 않다. 전제정치나 귀족정치나 민주정치나 심지어 금권정치보다 더 강력한 한 가지 통치 형태가 있다. 바로 소시오크라시다.

소시오크라시, 사회에 의한 지배

개인이 통치하던 시대는 아주 길었다. 사회가 스스로 일을 추진하고 스스로 운명을 정하는 시대가 도래했다. 개인은 가능한 최선을 다해왔다. 그리고 할 수 있는 유일한 방식으로 행해왔다. 개인은 자신의 의식과 의지와 지성을 가지고 타고난 목적을 추구하는 것 말고는 아무것도 할 수 없었다. 개인은 맹렬하게 비난을 받거나 욕설을 들어서도 안 되었다. 개인은 심지어 책임을 추궁당해서도 안 되었다. 아니, 개인은 칭찬을 받고, 심지어 **본받을** 대상이어야 했다. 사회는 개인으로부터 많은 교훈을 얻어야 하고, 분명하게 설계한 길을 따라 성공에 도달해야 한다. 사회는 그 자신을 개인과 마찬가지로 온갖 이해관계를 지닌 하나의 개인으로 상상해야 하며, 일단 그 관심을 충분히 *의식*하게 되면 개인이 자신의 이익을 추구하는 것과 똑같은 불굴의 의지로 사회적 이익을 추구해야 한다. 그뿐이 아니다. 개인이 그렇듯이, 사회 역시 모든 개인이 엄청난 노력과 열의와 재능을 한데 모아 사회의 자산으로 만들어낸, 사회지능[3]을 이루는 모든 지식으로 무장한 사회적 *지성*의 안내를 받아야 한다.

소시오크라시는 지금까지 고안된 모든 정부 형태와 다르겠지만, 그 차이는 혁명을 필요로 할 만큼 근본적이지는 않을 것이다. 절대군주제가 어느 틈엔가 입헌군주제로 바뀐 것처럼, 입헌군주제 또한 여러 나라에서 심지어 국명조차 바꾸지 않은 채 대체로 지금과 같은 순수한 민주주의로 바뀌었다. 지금은 모든 정부 형태 중 가장 허약한 정부 형태이지만, 적어도 자신의 내부 요소의 통제를 받아, 모순에 찬 민주정치는 가장 강력한 정부 형태가 될 수 있다. 사실은, 다른 정부 형태들 중 어느 것도 사회에 의한 정부로 곧바로 이행하지는 못할 것이다. 민주정치는 어떤 정부든 존속하려면 결국 도달해야 할 궁극적인 사회적 단계로 가는 길에 거쳐야 하는 첫 관문이다.

민주정치, 다수에 의한 지배

민주정치와 소시오크라시는 어떻게 다른가? 사회는 국민과 어떻게 다른가? '국민'이라는 말이 그야말로 인민을 의미한다면, 차이는 거의 없을 것이다. 그러나 민주국가들이라는 표어는 그나마 뭔가 의미를 찾자면 그저 자격이 있는 다수의 유권자를 나타낼 뿐인데, 그 다수의 수가 아무리 적더라도 상관이 없다. 어떤 의미에서는 다수의 행위가 사회의 행위로 여겨질 수도 있다는 뜻이다. 적어도 사회를 위해 행동할 다수의 권리를 부정할 수는 없다. 그렇게 하는 것이 뭔가 조치를 취할 정부의 권리에 대한 부정이나 사회를 위해 행동할 소수의 권리에 대한 인정을 포함할 것이기 때문이다. 그러나 사회를 위해 행동하는 다수와 스스로

---

3   social intelligence: 사회적 관계 혹은 인간관계에서 타인을 이해함과 동시에 그 관계 속에서 적절하게 대처하고 행동하는 능력

행동하는 사회는 서로 다르다. 언제나 그렇듯이 다수가 구성원들이 선출한 대의기관을 통해 조치를 취하더라도 그렇다. 민주 정부는 대개는 정당 정부다. 유권자들은 몇몇 정당의 노선들 가운데 한쪽이나 다른 쪽을 지지한다. 승리한 쪽은 마치 루이 14세처럼 자기가 곧 국가인 양 행세한다. 패배한 정당은 대체로 정부를 자기와는 무관한 것으로 여겨 침입자라도 되는 양 적대하며, 다음 기회에 그것을 타도할 만한 힘을 얻을 생각만 한다. 여러 쟁점이 제기되어 치열한 공방이 벌어지지만, 지켜보는 사람들로서는 경쟁자들이 쟁점에는 전혀 관심이 없으면서 오로지 우위를 차지해 선거에서 이기려고 쟁점들을 이용한다는 점이 분명하다.

사회라는 관점에서 보면, 그것은 어린아이 장난에 불과하다. 사회의식에 아주 조금이나마 눈떠서 정신을 차리면 그것은 사라질 터이고, 좀 더 능률적인 것이 대신 생겨날 것이다. 일단 그처럼 도박을 일삼는 유치한 정신에서 벗어나 사회의 진정한 관심사에 주의를 기울인다면, 모든 정당과 시민은 거의 모든 주요 문제에 대해 합의를 볼 것이고, 공중의 활력에 그처럼 당파적 부담을 줄 필요가 없을 것이다. 분명히 정부의 당파성에 철저한 변화가 나타날 것이다. 그동안 정치적 반대 세력에게 장악되어 있다는 이유만으로 이전 정부를 맹렬히 비난해왔던 승리한 정당은, 좋은 정부를 위해 나라를 근본적으로 변혁하겠다고 큰소리친다. 하지만, 권력을 장악해 국가적 책무에 부담을 느끼자마자, 전임자가 했던 대로 법률을 집행할 따름이다.

최상의 사회 이익

당파성의 이 모든 겉치레 및 이른바 원리들의 옹호와, 진정한 이익 및 꼭 필요한 나랏일에 대한 관심 사이에는 엄청난 차이가 존재한다. 후자는 정부가 반드시 해야 하는 바다. 그것은 사회적 의무다. 그것을 실행하도록 압력을 가하는 것은 사회 일반의 의지이다. 그러나 한쪽의 전문 정치가들 및 선동 정치가들과 다른 쪽의 금권정치 대리인들이 국민의 귀에 거슬리는 목소리를 내는 당파 싸움이 빚어낸 흥분 상태에서, 진정한 사회 이익이 적어도 일시적으로나마 보이지 않은 채 흐려지고 애매모호해지는 바람에 사람들은 실제의 쟁점을 파악하지 못하고, 비록 이기적일지라도 더 나은 보호 수단이 될 자신의 최상의 이익조차 잊어버린다. 전반적으로 국민의 이익이 무시되는 결과가 초래되고, 국민은 부유층의 약삭빠른 대변자들에게 쉽게 조종당하는 한낱 정치인들에게 계속 장악된다.

소시오크라시는 이 모든 상황을 변화시킬 것이다. 무관한 문제들은 뒷전으로 미뤄질 것이다. 이해관계가 있는 소수를 제외한 모두가 합의한 중요한 목표들은 제대로 주목을 받을 것이고, 조치들은 오직 그 목표들을 달성하려는 목적 아래 초당파적 정신으로 고려될 것이다. 우체국의 전보를 일례로 들어보겠다. 기존 전신 회사의 어떤 주주도 10센트로 전보 한 통을 보낼 수 있는데 25센트를 지불하고 싶지는 않을 터이다. 이런 문제에 논의할 여지가 어디에 있단 말인가? 사회가 원하는 바는 가장 값싸고 실현 가능한 시스템이다. 사회는 국가 우편전신 시스템이 그처럼 누구나 바라는 목표를 보장할 수 있는지 확실히 알고 싶어 한다. 예상컨대, 현재의 전신 회사들은 그렇게 안 될 것임을 입증하려고 애쓸 것이다. 그러나 다른 사람들 모두가 정반대의 해결책에 관심을 두고 있는데, 아무리 가치가 있다 한들 도대체 왜 소수자들의 이익에 의해 영향을 받아야 한단 말인가? 조사는 객관적이고 엄밀히 과학적인 것이 되어야 하고, 어떻게든 문제를 실제로 해결해야 한다. 진정한 이익이라고 밝혀질 경우, 그 시스템은 도입되어야 한다. 오늘날 미국 국민에게는 수많은 사회문제, 즉 나라의 모든 시민에게 영향을 미치는 문제들이 존재하며, 그 해결책은 틀림없이 이 대륙이 이룰 수 있는 문명 상태에 심대한 영향을 줄 것이다. 그런데 그런 문명을 확보할 수 없을뿐더러, 그것의 진가에 대한 조사를 보장하는 것도 불가능하다. 다른 대륙들도 마찬가지다. 전 세계에 널리 퍼진 민주국가들은 대체로 사회복지 문제들을 다룰 역량이 부족하다.

지성을 갖춘 개인처럼 행동하는 사회

사람들이 소비하는 주요 상품들의 가격은 대체로 그것을 생산하고 소비자에게 전달하는 데 드는 비용과 무관하다. 소비자는 그것들 없이 지내기보다는 언제나 가장 높은 가격을 지불하는 입장일 것이다. 가격이 생산, 운송, 교환, 배달에 드는 비용의 두 배라고 가정해보자. 그리고 앞에서 말한 각 단계의 거래에서는 제공된 모든 서비스에 대해 정당한 보상이 이루어진다고 치자. 이때 공정가격이 1달러에 불과한 상품에 2달러를 지불하고 싶은 사회 구성원이 있을까? 그런 문제를 논의할 제대로 된 토대가 존재하는가? 분명 존재하지 않는다. 개인은 이 사태를 바로잡을 수 없다. 어떤 민주국가도 그것을 바로잡을 수 없다. 그러나 다른 사람이 계속 돈을 강탈하는 것을 참을 사람이 아무도 없는 것과 마찬가지로, 사회 이익을 확실히 대변하는 정부라면 그런 사태를 참을 수 없을 것이다.

따라서 그 정부는 철저해질 것이다. 사회는 두려움이나 편애나 편견 없이 객관적으로 사회복지에 관한 모든 것을 조사할 것이다. 사회는 장애물을 발견하면 제거할 것이고, 기회를 발견하면 개선할 것이다. 한마디로 말해서, 사회는 같은 조건 아래서 지성을 가진 개인이 취하는 것과 똑같은 조치를 취할 것이다. 가능한 모든 방법을 동원해 사회의 이익을 촉진할 것이다.

불가능한 이상?

그것은 이상적인 상태라서 누구도 실현한 적이 없으며, 어느 모로 보나 실현될 수 없다는 이의가 제기될 법하다. 하지만 공정한 비평가라면 모든 사회주의적 계획들이 '인간 본성'의 변화를 전제로 한다는 이의—일말의 진실이 없는 것은 아니지만 관습적으로 제기되는—를 덧붙이지는 않을 것이다. 지금 조짐을 보이는 변화 과정에서 모든 정신적 속성의 영속성이 상정되기 때문에, 나는 세계의 도덕적 진보를 강조하는 것을 자제했을 뿐 아니라, 사회적 힘들 가운데 공감을 문명의 요소 중 하나로 열거하지조차 않았다. 나는 그 요소를 앞으로 중요한 역할을 수행하게 될 파생물들 가운데 하나로 인정하지만, 사회개량주의나 소시오크라시가 어떤 감상이나 이타주의라는 버팀목에도 의존하지 않는다고 믿으면서, 일차적이고 근원적인 이기주의의 영향력을 논거로 삼는 쪽을 택했다. 그런 도움들이 전혀 필요하지 않다면, 적어도 논증은 더 강력해질 것이다. 만일 그것들이 정당한 영향을 미치는 것으로 입증된다면, 그만큼 증거능력에 보탬이 될 뿐이다.

　나머지 이의 제기에 대한 대답은, 이상은 필요하며 어떤 이상도 완전히 실현되지는 않는다는 것이다. 사회가 실제로 어떤 이상을 향해 나아가고 있음을 밝힐 수 있다면, 사실상 그 이상의 궁극적인 실현은 입증된 것이나 다름없다. 오늘날 사회에서 그런 움직임에 관한 증거는 아주 많다. 많은 나라에서, 이기적 개인주의의 침범은 여러 중요 지점에서 확인되었다. 미국에서는 민주주의의 보호 아래 금권주의가 진군하는 과정에서 본격적으로 경보가 발령되었다. 정당 노선들은 무너지고 있고, 국민의 대다수가 나라의 사회적 진보에 진지하게 관심을 기울이게 되었다는 명백한 지표가 존재한다. 정당들의 역사에서 최초로, 영속성의 모든 요소를 갖춘, 그리고 조만간 미국 정치에서 조절 인자가 될 수도 있는 산업 노동자 정당이 조직되었다. 아직은 거대한 사회혁명의 전조가 아닐 수도 있지만, 개혁이 나아가야 할 바람직한 방향과 정확히 일치하는 방식이다. 현재의 움직임이 지속되든 단명하든, 개혁의 씨앗들은 전국에 널리 뿌려졌고, 그것들은 틀림없이 조만간 싹이 트고 자라서 열매를 맺을 것이다.

사회적 조치와 진보

앞으로 오랫동안 사회적 조치는 주로 부정적 성격을 띨 터이고 기존의 해악을 제거하는 것에 국한되겠지만, 사회가 자신의 진보에 도움이 될 수단들을 숙고하여 채택하는 긍정적 단계가 결국 도래할 것이다. 각 분야의 사회적 조치와 개인적 조치 문제를 여기에서 자세하게 다룰 수는 없지만, 전자가 후자를 잠식하는 것이 공익과 부합하는 한 그러한 잠식이 지속되리라는 점은 분명하다. 그 점에 대해 의문의 여지가 없는 하나의 큰 분야, 즉 오늘날의 경제 용어로 이른바 '자연독점'[4]이라 불리는 분야가 존재한다. 그 논거는 너무 잘 알려져 있으므로 여기서 다시 언급할 필요가 없고, 그 움직임도 이미 순항 중이어서 더 논할 필요가 없다. 하지만 그 너머에 무엇이 있는지에 대해서는, 많은 토론을 통해 의견 차이를 사실대로 밝힐 여지가 있다. 거의 소개되지 않았기 때문이다. 이것은 내가 소시오크라시라고 부르는 통치 형태의 특징이다. 소시오크라시는 시민계급이 스스로를 이롭게 할 기회를 빼앗기 위해서가 아니라 순수하게 그리고 오로지 무엇이 사회 전반의 이익에 가장 부합하는지 확인할 목적으로, 사회학을 길잡이로 삼아 모든 주제와 관련된 사실들을 연구한다.

　세상의 모든 산업을 사회가 운영하는 것을 지지하는 사회주의적 주장들은 지금까지 나에게 확신을 주지 못했다. 주된 이유는 그것들이 너무 순수 이론과 선험적 추론으로 이루어져 있다는 것이다. 어떤 전문 과학 분야를 추구하면서 과학적 증거의 본질에 심취하게 된 사람은 다른 분야의 결론을 받아들이기에 앞서 그와 같은 증거의 제시를 요구한다. 그리고 그것은 사회 현상에 관한 더 폭넓은 문제들에 관여하는 모든 사람의 자세이어야 한다. 진정한 경제학자는 주어진 문제가 열린 문제이며, 제시된 사실들의 위력을 기꺼이 받아들일 것이라고 말할 수 있을 뿐이다. 수영하는 법을 배울 때까지 물속에 들어가지 말아야 한다는 말이 아니다. 하지만, 그런 태도는 그런 문제들을 해결하는 진정한 방법을 제시한다. 사람은 일련의 시도를 통해 수영하는 법을 배우고, 사회는 특정한 방향으로 실험들을 시도하고 그 결과들에 주목할 수 있다. 하지만, 면밀한 원가 산정

4　natural monopoly: 상품의 특성상 여러 기업이 생산할 때보다 한 기업이 독점적으로 생산할 때 비용이 적게 들어 자연스럽게 생겨난 독점

과, 사회 현상에 관한 일정불변의 법칙들에 바탕을 둔 결과에 대한 정확한 계산 같은 다른 방법들이 존재한다. 실험은 그렇게 형성된 과학적 이론에 대한 궁극적 검증이며, 자연과학에서 그런 것처럼 사회과학에서도 가설들을 확증하거나 폐기할 수도 있다. 그러나 다른 분야의 학문들과 마찬가지로 사회과학에서도 작업가설은 항상 성공적인 연구의 주요 수단이 되어야 한다.

과학적 단계에 도달할 때까지, 그리고 그것을 처음 접하는 필수 과정으로서 사회문제들은 제대로 명확하게 기술될 수 있고, 그렇게 제시된 일반적 고려 사항들은 그 문제들과 직접적 관계가 있다. 그러한 시도 가운데 존 스튜어트 밀 (John Stuart Mill)의 짧은 저서인 『자유론On Liberty』과 그의 유작인 『사회주의론Chapters on Socialism』만큼 열렬히 일독을 권할 만한 것을 나는 알지 못한다. 그것들은 어느 쪽으로도 치우치지 않은 지혜가 돋보인다는 점에서, 대체로 같은 주제를 다룬 허버트 스펜서(Herbert Spencer)의 몹시 편파적인 저서들과 아주 대조적이다. 하지만, 두 저자는 한 가지 주요 논점에 관한 한 명백히 의견이 일치한다. 자유방임주의 학파의 진짜 주장들에 대한 그처럼 솔직한 진술은 전적으로 정당하다. 문제의 반대 측면에 대한 솔직한 설명도 마찬가지다. 모든 면에 더 많은 빛을 비출수록 더 좋다. 그러나 사회문제들을 정말로 규명하려면 그 설명은 감정에 영향을 받지 않는, 편견 없는 과학적 견해여야 한다.

부록 (나)

소시오크라시, 미래의 민주주의: 케이스 부커^(1884~1966)

케이스 부커는 국제적으로 평화 활동가 겸 교육자로 알려진 인물이었다. 제2차
세계대전 중에 유대인들을 숨겨준 혐의로 체포되었을 때 그의 호주머니 안에
서 <독재 반대>라는 선언서가 발견되었는데, 그 때문에 목숨을 잃을 뻔했다. 그
원고는 진정한 민주 사회를 위한 계획에 관한 초안이었는데, 1945년 5월에 같은
제목으로 처음 출간되었다. 아래의 글은 그의 아내인 베아트리스 캐드베리 부
커에 의해 편집된 후속 판에서 인용한 것으로, 그의 딸인 칸디아 부커(Candia
Boeke)의 허락을 받아 여기에 싣게 되었다.

우리는 민주주의의 필수 요소인 다수결에 너무 익숙한 탓에 그것 없이 시행되
는 어떤 민주제도도 상상하기가 어렵다. 머리를 깨뜨리기보다는 머릿수를 세
는 편이 훨씬 낫고, 지금과 같은 민주주의조차도 과거의 관행보다는 권장할 만
한 점이 많은 것이 사실이다. 그러나 정당 제도는 사람들의 꿈인 이상적 민주주
의를 전혀 제공하지 못하는 것으로 입증되었다. 의회에서 끊임없이 벌이는 토론
들, 가장 원시적인 격정에 사로잡힌 대중 집회들, 다수에 의한 모든 독자적 견해
의 무효화, 변덕스럽고 믿을 수 없는 선거 결과들, 다수의 집요한 반대로 무효가
된 정부 조치 등 그것의 약점은 충분히 명확해졌다. 이상한 남용도 슬그머니 이

루어진다. 정당은 투표에서 개탄스러울 만큼 불공정한 방법으로 표를 얻을 수 있을 뿐 아니라, 알다시피 독재자가 협박으로 '놀랄 만한' 다수의 지지를 받아 선거에서 승리할 수도 있다.

실은, 현행 제도가 너무 오랫동안 당연하게 여겨진 탓에 많은 사람들이 정당 제도와 다수결이 민주주의의 필수 요소가 아니라는 점을 깨닫지 못한다. 만일 대가족 구성원들이 자신뿐 아니라 서로의 복지를 돌보는 것처럼 전체 인구가 한마음이 된 모습을 정말로 보고 싶다면, 최대 다수의 권리라는 양적 원리를 버리고 자기 조직화라는 또 다른 방식을 모색해야 한다. 그 해결책은 우리 각자가 공동체를 조직하는 데 참여할 수 있게 해준다는 의미에서 정말로 민주적이어야 한다. 그러나 그 유형의 민주주의는 권력, 심지어 다수의 권력에조차 의존하지 않을 것이다. 그것은 진정한 공동체 민주주의(community-democracy), 다시 말해 공동체 자체에 의한 공동체의 조직화가 되어야 할 것이다.

이 개념을 나타내기 위해 나는 '소시오크라시'라는 말을 사용할 것이다. 실제로 시험해본 적이 없다면, 그런 개념은 아무 쓸모도 없을 것이다. 그러나 그것의 타당성은 수년간 성공적으로 입증되었다. 영국과 미국을 아는 사람이라면 누구나 퀘이커교파, 즉 프렌드교파에 관해 들어본 적이 있을 터이다. 그 교파는 두 나라에서 많은 영향을 끼쳤으며, 실질적 사회복지 사업으로 유명하다. 퀘이커교파는 300년이 넘게 다수결 투표를 거부하는 자치 방식, 만장일치에 도달하는 경우에만 단체 행동이 가능한 방식을 활용했다. 나 역시 내 학교에서 그 방식을 시험해봄으로써 그것이 정말로 쓸모가 있다는 것을 알았다. 타인의 이익이 자기 자신의 이익만큼 실질적이고 중요하다고 인정하면 된다. 이 기본적인 생각으로 시작하면, 아주 다양한 관점을 가진 각계각층의 사람들을 결속시킬 수 있는 친선 정신이 생겨난다. 그것은 구성원이 300~400명이나 되는 내 학교에서 입증되었다.

그 두 곳에서 한 경험의 결과로서, 나는 사람들이 아주 광범한 분야에서 그런 방식으로 자치를 하는 것이 언젠가 가능해지리라고 믿게 되었다. 많은 사람이 그 가능성에 대해 매우 회의적일 터이다. 그들은 결정이 다수나 단 한 명에 의해 내려지는 사회 질서에 너무 익숙한 나머지 다음과 같은 사실을 깨닫지 못한다. 어느 집단이 자체 리더십을 제공하고, 어떤 조치든 모든 사람이 동의하는 경우에만 취할 수 있다는 것을 아는 경우, 다수결 원칙에서 생겨나는 것과는 아주 다른 분위기가 조성된다는 것을. 앞서 말한 경험들은 소시오크라시를 실제로 적용한 두 가지 사례다. 그 원리가 국내 차원과, 결국에는 세계 차원에서 적용될 수 있기를 바란다.

그 시스템을 쓸모 있게 만드는 방법을 설명하기에 앞서, 먼저 문제가 정말로 무엇인지 살펴보아야 한다. 우리는 (인간) 집단이 모두가 존중하고 따르는 공통의 업무 처리 방식을 확립하기를 바란다. 거기에는 개인에게 지시할 권한을 가진, 다수에 의해 선출된 집행위원회는 존재하지 않을 것이다. 집단은 스스로 결정하고, 집단의 모든 개인이 그 결정에 따라 활동한다는 약정에 동의하고, 그 동의를 존중해야 한다. 나는 그것을 집단의 자기 훈련이라고 불러왔다. 그것은 자신이 따라야 할 요건을 스스로 정하는 법을 익히는 개인의 자기 훈련에 비유할 수 있다.

세 가지 기본 원칙

그 시스템의 기초가 되는 세 가지 기본 원칙이 존재한다. 첫째, 모든 구성원의 이익이 고려되어야 하고, 개인은 전체의 이익을 인정해야 한다. 둘째, 모든 사람이 받아들일 수 있는 해결책이 추구되어야 한다. 그렇지 않으면 어떤 조치도 취할 수 없다. 셋째, 모든 구성원은 만장일치로 내려지는 결정에 따라 활동할 준비를 갖추어야 한다.

첫 번째 원칙의 근저에 있는 정신은 바로 이웃에 대한 관심이다. 이웃에 대한 관심이 존재하고, 타인의 이익에 대한 공감이 존재하고, 사랑이 존재할 때 진정한 화합을 가능하게 하는 정신이 존재하게 될 것이다.

두 번째 사항은 더 자세히 생각해야 한다. 만일 어느 집단이 어떤 특정한 경우에 모든 구성원에게 받아들여질 수 있는 활동 계획을 결정할 수 없다면, 그 집단은 활동을 하지 못하게 된다. 즉, 그 집단은 아무것도 할 수 없다. 다수가 너무 소규모라서 효과적인 조치가 가능하지 않은 경우에 심지어 오늘날에도 그런 일이 벌어질 수도 있다. 그러나 소시오크라시의 경우 구성원들이 그런 상황에 자극을 받아 해결책을 찾으므로, 이전에 아무도 생각하지 못했던 새로운 제안이 결국 제시되어 모두가 받아들일 수 있는 해결책이 마련된다. 정당 시스템에서는 의견 불일치가 차이를 부추기고 불화는 전보다 더욱 심해지는 반면에 소시오크라시 시스템에서는 이견이, 합의에 도달해야 한다는 것을 자각하고 있는 한, 집단 전체를 더 긴밀하게 결속시키는 공동 탐색을 활성화한다.

이 대목에서 무언가가 덧붙여져야 한다. 합의가 가능하지 않다면, 그것은 대개 현재 상황이 당분간 지속될 수밖에 없다는 것을 뜻한다. 그런 식으로 보수주의와 반동이 지배적이어서 진행이 전혀 가능하지 않을 것처럼 보일 수도 있다. 그러나 그 반대가 진리라는 점이 경험을 통해 입증되었다. 소시오크라시 사회의 토대로 받아들여지는 상호 신뢰는 필연적으로 진보로 이어지고, 모든 사람이 합의한 무언가를 가지고 함께 나아갈 때 그것은 현저히 커진다. 선출된 서클대표들이 참석하는 '상급' 회의들이 다시 열려야 할 것이고, 한 집단의 서클대표가 그런 회의에 참석할 경우, 서클대표는 모든 사람이 신뢰하는 사람이어야 한다. 그럴 만한 사람이라는 점이 입증되지 않는다면 그 서클대표는 상급 회의에 참석하지 못할 것이고, 그 집단의 관심사는 다른 집단들의 서클대표들에 의해 보살펴져야 할 것이다. 그러나 경험으로 입증된 바에 따르면, 대의권이 권력의 문제가 아니라 신뢰의 문제인 경우, 적임자의 선정이 마음에 아무 거리낌 없이 꽤 쉽게 이루어질 수 있다.

세 번째 원칙은 합의에 도달하면 그 결정을 내린 모두가 그것을 준수할 의무가 있다는 것을 의미한다. 또한, 그것은 상급 회의가 거기에 서클대표들을 보낸 모든 사람에게 속하게 된다는 것을 뜻한다. 간접적인 영향만 미칠 수 있는 회의에서 내린 결정을 따라야 한다는 사실에는 위험이 존재한다. 그 위험은 특히 정당 제도에서 모든 결정에 공통적이다. 그러나 대표들이 모두의 합의로 선출되어서 신뢰를 받을 가능성이 큰 경우에는 그 위험은 훨씬 덜하다.

이 방식으로 활동하는 집단은 특정한 규모가 되어야 한다. 규모는 사적인 문제를 떠나서 토론 중인 주제에 객관적으로 접근할 수 있을 만큼 커야 하지만, 통제하기 힘들지 않을 만큼은 작아서 필요할 때 조용한 분위기가 보장될 수 있어야 한다. 전반적인 목표와 방법에 관한 회의들인 경우, 40명쯤으로 이루어진 집단이 가장 적당하다고 알려져 있다. 그러나 상세한 결정들을 내려야 할 경우, 소위원회는 3~6명으로 구성되어야 한다. 그런 유형의 위원회는 새로운 것이 아니다. 기존의 무수한 위원회를 살펴본다면, 최상의 업무를 수행하고 있는 위원회들이 표결 없이 그런 식으로 한다는 것을 발견하게 될 것이다. 그 위원회들은 만장일치로 결정한다. 만일 소규모 집단에서 표결이 이루어진다면, 그것은 대개 분위기가 나쁘다는 것을 의미한다.

리더십

소시오크라시 통치를 실행하는 과정에서 특히 중요한 것이 바로 리더십이다. 제대로 된 지도자가 없다면, 만장일치는 쉽게 이루어질 수 없다. 그것은 반드시 배워야 할 특정한 기법과 관련이 있다. 그 점에서 퀘이커교파의 경험은 대단히 소중하다. 퀘이커교파의 한 업무 회의를 예로 들어보자. 그 집단은 함께 모여서 침묵을 지킨다. 서기, 즉 회의 리더가 앞에 앉아 있다. 그 옆자리에는 회의 리더의 보조 서기가 앉아서 합의 사항을 기록한다. 서기가 각각의 주제를 차례로 낭독하면, 남녀노소를 막론하고 모든 참석자가 그 주제에 관해 이야기할 수 있다. 그들은 각자 의장이 아니라 회의를 향해 발언함으로써 사고 훈련의 진전에 기여한다. 서기의 임무는 적절한 시점이라고 판단한 때에 회의에서 나온 의견을 반영한 회의록 초안을 낭독하는 것이다. 그것은 어려운 일이라서 많은 경험과, 모두가 받아들일 수 있는 방식으로 회의의 의미를 명확하게 설명할 줄 아는 역량을 필요로 한다. 서기가 침묵의 시간이 필요하다고 볼 때가 자주 있다. 그때 모든 회의 참석자는 침묵을 지키다가 종종 침묵을 깨고 새로운 생각, 곧 모두가 받아들일 만한 만족스러운 해결책을 제시할 것이다. 1,000명 이상이 참석한 회의가 그런 식으로 열릴 수 있다는 것을, 많은 사람이 믿지 못할 수도 있다. 하지만 나는 제1차 세계대전 중에 런던에서 열린 퀘이커교파 연회에 참석한 적이 있었다. 그 연회에서 전쟁에 대한 퀘이커교파의 입장에 관한 골치 아픈 여러 문제를 논의했지만 표결은 하지 않았다. 따라서 나는 우리가 일단 아주 간단한 사안들부터 시작해서 그런 협력 방식을 배우는 것을 과제로 설정하면, 그 기법을 배워서 더 까다로운 문제를 다룰 수 있는 전통을 체득할 수 있다고 본다.

이는 내가 빌트호번에서 칠드런스 커뮤니티 워크숍이라는 학교를 세우는 과정에서 겪은 경험을 통해 확인되었다. 나는 아주 일찍부터 우리의 공동체 생활을 조직하는 방식에 대해 이야기를 나누어야 한다고 제안했다. 처음에 아이들은 내가 그들 대신 결정을 내려주기 바란다면서 거부했다. 그러나 내가 고집하자, '토론회'에 관한 생각이나 주간 회의가 받아들여졌다. 나는 나중에 그 아이들 중 한 명에게 나를 도와서 회의를 진행해달라고 제안했고, 그 이후로 회의는 아이들이 주도했을 뿐 아니라 잃고 싶지 않은 관례가 되었다.

토론회를 열기 시작했을 때 내가 퀘이커교파의 업무 회의 절차를 활용하고 있음을 알았고, 이를테면 인류 정부라는 중대한 문제를 멀찍이 내다보았다. 또한, 모두가 합의한 원칙을 준수하는 것으로 이해되는 공생의 기법이 아이들도 배울 수 있을 만큼 간단한지 알아보는 일도 흥미로웠다. 나는 약 20년간의 경험을 통해 분명히 그렇다는 것을 확인했다.

사회를 위하여

그러나 이 방식이 성인 사회에 적용될 수 있으려면 무언가가 더 필요하다. 몇백

명이 아니라 몇천 명, 심지어 몇백만 명이 우리가 원하는 방식대로 살아가게 하는 데 관심이 있다면, 몇 가지 대의제 원칙을 받아들여야 한다. 상급 회의가 있어야 할 터이고, 그 회의에서는 더 넓은 영역에 관한 사안들을 다루어야 할 것이다. 또, 상급 회의에서는 좀 더 넓은 분야를 책임지는 또 다른 상급 기구에 대표들을 보내야 할 것이다.

학교 회의 성공에 대한 나의 바람이 실천을 통해 확인된 후, 나는 학교에서도 대표자 회의가 효과가 있을지 매우 궁금했다. 모두가 참석하는 총회를 열기에는 아이들의 수가 너무 많아졌을 때, 나는 대표자 회의의 설립을 제안했다. 처음에 아이들은 보수적이어서 그 의견을 좋아하지 않았다. 하지만 흔히 그렇듯이 6개월 후 그들이 스스로 같은 계획을 제안했고, 그 뒤로 대표자 회의는 학교생활의 일부로 자리 잡았다.

물론, 그런 회의는 혹시 사회 전체의 조직화를 위해 성인들이 활용한다면, 아이들 공동체의 경우와는 아주 다른 특성을 보일 것이다. 그런데 그런 방식을 어떻게 실제로 도입할 수 있을까? 무엇보다도, 40가구 정도가 참여하는 마을회의가 어떤 동(洞)에서 설립되어, 서로 쉽게 만날 수 있을 만큼 가까이 사는 사람들을 결속시킬 수 있을 법하다. 소도시에서는 이웃끼리 전혀 알지 못하는 일이 흔한데, 이웃 간에 관심을 기울일 수밖에 없는 경우에 그런 회의가 도움이 될 것이다. 마을회의는 아이들을 포함해 대략 150명으로 구성될 수도 있다. 약 40개의 마을회의에서 전체 6,000명을 대신하여 행동할 대표를 선출해 동회의에 보낼 수도 있다. 대체로 더 넓은 지역을 관장하는 회의일수록 자주 열릴 필요가 없을 것이다. 40개 동회의 대표들은 이번에는 약 24만 명을 대표하여 구회의에서 함께 모일 수도 있다. 40~50명으로 이루어진 구회의는 한 소도시 주민 전체를 포괄할 수도 있다. 구회의 대표들은 모든 구의 관심사를 시회의에 제출할 것이다. 이때 필수 조건은 대표들이 자기가 대표하는 집단 전체의 신임을 받아야 한다는 것이다. 그래야 일반적으로 업무를 신속하고 효과적으로 수행할 수 있다.

모든 소시오크라시 방식은 신뢰에 성패가 달려 있으므로, 마을회의와 동회의와 구회의와 시회의 같은 지리적 대의제와 더불어 두 번째 유형의 기능적 편성이 확립되면 좋을 것이다. 모든 산업 및 직종이 제1차 회의와 제2차 회의, 필요하다면 제3차 회의에 대표들을 보내고, 모든 부문의 신임 받는 '노동자' 대표들이 정부에 전문적 조언을 제공할 수 있는 것이 합리적일 것 같다. 나는 여기서 '정부'라는 말을 사용했다. 내 의도는 정부 자체가 언젠가 소시오크라시 방침에 따라 구성될 수 있는 계획을 제시하는 것이 아니다. 우리는 현재 상황에서 시작해야 한다. 유일한 가능성은 정부의 동의를 얻어 상향식으로, 다시 말해서 당장은 이웃 집단의 형성으로 소시오크라시 방법을 시작하는 것이다. 우리네 보통 사람들은 우리의 공동 관심사에 관해 이야기를 나누고 차분하게 심사숙고하고 나서 합의에 도달하는 법을 반드시 배워야 한다. 그래야만 우리는 사는 곳에서 최선을 다할 수 있다. 우리는 그 일이 얼마나 어려운지 알고 난 후에, 그리고 십중팔구 여러 시행착오를 겪고 난 후에야, 좀 더 높은 수준의 회의를 마련할 수 있을 것이다. 지도자들이 마을회의에서 나온다면, 그들의 조언이 기존 지방의회에서 점차로 유용해질 것이다. 똑같은 방식으로, 나중에는 동회의 지도자들의 조언이 그보다 큰 가치를 지니게 될 것이다.

소시오크라시 방식은 자신의 업무 효율성을 근거로 스스로를 권장해야 한다. 지배 세력이 마을회의 설립을 허용하거나 심지어 권장할 만큼 그것을 신뢰하게 된다면 시스템의 잠재력을 보여줄 수 있고, 그러면 그에 대한 정부 기관들과 국민 대다수의 신뢰도를 높일 기회가 늘어날 것이다. 나는 마을회의의 신뢰받는 지도자나 대표가 지방의회에 참석하도록 허용되거나 심지어 초대받을 수도 있다고 본다. 소시오크라시가 투표에 의지하지 않기 때문에 그들은 물론 투표에 참여하지 않겠지만, '왼쪽'과 '오른쪽' 사이의 중앙에 자리를 잡도록 허용될 수도 있다. 시간이 지나면, 마을회의에서 이미 논의된 바 있는 현안과 모두가 받아들일 만한 그 해결책에 관한 조언을 그들에게 요청하는 것이 바람직하다고 여겨질 수도 있다. 신뢰가 쌓임에 따라, 특정한 사업들은 그것들을 수행하는 데 필요한 자금과 함께 마을회의에 위임될 수도 있을 것이다. 새로운 시스템의 가치가 인식된 후에야 비로소 상급 회의가 제 역할을 시작할 수 있을 것이다.

이러한 발전은 공상의 산물인가? 소시오크라시 원리에 바탕을 둔 정부의 성공 가능성을 고려할 때, 한 가지는 분명하다. 그것은 소시오크라시 방식으로 노인과 젊은이를 의식적으로 교육하는 것을 수반하며 그러한 교육이 뒷받침되지 않는 한 성공은 상상도 할 수 없다. 올바른 형태의 교육이 필수적이고, 우리의 학교에는 일종의 혁신이 필요하다. 최근에야 겨우 학교들에서 자발적인 아동 발달을 촉진하고 아동의 자주성을 장려하려는 시도들이 있었다. 부분적으로는 학교의 공식 목표가 지식과 기술을 전달하는 것이기 때문에, 또 부분적으로는 사람들이 복종을 미덕으로 여기기 때문에 아이들은 복종하도록 교육을 받았다. 우리는 그로 인한 위험을 깨닫기 시작하고 있을 따름이다. 혼자 힘으로 판단하는 법을 배우지 못하면, 아이들은 훗날 독재자에게 쉽게 희생당할 것이다. 그러나 우리가 정말로 스스로 사고하고 행동하도록 젊은이들을 가르쳐서 준비시키고 싶다면 교육에 대한 우리의 태도를 바꾸어야 한다. 교사들이 주입식으로 가르치는 동안, 아이들은 수동적으로 줄지어 앉아 있으면 안 된다. 그들의 벗으로서 좀 더 사려 깊게 행동하는 사람들의 지도와 도움을 받아 아이들 공동체에서 자유롭게 발달할 수 있어야 한다. 자주성은 가능한 모든 방식으로 길러져야 한다. 그들은 처음부터 일을 처리하고 학교생활에 필요한 것들을 챙기는 법을 배워야 한다. 그러나 무엇보다도 아이들은 앞에서 말한 방식으로 자신의 공동체를 운영하는 법을 배워야 한다.

마지막으로, 우리는 대의제 문제를 다시 살펴보아야 한다. 우리는 미국 정부보다 더 나아가지 않았다. 그러나 인류 정부라는 중대한 문제는 국내 차원에서 해결될 수 없다. 모든 나라는 원자재나 제품을 다른 나라들에 의존한다. 따라서 대의제도가 모든 대륙으로 확대되어야 하고, 모든 대륙의 대표들이 전 세계를 다스리고 통제하는 세계회의(World Meeting)에 참여하는 것이 불가피하다. 운송 및 조직 분야의 전문적 기술이 그와 같은 일을 가능하게 한다. 세계회의는 모든 원자재와 제품을 합리적으로 분배하여 모든 인류가 이용할 수 있도록 하기 위해 마침내 모든 대륙의 대표들을 초청해야 한다. 우리가 두려움과 불신에 사로잡혀 있는 한, 세계 문제를 해결하기는 불가능하다. 신뢰가 더 쌓일수록, 그 문제는 사라질 것이다.

모든 것은 사람들 사이에서 돌파구를 찾으려는 새로운 정신에 달려 있다. 두려움과 의심과 증오로 점철된 여러 세기가 지난 후에 화해 및 상호 신뢰의 정신이 더욱 널리 퍼질지도 모른다. 그에 필요한 소시오크라시 방식과 교육의 지속적 실행이야말로 모든 세계 문제의 진정한 해결책이 달려 있는 그 정신을 촉진하는 최상의 방법인 것 같다.

새로운 사회 디자인의 근거: 헤라르트 엔덴뷔르흐^(1933~)

헤라르트 엔덴뷔르흐는 케이스 부커의 옛 제자이자 칠드런스 커뮤니티 워크숍의 졸업생으로서 현재 널리 활용되고 있는 소시오크라시의 원리와 방법들을 최초로 개발했다. 엔덴뷔르흐는 케이스 부커가 개발한 원리에서 시작하여 사이버네틱스와 시스템 사고에서 배운 바를 모든 조직을 구축하고 관리하는 일에 통합시켰다. 1995년 네덜란드어판과 1998년 영어판으로 각각 처음 출간된 『소시오크라시 사회 디자인』에서 인용한 이 글을 통해, 엔덴뷔르흐가 엔덴뷔르흐 엘렉트로테흐닉(Endenburg Electrotechniek)이라는 자신의 회사에서 어떤 식으로 소시오크라시를 개발했는지에 대해 살펴보고자 한다.

1960년대 말, 나는 사업체를 운영하는 또 다른 방식을 찾기 시작했다. 당시에 나 자신을 포함해 여러 사람들은 권위주의적 리더십으로 운영되는 전통적 조직들의 권력 행사나 의사결정에서 개인의 불평등이 폭력의 가장 주된 원인이라고 보았다. 여기서 말하는 폭력은 나를 포함해 누구나 부정당하거나 무시당할 수 있다는 뜻이다.

또한, 나는 평등의 관점에서 민주적 의사결정 방식, 곧 다수결 원칙을 믿지 않았다. 이런 의문이 들었다. '그런 불평등을 피하려면 사업체는 어떤 모습을 하

고 있어야 하는가?'

그래서 누군가가 새로운 형태의 조직을 개발할 때마다 그것을 실제로 시험해보려고 했다. 그 결과, 개발과 적용 사이에 풍성한 교류가 시작되었다. 내 회사를 가진 것이 그럴 수 있는 특별한 기회를 제공했다.

하지만 내 견해로는, 내가 알고 있었던 다른 조직 형태에 관한 모든 실험은 궁극적으로는 권위주의 아니면 민주주의적 성격을 띤 것들이었다. 거기에는 협동조합의 토대 위에 구축된 조직들, 옛 유고슬라비아에서 보는 바와 같은 노동자 자주관리 기업들, 스페인의 몬드라곤 프로젝트(Mondragon project), 영국의 스콧 베이더 컴퍼니(Scott Bader Company)와 글래시어 프로젝트(Glacier Project), 네덜란드의 판스테이니스(van Steenis), 그리고 그 밖의 여러 기업이 포함된다. 가치의 비동등성이 언제나 조직의 의사결정 과정에 내재되어 있었다. 따라서 그 실험들을 평가하는 것은 그 조직에 만연한 의사결정 방식이 권위주의적이지도, 민주적이지도 않은 경우에만 나에게 의미가 있었다. 내 경험에 비추어 당시에는 권위주의보다는 민주주의적 의사결정 방식을 훨씬 선호했지만, 나중에는 민주주의를 훨씬 더 불신하게 되었다. 나의 저항을 유발한 것은 다수결 원칙만이 아니었다. 불신을 불러일으키는 것은 훨씬 많았다.

케이스 부커에게 받은 학교교육은 나에게 제대로 도움이 되었다. 퀘이커교파의 원리에 바탕을 둔 교육에 관한 내 경험은 엄청나게 소중했다.

나와 다른 사람들이 모두 함께

프렌드교파, 즉 퀘이커교파는 저마다 개인적 방식으로 자신의 종교를 체험한다. 그것은 무엇보다도 타인의 종교적 체험과 종교적 현실에 대한 기본적 존중과 관계가 있다. 개개인의 동등성은 그 원리에서 비롯한다. 게다가, 이 교파는 자신들의 종교를 형상으로 고정시키지 않았으며, 교회도 없고 성직자도 없다. 함께 모일 때마다 가지는 침묵의 시간은 그들에게 영감의 원천이다. 의사결정은 대개 합의로 이루어지고, 비폭력은 그들의 기본 원리들 중 하나다. 케이스 부커는 퀘이커교파의 그 원리들이 보편적 타당성을 가진다고 보고, 그것들에 근거하여 자기 학교—칠드런스 커뮤니티 워크숍을 세웠다. 따라서 나는 이미 청소년 시절에 '양자포괄(both-and)'이라는 개념을 약간 경험했다. 실제로 시험해본 것은 다른 사람들의 이익에 기여함으로써 나와 다른 사람들 모두의 이익이 보장될 수 있는지 확인하는 것이었다. 또한, 나는 타인의 생각을 존중하기 위해, 그리고 내가 속한 집단과 함께 나 자신과 집단의 세계, 즉 현실을 구축하기 위해 합의로 결정하는 법을 배웠다.

그 학교에서는 내가 속한 집단이나 다른 집단 어디에서도 다수결로 결정을 내린 적이 전혀 없었다. 다수결 원칙이 한 차례 시도되었을 때, 집단의 분위기가 너무 달라져서 우리는 얼른 그만두었다. 마치 폭력적인 분위기가 조성되는 것 같았다.

처음에는, 그런 경험들이 내가 민주주의에 대해 불신하게 된 유일하지만 핵심적인 근거가 되었다.

권력 관리에 관한 지식의 결여

나는 모든 형태의 의사결정에 관해 이론적으로 뒷받침할 수 있는 사람이 아무도 없다는 것을 알고서 초조했다. 왜 우리의 모든 생활양식이 민주주의 원리에 근거하는 것인가?

나는 우리가 겪는 권력 문제의 대부분이 권력 관리, 좀 더 구체적으로는 그 동적 과정의 관리에 관한 지식—완성도야 어떻든 간에—의 결여에 기인한다는 개념을 형성하기 시작했다. 내 전공 분야인 공학의 어떤 측면도 사회과학이나 조직 및 관리의 실제에 전혀 침투하려고 하지 않았던 것처럼 보였다. 그것이 나에게 소시오크라시를 개발하는 과정의 출발점이었다.

우리에게 아주 익숙한, 일도양단식 문제 해결법에 바탕을 둔 다양한 관리

형태들은 모두가 순환 과정에 바탕을 둔 통합적 관리의 가능성을 무시한 데서 비롯한 결과였다. 그 모든 변화에 존재하는 공통점은, 최고 기구(예컨대 의장, 대주주, 대표 집단 등)가 만들어져 지배적 지위를 부여받는데 그런 지배권 또는 패권 자체를 어떤 식으로든 순환 과정을 통해 창출하고 재창출할 수 없다는 것이다. 만일 그럴 수 있다면, 그것은 논거의 상호 교환을 통한 자치를 뜻할 것이다. 실제로는, 그런 기구 안에서 논거와 그 교환이란 공개적으로 순환하기커녕 지배적 지위의 획득 과정에서 생겨나 오로지 그 과정을 합리화하고 합법화하는 구실을 할 따름이다. 그것들은 지배 아니면 예속을 뜻하는 패권 경쟁의 틀 안에 존재한다.

여기에서 나는 권력이라는 말을 영향을 미치는 능력이라는 의미로 사용한다. (존재하는 모든 것은 힘의 표현이다.) 그런 식으로 바라보면, 우리 삶에 영향을 미칠 수 있는 모든 것이 권력의 요인이다. 영향은 권력의 활성화를 수반하는 보편적 현상이다.

패권은 그런 권력의 절대적 또는 권위주의적 변종이다. 패권은 영향력이 독점되거나 권력이 고립된 지위에서 활성화할 수 있는 곳에서 생겨난다. 따라서 패권은 폭력의 가능성, 다시 말해 다른 사람들이나 상대편을 부정할 능력을 나타낸다.

권력을 '논거'에 위임하다

'민주주의의 뒤를 잇는 소시오크라시'라는 개념이 알려지기 시작했다. 1960년대 말, 나는 연속적인 진화 과정에서 우리의 삶과 공존에 형태를 부여하고 방향을 지시하는 삼인조—전제정치, 민주정치, 소시오크라시—를 말했다. 그 순서에 따라 말하자면, 지배권은 이론상 전제정치 방식에서는 개인이나 소수의 상류층에게 주어지고, 민주정치 방식에서는 다수에게 주어지고, 소시오크라시 방식에서는 논거에 주어진다. 이것이 뜻하는 바는, 나와 다른 사람들이 밀접히 연결되어 있어서 지배권에 대해 동의한 내용을 부정할 근거가 어느 쪽에든 전혀 없다는 것이다. 지배권을 '논거'의 원리로 바꾸는 것은 실용적인 결과를 낳는다. 다른 사람들이나 상대편이 영향력을 행사하고 기여할 가능성을 배제하는 것을 확실하게 막아주기 때문이다. 따라서 소시오크라시는 지배권을 독점하거나 강화할 기회를 전혀 제공하지 않는 것을 목표로 삼는 사회 디자인이라고 볼 수 있다. 그래서 소시오크라시 방식은 민주주의적 통치 방식보다 훨씬 긴밀하고 분명하게 과학적 방법에 들어맞는다. 과학적 방법에 반대한 파이어아벤트(Feyerabend)의 유명한 경구(파이어아벤트, 1975)를 살짝 바꿔서 지금까지 제시한 내용을 표현하면 다음과 같이 된다. "어떤 것이 가는지 안다면 무엇이든 갈 수 있다."

동의의 원리(이의 없음의 원리) 아래서, 결정은 관련자 가운데 누구도 강한 논거를 가지고 이의를 제기하지 않을 때에만 내려진다. 개인의 동등성은 그렇게 확인된다. 모든 사람의 논거를 포용함으로써, 관련된 모든 사람이 토론을 통해 최상의 해결책, 모두를 위해 실행 가능한 해결책에 도달할 기회를 얻을 수 있다.

중대하고 논거가 있는 이의(paramount and argued objection)란 다음 중 하나다.

- 동의 유보와 관련해 그것이 제시한 근거를 이유로 논박할 수 없는 이의
- 참석자들이나 제시된 진술서에 의해 무시되거나 과소평가된 이유나 동기를 분명히 제시하는 이의
- 제안된 결정에서 이유나 동기가 적절하게 검토하지 않았기 때문에 그 제안을 거부한다는 형식을 띤 이의

일단 숙고를 거친 동의가 우세해지면 그것이 의사결정 과정을 지배하고, 결정에 이르는 다른 모든 방식은 그 아래 종속된다. 즉, 그것들을 지지하는 동의가 있을 때에만 의사결정 과정에 관여할 수 있다.

사이버네틱스의 원리에 따라 권력을 인도하다

소시오크라시(sociocracy)는 말 그대로 동료(socius), 곧 나 자신, 옆 사람, 또 다른 자아, 타자의 주권을 의미한다. 구조적 관점에서 보면 그것은 소시오크라시를 동의의 원리가 지배하는 상황, 또는 동의 원리가 사회의 모든 차원에서 의사결정을 좌우한다는 의미에서 사회적으로 모든 것을 결정하는 상황으로 정의하는 것과 부합한다. 소시오크라시 서클 조직은 소시오크라시를 가능하게 해주는 사이버네틱스의 수단이고, 그것은 동적 균형으로서 소시오크라시를 유지하고 조정하고 발전시킨다.

소시오크라시 서클 조직이 있으면 실제로 사이버네틱스의 원리들에 따라 권력을 인도할 기회가 생긴다. 소시오크라시는 그처럼 일종의 방법, 조직화의 과정, 지속적인 구축과 재구축 그리고 해체가 가능한 과정이기도 하다. 소시오크라시는 그 자체로는 '빈' 방법이다. 지지를 받을 만한 모든 견해, 이데올로기, 신념, 방법 등이 그 안에서 자리를 잡고 영향을 줄 수 있기 때문이다. 배제되는 것이 있다면 오로지 고립화에만 기여하는 것뿐이다. 소시오크라시는 사회적 현실이 항구적이거나 정해진 토대에 고정되어 있을 수 없다는 입장에 바탕을 두고 있다. 집단을 조직함으로써 '객관적' 실재를 구축할 기회가 탄생한다. 즉, 상호주관적으로 탐구할 기회가 제공된다. 그것은 전제정치를 대체했던 민주정치를 대신할 우리 사회의 새로운 토대를 제공한다. 따라서 나는 당시에 소시오크라시 서클 조직을 공존과 협동의 토대로 이해했다.

지배권 개념에 관한 한, '1인 1표(one man-one vote)' 제도는 민주주의에 개인의 동등성이라는 겉모습을 부여하는 평등을 상징한다. 하지만 소수에게 다수란 단지 투표라는 확립된 절차를 통해 소수의 이익을 고상하게 무시하는 수단, 지배권을 의미할 따름이다. 민주정치에 대한 나의 불신은 소시오크라시 디자인이 진전됨에 따라 심화되기만 했다. 소시오크라시에서 조직화를 통해 권력을 다루는 방식은 그 조직하는 자아를 타자, 외부 세계와 연결하는 일과 지속으로 관련되는 자기 조직화를 포함한다. 그런 식으로 소시오크라시는 권력을 다루는 민주주의적 방식이 명백하게 증폭시키는 고착─종파 간의 분열과 규제─을 뛰어넘는다.

1970년대 초, 나는 그와 같은 발생 단계의 디자인을 순환 과정으로서 내 회사 조직에 적용하기 시작했다. 그 이후로 조직을 끊임없이 구축하고 재구축하고 해체하는 과정은 평범한 일과가 되었다. 의사결정, 투자 활동, 소유권 등 모든 것이 그에 관한 토론의 일부가 되었다. 서클 회의 중의 모든 제안, 모든 논거는 의사결정에서 동일한 가치를 가졌다. 아무것도 배제하지 않고 서클에 관한 모든 것이 논의되었는데, 심지어 급여나 개인사조차도 논의되었다. 공개 토의 후 동의로 임원을 선출하는 방식도 그중 일부였다.

효과적인 방식이라는 증거

1976년 초, 조선업이 붕괴되어 회사가 거의 파산지경에 이르는 위기에 직면했다. 그처럼 위태로웠던 해가 끝날 무렵에 일단 우리의 향후 존립에 대한 최대 위협이 거의 해고 없이 사라졌음이 분명해지자, 우리는 그 성과를 공유하며 크게 기뻐했을 뿐 아니라, 성취했던 방식에 상당히 놀랐다. 서클들의 끈기와 창의성이 소시오크라시 서클 조직의 장점이었다.

소시오크라시가 그 성공에 기여했다는 것은 부인할 수 없는 사실이다. 물론, 기여도는 수량화하거나 객관적으로 입증하기 어렵다. 어쨌든 그로 인해 소시오크라시 조직 디자인에 예기치 않은 진전이 있었고, 결과적으로 소시오크라시 서클 조직은 중요성을 더 널리 인정받게 되었다. 그 이후로 줄곧, 혼돈(chaos)에서 시작해 구축하고 재구축하고 해체하고 수정할 기회는 눈에 띌 만큼 소시오크라시 서클 내에서 자리를 잡아 제 구실을 했다. 위기의 결과로서 생겨나 소시오크라시에 입각해 조절된 이 과정에서, 소시오크라시와 민주정치와 전제정치 특유의 의사결정 방식들뿐 아니라 종교와 혼돈의 특징적인 의사결정 방식 또한 활용할 여지를 두는 것이 조직에 결정적으로 중요하다는 사실이 밝혀졌다.

각각의 통치 방식을 특징짓는 의사결정 원리는 아래와 같다.

- 소시오크라시: 동의의 원리. 지배권은 개인과 공동체('외부 세계'를 가능한 한 포함하는)가 서로에게 제시하는 논거에 있다.
- 민주정치: 다수의 원리. 지배권은 최대 다수, 가장 포괄적인 대의권, 가장 많은 지분 등에 주어진다.
- 전제정치: 개인이나 소수의 상류층의 원리. 지배권은 지도자, 상급자, 소유주, 귀족계급, 전문가 등에게 주어진다.
- 신권정치: 완전히 속박하는 믿음이나 통일성의 원리. 지배권은 나 자신과 다른 사람과 상대편 안에 있는, 일체를 포괄하는 결정점(crystallization point)인 '그것'에 위임된다.
- 혼돈: 당장은 일정한 형태가 없는 가능성에서 출현. 지배권은 무정형의 권력 현상이나 존재 가능성에 주어진다.

혼돈을 위한 여지

혼돈(chaos), 즉 상호 이해에 의한 상호 연결 없는 가능성의 시스템에서 출발하여 새로운 발상들이 생겨나고, 문제들이 해결되고, 선구적 활동이 시작된다. 조직은 말 그대로 혼돈의 여지를 가져야 한다. 거기에서는 연결이 없어야 하고, 기존 관계가 단절되어야 하고, 새로운 방식이 고안되어야 한다. 소시오크라시로 말하자면 서클 회의가 그것인데, 거기에서는 조직 활동의 끊임없는 구축과 재구축과 해체가 일어날 수 있고, 대사건들과 일련의 삽화적 사건들을 살펴볼 수 있고, 경험들(직관과 감정)을 교환할 수 있다. 그런 의미에서 서클 조직은 심사숙고의 하부 구조라고 볼 수 있다. 서클의 의사결정은 동의의 원리에 의해 일어난다. 심사숙고를 통해 동의의 원리를 적용하는 것은 자기 조사와 자기 재생의 과정이다. 그 결과로, 의사결정에서 관련자들의 동등성을 지속적으로 보장할 수 있다. 동등성은 동의의 재귀적 원리다.

서클 구조에 유기적으로 통합되지 않은 상태에서 동의의 원리를 적용하는 것은 추천할 만한 일이 못 된다. 심사숙고에 관한 규정이 없어서 결국 조작 수단으로 이용될 수 있는 일종의 '무인지대의 동등성'으로 이어지기 때문이다. 인간의 진정한 동등성은 서클 구조에 유기적으로 통합되지 않는 한 가능하지 않다.

서클 회의 중에, 기존 구조를 대체할 필요성이 존재하지 않는 한, 모든 가능한 구조적 변화와 정책 제안이 논의된다. 새로운 가능성을 검토하는 '브레인스토밍' 같은 시간에 동의로 결정한 후, 변화는 이루어질 수 있다. 새로운 가능성들은 언제나 서클 구성원과 그들의 집단 목표에 직무를 통해 연결되어야 한다. 서클 구성원들이 스스로 새로운 전망들의 목록을 늘리는 데 주요한 역할을 해야 한다는 제안도 있을 수 있다. 서클 회의의 '브레인스토밍' 단계에서, 업무 현장에서 형성된 상호 관계와 연결은 느슨해질 수 있다. 그 결과는 혼돈과 시너지가 있는 광장(forum)의 탄생이다. 그곳에서 서클 구성원들은 자기 이익과 다른 구성원들의 이익을 더 추구할 수 있게 해주는, 각자가 생각하는 가능성을 펼쳐 보일 수 있다. 그곳은 모든 사람이 바보 취급을 당할 위험 없이 자유롭게 제안할 수 있는 공론장이다. 구조적 변화는 오로지 동의에 힘입어 의사결정 단계에서 이루어질 수 있다.

서클 회의가 한 조직, 이를테면 한 기업의 구축과 재구축과 해체가 일어날 수 있는 탁월한 온상이므로, 그것은 조직화를 위한 선택적 사치재가 아니라 필수 요소다. 한 기업 안에서 소시오크라시 서클 조직을 갖춘 업무 조직은 스스로 구축하고 재구축하고 해체할 수 있는 역량을 나타내며, 지속성을 크게 향상시킨다. 실은, 그 영속성을 좌우하는 것은 바로 소시오크라시 서클 조직의 구성원들이다. 영원한 존립은 가능한가? 어떤 경우에든, 뜻밖의 재난을 제외하면 이론상으로는 필요한 때까지 기능을 발휘하도록 조직을 유지하는 것이 가능하다.

혼돈 다음으로 종교를 살펴보겠다. 일단 구속력 있는 통일성을 가지고 동의에 의해 결정이 내려지면, 서클은 그 결정을 믿을 수 있고 그래야 한다. 안 그러면 어떤 성공도 없을 것이기 때문이다. 동의에 의해 각 개인에게 위임된 역할과 임무도 마찬가지다. 그와 같은 위임, 다원화를 통한 통일성의 구현에 대한 믿음이 없는 한 협동은 불가능하다.[5]

위임된 역할과 임무를 이행할 수 있으려면, (그 개인이 동의를 통해 지배권을 손에 넣는다는 의미에서 권위주의적인) 독자적 의사결정의 여지가 필요하다. 따라서 모든 형태의 의사결정은 동의의 원리가 적용되는 한 실행될 수 있다. 동의 의사결정으로 통치하는 구조 안에서, (다수결에 의한) 민주주의적 의사결정 방식은 사실상 거의 소용이 없다고 밝혀졌다. 그것은 민주주의적 방식의 해결 능력에 대한 나의 불신을 확인해준 또 하나의 표지일 뿐이었다.

자율 통제 과정

따라서 소시오크라시 서클 조직은 공존과 협동의 토대로서 동의 의사결정에 의존할 뿐 아니라, 혼돈과 종교와 전제정치와 민주정치가 그 자체 안에 존재할 가능성을 허용한다. 그 가능성은 번갈아 나타나지만, 실제로는 의사결정을 준비하는 경우에 이른바 병렬 과정으로 동시에 나타난다.

또한, 이 토대 확장을 수반하는 발전은 그저 토대를 구축하는 것만으로는 충분하지 않다는 점도 명확히 해준다. 그 과정이 자기 발전과 자기 주도성을 더 촉진하는 것이 되려면, 더 많은 것이 필요하다. 여기에서 말하는 토대란 구축과

---

5 소시오크라시에서 권한 위임 등의 의사결정은 조직 구성원 한 사람 한 사람의 동의에 의거하여 창출됨으로써 신뢰와 권위를 누리게 되며, 이러한 방식으로 여러 주체에게 다원적으로 권력을 위임함으로써 공동의 뜻, 공동의 목표를 이룰 수 있다는 믿음이 있어야 서로 협동할 수 있다.

재구축, 해체의 과정이 위풍당당하게 일어날 수 있는 출발점을 의미한다. 하지만, 남은 문제가 있다. 조직화가 어떤 식으로 이루어지고 관리되어야 동등성이 조직 안에 온전하게 유지되고, 상호 견인과 자기 주도성의 전개가 앞으로 나아가는 추진력을 보존할 수 있을까?

1980년대 초, 나는 다음과 같은 점을 궁금해 하고 있었다. '조직화 과정의 형태와 방향에 관해 알려진 바가 있을까? 만일 있다면, 어디에서 가르침을 받을 수 있을까?' 여러 학문 분야에서 지금까지 나의 주의를 끌었던 것들은 별로 만족할 만한 결과를 가져다주지 못했다. 재정 긴축 때문에 여러 회사에서 사내 훈련 시스템을 철회하고 있던 때였다. 그와 반대로, 나는 부커의 학교에서 받은 교육을 통해 체화된 인식으로 다음과 같은 결론에 도달하고 있었다. 발전 속도 때문에, 영속 교육(permanent education)이 모든 기업에 꼭 필요하고, 전통적 교육 기관들은 결국에는 별로 만족스럽지 못할 것이다. 여기서 '영속 교육'이라는 말은 교육의 세 가지 범주를 가리킨다.

- 첫째, 관련 분야의 직무 교육
- 둘째, 조직을 구조화하는 과정에 관한 교육
- 셋째, 조직의 의사결정에 관한 교육

전통적 접근법에서 직무 교육은 주로 첫 번째 범주와 관련이 있지만, 여러 분야에서 일어나는 발전의 속도를 고려하면 가치가 별로 없다. 아마 그런 유형의 교육은 사내에서 실시하는 것이 훨씬 바람직할 터이다.

아직도 거의 주목을 받지 못하는 나머지 두 가지 주제는 정기적이고 공식적인 실용 교육에 완벽하게 도움이 된다. 그 두 가지는 환경이나 시간의 변화에 덜 좌우되는 기술과 실용적 노하우를 습득하는 일과 관계가 있기 때문이다.

내 회사에서, 우리는 1980년대 초에 '필수 교육'이라는 이름으로 그러한 영속 교육을 구상하고 조합하기 시작했다. 훌륭한 토대만 갖춘 상태여서 문제의 일부만 해결되었다. 부족한 지식과 기술을 되도록 신속하게 개발할 필요가 있었다.

그 단계에서 이 구조화와 방향 정립 문제에 스스로 엄청난 에너지를 쏟은 끝에, 나는 민주정치의 결점에 대한 나의 직관이 명확한 근거를 확보할 수 있다는 사실을 발견했다. 돌이켜보면, 그 발견은 회사를 민주화하기보다는 회사에 소시오크라시의 토대를 제공하는 쪽을 택한 결정에 정당성을 부여해주었다.

한 사람을 위한 소시오크라시: 샤론 빌린스

각 개인은 자기 자신과 자신의 환경 안에 조화, 회복력, 반응성을 만들어낼 수 있다. 소시오크라시 조직에 참여하고 있든 그렇지 않든 간에, 여러분은 스스로 소시오크라시의 원리와 실천 기법을 실행할 수 있다. 여러분의 행동과 기대치의 그 작은 변화가 모든 집단의 의사결정에서 큰 차이를 만들 수 있다.

1. 동의를 구한다

동의를 의사결정의 기준으로 삼는다.

의사결정이 막 내려지려고 할 때, 누군가가 표결을 요구하거나 독단적으로 합의를 선언하기 전에 남아 있는 걱정이나 이의가 있는지 물어보아야 한다. 가능하다면, 한 사람 한 사람에게 눈길을 주며 발언을 권유해야 한다. 누군가가 어떤 관심사를 묵살하려고 할 때에는 이렇게 말해야 한다. "잠시 이것을 살펴봅시다." 모든 걱정과 이의가 명확해지고 해결되도록 돕는다. 누군가 다른 사람이 같은 일을 해줄 수 있는지 물어본다.

이의가 해결되지 않은 채 남아 있는 경우, 어떤 결정도 내려지지 않았음을 강조해야 한다. 대부분의 소그룹은 대개는 동의를 통해 기능을 수행한다. 그러나 이의 제기가 단 한 건일 경우, 공식적으로 결정되었다고 발표하지는 않으면서도 마치 결정이 내려진 것처럼 진행한다. 이때 이의 제기자는 불편함을 피하기 위해 침묵을 지킬 것이다. 이런 순환을 중단시키고, "충분한 정보를 확보해 이 이의를 해결할 때까지 이 사안은 실행에 옮기지 않기로 합시다"라고 분명히 말한다.

2. 라운드를 시작한다

공개 토의를 기다리지 말고 이렇게 물어보면서 라운드를 시작한다. "각자가 생각하는 것은 무엇입니까? 메리?" 이어서 방 안을 돌아다니며 각자에게 그렇게 물어본다.

라운드 진행은 다음과 같은 이유로 한 집단의 역학을 완전히 변화시킬 수 있다.

- 라운드는 각자에게 발언 기회를 제공함으로써 방 안에서 평등을 확립한다.
- 라운드는 주목받는 것을 싫어하거나 자기 생각이 표현할 만큼 중요하지 않다고 보는 사람들로부터 의견을 이끌어낸다.
- 라운드는 책임을 회피하기 위해 침묵을 지키는 것을 방지한다.
- 라운드는 어떤 한 사람이 토론을 좌지우지할 수 없게 한다.

3. 이중 연결

스타일이나 생각이 다른 두 사람이 권위자와 접촉하거나 회의에 참석할 경우, 두 사람이 집단을 대표한다는 점을 상기시킨다.

두 사람이 집단을 동등하게 대표할 때, 대의 과정이 다음과 같은 결과를 가져올 가능성이 더 커진다.

- 개인적 관점이나 이익으로부터 집단의 이익을 위한 협업으로의 전환

- 독단적인 결정을 제시하기보다는 해결책을 추구하는 협의
- 두 명이 경청하는 상황이라 이용당할 가능성이 감소함
- 두 명의 참석자의 경험과 지식에 힘입어 더욱 나은 의사소통과 이해가 가능함

4. 토의와 동의를 통해 임무를 맡긴다

누군가가 자원하기 전에, 요구되는 역할이나 책임이 무엇인지 물어본 다음, 누가 그 요건을 충족시킬 수 있다고 생각하는지 한 사람에게 먼저 물어보면서 곧바로 시작해야 한다. 한 명 이상의 적임자가 있으리라는 기대를 전달한다.

- 자원자가 그 업무의 최적임자가 아닐 수도 있고, 최적임자가 자원하지 않을 수도 있다.
- 사람들은 흔히 다른 사람 본인은 잘 모르는 능력을 잘 인지하고 있다.
- 가능성이 있는 다른 후보에 관한 논의를 배제하거나, 자천자가 직무 요건을 충족시킬 만한 능력을 갖추었는지 평가하는 데 방해가 되지 않는 한 자천할 수 있다. 하지만 자천으로 알 수 있는 능력은 그 직무를 수행하겠다는 의욕뿐이다!

5. 이의를 적극적으로 요청한다

어떤 의견을 제시한 뒤 이렇게 물어보며 기꺼이 이의를 요청한다. "어떻게 하면 이 일이 잘될까요? 제안에 뭔가 문제는 없습니까? 모든 허점을 찾아내서 더 개선해봅시다."

이의를 해결하면 더욱 설득력 있는 제안이 제시된다. 걱정과 이의가 슬며시 사라지게 해서는 안 된다. 그것들을 진지하게 받아들이면 협력적 의사결정

과 효과적 조치에 필요한 책임과 집중력이 형성된다. 이의가 해결될 수 없더라도, 일단 완전히 이해되면, 모두가 기꺼이 한 걸음 더 나아가 그 결정을 시험해보려고 할 수도 있다.

6. 집단 내에서 이의를 해결한다

개인적 차원에서 이의 제기자를 설득하는 것이 아니라, 집단 차원에서 해결해야 할 쟁점으로 이의를 다루어야 한다. 이의는 내용에 초점이 맞춰져야 하며, 동의는 다수결에서의 투표 같은 흥정 대상이 아니다.

7. 측정과 보고

목표를 달성했는지 확인할 수 있도록, 계획과 제안 안에 측정을 포함시켜야 한다. 집단이 제안에 그것을 포함시키고 싶어 하지 않는다면, 목표와 측정 목록을 따로 보존하면서, 여러분이 측정을 하고 있으며 몇 달 안에 그에 관해 토의할 수 있도록 하고 싶다고 사람들에게 알린다. 집단이 공동 검토에 동의하지 않는 경우, 관련된 주제를 논의할 때 여러분이 알게 된 바를 언급해야 한다. 허심탄회하게 공유해야 한다. 투명성이 있으면 신뢰가 쌓이고 더 많은 정보가 제공된다.

측정이 복잡할 필요는 없다. 의사결정의 복잡성에 맞추어 자료의 분량을 조정해야 한다. 부담스러운 측정은 정확하게 실시되지 못할 수도 있다.

8. 자기 조직화를 실행하고 장려한다

위임받거나 스스로 맡은 책무를 관리함으로써 자기 조직한다. 새로운 아이디어와 해결책을 생산함으로써 자기 생성력을 키운다. 개인적으로나 직업적으로 성장하기 위한 계획을 수립한다. 계획에는 여러분이 속한 조직과 산업 또는 직업에 관한 학습을 포함시킨다. 다른 사람들도 같은 일을 하기를 바라면서, 긍정적인 답이 기대되는 질문들을 던진다.

자기 조직화는 흔히 방해를 받지만, 가장 엄격하게 통제되는 독재적인 업무 현장과 조직에조차도 더 많은 책무를 맡거나 주도적으로 일할 기회는 적으나마 있을 것이다.

여러분의 업무와 조직에 관해 끊임없이 배우면서 자기 계발을 책임져야 한다.

소시오크라시는 포괄성, 자기 조직, 개발, 생산성, 효과성 등을 장려하는 가치 기준과 실천에 바탕을 두고 있다. 그 가치와 실천 기법들을 일상생활에 적용함으로써, 여러분은 소시오크라시를 만들어내게 될 것이다.

정관 사례 1: 소시오크라시 기업용

다음은 델라웨어(Delaware)에서 설립된 어느 유한책임회사(LLC)의 운영 합의
서를 수정한 정관 사례이다. 여기에는 비영리단체, 협회, 지방정부 기관 등의 다
양한 소시오크라시 운영 합의서와 정관에 활용될 수 있는 주요 구절들이 포함
되어 있다.

　미국에서 유한책임회사(LLC)는 50개주 모두와 컬럼비아특별구에서 합법이
고, 현재 스스로 소유하고 통치하는 소시오크라시 회사를 완전하게 설립하는
데 가장 효율적인 구조를 제공한다. 소시오크라시 회사는 투자자들을 확보하도
록 허용되어 투자자들의 이익을 보호하는 반면, 회사를 팔거나 관리할 독점권
을 투자자들에게 부여하지는 않는다.

　또한, 주요 구절들은 C형 법인(C-corporation)이나 S형 법인(S-corporation)
의 정관의 기초로서 활용될 수 있지만, 그 경우에는 동의에 의한 의사결정을 무
효화할 권리를 주주들에게 주지 않으면서 증자할 수 있도록 '이중 법인(double
corporation)' 전략이 요구된다. 이중 법인에 대한 충분한 설명은 이 책의 범위를
벗어나지만, 그것은 지배주식을 보유하는 재단을 설립하는 일과 관련이 있다.
재단 이사회와 회사 이사회의 구성원들은 동일한 사람들로 규정되고, 한쪽의

결정이 다른 쪽의 결정이 된다.

디지털 버전은 아래의 웹사이트에 게재되어 있다.

http://www.sociocracy.info/bylaws-for-a-sociocratic-business/j

이 운영 합의서는 사례에 불과할 뿐이며, 법률 상담용은 아니다. 관할구역에 따라 법률이 아주 다양하기 때문에, 특정한 상황을 중점적으로 다루려면 전문적 법률 상담이 요구된다.

운영 합의서
소시오크라시 유한책임회사(LLC)용

제1조 소시오크라시 서클 조직 방법

1.1 조직 모델

유한책임회사(LLC)는 소시오크라시 서클 조직 방법, 즉 아래의 기본 원리들에 따라 조직, 관리되어야 한다.

1.1.1 동의의 원리

동의의 원리는 의사결정을 지배한다. 모든 결정이 동의를 필요로 하지는 않지만, 다른 방식의 의사결정 방법을 취하는 정책에 대해서는 동의가 있을 것이라는 뜻이다. 동의는 타당하고 중대한 이의가 없음을 뜻한다. 다시 말해서, 정책 결정은 서클 구성원들 중 아무도 타당하고 중대한 이의를 제기하지 않는 경우에만 내려질 수 있다.

1.1.2 서클의 원리

조직은 제한적 자치권을 가지고 자기 조직하는 서클들의 계층구조로 이루어진다. 서클은 운영상 관련이 있는 사람들의 집단이다. 각 서클은 자체의 목표와 활동을 실행·측정·관리하고, 서클에서 실시하는 개발 프로그램의 도움을 받아 적절한 수준의 지식과 기술을 유지할 권한과 책무를 가진다.

1.1.3 이중 연결 서클의 원리

모든 서클은 이중으로 연결된다. 하위 서클은 최소한 두 명, 곧 운영장과 그 서클에서 선출한 최소 한 명의 서클대표가 차상위 서클에 소속되어 의사결정에 참여하도록 차상위 서클과 연결되어 있다.

1.1.4 임원 선출의 원리

임원은 공개 토의 후에 오로지 동의로 직무와 과업에 맞게 선출된다.

1.2 구조

유한책임회사의 조직은 다음 순서대로 위에서 아래까지 이중 연결된 서클들의 계층구조로 이루어진다.

1.2.1 톱서클(top circile)

톱서클은 정관과 이 운영 합의서에 제시된 권한과 책무를 가지는 유한책임회사

(LLC)의 최상위 서클이다. 톱서클의 구성은 제2조에서 정한다.

톱서클은 이 운영 합의서의 조항에 제약을 받지 않는 한 관할지역의 일반유한책임회사법(General Limited Liability Company Law)에 따라 모든 법률적인 행위나 활동에 관여할 전권을 가지고 유한책임회사(LLC)의 경영과 업무를 관리하고 감독한다.

1.2.2 총서클(general circle)

총서클은 최고 경영자(CEO)와 각 부서클의 운영장과, 각 부서클에서 선출한 한 명 이상의 서클대표로 구성되어야 한다. 총서클은 톱서클에서 정한 범위 내에서 유한책임회사(LLC)의 운영을 관리해야 한다.

총서클은 다음의 역할을 수행한다.

(ㄱ) 톱서클이 정한 범위 내에서 조직의 목표를 실현할 정책을 결정, 관리한다.

(ㄴ) 부서클들의 목표가 달성될 수 있도록 그 서클들에 의사결정 권한의 일부를 위임한다.

(ㄷ) 스스로 정책을 실행하도록 하위 서클의 구성원들에게 직무와 과업을 부여한다.

(ㄹ) 자체의 자유재량으로 새로운 부서클들이 설립되거나 기존 서클들이 분리되거나 통합되거나 해체되어야 하는지 결정한다. 문제가 되는 부서클을 해체하는 결정에 해당 서클은 참여하지 못할 수도 있다. 총서클이 조치를 취하는 데 문제가 되는 부서클 서클대표의 동의가 필요하지는 않지만, 서클대표는 총서클의 그 토론에 참여할 수 있다.

1.2.3 부서클(department circle)

각 부서클은 (1)운영장과 그 서클 구성원들 또는 운영장과 차하위 서클인 과(section)서클들의 운영장들 그리고 (2)각 과서클에서 선출한 적어도 한 명 이상의 서클대표로 구성된다.

부서클은 다음과 같은 역할을 수행한다.

(ㄱ) 총서클이 정한 범위 내에서 자체 목표를 실현할 정책을 결정, 관리한다.

(ㄴ) 자체 정책을 실행하도록 구성원들에게 과업을 부여한다.

(ㄷ) 자체의 자유재량으로 새로운 과서클들이 설립되거나 기존 서클들이 해체되어야 하는지 결정한다. 문제가 되는 과서클을 해체하는 결정에 해당 서클은 참여하지 못할 수도 있다. 부서클이 조치를 취하는 데 문제가 되는 과서클 서클대표의 동의가 필요하지는 않지만, 서클대표는 부서클의 그 토론에 참여할 수 있다.

1.2.4 과서클(section circle)

각 과서클은 (1)운영장과 그 서클의 구성원들 또는 운영장과 차하위 서클인 단위서클(unit circle)들의 운영장들 그리고 (2)각 단위서클에서 선출한 적어도 한 명 이상의 서클대표들로 구성된다.

과서클은 다음과 같은 역할을 수행한다.

(ㄱ) 부서클이 정한 범위 내에서 자체 목표를 실현할 정책을 결정하고 관리한다.

(ㄴ) 자체 정책을 실행하도록 구성원들에게 과업을 부여한다.

(ㄷ) 자체의 자유재량으로 새로운 단위서클들이 설립되거나 기존 서클들이 해체되어야 하는지 결정한다. 문제가 되는 단위서클을 해체하는 결정에 해당 서클은 참여하지 못할 수도 있다. 과서클이 조치를 취하는 데 문제가 되는 단위서클 서클대표의 동의가 필요하지는 않지만, 서클대표는 과서클의 그 토론에 참여할 수 있다.

1.2.5 단위서클(unit circle)

각 단위서클은 운영장과 서클 구성원들로 구성된다.

단위서클은 다음과 같은 역할을 수행한다.

(ㄱ) 과서클이 정한 범위 내에서 자체 목표를 실현할 정책을 결정하고 관리한다.

(ㄴ) 자체 정책을 실행하도록 구성원들에게 과업을 부여한다.

1.2.6 추가 세분화

1.2.2항부터 1.2.5항에 걸쳐 확립된 계층구조적 형태는 단위서클 아래의 모든 서클에 같은 방식으로 적용된다.

1.3 자금 출자 파트너와 노무 출자 파트너

사람들은 돈을 투자하거나 실제로 노동을 하거나 둘 다 함으로써 유한책임회사(LLC)의 구성원이 될 수 있다. 이후 유한책임회사(LLC)에 돈을 투자한 사람이나 조직은 '자금 출자 파트너(investing partner)'라고 칭할 것이다. 노동을 하는 사람은 이후로 '노무 출자 파트너(working partner)'라고 칭할 것이다. 총서클, 부서클, 과서클, 단위서클 그리고 단위서클 아래의 모든 서클의 구성원들은 노무 출자 파트너가 된다. 자연인은 노무 출자 파트너와 자금 출자 파트너가 될 수 있다. 예컨대, 법인이나 또 다른 유한책임회사나 S형 법인이나 C형 법인은 자금 출자 파트너가 될 수 있지만, 노무 출자 파트너는 될 수 없다.

['노무 출자 파트너'나 '고용인'을 두기로 결정하면 세금과 그 밖의 법률 상담을 필요로 하는 일이 생긴다. 그것은 모든 사람이 동등하게 의사결정에 참여할 수 있도록 하기 위해서다. '파트너'라는 말은 더 큰 권한을 나타내는 것이 아니며, '고용인'이라는 말이 더 작은 권한을 나타내는 것도 아니다.]

제2조 톱서클(top circle)

[톱서클은 조직의 최상위 관리 단계에 대한 통칭이다. 그것은 순환 과정을 의미하고, 기본적인 소시오크라시 이론과 연결된다. 조직들은 자체의 문화와 여건을 반영하기 위해 톱서클 대신 다른 용어들을 채택할 수 있다.]

2.1 구성과 인원수

톱서클은 최소한 여섯 명에서 열두 명 이내의 구성원으로 이루어진다. 인원수는 최고 경영진의 결의에 따라 수시로 정해질 수도 있다. 여기에는 다음과 같은 사람들이 포함된다.

(ㄱ) 외부 전문가들

(ㄴ) 유한책임회사(LLC)의 최고 경영자(CEO)

(ㄷ) 유한책임회사(LLC)의 한 명 이상의 총서클 서클대표

2.2 외부 전문가

['이사회'라는 명칭의 중요성은 사법 관할권에 따라 서로 다르다. 모든 조직이 이사회를 둘 필요는 없다. 이사회가 필요한 경우, 완전히 그 조직의 외부인들, 곧 외부 전문가들로 구성된다는 요건이 있을 수도 있다. 그 경우에 다음의 조항이 사용될 수 있다. "톱서클은 이사회의 모든 의무를 완벽히 이행해야 한다. 톱서클의 모든 회의는 이사회의 회의로 간주된다. 이사회는 톱서클과 별도로 회의를 개최해서는 안 된다." 법률상 이사회가 요구되는 경우, 이사회와 이사회의 책임을 규정하는 별도의 조항을 두어야 할 수 있다. 그렇다면, 톱서클에 사용된 조항을 본떠서 만들 수도 있다.]

조직의 외부에서 선임된 외부 전문가들은 다음의 역할을 대표해야 한다.

(ㄱ) 유한책임회사(LLC)의 경영에 관련된 재무적 사안에 관한 전문 지식을 가진 사람

(ㄴ) 인적 자원이나 소기업이나 그 밖의 관리 전문 분야에 관한 전문 지식을 가진 사람

(ㄷ) 유한책임회사(LLC)가 자체 업무를 처리하기로 결정한 소시오크라시 분야(동적 자치)나 그 밖의 기술 분야에 관한 전문 지식을 가진 사람

(ㄹ) 정부 단체나 법조계의 대표

2.3 역할의 분리

총서클에서 선출된 서클대표인 최고 경영자(CEO)와, 재무적 사안에 관한 전문 지식을 가진 사람은 서로 다른 사람이어야 한다. 이 사람들과, 유한책임회사(LLC)의 노무 출자 파트너가 아닌 톱서클의 다른 구성원들은 앞서 언급한 나머지 역할들 중 한 가지나 그 이상을 동시에 이행할 수도 있다. 그것이 법령상이나 운영상으로 불일치하거나 법적으로 양립할 수 없는 결과를 초래하지 않는 한 그렇게 할 수 있다.

2.4 역할의 지정

톱서클은 결의를 통해 그 구성원들이 각자 이행할 역할을 지정한다.

2.5 선출, 임기, 대가

재무 전문가를 제외한 톱서클의 구성원들은 최고 경영자(CEO)와 선출된 서클대표들의 동의로 외부 조직으로부터 추천을 받을 수도 있다. 외부 조직들을 이용할 수 없는 경우, 톱서클은 이 분야들의 전문 지식을 가진 사람들을 선출하여 특정한 임기 동안 톱서클에 참여시킬 수 있다. 그 전문가들의 임기는 서로 차이가 나지만 2년까지 지속되고, 톱서클의 권유로 연장할 수 있다. 톱서클은 이 전문가들에게 근무에 대한 대가를 지급하기로 결정할 수도 있다.

2.6 사임, 결원

톱서클의 모든 구성원은 언제라도 사직서를 톱서클의 서기에게 제출함으로써 톱서클에서 물러날 수 있다.

어떤 이유로 톱서클에 발생하는 신규 구성원 자격이나 결원은 나머지 톱서클 구성원들의 동의로 선출하여 충원될 수도 있다. 그렇게 선출된 각 구성원들은 톱서클 구성원의 임기가 만료될 때까지나 후임자가 선출되어 자격을 부여받을 때까지 재직한다.

최고 경영자(CEO)는 연례 출자자 총회 후에 개최되는 첫 번째 톱서클 회의에서 2년마다 선출되거나 재선된다. 총서클에서 선출된 서클대표(들)는 총서클에서 정한 일정에 따라 최장 2년 간격으로 선출한다.

2.7 정례회의

톱서클의 정례회의는 톱서클이 수시로 결정하는 때에 명목상 관할지역 안팎의 장소에서 열릴 수 있다. 그렇게 결정하는 경우, 그것을 통지할 필요가 없다.

2.8 특별회의

톱서클의 특별회의는 모든 톱서클 구성원 중 누군가가 요청할 때마다 언제라도 명목상 관할지역 안팎의 장소에서 열릴 수 있다. 그 회의 소집을 요청한 당사자나 사람들은 특별회의가 열리기 최소 48시간 전에 톱서클의 특별회의를 통지해야 한다.

2.9 전화 회의의 허용

톱서클 구성원들은 회의에 참석한 모든 사람이 서로의 말을 알아들을 수 있는 회의용 전화나 유사한 통신 장비를 통해 회의에 참석할 수 있다. 이 운영 합의서에 따른 회의 참석은 그 회의에 직접 참석한 것으로 간주된다.

2.10 조치에 필요한 동의 결정

모든 당사자에 의한 동의의 원리는 다음과 같이 체계화되어야 한다. 톱서클의 모든 회의에서, 톱서클 구성원들의 절반이나 최소한 2명 중 더 큰 수가 업무 처리를 위한 정족수가 된다. 하지만, 톱서클의 모든 의사결정은 동의의 원리에 따라야 한다. 즉, 어느 톱서클 구성원이 참석하든 그렇지 않든 간에, 제안된 결정에 대해 모든 톱서클 구성원의 동의가 요구된다.

톱서클 회의에 불참한 톱서클 구성원은 누구나 48시간 이내에 톱서클의 제안된 결정에 관해 통보를 받아야 한다. 불참한 톱서클 구성원이 그 통보를 받은 지 72시간 이내에 톱서클의 결정에 이의를 제기하지 않는 한, 그 구성원은 그 결정에 동의한 것으로 간주한다. 어느 불참한 톱서클 구성원이 톱서클의 어떤 조치에 시기적절하게 이의를 제기하는 경우, 그 사안은 차기 톱서클 회의의 안건으로 상정된다. 그 회의는 이의가 제기된 지 72시간 이내에 개최되어야 한다. 이렇게 소집한 톱서클 회의에 불참한 구성원은 누구든 톱서클이 재고한 결정에 동의한 것으로 간주한다.

2.11 구성

톱서클 의장이나 톱서클에서 동의로 선출된 다른 사람이 톱서클의 회의들을 주재한다. 톱서클 의장이나 선출된 다른 사람이 불참한 경우, 그 회의에서 뽑힌 사회자가 그 회의를 주재한다. 서기는 그 회의의 서기로서 소임을 다해야 하지만, 그 서기가 불참한 경우에 회의 주재자는 그 회의의 서기 역할을 맡을 사람을 지명할 수 있다.

2.12 약식 조치

톱서클의 모든 회의에서 내려지도록 요구되거나 허용되는 모든 결정은, 모든 톱서클 구성원이 그에 대한 동의를 서면으로 알리는 경우에 회의 없이 내려질 수도 있고, 그 문서들은 톱서클의 회의록에 정리 보존되어야 한다.

제3조 톱서클의 임원

3.1 임원, 선출, 자격, 임기, 사임, 해임, 결원

톱서클은 해마다 구성원 중에서 임원, 곧 회장(대표), 서기, 회계 담당자를 선출한다. 또한, 톱서클은 구성원 중에서 톱서클의 퍼실리테이터(또는 의장)와 부 퍼실리테이터(부의장)를 선출할 수 있다. 또한, 톱서클은 한 명 이상의 부의장과 보조 부의장과 보조 서기와 보조 회계 담당자를 선출할 수도 있다. 이 임원들은 각자 그들의 선출에 뒤이은 자금 출자 파트너 연례회의 후에 개최되는 첫 번째 톱서클 회의가 소집될 때까지 취임해서 그들의 후임자가 선출되어 자격을 부여받을 때까지나 그들의 조기 사임이나 해임 때까지 재직한다.

모든 임원은 언제라도 유한책임회사(LLC)의 서기에게 서면으로 통보함으로써 자신의 임원직을 사임할 수 있다. 서기는 언제라도 회장에게 서면으로 통보함으로써 사임할 수 있다. 톱서클은 임원 중 누구라도 톱서클에서 내보내지는 않으면서 임원직만 면직할 수도 있다. 유한책임회사(LLC)와 계약된 임원의 권리가 있는 경우, 이 같은 해임이 그 권리를 침해해서는 안 된다.

준거법에 의해 금지되지 않는 한, 몇 명의 임원이라도 바로 그 인원으로 유지될 수 있다. 정례회의와 특별회의에서 톱서클은 사망, 사임, 해임, 그 밖의 사유로 결원이 발생한 유한책임회사(LLC)의 모든 직책의 임원을 잔여 임기 동안 보충할 수 있다.

3.2 보증을 요구할 권한

톱서클은 유한책임회사(LLC)의 모든 구성원이나 임원, 대리인, 노무 출자 파트너 또는 고용인에게 그들의 성실한 직무 이행의 보증을 요구할 수 있다.

제4조 서클 관리

4.1 총칙

톱서클의 관리를 제외하고 유한책임회사(LLC)의 모든 서클에 대한 관리는, 그에 관한 이 운영 합의서의 제2조와 제3조 또는 나머지 규정이나 조직에 관한 조항, 그리고 명목상 관할지역의 법률들에 모순되지 않는 한 이 절차를 따라야 한다.

4.1.1 서클 규칙

각 서클은 유한책임회사(LLC)의 분리된 기관이어야 하고, 서클의 과업과 권한과 책무에 관한 자체의 규칙을 입안할 권한을 부여받는다. 그 규칙은 이 운영 합의서나 톱서클이 채택할 수 있는 모든 규칙에 모순되어서는 안 된다.

4.1.2 도움서클

서클은 자체의 의사결정 권고안을 작성할 도움서클을 구성할 권한이 있다. 도움서클은 그 서클의 구성원들과 다른 서클의 구성원들과 외부 자문들로 구성될 수도 있다.

4.1.3 서클의 결정 및 범위

서클은 차상위 서클에서 합의한 특정한 범위 내에서 결정을 내릴 수 있다. 곧, 각 구성원은 각자의 서클에 의해 마련된 범위 내에서 독립적 결정을 내릴 수 있다.

4.2 의사결정

4.2.1 동의의 원리

의사결정은 동의, 곧 '이의 없음'의 원리에 따라야 한다. 서클의 모든 결정을 동의에 의거하도록 규정하지는 않지만, 특정한 결정이나 특정한 종류의 결정들에 대해 의사결정 방법의 대안을 수립할 때에는 반드시 동의에 의거해야 한다.

4.2.2 이의

어떤 결정에 대해 중대한 이의가 있는 경우, 그 이의에 관한 논거가 반드시 제시되어야 한다. 타당한 논거가 없는 이의는 고려하지 않을 것이다.

4.2.3 두 번째 회의

서클이 특정 사안에 대해 결론을 내릴 수 없는 경우, 후속 회의는 적어도 48시간 후에 그 안건에 관한 동일한 주제로 개최되어야 한다.

4.2.4 결정 회부하기

서클이 두 번째 회의에서 특정 사안에 대해 결론을 내릴 수 없는 경우, 사회자는 결정이나 권고안을 위해 그 사안을 차상위 서클이나 차하위 서클에 회부할 수 있다.

4.2.5 연례 의사결정 감사

독립 감사는 해마다 각 서클의 의사결정 과정을 살펴보고, 톱서클에 서클들의 의사결정이 운영 합의서에 따른 것인지 보고해야 한다.

4.2.6 의사결정 권한 맡기

차상위 서클은 운영 합의서에 따라 각 서클의 직무에 대해 의사결정을 할 책임이 있다. 차상위 서클이 어느 서클 내의 의사결정이 운영 합의서에 따르지 않는다고 결론을 내리는 경우, 차상위 서클은 해당 서클의 의사결정을 임시로 대행할 수 있다.

그 서클은 차상위 서클에게 자체의 책임 영역에 관해 지속적으로 건의해야 한다. 어느 서클의 수행을 재정립할 필요가 있다고 생각한다면, 차상위 서클은 가능한 한 빨리 소시오크라시(동적 자치) 원리들에 따라 조치를 취해야 한다. 차상위 서클이나 독립 감사가 의사결정이 소시오크라시(동적 자치) 원리들에 따른다고 결정을 내리는 즉시, 차상위 서클은 의사결정 권한을 그 서클에 되돌려주어야 한다.

4.3 임원 선출

4.3.1 임원과 서클대표

각 서클은 구성원 중에서 서클 퍼실리테이터와 서기를 선출한다. 각 서클은 차상위 서클에 참여할 한 명 이상의 서클대표를 선출한다. 어떤 식으로든 유한책임회사(LLC)와 관련이 있는 한, 서클대표가 반드시 그 서클 구성원일 필요는 없다. 선출은 선출을 목적으로 개최된 회의에서 공개 토의 후 동의의 원리에 따라 해마다 실시하거나 서클의 필요에 따라 실시한다.

4.3.2 겸임

(차상위 서클에서 선출된)운영장과 서클대표가 동일인이 아닌 경우, 법령상이나 운영상으로 불일치하거나 법적으로 양립할 수 없는 결과를 초래하지 않는

한, 동일인이 하나 이상의 직무를 동시에 수행할 수 있다.

4.3.3 임명 및 면직의 절차

각 서클은 법률과 운영 합의서와 정관에 따라 서클 구성원의 임명 및 면직의 절차를 결정한다. 서클은 임명 또는 면직 당사자가 자신의 주장을 제시한 후에 그 임명이나 면직에 관해 결정을 내린다. 그러나 당사자는 그 결정 과정에 참여하지 못할 수도 있다.

노무 출자 파트너 개인과 유한책임회사(LLC) 간에 반증할 만한 서면 계약서가 없는 경우, 이 절차로 유한책임회사(LLC)와 어떠한 개인 간의 계약도 성립시켜서는 안 되고, 유한책임회사(LLC)의 모든 노무 출자 파트너는 유한책임회사(LLC)의 뜻에 따라 노무 출자 파트너로서 존속해야 한다.

4.3.4 임명이나 면직에 대한 이의

어느 서클이 차하위 서클의 서클대표 임명에 반대하거나 그 서클대표를 면직하려는 경우, 그 서클은 해당 서클대표가 수행하는 직무에 관해 차하위 서클에 이의를 제기한다. 그 이의를 고려한 끝에 상위 서클과 차하위 서클 사이에 합의를 보지 못한 경우, 상위 서클은 그 서클대표가 상위 서클에서 차하위 서클을 대표할 권리를 인정하지 않을 수 있다.

그와 같은 대의권 불인정은 극단적인 처방이며, 상위 서클은 그것을 오직 최후의 수단으로 시도해야 하고, 가급적 차하위 서클의 대의권을 되돌려주는 데 필요한 모든 조치를 취해야 한다.

4.4 서클 회의

4.4.1 횟수

서클들은 일정한 간격을 두고 1년에 적어도 여섯 번 회의를 개최해야 한다.

4.4.2 소집과 통지

정례 서클 회의는 서클의 의장 또는 퍼실리테이터가 소집한다. 모든 구성원은 회의 소집 통지와 안건과, 그 회의 전 상당한 기간 내에 그 회의에서 논의될 사안들에 대해 결정을 내리는 데 필요한 모든 관련 정보를 받아야 한다.

4.4.3 특별회의

의장은 서클 구성원으로부터 요청을 받은 지 7일 이내에 특별회의를 소집해야 한다.

의장이 요청을 받은 지 7일 이내에 회의를 소집하지 않은 경우, 그 요청을 한 서클 구성원이 회의를 소집할 수 있다.

4.4.4 참석 구성원(정족수)

회의를 개최하기 위해 모든 서클 구성원이 참석할 필요는 없다. 그러나 어떤 결정을 실행에 옮기기에 앞서 모든 서클 구성원의 동의가 요구된다. 각 서클은 업무를 처리하기 위한 정족수에 관한 자체의 정책과, 불참한 구성원들로부터 동의를 구하는 절차를 확립하고 명문화해야 한다.

4.4.5 참석 위임

참석할 수 없는 구성원들은 서클의 다른 구성원에게 의사결정에 참여할 권리를 위임할 수 있다. 하지만, 그 대리 참여권에는 동의나 거부권은 부여되지 않는다. 위임받은 권리는 그 서클 구성원을 대신하여 논거를 제시할 권리다.

4.4.6 결정에 관한 기록

서클 회의 중에 내려진 모든 결정은 회의가 개최된 지 3일 이내에 서클의 모든 구성원과, 그 서클과 관련이 있는 다른 서클이 회람할 수 있도록 조직이 정한 서식에 따라 회의록이나 문서로 기록되어야 한다.

4.4.7 위임 결정의 수정 또는 폐지

해당 서클의 동의를 얻는 경우, 어떤 위임 결정을 수정하거나 폐지할 수 있다.

제5조 보상과 수익 배분

5.1 고정성 보상

실제 운영에 참여하는 자금 출자 파트너와 노무 출자 참여자는 모두 운영에서 얻은 소득에서만 지급받는 고정성 보상을 받는다. 자금 출자 파트너의 고정성 보상은 회계연도 말에 당시의 일반적인 우대 대출 금리로 산출한다. 노무 출자 파트너는 사업 연도 내내 임금이나 급여와 유사하게 고정 금리로 보상을 받는다.

5.2 변동성 보상

자금 출자 파트너와 노무 출자 파트너는 모두 운영에서 얻은 소득에서만 지급받는 변동성 보상을 받는다. 보상은 이익률에 따라 달라진다. 변동성 보상은 단기 측정값(STM) 지급금과 장기 측정값(LTM) 지급금의 형태로 이루어진다. 단기 측정값 지급금은 당월 수익이 목표 이익률을 초과한 경우에만 지급된다. 어떤 달의 수익이 목표 이익률 이하로 떨어진 경우에 그 부족분은 모든 단기 측정값 지급금이 지급되기 전에 메워져야 한다. 장기 측정값 지급금은 톱서클의 재량에 따라 해마다 한 번 내지 두 번 지급된다.

5.3 고정성 지급금과 변동성 지급금의 결정

5.3.1 톱서클은 적어도 한 해에 한 번 목표 사내유보금 총액과 목표 이익률을 정해야 한다.

5.3.2 적어도 각 회계연도 말에, 톱서클이나 톱서클로부터 위임받은 사람은 관례대로 수익에서 목표한 사내유보금을 공제하고, 투자자들에게 응당 치러져야 할 고정성 지급금의 총액을 산출하고, 당사자들에게 변동성 지급금을 줄 수 있는 수익에서 그 총액과 목표한 사내유보금의 총액을 공제한다. 그러나 변동성 지급금은 측정 과정, 곧 유한책임회사 경영의 핵심 요소에 너무 중요하므로 톱서클은 투자자들의 고정성 지급금을 충분히 지급하기 전에 변동성 지급금을 지급하기로 결정할 수 있다.

5.3.3 톱서클이나 톱서클로부터 위임받은 사람은 매달 자금 출자 파트너와 노무 출자 파트너에게 지급할 단기 측정값 지급금과, 해마다 한 번 내지 두 번 지급할 장기 측정값 지급금을 산출한다.

5.3.4 톱서클은 회사가 이익잉여금에 대한 세금을 법인세율로 지불할지, 모든 소득을 파트너들에게 배분할지 결정해야 한다.

기타 조항들

[추가 조항들은 면책, 이해 충돌, 회계연도, 회사 직인 등과 같은 사안을 중점적으로 다루는 데 필요할 수 있다. 이 조항들이 제1조에서 제5조까지의 조항들과 모순되거나 그것들을 훼손하지 않도록 주의를 기울여야 한다.]

여러 가지 다양한 조항

운영 합의서의 수정

이 운영 합의서는 변경되거나 폐기될 수 있다. 새로운 운영 합의서는 이 운영 합의서의 조항에 따라 동의의 원리를 적용하고, 이 운영 합의서를 수정하겠다는 취지를 자금 출자 파트너와 노무 출자 파트너와 이사회 구성원들을 포함해 유한책임회사(LLC)의 모든 구성원에게 최소한 30일 전에 통지한 후 톱서클에 의해 만들어질 수 있다. 이 통지의 목적은 자금 출자 파트너를 포함해 모든 수준의 서클 구조에 필요에 따라 특별회의를 소집하고 심사숙고하여 차상위 서클의 숙고 과정에 참석할 서클대표를 선출할 시간을 보장하기 위해서다.

추가 사항
자금 출자 파트너 회의 운영

제1조 자금 출자 파트너 회의

자금 출자 파트너 회의는 소시오크라시(동적 자치) 방식에 따라 운영한다. 자금 출자 파트너들은 자금 출자 파트너 회의를 위해 동의와 다른 의사결정 방식 및 구조를 동의로 선택할 수 있다.

제2조 회의 소집 통지

자금 출자 파트너들이 회의에서 어떤 조치를 취할 필요가 있거나 그것이 허용되면, 회의 장소, 회의 일시, 특별회의의 경우 그 회의가 소집된 목적들을 명시한 회의 소집 통지서가 자금 출자 파트너들에게 전달되어야 한다. 법률이나 정관, 운영 합의서에 규정되어 있지 않은 한, 소집 통지서는 회의가 열리기 적어도 10일 내지 60일 전에 자금 출자 파트너들에게 전달되어야 한다. 우송할 경우, 그 통지서는 이메일이나 우편물이나 요금별납으로 유한책임회사(LLC)의 문서에 적혀 있는 주소로 자금 출자 파트너에게 송부된 경우에 전달된 것으로 간주한다.

2.1 자금 출자 파트너 연례회의

자금 출자 파트너들은 톱서클에 파견할 서클대표(들)를 선출하고 차기 회의의 일시를 정하기 위해 해마다 회의를 개최한다. 자금 출자를 한 사람들과 최고 경영자(CEO)와 톱서클에 참여하는 총서클 서클대표(들)만이 앞서 말한 회의에 참석한다.

2.2 자금 출자 파트너 특별회의

자금 출자 파트너들의 특별회의는 한 명 이상의 자금 출자 파트너나 최고 경영자(CEO)나 선출되어 톱서클에 참여하는 서클대표가 15일 전에 통지함으로써 소집될 수 있다. 자금 출자 파트너들과 최고 경영자(CEO), 톱서클에 참여하는 총서클 서클대표(들)만이 이 회의에 참석한다. 특별회의는 톱서클에 참여하는 자금 출자 파트너들의 대표(들)의 면직이나 교체를 검토하기 위해서만 개최한다.

2.3 자금 출자 파트너 연례회의 및 특별회의에 참석할 권리가 있는 자금 출자 파트너들의 명단

톱서클의 서기는 자금 출자 파트너 연례회의 및 특별회의의 소집 통보와 관련하여 그 회의가 열리기 적어도 10일 전에 그 회의에 참석할 권리가 있는 자금 출자 파트너들의 전체 명단을 준비하여 작성해야 한다. 그 명단은 알파벳 순서로 정리되고, 각 자금 출자 파트너의 주소와 각 자금 출자 파트너의 이름으로 등록된 지분 비율을 나타내야 한다. 그 명단은 지정된 장소에서 모든 자금 출자 파트너에 대한 컴퓨터 검색이 허용되어야 한다.

제3조 정족수

법률이나 정관, 또는 운영 합의서에 규정되어 있지 않은 한, 유한책임회사(LLC)의 출자 총액 중 최소한 절반을 대표하는 사람(들)과, 최고 경영자(CEO)나 총서클 서클대표의 참석을 정족수로 한다. 자금 출자 파트너들은 자유재량에 따라 일종의 법인을 구성할 수 있다.

제4조 자금 출자 파트너 회의의 구성

자금 출자 파트너 회의는 최고 경영자(CEO)나 총서클 서클대표, 그 회의에서 합의로 선출된 다른 사람이 주재한다. 회의 참석자들은 서기를 선출하거나 최고 경영자(CEO)에게 그 회의의 서기 역할을 담당할 사람을 지명하도록 한다.

제5조 회의 참석

참석한 각 자금 출자 파트너에게는 자금 출자 파트너 회의에서 동의 의사결정 과정에 참여할 권리를 보장해야 한다. 참석할 수 없는 구성원들은 자금 출자 파트너 서클의 다른 구성원에게 의사결정에 참여할 권리를 위임할 수 있다. 그러나, 그 대리에 의한 동의나 거부권은 성립하지 않는다. 위임받은 권리는 다른 서클 구성원을 대신하여 논거를 제시할 권리다.

제6조 자금 출자 파트너 결정을 위한 확정 기준일

6.1 확정 기준일

모든 자금 출자 파트너 회의 및 휴회에 관한 통지를 받을 자격이 있거나 그 회의에 참석할 권리가 있거나, 모든 배당금을 지급받거나 모든 권리를 배정받을 권리가 있거나, 제휴 지분의 모든 변경이나 전환이나 교환에 관한 모든 권리를 행사할 권리가 있는 자금 출자 파트너들을 유한책임회사(LLC)가 결정할 수 있도록, 혹은 그 밖의 모든 법적 조치를 취할 수 있도록, 톱서클은 기준일을 확정할 수 있다. 그 기준일은 톱서클이 기준일을 확정하는 결의안을 채택한 날짜보다 앞서서는 안 된다. 그 기준일은,

(ㄱ) 차기 자금 출자 파트너 회의의 예정일 이전 10일부터 60일 사이에 정해져야 한다.

(ㄴ) 그 밖의 모든 조치에 대해서는, 그런 조치를 취하기 전 60일 이내에 정해져야 한다.

6.2 미확정 기준일

기준일이 확정되지 않은 경우,

(ㄱ) 자금 출자 파트너 회의에 관한 통지를 받거나 그 회의들에 참석할 권리가 있는 자금 출자 파트너들을 결정하기 위한 기준일은, 그 회의가 열리는 일시보다 앞선 일자의 퇴근 시간이 되어야 한다.

(ㄴ) 그 밖의 모든 조치를 위해 자금 출자 파트너들을 결정하기 위한 기준일은, 톱서클이 그에 관한 결의안을 채택한 일시보다 앞선 일자의 퇴근 시간이 되어야 한다.

등기상 자금 출자 파트너 회의에 관한 통지를 받거나 그 회의들에 참석할 권리가 있는 자금 출자 파트너들의 결정은, 그 회의의 연기에 적용되어야 한다. 그러나 톱서클이 연기된 회의에 관한 새로운 기준일을 확정할 수 있는 경우에 한한다.

제7조 참여할 권리가 있는 자금 출자 파트너들의 명단

자금 출자 파트너 연례회의나 특별회의를 소집할 책임이 있는 사람(들)은, 톱서클의 서기에게 그 회의일보다 적어도 15일 이전에 회의 소집을 통보해야 한다.

정관 사례 2: 소시오크라시 비영리단체용

이 사례는 워싱턴 DC에서 설립된 한 회원제 시민 단체의 정관에 바탕을 두고 있다. 여기에는 소시오크라시 통치 구조와 의사결정의 토대인 동의에 관한 주요 조항이 포함되어 있는데 이는 협회, 국제단체, 아파트, 협동조합 등에 적합할 수 도 있다.

조직에 따라 일부 조항들은 적용될 수 없고, 일부 조항들은 상세한 설명이 덧붙여져야 할 것이다. 예컨대, 여러분의 조직은 회원제에 기반을 두거나 회원이 없을 수도 있고, 아파트 입주자 협회나 식품 협동조합일 수도 있다.

가장 일반적인 요건 중 하나는 특정한 권한을 가지는 이사회에 관한 것이다. 이사회가 톱서클에 해당한다고 명시할 수 있다. 두 번째로 일반적인 요건은 다수결에 관한 것이다. 최소한의 다수결은 대개 51퍼센트, 즉 50퍼센트가 갈등을 초래하는 경우에 50퍼센트에 1퍼센트를 더한 것이므로, 그것은 100퍼센트와 같은 동의의 요건에 포함된다.

이 문서는 참고용에 불과하고, 법률 상담용은 아니다. 관할구역에 따라 법률이 아주 다양하기 때문에, 특정한 상황을 중점적으로 다루려면 전문적 법률 상담이 요구된다.

그러나 여러분의 변호사가 이 문서를 검토한 다음에 그 조언에 따라 보충하고 수정한 정관을 입안할 수 있다. 그러면, 여러 법률 문서에 적혀 있는 난해한 법률 용어에 압도당하지 않고 여러 결정을 내릴 수 있다. 여러분이 견본 문서들을 받는 경우, 그것들이 알기 쉬운 말로 쓰여 있어야 한다고 주장해야 한다. 알기 쉬운 영어는 수십 년 동안 표준말이었지만, 여러 법률가는 아직도 19세기의 표준 법률 용어를 사용하고 있다. 리처드 C. 위딕(Richard C. Wydick)이 지은 『법률가를 위한 알기 쉬운 영어Plain English for Lawyers』가 25년 넘게 일반적으로 인정받는 참고서 노릇을 해왔는데, 그 책이 도움이 될 수도 있다.

소시오크라시 비영리단체용 정관

1. 설명

1.1 명칭 및 소속

조직의 명칭은 [조직 이름]이다. 조직은 [조직에 대한 설명]이다.

[이하 조직이라는 말이 나올 때마다, 그것을 단체의 명칭이나 약칭으로 바꿔야 한다. 용어에 관한 정의 역시 덧붙여야 한다. 예컨대, '구성원'이 무엇을 의미하는지 설명이 필요하다.]

1.2 법적 구조

조직은 1986년도에 제정되거나 그 이후에 수정된 미국 연방조세법(Internal Revenue Code)의 501(c)(3)항의 의미 내에서 오직 자선 및 교육적 목적을 위해 [관할지역]의 법률에 따라 설립된 비영리단체다.

1.3 비전, 사명, 목표

조직의 전략과 정책은 조직 비전과 사명, 목표의 실현을 추구한다.

1.3.1 비전

조직의 비전은 [비전에 관한 설명]이다.

1.3.2 사명

조직의 사명은 [사명에 관한 설명]하는 것이다.

1.3.3 목표

조직의 목표는 [목표에 관한 설명]하는 것이 되어야 한다.

1.4 통치

조직은 제2조 소시오크라시 통치에 명시된 바와 같이 소시오크라시 통치 원리들에 따라 통치되어야 한다.

2. 소시오크라시 통치

2.1 정의

소시오크라시 통치는 모든 조직 계층에 의사결정을 위임하고, 책임 영역 내에서 구성원들의 동등성을 확립하는 통치 방식으로 정의된다.

2.2 이점

소시오크라시 통치의 원리와 방식은 아래의 사항들을 발전시킨다.

(ㄱ) 강력한 리더십과 분명한 위임

(ㄴ) 자치와 자기 조직화 그리고 협력

(ㄷ) 과학적 이론과 방법을 적용하는 능력

(ㄹ) 지속적인 직무 개발에 관한 책임

2.3 통치 원리

다음 세 가지 원리는 소시오크라시 통치에 필수적이다.

2.3.1 동의의 원리

동의는 정책 의사결정을 지배한다. 법률에 의해 요구되거나 이 정관에 언급되어 있는 경우를 제외하고, 정책 결정은 그것이 직접 영향을 미치는 사람들의 동의로 내려져야 한다. 동의는 '타당한 이의 없음'으로 정의하며, 다음 5.2항의 '동의'와 4.2항의 '동의의 제한 조건'에 따라 정의한다.

정책 결정은 5.3항의 '정책에 관한 정의'에 정의하였다.

2.3.2 서클의 원리

조직은 제한적 자치권을 가지고 자기 조직하는 서클들의 순환 계층구조를 통해 스스로 통치해야 하는데, 서클들은 자체 영역 내에서 정책 결정을 책임진다. 서클과 순환 계층구조는 다음의 제3조 '통치 구조'에서 정의, 설명하였다.

2.3.3 이중 연결의 원리

서클의 계층구조에서, 하위 서클은 제3조 '통치 구조'와 4.2항 '서클 임원'에 설명한 것과 같이 운영장과 한 명 이상의 서클대표를 통해 차상위 서클과 이중으로 연결되어야 한다.

2.3.4 동의에 의한 선출의 원리

법률이 요구하는 경우를 제외하고, 서클 구성원들은 7.1항 '선출 과정'의 설명처럼 동의로 직무와 과업을 맡을 인물들을 선출한다.

3. 통치 구조

3.1 서클들의 순환 계층구조

조직의 통치는 이중으로 연결되고 제한적 자치권을 가진 서클들로 이루어진 순환 계층 구조로 구축하는데, 서클들은 조직의 운영을 반영한다. 순환 계층구조는 각 서클이 차상위 서클에 대한 대표의 참여를 통해 소속 서클 영역에 영향을 미치는 정책 결정에 대해 반드시 동의를 확인하는 것으로 정의한다. 서클들은 외관상으로 선형 계층구조로 연결되어 있다. 하지만 정책 의사결정은 피드백루프를 형성하고, 각 서클은 루프에서 자리를 차지하고 있다.

3.2 서클에 관한 정의

서클은 공동 목표를 가지고 조직의 어느 부서의 운영에서 중요한 역할을 담당하는 모든 사람을 포함한다. 서클 구성원들은 소속 서클의 책임 영역 내에서 정책을 결정하기 위해 회의를 개최한다. 서클의 책무는 5.1항 '의사결정 영역'과 제4조 '서클 통치'에서 정의하였다.

3.3 서클의 제한 조건

서클의 정책은 법률, 본 정관, 그리고 본 정관에서 정의하는 소시오크라시 통치 원리와 방식, 다른 서클들의 정책 등과 모순되어서는 안 된다.

3.4 서클 구성원 자격

3.4.1 정의

제6조 '이사회'에서 정의하는 이사회를 제외하고, 서클은 그 운영에서 중요한 역할을 담당하는 조직의 모든 구성원을 포함해야 하는데, 급여를 받는 사람이든 자원봉사자들이든 상관없다. 각 서클은 '중요한 역할'을 정의해야 하고, (1)서클의 안정적 기능 수행과 (2)회원으로서 일관성 있게 심의할 구성원의 능력을 보장하면서도 가급적 포괄적이어야 한다.

3.4.2 구성원에 대한 동의

서클 구성원들은 신입 구성원들에 대해 동의할 권리를 가진다.

3.4.3 동등성

서클 회의에서, 동의의 원리는 의사결정 과정에서 모든 서클 구성원의 동등한 참여를 보장하기 위한 원리다.

3.4.4 규모

서클들은 포괄적이고 효율적인 협의가 가능한 정도의 규모여야 한다. 구성원 수는 대체로 40명을 넘지 않아야 하고, 20명이 가장 적당하다.

3.5 이사회 또는 톱서클

이사회는 톱서클, 곧 소시오크라시에 입각해 통치되는 조직의 톱서클과 같아야 한다. 법률이 요구하는 경우와 이 정관에서 언급하는 경우를 제외하고, 이사회는 제4조 '서클 통치'의 조항에 따른 역할을 해야 하고, 이 정관의 모든 조항과 <u>조직</u>의 모든 규칙과 규정을 준수해야 한다.

주정부가 요구하는 구성과 권한과 책임에 관한 이사회 특유의 요건들은, 5.6항 '이사회의 결정'과 제6조 '이사회'에서 자세히 설명하였다.

3.6 총서클

총서클은 이사회가 정한 범위 내에서 <u>조직</u>의 운영을 관리해야 한다. 그것은 총괄 관리자와 운영장, 각 부서클에서 뽑힌 한 명 이상의 서클대표로 구성한다.

3.7 부서클

각 부서클은 운영장과 그 부의 구성원들로 구성하고, 그 서클이 관할하는 하위 서클이 있는 경우 운영장과 하위 서클마다 선출한 한 명 이상의 서클대표들로 구성한다.

3.8 추가 세분화

3.2항과 3.3항에서 확립된 계층구조 유형은 <u>조직</u> 전반에서 되풀이되어야 한다.

3.9 서클 명칭

서클 명칭은 단지 설명을 위한 것이고, 리더십의 계층구조적 사슬과 대의권과 위임이 분명한 한 필요에 따라 바꿀 수 있다.

4. 서클 통치

4.1 서클 책무

각 서클은 차상위 서클이 정한 범위 내에서 다음과 같은 역할을 수행한다.

ㄱ. 차상위 서클에서 정의한 소속 서클의 목표를 달성하기 위해 자체 정책을 결정, 관리한다.

ㄴ. 자체 목표를 달성하고 정책을 이행하기 위해 주어진 서클의 역할과 책임에 관한 지도, 실행, 측정을 서클 구성원에게 맡긴다.

ㄷ. 4.4항 '서클 기록 관리'에 상술한 대로 정책 결정과 그 밖의 정보에 관한 기록 관리 시스템을 유지한다.

ㄹ. 서클과 구성원들의 직무 개발에 관한 책임을 맡는다.

ㅁ. 구성원 중에서 차상위 서클에 참여할 한 명 이상의 서클대표를 선출한다.

ㅂ. 인원의 채용 및 해고를 포함해 서클 예산에 포함되어 있는 자원 할당 방식을 결정한다.

ㅅ. 적절하다고 판단되는 하위 서클을 신설해 목표를 부여하고 일부 자원을 신설 서클에 배정한다.

ㅇ. 하위 서클 대표들이 참석한 상태에서 하위 서클의 운영장을 선출한다.

ㅈ. 하위 서클의 세분화, 통합, 해체 등을 결정한다.

4.2 동의의 제한

동의의 원리는 아래와 같은 두 가지 결정에서 모든 서클 구성원에게 적용해서는 안 된다.

4.2.1 서클의 해체나 재구축

운영장과 하위 서클대표(들)는 그들이 속한 서클의 해체나 재구축에 관한 모든 논의에 참여할 수 있지만, 차상위 서클이 결정을 내리는 데 그들의 동의를 묻지 않는다.

4.2.2 인사에 관한 결정

논의 대상 서클의 구성원(들)은 모든 논의에 참여할 수 있지만, 고용이나 보상, 서비스 등 자신의 이익과 관련이 있는 동의 결정에는 참여할 수 없다.

4.3 서클 임원

6.4항 '임원'에서 정의한 대로, 이사회를 제외한 각 서클은 다음의 임원을 둔다.

ㄱ. 운영장

운영장은 하위 서클의 영역 내에서 일일 운영을 관리하기 위해 차상위 서클에서 선출한다. 운영장은 상위 서클과 하위 서클의 구성원이 되지만, 하위 서클의 서클대표를 겸임할 수 없다.

ㄴ. 퍼실리테이터

퍼실리테이터는 서클 회의를 진행하고, 의사결정에서 리더십을 발휘하며, 서클이 소시오크라시의 원리와 방식에 따라 기능하도록 각 서클에서 선출한다.

ㄷ. 서기

각 서클은 서클 사무를 관리하고 아래의 직무들을 수행할 서기를 선출한다.

(1) 서클 회의를 준비하고 공지하는 업무

(2) 퍼실리테이터, 운영장, 그 밖의 서클 구성원들과 협의하여 안건을 준비하는 업무

(3) 조사 자료와 제안서를 배부하는 업무

(4) 회의록을 작성, 배부하는 업무

(5) 서클이 부여한 기타 업무

ㄹ. 서클일지 관리자

서클일지 관리자는 4.4항 '서클 기록 관리'에서 정의한 대로 서클일지를 보관하기 위해서 그 서클에서 선출한다. 서클의 규모와 업무의 복잡성에 따라, 서클일지 관리자는 서기를 겸직할 수 있다.

ㅁ. 서클대표(들)

차상위 서클에 참여하는 서클대표는 운영장과 달리 한 명 이상으로 그 서클에서 선출한다. 서클대표(들)는 하위 서클과 상위 서클에 동시에 구성원으로서 참여하지만,

운영장을 겸직할 수 없다. 다른 직책은 겸직할 수 있다.

4.3 서클 회의

모든 서클은 최소한 분기별로 회의를 개최하여 정책을 다시 검토하고, 서클의 효율성을 평가하고, 필요에 따라 새로운 정책을 채택하고, 개발 계획을 재검토한다.

4.4 서클 기록 관리

각 서클은 서클일지를 작성하여 보관하는데, 서클일지의 내용은 아래의 사항들을 포함하나 이것들로 한정되지는 않는다.

ㄱ. 조직의 비전, 사명, 목표에 관한 선언문

ㄴ. 조직의 정관, 규칙과 절차

ㄷ. 조직의 전략 계획

ㄹ. 조직의 서클 구조도

ㅁ. 조직과 서클의 예산

ㅂ. 서클 목표

ㅅ. 서클 정책 결정과 회의록

ㅇ. 서클 개발 계획

ㅈ. 각 구성원의 목표, 역할, 책임, 개발 계획

ㅊ. 서클 업무를 기록한 그 밖의 모든 문서

서클 구성원은 서클일지의 사본을 가지거나 쉽게 이용할 수 있어야 한다. 구성원들은 자신의 목표와 역할과 책임과 개발 계획과, 서클 구성원으로서 자신의 역할과 책임에 관련된 그 밖의 모든 문서가 포함된 개인 업무일지를 보관해야 한다.

5. 의사결정

5.1 의사결정의 목표와 영역

서클의 목표와 책임 영역은 차상위 서클이 결정한다. 서클들은 목표를 달성하기 위해 책임 영역 내에서 운영에 영향을 주는 정책 결정을 내리는 일을 책임진다.

5.2 동의

동의의 원리는 모든 서클의 결정에 적용한다. 제안된 결정에 대한 이의는 다음과 같아야 한다.

ㄱ. 그 결정이 서클의 목표를 달성하는 과정에서 서클 구성원이 역할과 책임을 이행하는 데 악영향을 미칠 때 제기한다.

ㄴ. 이유가 타당해야 하고, 이의를 해결할 수 있을 만큼 근거를 분명히 설명하여야 한다.

전체 또는 일부 결정에서, 정책 결정처럼 동의로 내려지고 정기적으로 재검토되는 경우에 다른 의사결정 방식을 쓸 수 있다.

5.3 정책의 정의

정책 결정은 조직의 일일 운영 활동을 지배하고 아래의 사항들을 대상으로 하나, 이것들로 한정되지는 않는다.

ㄱ. 목표 수립

ㄴ. 업무 범위 정의

ㄷ. 직무 과정 설계

ㄹ. 자원 배분

ㅁ. 직무와 과업 위임

ㅂ. 집단 및 개인 성과 평가

ㅅ. 보상 결정

ㅇ. 직무 개발 설계

5.4 운영 결정

서클 영역 내에서의 일일 운영은 그 서클의 정책 결정에 의하며, 운영장이 관리한다. 서클은 어떤 방식으로 운영 결정을 내릴 것인지에 관한 정책을 확립한다. 이 방식에는 운영장에 의한 독재적 결정이 포함될 수 있다.

5.5 관련 정책이 없는 운영 결정

기존의 정책에 따라 판단할 수 없는 운영 결정 사안이 생길 경우, 운영장은 우선 결정을 내리고, 제8조 '회의'에서 기술한 대로 차기 서클 회의나 해당 목적으로 소집되는 특별 서클 회의에서 그 결정을 검토하도록 요청한다.

5.6 이사회의 결정

이사회의 결정 역시 동의로 내려야 하고, 다수결보다 의견 일치 수준이 훨씬 높은 동의는, 이사회의 결정이 투표권이 있는 이사들의 다수결에 의한다는 법률적 요건을 충족하는 것으로 간주한다.

5.7 동의에 이르지 못하는 경우

이사회 이외의 서클에서, 선택할 수 있는 대안이 모두 사라지고 제안된 조치에 관해 동의를 이룰 수 없는 경우, 이에 관한 결정은 차상위 서클로 회부한다.

이사회가 선택할 수 있는 대안이 모두 사라지고 제안된 조치에 대해 동의를 이룰 수 없는 경우, 이에 관한 결정은 적합한 전문 지식을 갖춘 이사와, 필요할 경우 그 이사가 속한 조직에 회부한다.

5.8 대리권

이사회를 포함해 모든 서클의 의사결정이나 그 밖의 모든 조치에 참여할 권리는, 법률에서 정하지 않는 한 대리로 위임하거나 행사해서는 안 된다.

6. 이사회

6.1 권한

[관할지역]의 법률에 따라, 이사회는 조직의 톱서클로서 본 정관이 제한하지 않는 한, 법률이 인정하는 모든 행위에 개입할 전권을 가지고 조직의 업무를 관리하고 감독한다.

6.2 책임

이사회는 조직이 비영리단체로서 비영리단체를 통제하는 공신력과 모든 법률에 따라 활동하도록 보장할 책임이 있다. 그 밖의 책임은 아래와 같으나, 이것에 한정되지는 않는다.

ㄱ. 전략 계획 실행 추진과 감독

ㄴ. 재무적 책임

ㄷ. 장기적 존립 가능성 유지

ㄹ. 새로운 아이디어와 정책 생산

ㅁ. 외부 인사, 외부 단체나 기관, 조직의 발전과 직무 수행에 필요한 그 밖의 모든 단체와의 관계 유지

6.3 구성

이사회에는 아래의 사람들이 포함한다.

ㄱ. 최고 경영자(CEO)

ㄴ. 한 명 이상의 총서클 대표

ㄷ. 6.5항 '전문 이사'에 정의한 대로 세 명 이상의 전문가

ㄹ. 기타 이사회에서 정한 이사들

6.4 임원

6.4.1 인원수와 직함

이사회는 법률의 요구에 따라 이사회 구성원 중에서 적어도 세 명의 임원, 즉 의장, 서기, 회계 담당자를 선출한다. 이사회는 법률과 자유재량에 따라 임원들을 다른 직함으로 부를 수 있다.

6.4.2 의장

의장의 역할은 다음과 같다.

ㄱ. 이사회가 법률, 법인 정관 및 본 정관, 소시오크라시 통치의 원리와 방식, 이사회 자체의 결정들을 준수하는지 감독한다.

ㄴ. 이사회가 지속적인 직무 개발을 포함해 제4조 '서클 통치'의 조항에 따라 하나의 서클로 기능하도록 관리한다.

ㄷ. 조직을 대신하여 서명해야 하는 모든 법률 문서를 작성한다.

ㄹ. 조직의 대변인으로서 소임을 다하거나 대변인을 임명한다.

ㅁ. 이사회에서 요구하는 그 밖의 직무를 수행한다.

ㅂ. 다른 임원들이 이 정관이나 이사회의 지침대로 직무를 다할 수 없거나 그렇
게 할 의사가 없는 경우에 그 직무를 대행한다.

6.4.3 이사회의 서기

이사회의 서기는 4.3.ㄷ항 '서기'에서 상세히 설명한 모든 직무를 수행한다.
그에 더하여, 이사회의 서기는 다음과 같은 역할을 맡는다.

ㄱ. 법률이나 이 정관에 따라 모든 공지를 전달하거나 전달받도록 한다.

ㄴ. 회사의 기록과 이사회 서클의 기록을 책임진다.

ㄷ. 직인이 있으면 그것을 관리하고, 이사회나 의장의 재가에 따라 직인을 찍음
으로써 문서에 효력을 발생시킨다.

ㄹ. 의장이 정관과 이사회의 지침대로 직무를 다할 수 없거나 그렇게 할 의사가
없는 경우에 그 직무를 대행한다.

ㅁ. 기타 이사회나 의장이 맡길 수 있는 직무를 수행한다.

6.4.5 회계 담당자

회계 담당자의 역할은 다음과 같다.

ㄱ. 재무를 감독한다.

ㄴ. 다른 담당자가 선임될 때까지 모든 기금과 유가증권을 관리한다.

ㄷ. 적합한 재무 기록, 회계, 재무 관행을 확립하거나 확립되게 함으로써 적절하
게 활용되고 관리될 수 있도록 한다.

ㄹ. 예산안과 자금 조달 계획과 재무 보고서를 준비하거나 준비되도록 한다.

ㅁ. 제11조 '재무'에서 요구하는 소시오크라시 조직의 투명성 원리에 따라, 재무
기록을 이용 가능한 형식으로 작성한다.

ㅂ. 서기가 직무를 다할 수 없거나 그럴 의사가 없는 경우에 그 직무를 대행한다.

ㅅ. 이사회가 요구하는 그 밖의 직무를 수행한다.

6.5 전문 이사

사회, 재무, 정부 분야의 더 넓은 외부 세계와 내부 소시오크라시 환경을 연결하는 독자
적 소임을 수행할 목적으로 특정한 분야의 전문가로 최소 세 명의 이사를 이사회에서
선출한다.

6.5.1 소시오크라시 전문 이사

도움이 필요할 여지가 없지 않은 한, 전문 이사 중 한 명은 소시오크라시의 원리

와 방식의 적용과 교육에 관련된 전문 지식을 갖추어야 한다.

6.5.2 그 밖의 전문 이사들

가급적 아래 사항에 해당하는 다양한 분야의 전문 이사를 위촉한다.

ㄱ. 통치와 관련된 쟁점에 관한 대중 교육

ㄴ. 비영리단체의 재무 관리

ㄷ. 자금 조달 및 개발

ㄹ. 법무

ㅁ. 사회·환경적 관심사

전문 이사들은 이사회의 결정에 따라 한 분야 이상의 전문 지식을 갖출 수 있다. 이들은 이사회의 정식 구성원으로서 이사회의 의사결정과 업무에 전적으로 참여한다.

6.6 의무

각 이사는 유사한 환경 아래서 대체로 신중한 사람으로서 최대한 조직을 위해 신념을 가지고 독자적인 판단력을 발휘해야 한다.

6.7 보상

최고 경영자(CEO)와 채용된 총서클 대표들과 전문 지식을 갖추고 계약한 전문 서비스를 제공하는 전문 이사를 제외하고, 나머지 이사들은 자신의 서비스에 대한 보상을 받지 않는다. 그러나 그들의 임무를 이행하는 데 드는 통상적이고 필요한 경비를 지급받을 수 있다.

6.8 이해 충돌 및 비밀 유지

각 이사는 이해 충돌 및 비밀 유지 동의서의 사본에 서명하고, 서기는 사본을 조직의 서류철에 보관하거나 보관되도록 한다.

6.9 투명성

이사회는 가급적 소시오크라시 조직의 관행을 준수하여 모든 업무 처리에 관한 기록이 투명하고, 구성원들과 직원과 그 밖의 이해 당사자들이 이용할 수 있도록 해야 한다. 기밀로 분류된 정보에 대한 합리적인 이의에 대응하기 위해, 이사회는 정보를 보호함과 동시에 검토할 수 있게 해주는 조사에 관한 방침들을 확립해야 한다.

7. 선출 및 임기

7.1 선출 과정

이사회 구성원과 임원, 서클 임원들은 2.3.4항 '동의에 의한 선출의 원리'에서 기술한 대로 동의 원리를 적용하여 선출한다. 선출은 업무회의 중에 하나의 안건으로 실시하거나, 선출을 목적으로 소집된 회의에서 실시할 수도 있다. 과정은 아래의 사항들을 포함하되, 그것들에 한정되지는 않는다.

ㄱ. 근거 있는 후보 추천

ㄴ. 필요한 경우, 이의에 대한 토의 및 해결

ㄷ. 동의

후보 추천과 토의에서 추천 근거가 제시되면, 선출 회의를 위해 선출된 퍼실리테이터 또는 다른 사람이 그 과정을 진행하고, 최선의 선택으로 보이는 후보의 선출을 제안할 수 있다.

7.2 선출일

이사, 이사회 임원, 그 밖의 서클 임원의 선출은 8.1항 '연례회의'의 자세한 설명대로 서클의 연례회의에서 실시하고, 필요에 따라 결원을 충원한다.

7.3 임기

7.3.1 설립 이사

설립 이사들의 임기는 설립 날짜에 시작되어 이사회의 첫 연례회의까지 지속된다.

7.3.2 이사와 임원

7.6항 '임기 만료'에 의해 제한을 받는 경우를 제외하고, 이사와 서클 임원은 각 서클의 첫 연례회의에서 1년의 임기로 선출하고, 재선될 자격을 부여한다.

7.4 사임

사임은 서클 서기에게 서면으로 통고한다.

7.5 해임

이사나 서클 임원은 4.2항 '동의의 제한 조건'의 설명대로 당사자의 동의를 얻지 않고 그 서클의 결정에 따라 해임할 수 있다.

해임은 해임 대상자의 계약상 권리가 있는 경우, 그 권리를 침해하지 않아야 한다.

7.6 임기 만료

7.6.1 이사

법률에 따라 이사회 결원이 생겨 보궐 선출된 이사는 누구든 임기의 잔여기간 동안만 근무한다.

7.6.2 서클 임원

이사회와 달리 서클들은 잔여 임기에 임기를 1년 더 연장하는 선출을 포함해 임기 만료에 관한 자체의 규칙을 제정할 수 있다.

7.6.3 결원

법률이 요구하는 이사회 임원과, 그 밖의 서클 임원은 가급적 빨리 교체한다. 임원과 달리, 서클들은 결원을 충원하지 않기로 결정할 수 있다.

8. 회의

8.1 연례회의

연 1회의 서클 회의는 제7조 '선출 및 임기'의 상세한 설명대로 선거를 실시하기 위한 연례회의로 지정되어야 한다. 그 밖의 사안도 서클의 결정에 따라 그 회의에서 다룰 수 있다. [이해관계인들의 연례회의는 회원제 단체, 아파트 등뿐 아니라 영리법인과 비영리법인에 대해 여러 관할 기관에 의해 요구된다.]

8.2 서클 회의

서클 구성원들이 협의하여 이의를 해결하고 동의로 결정하기 위해 전화나 디지털 전자적 수단을 포함해 그 밖의 모든 방식으로, 합의된 시간과 장소에서 최소한 분기별로 회의를 개최한다.

8.3 특별 서클 회의

특별 서클 회의는 서클 구성원 누구나 요청할 수 있으며 서클의 정책으로 정한 정족수를 채울 만큼 충분한 서클 구성원이 모이기 편리한 시간에 개최한다. 회의 소집 요청은 이사회 서기에게, 또는 서클에서 따로 지정한 곳으로 전달되어야 한다.

8.4 회의 소집 통지

8.5항 '통지 의무의 면제'를 조건으로, 의사결정이나 기타 조치를 취하기 위한 회의의 소집은 적어도 7일 전에 구성원에게 통지해야 한다. 마지막 회의의 회의록 기록을 통해 회의를 소집하게 되며, 우편물이나 팩시밀리, 전화나 디지털 전자적 수단 등 서클이 정한 기타 모든 방식으로 소집할 수 있다.

회의 소집을 통지할 때는 가급적 제안된 안건 항목과 보조 자료를 제공해야 한다.

8.5 통지 의무의 면제

서클은 특별회의를 비롯한 회의 소집 통지를 면제할 수 있는 조건을 자체 정책으로 결정할 수 있다.

다른 회의에 참석하는 경우, 또는 서클이 정한 소통 방식들에 주의를 기울이지 못한 경우는 통지 의무의 면제 사례로 간주된다.

8.6 정족수

전화나 기타 적절한 수단을 통해 토의하고, 이의를 해결하고, 동의 의사결정이나 투표에 참여하도록 승인된 구성원으로 정족수를 충족해야 한다.

8.6.1 이사회

법률에서 요구하는 바대로, 불참한 구성원들이 서면으로 합의해서 그것을 회의 전에 서기에게 제시하지 않는 한, 업무가 집행되고 조치가 취해지기 위해서는 이사회 총 구성원의 3분의 1이 참석해야 한다. 단, 3인 미만의 이사들이 참석한 경우, 결코 업무가 집행되거나 조치가 취해져서는 안 된다.

8.6.2 이사회 이외의 서클들

이사회 이외의 서클은 특별회의를 포함해 모든 회의에 관한 정족수를 따로 결정할 수 있다.

8.7 회의를 거치지 않는 조치

8.7.1 이사회

이사회 회의에서 요청하거나 승인한 모든 조치에 대해서는, 투표나 동의 의사결정에 참여할 자격이 있는 모든 이사의 서면 동의를 통해 회의를 거치지 않고 결정할 수 있다. 서면 동의서에는 우편물이나 팩시밀리, 전자적 수단이나 이사회가 지정한 그 밖의 방식으로 이루어진 통지들이 포함될 수 있다. 이와 같은 통지는 이사회 회의록에 정리·보관한다.

법률에 따라, 회의를 거치지 않은 조치에 대한 동의는 대면 회의에서 이루어진 것과 같은 효력을 가진다.

8.7.2 그 밖의 서클들

서클 회의에서 요청하거나 승인한 모든 조치는, 서클 정책에서 정한 모든 과정에 따라서, 또는 이 항에서 이사회와 관련해 상술한 바대로 모든 구성원의 동의로 회의를 거치지 않고 취해질 수 있다.

9. 구성원

[회원제 단체들의 경우, 이 항에서는 회원과 회원의 특권 및 의무를 정의해야 한다.]

9.1 종류

이사회는 조직에서 최소한 한 종류의 회원 자격을 설정해야 한다.

9.2 투표권 없음

다양하고 지리적으로 분산된 회원 자격으로 의미 있는 선거나 그 밖의 의사결정 과정을 처리하는 것이 비현실적이기 때문에, 모든 회원은 투표권이 없을 것이다.

9.3 통치에 대한 참여

서클들은 조직의 업무에 참여하고 있는 회원들이 해당 업무와 관련된 정책 결정에 참여할 수 있는 적절한 방법을 마련해야 한다.

10. 자문 위원회

이사회는 조직의 목적을 실현하기 위해 하나 이상의 자문 위원회를 둘 수 있다.

11. 재무

11.1 재무

조직의 재무 관행은 최고 수준의 책임성과 투명성을 유지해야 한다. 고용인이나 기부자, 그 밖의 사람들에 관한 개인 정보를 드러내거나 조직의 안정성을 위태롭게 하지 않는 한에서, 모든 회원과 고용인들, 이사회에서 정한 다른 사람들이 재무 기록을 이용할 수 있다.

11.2 기금 사용

조직의 기금은 1.3항 '사명'의 기술대로 오직 조직의 사명에 관련된 활동과, 자선 및 교육 목적에만 사용해야 한다.

11.3 회계연도

회계연도는 이사회에서 달리 정하지 않는 한 1월 1일에 시작되어 12월 31일에 종료된다.

11.4 보상

조직은 모든 고용인에게 고정성 보상과 변동성 보상을 하는 소시오크라시 관행을 따른다.

12. 연차 보고서

조직은 어떤 매체를 통해서든 조직의 활동에 관한 요약과 전년도 재무 보고서 등을 포함하는 연차 보고서를 발표해야 한다. 연차 보고서는 일반인들이 이용할 수 있어야 한다.

13. 면책

13.1 권리

법률과 이 정관이 제한하는 경우를 제외하고, 조직의 각 이사, 고용인이나 자원봉사자는 조직에 의해 면책 보증을 받아야 하고, 조직을 대신해 서비스를 제공하거나 직무를 수행한 결과로서의 모든 직무 태만이나 행위로 인한 손해나 변호사 비용에 대한 책임을 져서는 안 된다.

이사나 고용인, 자원봉사자의 경우, 그 같은 면책권은 법정상속인과 유산에 유리하게 보장되어야 한다.

13.2 제한

13.1항 '권리'에서 상술한 대로, 아래의 사항은 면책 대상에서 제외한다.

ㄱ. 조직이 요구하거나 승인한 서비스나 직무에 적합하게 포함되어 있지 않은 모든 직무 태만이나 행위

ㄴ. 이사, 고용인, 자원봉사자의 고의적 불법행위

ㄷ. 이사, 고용인, 자원봉사자가 적법한 행위라고 믿을 만한 타당한 근거가 없는 경우의

범죄

ㄹ. 이사, 고용인, 자원봉사자에게 돈이나 재산이나 서비스의 부당한 사익을 발생시키는 업무 처리

ㅁ. 선의에 의하지 않은, 조직의 권한 범위를 벗어난 직무 태만이나 행위

13.3 전문적 서비스

전문 이사를 제외하고, 13.2항 '제한'에서 언급한 책임의 제한은 조직에 의해 전문가로 고용된 모든 공인된 전문가에게 적용되어서는 안 된다.

14. 수정

이 정관은 변경하거나 폐기할 수 있다. 새로운 정관은 수정안에 관한 언급을 포함해 수정하겠다는 취지를 모든 서클 구성원에게 최소한 30일 전에 통지하여 이사회가 채택할 수 있다. 이 같은 통지의 목적은 서클들이 필요하다고 보는 경우에 특별회의를 소집하여 그 수정안을 심의하고 차상위 서클의 심의 과정에 참석할 대표(들)를 선정할 시간을 보장하기 위해서다.

수정안은 1986년도 미국 연방조세법의 501(c)(3)항에 따른 조직의 사업면허에 악영향을 미쳐서는 결코 안 된다.

15. 해산

15.1 통지

컬럼비아특별구의 법률에 따라 활동하는 조직은, 제안된 해산의 사유를 포함해 해산하겠다는 취지를 모든 서클 구성원에게 최소한 30일 전에 통지하여 이사회가 해산할 수 있다. 이 같은 통지의 목적은 모든 계층의 서클 구조가 필요하다고 보는 경우에 특별회의를 소집하여 그 제안을 심의하고 차상위 서클의 심의 과정에 참석할 대표(들)를 선정할 시간을 보장하기 위해서다.

15.2 자산 배분

조직의 해산 때, 모든 잔여 자산은 1986년도에 수정된 미국 연방조세법의 501(c)(3)항에 따라 세금 면제 자격이 있는 하나 이상의 자선단체나 교육단체나 학술단체나 박애단체에 배분한다. 대상 조직은 조직의 회원, 고용인, 자원봉사자들로부터 추천을 받아 이사회가 결정할 것이다.

채택일: [일시]

추가 사항

이해 충돌 및 비밀 유지 동의서

[톱서클의 각 구성원과 이사회는 다음과 같은 이해 충돌 및 비밀 유지 동의서에 서명하여 승인하고, 서기는 사본을 조직의 서류철에 보관해야 한다.]

나는 조직의 이사로서 조직에 대한 관심과 충성과 복종의 의무가 있으므로 아래와 같이 해야 할 것을 알고 있다.

1. 나는 이해 충돌을 피하기 위해서, 다른 조직 또는 사람에 대해 상충되는 의무를 가지는 것처럼 보이거나, 조직과 다른 사람 또는 직업 또는 기업 또는 자원봉사자의 지위 또는 책임 사이에서 신의를 지키지 못할 수 있는 것처럼 보일 수 있는 모든 상황을 이사회에 밝히는 것에 동의한다. 그런 충돌은 토론이나 투표로부터의 배제, 또는 법적 책임으로부터 벗어나기 위해 필요할 경우 조직에서의 내 지위의 박탈을 정당화할 수 있다.
2. 나는 조직과 조직의 계획, 고용인, 그리고 활동과 거래에 관한 기밀 정보를 이용할 수 있음을 알고 있으며, 부적절한 폭로로 인해 노력의 성과를 해하거나 조직에 손해를 입힐 수 있는 정보의 기밀성을 유지하는 것에 동의한다.

서명: 일시:

성명:

공증인:

소시오크라시 조직 구축을 위한 지침

이 부록에는 제3부 '강점 체계화'에서 설명한 바처럼, 여러 소시오크라시 관행 및 과정을 활용하기 위한 지침이 포함되어 있다. 서클을 조직하고, 서클 회의를 진행하고, 결정을 내리는 과정에서 이 지침을 활용하기 바란다.

처방이 아니라 원리

이 지침들은 소시오크라시 원리를 효과적으로 적용하는 데 유용하도록 설계하였으며 규범으로 정한 것이 아니다. 이 지침들은 세 가지 원리, 곧 동의와 순환 계층구조, 이중 연결이라는 목적 실현에 도움이 되는 한 변경되고 수정되고 때로는 무시될 수도 있다. 이 지침에 힘입어 여러분은 일관된 구조를 확립·유지하고, 동등성과 투명성과 효율성이라는 가치들을 표현할 수 있을 것이다.

◉ 지침1: 실행 과정 ◉

소시오크라시를 실행한다는 것은 계획하고 실행하고 측정하고 다시 계획하는 과정이다. 그 과정이 어디에서 시작되고 얼마나 빠르게 진행되는지는 조직의 규모, 현재의 구조, 변화에 대한 개방성, 리더십 수용도 등에 달려 있다. 소시오크라시 전문가들은 이 실행을 돕기 위한 교육을 받는다.

전형적인 실행 과정

1. 주요 의사결정자들과 모든 수준의 조직에서 선출된 서클대표를 포함하는 실행서클을 구성한다. 실행서클은 다음 일들을 수행한다.
   ㄱ. 서클 구조와 서클 목표를 정의한다.
   ㄴ. 어떤 서클을 우선 활성화할 것인지 결정한다.
   ㄷ. 활성화된 서클의 구성원에 대한 교육을 준비한다.
   ㄹ. 사내 교육자(들)를 양성한다.
   ㅁ. 서클 구조를 유지·발전시키는 과정을 확립한다.
   ㅂ. 모든 사람이 수익과 손실을 공유하는 보상 체계를 개발한다.

2. 톱서클이 활성화 전이라면 이제 톱서클을 활성화한다.
   일부 조직들은 이사회를 따로 둘 필요가 있을 수 있다. 그런 경우에 톱서클은 정관에 톱서클의 모든 결정이 이사회의 결정이고, 이사회의 모든 결정이 톱서클 회의에서 내려진다고 명시함으로써 이사회로 구성할 수 있다.
   톱서클 구성원들은 아래와 같다.
   ㄱ. 최고 경영자(CEO)나 지도자나 사장으로 일컬어지기도 하는 운영 총괄 관리자(운영장)
   ㄴ. 총서클에서 선출된 서클대표(들)
   ㄷ. 외부 전문가들
   대개 네 명인 외부 전문가들은 다음과 같다.
   (1) 법률 자문이나 지방정부의 대표
   (2) 재무 전문가
   (3) 소시오크라시 전문가나 경영 전문가
   (4) 조직의 목표에 관한 전문가

3. 톱서클의 첫 조치와 책임

첫 조치와 책무는 아래와 같다.

(1) 운영 총괄 관리자를 선출하거나 확인한다.

(2) 목표 선언문과 전체 예산, 정책 계획을 채택하거나 확인한다.

(3) 법인 설립의 형태와 정관을 확정한다.

(4) 환경에 맞게 조직의 목표를 수립한다.

(5) 법률상 권한이 주어진 수탁 의무를 실행한다.

(6) 선제적으로 새로운 아이디어를 내고 도입한다.

4. 총서클의 첫 조치와 책임

첫 조치와 책임은 아래와 같다.

(1) 운영서클의 책임자를 선출하거나 확인한다.

(2) 운영서클의 예산을 채택하거나 조정하거나 확인한다.

(3) 운영서클의 목표를 검토하여 조정한다.

(4) 장기 계획을 검토하거나 수립한다.

(5) 하나 이상의 운영서클에 영향을 미치게 되는 정책 결정에 관한 안건을 설정한다.

5. 운영서클은 자기 조직한다.

서클들과 하위 서클들은 총서클과 똑같은 과정으로 자기 조직한다.

6. 실행서클을 해체한다.

일단 서클 구조가 제자리를 잡으면 실행서클은 더는 필요 없지만, 일부 구성원들은 계속해서 사내 교육과 통치 시스템의 감독에 관한 행정 지원을 할 수 있다.

🟤 지침2: 서클과 임원들 🟤

서클

운영 단위인 팀, 부서, 위원회, 실무 그룹 등의 모든 구성원은 필요에 따라 회의를 소집해 자체 영역에서 일일 운영을 좌우할 정책을 결정한다.
구성원들은 동등한 자격으로 동의로 결정을 내리고, 서클의 관리 업무를 담당할 임원을 선출한다.

서클 임원

서클 구성원은 서클 회의에서 특정한 역할과 책임을 담당할 임원을 선출한다.(지침3 '선출 과정' 참조)

1. 운영장

운영장은 서클대표의 참석 아래 차상위 서클에서 선출하며, 서클의 일일 업무를 관리하고, 서클의 개발을 책임진다.
운영장은 서클대표의 역할을 제외하고 그 서클의 모든 역할을 수행할 수 있도록 선출한다.
운영장은 이중 연결로 형성된 피드백 루프에서 '아래로' 연결하는 역할을 하면서, 상위 서클의 정보를 서클로 전달할 책임을 진다.

2. 퍼실리테이터

퍼실리테이터는 회의를 이끌고 서기와 협력하여 안건과 회의 자료를 준비하는데, 운영장을 겸임할 수도 있다.

3. 서기

서기는 서클의 행정 담당자로서 아래와 같은 업무를 처리한다.
(1) 회의록을 작성하고 발표한다.
(2) 퍼실리테이터와 협력하여 제안과 계획 촉진 방안과 회의 절차를 세운다.
(3) 회의 소집을 통지하고 회의를 준비한다.
(4) 퍼실리테이터와 운영장과 다른 서클 구성원들과 적절하게 협의하여 회의 안건을 준

비하거나, 자연스럽게 발생한 안건들을 다룰 제안 사항들을 서클 정책에 따라 체계화한다.

(5) 배포 자료를 준비한다.

4. 서클일지 관리자

회의록, 정책 결정, 직무 과정과 지침에 관한 상세 기술서, 재무 기록 등을 보관한다. 이 직무는 특히 소규모 서클이나 책무가 덜 복잡한 서클들에서 흔히 서기가 겸임한다.

5. 선출된 대표(들)

대표(들)는 차상위 서클에서 자기 서클을 대표하고, 의사결정에서 그(들)의 동의를 필요로 하는 정식 구성원으로서 양쪽 서클에 참석하고, '거수기'가 아니라 서클의 최상의 이익을 대변하는 정식 참여자다.

대표(들)는 이중 연결에 의해 형성된 피드백 루프에서 '위로' 연결하는 사람으로서 직무를 수행하며, 서클에서 차상위 서클로 정보를 전달한다.

6. 그 밖의 서클 임원

그 밖의 서클 임원들은 특히 업무가 복잡한 대규모 서클들에서 역할을 명확하게 정의하여 선출할 수 있다.

⬣ 지침3: 선출 과정 ⬣

서클은 논거가 뒷받침되는 공개 추천 과정을 밟아 역할과 책임을 맡을 구성원을 동의로 선출한다. 서클의 퍼실리테이터가 선출을 관리할 수도 있고, 선거를 돕기 위해 다른 사람을 선출할 수도 있다.

1. 역할이나 책무에 관한 기술서를 낭독한다.
기술서를 정의하고 동의 절차를 밟거나 기존의 기술서를 재확인할 수도 있다. 기술서에는 성과 측정 수단과 재임 기간이 포함된다.

2. 후보 추천
퍼실리테이터를 포함해 서클 구성원은 퍼실리테이터에게 추천자와 후보자의 이름이 적힌 추천 양식을 제출한다. 다른 구성원을 추천하거나 자천할 수 있고, '추천 없음' 혹은 '외부 채용'이라고 적어 낼 수도 있다.

추천 양식

> [추천자의 이름]은/는
> [후보자의 이름]을/를
> 추천합니다.

3. 발표
퍼실리테이터는 각 추천 결과를 낭독하고, 각 추천자에게 추천한 사유(논거)를 물어본다. 사유는 기술서상의 역할과 책임과 관련된 것이어야 한다.

4. 추천 근거 설명 후 추천 변경
퍼실리테이터는 나머지 발표에 입각해 추천자들이 자신의 추천을 바꾸고 싶은지, 새롭게 추천할 사람이 있는지 물어본다. 아무 대답이 없더라도, 퍼실리테이터는 모든 변경 사항과 새로운 추천에 관한 이유를 물어본다. 이는 라운드나 단순한 권유로 진행할 수 있다.

5. 동의 라운드
(1) 퍼실리테이터는 제시된 근거와 직무 기술서에 입각해 후보자 중 적임자 한 명을 선택

하여 이유를 제시하고, 서클 구성원에게 동의 여부를 차례로 물어본다.(* 중요: 해당 후보자의 의사는 마지막에 물으며, 그 이유를 제시하도록 한다.)

(2) 이의가 제기될 경우, 서클은 이의를 해결하기 위한 시도를 할 수 있다.

(3) 해결되지 않은 이의가 있거나 당사자가 스스로 이의를 제기하는 경우, '이의 없음'으로 선출할 때까지 4단계 '변경 사항' 과정을 되풀이한다.

(4) 후보자가 스스로 이의를 제기하는 것을 포함해 모든 후보자에 대해 이의가 제기될 경우, 해결책이 나올 때까지 결원을 유지한다.

(5) 이 과정을 마치려면, 이의에 대응하기 위해 직무 기술서를 다시 정의하거나, 필요한 지식과 기술을 가진 신규 구성원을 채용해야 할 수도 있다.

(6) 누군가를 외부에서 채용하는 경우, 운영장은 대개 서클의 동의하에 그 과정을 주도적으로 실행할 책임이 있다.

주의 사항

(1) 임기 제한, 즉 재신임하거나 재선출할 일시를 명시한다.

(2) 추천 사유를 공유하는 동안 토의나 논평 없이 경청한다.

(3) 자원자나 관심 있는 사람이 있는지 물어보아서는 안 된다. 선출이 끝날 때까지 모든 사람이 후보라고 가정해야 한다.

(4) 선출된 사람이 '잘나지도 못나지도 않다'는 점을 기억해야 한다. 완벽한 사람은 어디에도 없고, 모든 사람은 학습할 수 있다.

● 지침4: 서클 회의 ●

보통 4~6주에 한 번씩 회의를 연다. 또는 계획을 수립하거나 서클 영역 내에서 일일 운영에 영향을 주는 정책 결정을 내리고 검토하기 위해 필요할 때 회의를 개최한다.

회의 형식

서클에서 달리 정하지 않는 한, 회의는 퍼실리테이터가 이끌고 서클일지 관리자/서기가 기록한다.

준비

1. **오프닝 라운드**

   음악가들이 공연 전에 조율하는 것과 마찬가지로, 서로 마음을 맞추고 서클의 목표에 초점을 맞추는 시간

2. **행정 사항**

   거의 또는 전혀 토론이나 결정을 요구하지 않는 항목들을 다룬다. 공지 사항, 시설 관리, 지난번 회의의 회의록에 대한 동의, 차기 회의 일시, 초청 인사 초대 등이 이에 해당한다.

3. **안건에 대한 동의 확인**

   모든 추가 사항, 설명 등을 포함해 안건을 받아들임.(라운드가 필요하지 않음)

   일부 기업이나 단체는 회의의 초반에 즉석에서 제기되는 안건을 채택한다. 일부는 안건 항목들을 미리 제출받는다. 일부는 두 가지 방식을 결합한다.

내용

아래 사항의 일부 또는 모두를 포함하거나, 서클이 결정한 그 밖의 내용을 다룰 수 있다.

4. **제안에 관한 고찰**

   지침6 '정책 개발'과 지침7 '이의 해결' 참조

5. 쟁점이나 우려에 관한 토의

6. 서클 개발 활동

클로징 라운드

오프닝 라운드가 구성원들의 마음을 서로 맞추는 기능을 하듯이, 클로징 라운드는 회의의 결말을 짓고, 회의 종료 단계로 전환하는 기능을 한다. 회의에 대한 참석자들의 평가는 과거가 아니라 미래에 초점을 맞춘 '피드포워드 루프'가 되도록 한다.

클로징 라운드에서는 회의에 대한 평가와, 효율성에 대한 척도로서의 그 결과, 다음 회의 안건의 제안, 수행해야 할 업무에 대한 검토, 개인들이 그 회의에서 얻은 점 등을 언급할 수 있다. 평가 이외에 회의를 통해 떠오른 '시사점'을 이야기할 수도 있다. "내일 무슨 일이 생길까?"

서클 회의록

서클 회의록에는 다음 사항들이 포함된다.
 (1) 회의에 관한 세부 사항(날짜, 시간, 참석자 등)
 (2) 명확한 결론과 그 근거
 (3) 채택된 제안서의 원문
 (4) 차기 회의 일시
 (5) 기타 필요한 정보

서기
 (1) 퍼실리테이터와 함께 회의록을 검토한다.
 (2) 구성원에게 회의록을 배부한다.
 (3) 회의록을 서클일지에 추가하고, 재검토할 날짜를 추정하여 기록한다.
 (4) 결정문을 서클의 정책 및 절차 매뉴얼에 추가한다.

기타, 지침9 '서클일지' 참조.

◆ 지침5: 라운드 ◆

라운드의 목적은 각 서클 구성원이 의사결정에 동등하게 참여하게 하고, 회의에서 동등성의 원리를 확립·재확립하려는 것이다. 정보를 수집하고, 서클 구성원들 사이에 친밀감을 조성하고, 이의를 해결하기 위해 라운드는 여러 번 진행할 수 있다.

라운드 진행

퍼실리테이터는 한 사람에게 먼저 발언하도록 요청함으로써 라운드를 시작한다. 원으로 둘러앉아 시계 방향이나 반시계 방향으로 차례로 발언을 이어간다. 첫 번째 사람은 임의로 선택되거나, 특정한 주제에 대한 전문성을 이유로 선택될 수 있다. 그 목적은 누가 처음 말하고 누가 마지막으로 말할지, 누가 누구보다 먼저 말하거나 나중에 말할지, 발언 순서를 조정하는 것이다. 집단이 원으로 앉아 있지 않은 경우, 퍼실리테이터가 고갯짓으로 다음 발언자를 가리킬 수 있다.

라운드에서는 대체로 말다툼을 벌이거나 발언을 가로막는 일은 없다. 라운드에서는 각자의 발언을 경청하는 데 중점을 둔다.

서클 회의를 전화나 화상으로 진행하는 경우, 퍼실리테이터가 가상 시계를 활용해 참석자들에게 위치를 지정해주는 것이 도움이 된다. "조지는 1시 방향에 있고, 마샤는 2시 방향에…… 등등." 그러면 일일이 이름을 부를 필요가 없고, 라운드를 신속하게 진행할 수 있다.

라운드의 종류

1. 오프닝 라운드

오프닝 라운드는 모든 서클 회의의 첫 번째 활동으로, 활기를 불어넣고 서클 구성원들을 서로 연결시킨다. 사람들은 업무나 업무와 관련이 없는 사건이나 감정 등을 공유한다. 자기 자신을 그 회의에 데려온다.

2. 반응 라운드

반응 라운드는 어떤 제안이 제출된 경우에 시작하는데, 그 제안에 대해 생각해 볼 준비가 되었는지 한두 마디나 한 문장으로 반응을 보이는 즉석 라운드다. 반응 라운드를 통해 신속하게 문제를 확인하고, 제안을 토의에 부칠지를 결정하고, 동의 여부를 물을 준비가 되어 있는지를 알 수 있다.

3. 정보 수집 라운드
어떤 제안이 작성되기 전에 정보와 제언을 구하기 위해 진행되는데, 쟁점과 이의를 명료하게 하고, 반응 라운드에서 나온 반응이 부정적일 때 참석자들로부터 더 많은 정보를 얻기 위해 언제라도 진행될 수 있다.

4. 동의 라운드
더 이상 이의가 없으며 각 서클 구성원이 제안에 동의했다는 것을 확실히 하기 위한 라운드이다.

5. 클로징 라운드
서클 회의는 언제나 라운드로 폐회한다. 그 회의에 대한 평가와, 효율성에 대한 척도로서의 그 결과, 향후 안건의 제안, 수행해야 할 업무에 대한 검토, 각자가 회의에서 얻은 점 등을 이야기하는 것으로 이루어진다.

클로징 라운드는 회의 진행이나 회의에 대한 평가에 그치지 않는다. 그것은 회의에서 떠오른 '시사점'을 포함한다. "내일 무슨 일이 생길까?"

주의 사항
1. 먼저 말할 사람이 자원하도록 해서는 안 된다. 사람들이 경쟁할 수도 있고, 사적인 안건을 가진 사람이 라운드의 취지에서 벗어난 발언을 할 수도 있다.
2. 공개 토의와 대화로 라운드의 균형을 잡아야 한다. 공개 토의는 의견을 신속하게 정리할 수 있게 해주지만, 일부 사람들은 침묵을 지키는 반면 일부 사람들이 좌중을 지배할 수도 있다. 그것은 자기 조직화에 매우 중요한 동등성을 저해한다.
3. 여러 명이 발언하기 위해 기다리고 있다면 라운드가 필요하다는 조짐이다. 라운드를 통해 모든 쟁점이나 관점의 균형을 잡을 수 있을 것이다.
4. 라운드를 마칠 무렵에 아주 새로운 발상이나 반응이 나오는 경우, 라운드를 되풀이해서 모든 서클 구성원에게 그 정보에 반응을 나타내거나 그에 대해 숙고할 기회를 주어야 한다.
5. 각자의 발언에 귀를 기울여야 한다는 점을 잊지 말아야 한다. 일부 집단에서는 퍼실리테이터에게 주의를 집중하는 경향이 있다.

● 지침6: 정책 개발 ●

정책은 서클의 목표를 달성하기 위한 원리나 전략에 관한 진술이다. 그것은 향후 행동에 관한 요건과 승인 사항을 정한다. 정책은 한 가지 예산 항목만 다룰 만큼 한정적일 수도, 업무 과정 전체를 바꿀 만큼 포괄적일 수도 있다. 특정인의 역할을 규정하거나 모든 사람의 역할을 재조정할 수도 있다.

제안들은 복잡성에 따라 각기 다르게 개발되고 채택된다.

제안은 보통 다음 사항들을 포함한다.
1. 정책의 목적
2. 중점적으로 다루는 쟁점이나 조건
3. 적용 영역이나 범위
4. 예산 및 다른 자원 요건을 포함한 실행 과정
5. 실행 일시
6. 재검토일

간단한 동의

간단한 동의는 회의 일시를 정하거나, 보고서나 회의록을 승인하거나, 예전의 결정을 약간 변경하거나, 그 밖의 일상적인 결정을 내리는 데 활용될 수 있다.

퍼실리테이터가 어떤 결정을 제안하고, 이의가 있는지 물어본다. 이의가 있다면, 이의를 해결하기 위해 라운드를 진행한다. 쟁점이 원래 예상했던 것보다 훨씬 복잡한 경우, 퍼실리테이터는 만족스러운 제안을 만들기 위해 결정을 다른 곳에 위임하자고 제안할 수 있다.

대체로 그동안 이의가 없었던 일상적인 결정에는 정식 라운드가 필요하지 않다.

제안 개발

정책 결정을 위한 제안을 개발하는 과정은 종종 '윤곽 잡기(picture forming)'라고 일컬어지는데, 문제를 해결하거나 제안의 필요성과 제안에 대한 의견을 확인하기 위해 흔히 라운드에서 정보를 수집하는 것으로 시작된다.

퍼실리테이터가 제안 개발을 적임자(들)에게 위임하거나, 서클에서 적임자를 선출할 수도 있다. 누가 적임자인지 바로 알 수 있을 때가 많기 때문에, 선출은 하지 않는 것이 보통이다.

제안 과정은 다음 사항들을 포함한다.
   1. 정보 수집하기(투입)
   2. 제안 개발(변환)
   3. 동의(산출)

긴 과정과 짧은 과정
   다음의 모든 단계를 거칠 경우, 그것은 긴 과정에 해당한다. 하지만, 쟁점을 확인하기 위한 첫 라운드 후, 제안 개발과 때때로 정보 수집하기는 서클 회의에서가 아니라 다른 방식으로 이루어진다. 그것은 짧은 과정에 해당한다.
   전체 과정이 서클 회의에서 진행되든 그렇지 않든 간에, 진행 단계는 다음과 같다.

1. 정보 수집하기(투입)
   (1) 어떤 정책의 필요성을 설명한다.
   (2) 문제나 기회를 확인하고, 질문하고, 탐구한다. 이 과정은 라운드나 대화나 그 밖의 토의 방식을 활용해 이루어질 수도 있다.
   (3) 확인된 쟁점 목록에 대한 동의 여부를 확인한다.

2. 제안 개발(변환)
   제안 개발 단계는 그 서클 회의에서 진행될 수도 있고, 위임하여 다른 회의에서 진행될 수도 있고, 두 가지 방식이 결합되어 진행될 수도 있다.
   (1) 조치를 취하기 위해 의견을 모아야 한다. 복잡한 쟁점인 경우, 이 단계는 서클 내외부에서 연구하고 의견을 구할 수 있다.
   (2) 의견들을 결합해 제안을 입안한다.
   (3) 제안의 초안이 모든 쟁점을 다루고 있는지 확인한다.

3. 동의(산출)
   동의 과정은 제안 발표, 의미 명료화, 변경이나 추가 가능성 확인, 제안의 수용 등으로 이루어진다.
   (1) 제안 검토
     서기와 제안 작성자는 가급적 회의 전에 제안서를 배포한다. 구성원들이 회의 전에 그 제안서를 숙지한 경우, 간단하게 요약만 하면 될 것이다.

(2) 문제를 명료하게 하기

참석자들은 주어진 제안을 이해하기 위해 질문을 던진다. 개인적 선호나 판단을 드러내지 않는, 내용을 '이해하기 위한' 질문이다. 질문이 많은 경우, 라운드로 진행할 수 있다.

(3) 즉석 반응 라운드

서클 구성원들은 그 제안이 더 많은 연구를 필요로 하는지, 혹은 그것이 검토할 만한지, 서클이 검토할 준비가 되어 있는지를 확인하기 위해 간단하게 의사(느낌)를 표현한다.

반응 라운드 결과가 부정적일 경우, 우려 사항을 듣기 위한 라운드를 빠르게 진행할 수 있다.

(4) 동의 라운드

각자가 차례로 동의하거나 걱정되는 바를 언급하거나 이의를 제기한다. 라운드는 되풀이될 수도 있고, 이의를 해결하기 위해 다른 토의 방식을 활용할 수도 있다. 지침7 '이의 해결'을 참조하기 바란다.

동의에 이르지 못할 경우, 퍼실리테이터는 그 제안에 대한 처리 방안을 제의할 수 있다. 다시 입안하거나 위임하거나 무효화할 수 있다. 이 결정을 위해 라운드를 진행할 수 있다.

(5) 동의에 이를 경우, 결정되었음을 확인한다. 적절한 상황이라면 결정을 축하한다.

주의 사항

정보 수집하기가 서클 회의에서가 아니라 다른 방식으로 이루어지는 경우, 서클 구성원은 각 구성원의 우려에 충분히 주의를 기울이지 않을 수 있다. 또한, 필요한 조치를 중심으로 서클을 통합시키지 못할 수도 있다.

그러나 특히 기술적 결정에 관한 사안이거나, 회의 시간이 더 짧거나 횟수가 더 적은 편이 나을 경우, 서클의 개입이 항상 필요한 것은 아니다. 물론, 연구는 회의에서가 아니라 다른 방식으로 잘 이루어진다.

● 지침7: 이의 해결하기와 동의 구축하기 ●

동의를 성취하는 것은 일종의 과정이다. 그것은 어떤 정책의 필요성을 설명하는 것으로 시작하여 이의를 해결하면 끝난다. 이의를 해결하기 위한 요건은 동의에 의한 의사결정을 처음 접하는 많은 사람들에게 익숙하지 않지만, 그것은 필수적이다.

이의는 거부권이 아니다. 그것은 창의적 과정이다. 이의는 반드시 설명되어야만 이해되어 해결될 수 있다. 일단 이의가 명료해지면, 그것은 모든 사람의 '소관사'이다. 이의를 제기하고 해결하는 것 모두가 제안을 개선하는 데 필요하며, 정책이 실행될 때 모든 서클 구성원이 최선을 다해 직무를 수행할 수 있도록 해준다.

이의를 해결하여 제안 개선하기

이의가 명료하게 설명되어 서클의 모든 사람이 이해하고 나면, 아래 방법 중 일부나 전체를 활용하여 이의를 해결한다.

1. 라운드에서 이렇게 묻는다. "우리가 이것을 어떻게 해결할 수 있을까?" 제안에 대한 수정을 요청한다.
2. 두세 명 사이의 간단한 대화에서 쟁점과 그 파급효과를 찾아낸다.
3. 형식에 얽매이지 않는 토의를 통해 이의를 해결하거나 새로운 방향을 모색하는 데 역량을 집중한다.
4. 정책을 검증하고 개선하기 위해, 제안된 실행 일정을 단축한다.
5. 정책의 적용 범위 제한: 이 정책은 정말로 모든 사람에게 영향을 미칠 수밖에 없는가? 더 적은 사람들, 활동, 장소 등에 국한될 수 있는가?
6. 서클이 앞으로 나아갈 수 있도록, 제안을 분리해서 각 부분에 대한 결정을 따로 내린다.
7. 결정을 미루어 균형감을 얻는다.
8. 결정할 필요가 있는지, 상황을 변화시킬 만큼 충분히 토의하고 신중하게 검토했는지 재평가한다.

서클이 이의를 해결할 수 없는 경우

9. 잠시 휴식을 취하면서 기지개를 켜고 의논한다.
10. 한 걸음 물러나서 그 정책이 제안된 근거를 재고한다. 그 과정, 목표, 우려를 해결하는

과정에서 이루어진 변경 사항들, 미해결된 이의 등을 잠시 재검토한다.

11. 가능하다면, 그 정책에서 일부 사람이나 과정을 제외한다. 그들은 분노를 불러일으키 거나 다른 사람들의 업무에 영향을 주지 않는 가운데 '새 정책 적용에서 제외될' 수 있 는가?

12. 심사숙고하기 위해 해결을 하위 집단에 위임한다.

13. 더 많은 정보와 한층 넓은 관점으로 볼 수 있는 상위 서클에 위임한다.

톱서클의 경우, 전문 이사나 그 전문 이사의 회사에 결정을 위임할 수 있다. 또 결정을 중재 나, 필요할 경우 조정에 맡긴다는 선택지도 마련해두어야 한다.

주의 사항

이 목록은 순서대로 또는 조합해서 이행해야 하는 단계 목록이 아니라 제안 목록이다. 각 정책과 이의는 각기 다른 방식으로 다루어져야 할 수 있다. 이 목록 중 세 가지가 필요할 수도 있고, 여섯 가지가 필요할 수도 있다.

앞의 조치들을 모두 취하거나 순서대로 취할 필요는 거의 없다. 퍼실리테이터는 어떤 이 의를 해결하는 데 효과적일 것으로 판단되는 조치나 또 다른 활동을 제안할 수 있다. 서클 구성원들 역시 제안할 수 있다.

● 지침8: 직무 과정 설계하기 ●

직무 과정은 비전과 사명, 그리고 목표를 달성하기 위한 상세 계획이다. 운영은 목표에 의해 직접적으로 관리되고, 더욱 명확하게 이해된다. 따라서 직무 과정은 대체로 목표에서 시작해서 비전과 사명으로 돌아오는 편이 훨씬 쉽다.

조직과 서클과 직무 기술서에는 모두 비전, 사명, 목표가 있다. 다음은 서클의 사례다.

1. 목표 정의
목표는 제품이나 서비스로서, 다른 목표들과 구별되는 점을 고객이나 소비자 또는 수령인이 쉽게 이해할 수 있는 용어로 설명한다. 목표는 실행의 결과로서 실체적이고 측정할 수 있다.

2. 비전 설정
비전은 서클 구성원들을 고무시키는 것, 예컨대 더 나은 세상에 관한 꿈이다. 비전은 대체로 외부 지향적이다.

3. 사명 설정
사명은 비전을 실현하기 위해 서클이 하는 일이다. 사명은 서클이 활동하도록 동기를 부여하는데, 대체로 내부 지향적이다.

4. 직무 과정 계획
직무 과정은 목표를 달성하기 위한 상세 계획이다.
(1) 실행 과정을 설계한다. 투입 단계와 변환 단계, 산출 단계를 포함한다.
(2) 지도와 측정의 방향을 조정하는 네트워크를 구축한다. 업무와 그 결과를 측정하는 방식을 결정하거나 방향을 조정할 정책을 세운다.
(3) 각 역할이나 책임을 맡을 사람들을 동의로 선출한다.
(4) 개발에 관한 계획을 수립한다. 여기에는 실행 과정과 지도와 측정의 각 단계와 관련된, 각자를 위한 연구와 학습과 교육이 포함된다.

주의 사항
직무 과정은 순환 과정이다. 그것은 동적이고, 항상 진화한다. 운영에 도입하기 전에 그것을 완성하려고 하거나, 그것을 정확하게 따를 수 있다고 기대해서는 안 된다. 여러분이 검증하기 시작하자마자 그것은 변화할 것이다.

순환 과정은 계획 수립에서 실행과 측정으로, 다시 측정과 계획 수립으로 이동한다. 이 과정은 검증할 준비가 되기 전에 몇 번이나 순환할 것이다.

그리고 규칙적으로 갱신될 것이다.

📄 지침9: 서클일지에 관한 지침 📄

투명성은 소시오크라시의 가장 중요한 가치이자 관행이다. 예컨대, 모든 사람은 예산 편성에 참여하기 전에 서클과 조직의 재정 상태를 살펴보아야 한다. 동등성 역시 모든 사람이 동등하게 정보를 이용할 수 있을 것을 요구한다.

각 서클과 서클 구성원은 서클 공통의 내용과 각자에게 해당하는 유일한 업무 내용을 담은 서클일지를 가지고 있어야 한다.

서클일지 보관

서클의 각 구성원은 서기가 배포한 관련 문서들을 포함한 자신의 업무일지를 보관한다. 각 서클의 운영장은 그 서클의 서클일지에 대한 최종 책임을 지며, 기록이나 보관은 서기나 서클일지 관리자가 담당한다.

형식

각 서클일지에는 조직의 모든 서클에 동일하게 적용되는 공통부분과, 각 서클의 고유 부분과 각자에게만 해당되는 고유 부분이 있다.

1. **공통된 내용은 다음 사항들을 포함한다.**
   (1) 조직의 비전, 사명, 목표 선언문
   (2) 정관
   (3) 전략 정책 계획
   (4) 서클 조직도

2. **규칙과 절차**
   총서클과 모든 하위 서클의 일지는 총서클이 승인하고 그 조직 전체에 적용되는 규칙과 절차를 포함한다.
   또한, 각 서클의 일지는 서클이 자체의 목표를 달성하는 데 필요한 모든 규칙과 절차를 포함한다. 총서클의 일지는 모든 서클의 고유한 절차의 사본을 포함한다.
   톱서클 일지는 총서클 일지에 보관되어 있는 운영 상세 사항을 포함할 필요가 없지만, 법인의 정관 원문과 모든 관련된 법률 문서를 수록해야 한다. 두 유형의 문서들은 조직의 모든 구성원이 이용할 수 있다.

3. 회의록

각 서클의 일지와 서클 구성원의 업무일지에는 서클 회의록이 빠짐없이 포함된다.

4. 서클 구성원과 업무

서클일지에는 서클 구성원의 모든 이름과 역할, 책임뿐 아니라 의장, 서기, 서클일지 관리자와 차상위 서클에 참여하기 위해 선출한 대표(들)의 이름, 역할, 책임을 임기와 함께 기재한다.

또한 지도하고, 실행하고, 측정하는 서클 활동들을 요약한 흐름도가 포함되어야 한다.

5. 서클 개발 계획

개발에는 서클 구성원들이 계속 효율적으로 직무를 수행하는 데 필요한 모든 훈련과 경험과 교육과 연구가 포함된다. 운영장은 서클 구성원들의 개발 활동을 체계화할 책임이 있다.

훈련의 내용은 다음과 같다.

(1) 목표를 달성하는 데 필요한 지식과 기술

(2) 통치 및 의사결정 방식

(3) 업무와 직무 과정을 체계화하는 방식

(4) 각자의 운영 분야의 개발에 관한 지식

6. 개인의 업무 계획

각자의 업무일지에는 할당된 역할과 책임에 관한 기술서, 특정한 과업에 관한 직무 과정, 유일무이한 개발 계획 등이 포함되어야 한다.

용어 해설

용어 해설은 정의와 더불어 정보와 명확한 설명을 제공하는 참고 사항이다. 여기에 있는 용어와 정의 중 일부는 훨씬 전문적이거나 복잡한 과정으로 연결되기 때문에 본문에서 사용되지 않는다. 그러한 용어들은 국제 소시오크라시 그룹(The Sociocracy Group, TSG)에서 펴낸 헤라르트 엔덴뷔르흐의 저서들과 『소시오크라시 규범*Sociocratic Norms*』에서 사용된다. 이 문서들은 쉽게 이용할 수 없기 때문에, 여기에 수록하여 참고할 수 있게 하였다.

감사(audit) 공인된 소시오크라시 감사관이, 어느 조직이 정확하고 효율적으로 소시오크라시 방식을 실행에 옮겼고 소기의 결과를 얻고 있는지 판단하기 위해, 그 조직에 대해 체계적이고 독립적으로 진행하는 조사

개발(development) 연구, 교육, 학습을 필요로 하는 과정. 각 서클은 조직 발전과 구성원들의 역량 개발 책임이 있다. 소시오크라시 문헌에서는 흔히 개발을 '필수 교육', '영속 교육', '학교 교육'이라고 말한다. ◈ 소시오크라시 공학

결정 확인 라운드(decision confirmation round) ◈ 동의 라운드

계층구조(hierarchy) 사람이나 사물을 역할과 관계에 따라 등급이나 순서나 계층별로 일관성 있게 배열하는 것. 계층구조는 모든 자연 시스템의 특징이며, 제한적 자치권을 가지는 하위 시스템들을 조직한다. 자연의 계층구조처럼 소시오크라시 계층구조는 하향식 소통과 제어뿐 아니라 상향식 소통과 제어를 포함한다. ◈ 순환 계층구조, 선형 계층구조

공학(engineering) 장치, 기계, 재료, 구조, 시스템, 과정 등의 설계와 개발에 과학적이고 수학적이고 경제적이고 사회적인 지식을 적용하는 것. 헤라르트 엔덴뷔르흐는 전기공학자로서 자신의 회사 설계에 공학 원리를 적용하여 소시오크라시 서클 조직법(SCM)을 개발했다. 당시에 사회과학은 자연과학만큼 과학적 방법들을 적용하고 있지 않았다.

교환 물품, 상대, 과정, 관계(exchange object, partner, process, relationship) 조직의 목표는 고객과 공급자 간의 상호 계약에 의해 교환될 물품이나 서비스나 금전적 보상이다. 조직은 사명을 완수하기 위해 교환 과정에서 교환 상대와 교환 관계를 형성한다. 이상적으로는, 교환 제휴관계는 서로에게 이득이 될 것이고, 양쪽에게 시너지효과를 낼 것이다.

근본 법칙(basis rule) 바시스 레헬링(basis regeling)이라는 네덜란드어를 직역한 말. 이 책에서는 원리(principles)로 번역되었다. ◈ 통치 원리

400   용어 해설

기록 담당자(note taker) ◀》 서기

기본급(base wage) ◀》 보장된 기본급(GBW)

기억 시스템(memory system) ◀》 서클일지

단기 측정값(Short-Term Measurement, STM) 소시오크라시 조직에서 대체로 1년에 몇 번 또는 프로젝트가 끝났을 때 수익에 근거해 분배되는 보상의 일부. 생산성의 측정값이다. ◀》 보장된 기본급(GBW), 장기 측정값(LTM)

대표(들)(representative(s)) 차상위 서클에 참여하기 위해 해당 서클에서 선출한 서클 구성원(들). 상위 서클 회의에서 서클대표들은 전권을 가지고 의사결정에 참여하여 결정을 내린다. 그들은 거수기가 아니다. 운영장은 서클대표가 될 수 없다.

닫힌 시스템(closed system) 주위 환경과의 관계가 없는 조직. 따라서, 변화에 적응하는 데 필요한 정보가 부족하다. 소시오크라시 조직들은 목적의식적으로 열린 시스템으로 구조화되어 있다.

도움서클(helping circle, assisting circle) 제안할 정책을 개발하기 위해 설립된 임시 서클. 도움서클은 같은 서클 구성원으로, 또는 다른 서클 구성원이나 외부 전문가로 구성할 수도 있다. 도움서클은 정책 결정을 내리지 않는다.

독재적 의사결정, 통치, 계층구조(autocratic decision-making, governance, hierarchy) 군주국과 독재 정부에서 보는 것처럼 한 사람 또는 소수의 사람들이 정책 결정에 영향을 받는 사람들과 의미 있는 협의를 거치지 않고 정책 결정을 내리는 것. 전통적으로 정부 기관이나 기업, 그 밖의 여러 조직들은 피드백 루프의 도움 없이 독재적으로 관리하였다. ◀》 선형 계층구조

동등성(equivalence) 사회경제적 계층이나 민족의 관점에서 어떤 사람들을 다른 사람들보다 더 고귀하게 여기는 것과 달리, 개인들을 동등하게 존중하는 것. 동등성은 소시오크라시의 기본 가치이며, 소시오크라시 비전과 사명과 목표의 중심이 된다. 동의의 원리, 라운드, 그리고 그 밖의 관행들은 동등성을 확립하고 유지하기 위해 설계된 것이다.

동의(consent) 동의는 '이의 없음'으로 정의된다. 중대하고 타당한 이의를 모두 해결했을 때 제출된 제안에 대해 각각 동의 의사를 표현한다. 이의가 제기되지 않으면 동의가 이루어진 것이다. ◀》 동의의 원리

동의 라운드(consent round) 서클 구성원들이 어떤 제안된 결정에 이의가 없다고 언급함으로써, 차례로 동의를 분명하게 드러내는 라운드. 동의는 찬성(agreement)이나 연대(solidarity)를 의미하지 않는다. 앞으로 나아가는 것에 대한 승인이다.

동의의 원리(principle of consent) 소시오크라시의 첫 번째 조직 원리. 동의의 원리는 의사결정을 판가름한다. 모든 구성원은 자신이 속한 서클에 의해 내려진 정책 결정에 동의를 이

루어야 한다. 그것은 동등성을 확립하고 유지하기 위한 주요 메커니즘이다. 또한, 그것은 조직에 대한 헌신성을 더욱 강화하고, 어떤 결정이 내려지기 전에 이용 가능한 모든 정보가 고려되도록 보장한다.

동적(dynamic) 변화하는 능력이나 상태. 정적이지 않다. 물리학에서, 동적 요소는 변화하면서 자기 조직하는 것이다. ◀▶ 동적 조향

동적 조향(dynamic steering) 조직이 변화하는 환경에 대응하여 자동제어하게 해주는 통치 과정 또는 조향 과정 ◀▶ 순환 과정

동적 통치, 동적 자치(dynamic governance, dynamic self-governance) 조직의 통치와 운영에 순환 과정을 적용하는 과정에서 동적 조향의 활용을 반영하는 소시오크라시의 다른 이름

라운드(round) 각 구성원에게 차례로 발언할 기회를 주는 회의 과정. 라운드를 진행함으로써 공개 토의 후 또는 회의를 시작하거나 마칠 때 동등성을 유지하거나 강화한다. ◀▶ 동의 라운드, 반응 라운드, 오프닝 라운드, 클로징 라운드

마법적 의사결정(magical decision-making) ◀▶ 신정적 의사결정(theocratic decision-making)

목표(aim) 조직의 비전과 사명을 달성하기 위해 생산하거나 제공하는 제품이나 서비스. 소기의 효과를 가리키는 비전이나 사명과 달리, 목표는 측정 가능하고 여타 제품이나 서비스와 다른 점을 설명할 수 있는 제품이나 서비스다. 그것은 고객이나 소비자와 거래되거나 교환될 수 있다는 점에서 실체적이다. ◀▶ 교환(exchange)

목표 실현(aim realization) 목표를 성취하거나 달성하는 과정. 주요 직무 과정과 보조 직무 과정은 모두 목표 실현을 보장하도록 설계된다.

민주적 통치(democratic governance) 군주제나 신권 통치에 반대되고, 의사결정 권한이 전체적으로 조직 구성원들에게 귀속되는 민주제로서 기능하는 통치 구조. 사실상, 구성원들은 대체로 다수결로 결정을 내리거나 다수결로 선출된 임원이나 대표에게 결정을 위임한다. 다수에 의한 지배를 초래한다.

반응 라운드(reaction round) 각 서클 구성원이 제출된 제안에 대해 한두 마디로 반응을 보이는 즉석 라운드. 어떤 제안이 토의되거나 동의될 준비가 되어 있는지를 신속하게 결정하는 데 활용된다.

변환(transformation) 제품이나 서비스의 생산을 좌우하는 투입-변환-산출이라는 과정의 두 번째 단계. 제품이나 서비스는 토지와 노동과 자본과 재료 같은 자산의 상태를 새로운 형태로 변화시킴으로써 만들어진다. ◀▶ 투입-변환-산출

보상(compensation) 서비스를 제공하는 대가로 받는 급여나 그 밖의 이득. 소시오크라시 조직의 보상은 보장된 기본급(GBW)과 단기 측정값(STM)과 장기 측정값(LTM)으로 구성된다. 보장된 기본급이 대개 시중금리에 근거해 산출되는 반면, 단기 측정값과 장기 측

정값은 수익에 따라 가변적이고 모든 고용인에게 분배된다. 이 보상 구조는 기본 소득과 조직의 성과에 근거한 소득을 모두 보장한다. 조직의 모든 고용인은 공동 사업가로서 변동성 보상을 받는다.

보장된 기본급(Guaranteed Base Wage, GBW) 상품과 서비스와 수당과 급여를 포함할 수도 있고, 보상받을 자격이 있는 모든 조직 구성원에게 보장되는 보상 수준. 변동성 급여와 다르게 정해지며, 대체로 산업별 표준 비율에 근거하여 정해진다. 생활 가능성 보장(EPG)이라고도 한다. ◀》 단기 측정값(STM), 상기 측정값(LTM)

비전 또는 비전선언문(vision or vision statement) 조직이 원하는 미래에 대해 조직이 제시하는 설명. 사명이나 목표와 본질적으로 다르다. 조직이 바라는 미래상이나 미래에 대한 꿈이라고 설명하는 것이 가장 정확하다.

빈 방식(empty method) 소시오크라시가 보편적으로 광범하게 적용될 수 있다는 의미에서 소시오크라시 방법을 일컫는 말

사명(mission) 조직이 미래 비전을 실현하기 위해 하려는 일. 비전이 눈을 밖으로 돌려 조직이 창조하고 싶은 세상을 향하는 반면에 사명은 조직의 성격과, 비전을 실현하기 위해 하려는 일을 규정한다. ◀》 목표(aim)

사이버네틱스(cybernetics) 목표나 목적을 가진 시스템에서 이루어지는 소통과 제어에 관한 연구, 즉 시스템이 환경에 영향을 주고 그로부터 받은 피드백에 대응하여 변화하는 방식에 관한 연구. 정보이론과 제어이론, 시스템이론과 관계가 있으며, 사회제도와 물리계에 모두 적용할 수 있다. 또한 전기공학과 기계공학, 진화생물학, 신경과학, 인류학, 심리학 등을 비롯해 여러 학문 분야와도 관련이 있다.

산출(output) 투입-변환-산출 과정의 세 번째 단계. 이 단계에서 고객이나 소비자가 제품이나 서비스를 제공받고 그 대가로 돈을 지불함으로써 교환 과정은 끝난다.

상위 서클(higher circle) 순환 계층구조에서, 상위 서클은 하위 서클을 설립하고, 그 서클의 영역을 설정하며, 책임자를 선출한다. 하위 서클은 자기 영역 내에서 결정을 내리고, 서클대표와 운영장은 하위 서클의 영역과 직무 수행에 관한 모든 향후 변화에 동의해야 한다. '하위'와 '상위'라는 말은 협력하는 힘(power-with)을 가리킬 뿐, 지배하는 힘(power-over)을 뜻하지는 않는다.

생활 가능성 보장(Existence Possibility Guarantee, EPG) ◀》 보장된 기본급(GBW)

서기(secretary) 서클의 의사결정 과정에서 행정 업무를 책임지는 서클 임원. 서클 회의용 안건 항목들과 문서들을 수집하고, 서클 구성원들에게 안건과 문서를 배부하고, 회의록을 작성하고, 배포한다. 소규모 서클에서는 서클일지 관리자를 겸할 때가 많다.

서클, 서클 회의(circle, circle meetings) 공동의 목표를 가지는 운영 단위나 부서나 팀의 구성원

들은 자신들의 목표를 달성하는 방식을 정하는 정책 결정을 내리기 위해 동등한 자격으로 회의를 개최한다. 운영 단위는 제한적 자치권을 가지고 자기 조직한다. 단위 조직들은 자신의 책임 영역이나 세력 범위를 결정하는 정책들을 정한다. 서클은 서클일지로 기억 시스템을 관리하고, 서클의 개발에 대한 책임을 지며, 다른 목표를 가진 새로운 서클을 설립할 수 있다. 선출된 서클 임원들은 서클 회의를 진행한다. 서클은 운영장과 팀의 업무 지침이 될 정책 결정을 내리기 위해 필요에 따라 자주 회의를 개최한다. 서클 회의에서, 개인의 이익과 집단의 이익은 공동 관심사가 된다. ◀▶ 운영회의

서클 결정(circle decision) ◀▶ 정책 결정

서클 구조(circle structure) 서클의 일일 업무를 지배하는 정책 결정을 내리는 운영 구조에 부합하는 이중 연결된 서클들의 순환 계층구조. 서클 구조는 차상위 서클과 하위 서클의 이중 연결로 이루어진다. 연결하는 각각의 사람은 양쪽 서클의 의사결정에 참여하고 다른 서클들에 정보를 전달할 뿐 아니라, 다른 서클에서 입수한 정보를 전달하는 피드백 루프의 일부를 형성하여 조직 전체를 연결시킨다. ◀▶ 독재적 계층구조

서클대표(들)(circle representative(s)) ◀▶ 대표(들)

서클일지(logbook) 서클과 각 서클 구성원의 기억 시스템. 모든 정책 결정, 회의록, 그리고 서클의 직무 수행과 결정 사항 수행의 결과에 대한 측정에 중요한 그 밖의 자료들을 포함한다. 개인의 업무일지에는 서클의 기록과 당사자의 책임에 관한 기록이 포함된다.

서클일지 관리자(logbook keeper) 서클의 서클일지를 갱신하고 보관할 책임이 있는 서클의 임원. 흔히 서기의 직무를 겸한다. 운영장이나 퍼실리테이터나 서클대표가 서클일지 관리자로 선출될 수도 있다.

서클 회의 책임자(circle meeting leaders) ◀▶ 퍼실리테이터, 서기, 서클일지 관리자

선출 과정(elections process) 임원은 선출 과정을 통해 서클 운영의 역할과 책임을 맡기 위해 선출된다. 그 과정에는 공개적인 토의와 후보 추천이 포함된다. ◀▶ 소시오크라시 선거

선형 계층구조(linear hierarchy) 대개 위압적인 권력관계에서 권력이 상부에서 하부로 행사되는 통치 구조. 독재적으로 통치되는 조직은 대체로 선형 계층구조다.

소시오크라시(sociocracy) 모든 구성원의 동등성에 바탕을 둔 포괄적이고 협력적인 조직 통치 방식. 동등성은 동의의 원리에 의해 보장된다. 조직의 조향 가능성(steerability)은 운영과 의사결정에서 순환 과정을 적용함으로써 보장된다.

소시오크라시 공학(sociocratic engineering) 소시오크라시 원리 및 실천 기법에 바탕을 둔 조직을 개발하기 위한 분석, 설계, 구축 그리고 계획.

소시오크라시 교육자(sociocratic trainer) 소시오크라시 방식을 세미나와 워크숍에서 가르칠 수 있도록 인증을 받은 사람

소시오크라시 구조(sociocratic structure) 소시오크라시 방식에서, 한 조직의 구조는 '전반적으로 특정한 과정을 발생시키는 특성이 있는 변환점들의 배치'다. 다시 말해서, 그 구조는 변화, 곧 변환이 일어날 수 있는 지점을 보여준다.

소시오크라시 규범(sociocratic norms) 소시오크라시 센터 규범(Sociocratic Center Norms, SCN)은 네덜란드에 본부를 둔 국제 소시오크라시 그룹의 서클들에 의해 확립, 발표, 개정된 것이다. 정확한 이해와 적용을 보장하기 위해 소시오크라시의 원리와 방식에 대한 분명한 정의와 논거를 제공한다. ◀▶ 패턴 언어

소시오크라시 계층구조(sociocratic hierarchy) 소시오크라시 조직을 관리하는 상호 연결된 서클들의 구조. 독재적 선형 계층구조와 대조적으로 모든 부분이 동등하고 피드백 루프로 연결되어 있는 순환 계층구조다. 이 구조는 모든 조직 단위 사이에 소통과 제어를 유지하도록 설계된 조향 장치이자, 공유된 권력 관계에 바탕을 둔 조향 장치다. ◀▶ 계층구조

소시오크라시 단체 또는 기업(sociocratic organization or company) 법령이나 정관 또는 운영 합의서에 입각하여 (1)소시오크라시 통치 원리를 따르고, (2)소유권과 통치권이 분리된, 자유 조직으로 설립된 법인

소시오크라시 비전(sociocratic vision) 사람들이 유일무이한 개인으로서 공존하면서 정책에 관한 의사결정에 동등하게 참여하는 사회

소시오크라시 서클 조직법(Sociocratic Circle-Organization Method, SCM) 이른바 '소시오크라시'의 정식 명칭. 소시오크라시, 동적 통치, 동적 자치, 직접민주주의, 소시오크라시 통치 등을 비롯해 여러 명칭들이 영어권에서 사용된다. 소시오크라시 센터 규범(Sociocratic Center Norms, SCM) 500에서는 그것을 '사람들이 유일무이한 사람으로서 동등하게 함께 일하며 공생할 수 있게 해주는 규칙과 절차 모음집'으로 정의한다. ◀▶ 통치 원리

소시오크라시 선출(sociocratic election) ◀▶ 선출 과정

소시오크라시 컨설턴트(sociocratic consultant) 소시오크라시 방식의 도입과 실행에 관해 자문할 수 있도록 인증받은 사람

순환 계층구조(circular hierarchy) 모든 의사전달이 하향식으로 이루어지는 독재적 선형 계층구조와 반대로, 순환 계층구조에서는 권력이 조직 전체에 골고루 분산되어 있다. 예컨대, 가위바위보 놀이는 각 요소가 다른 요소를 구조화된 관계로 제어하기 때문에 순환 계층구조다.

순환 과정(circular process) 정책 결정과 운영 결정에 영향을 미치거나 방향을 조정하는 지도-실행-측정의 기능들. ◀▶ 투입-변환-산출

시스템, 시스템 이론, 시스템 사고(system, systems theory, systems thinking) 공동 목표를 가지고 구조화된 기능 단위로서 상호작용하는 동적이고 복잡한 완전체. 시스템은 흔히 균형을

추구하는 독립체들로 이루어지지만, 요동을 치거나 혼돈 상태로 급격한 성장이나 쇠퇴를 보일 수 있다.

신정적 의사결정(theocratic decision-making) 결정이 초자연적 힘에 대한 신앙이나, 의심할 여지가 없는 일련의 원칙이나 신념에 입각해 내려지는 의사결정 방식

아홉 칸 블록 차트, 계획(nine-block chart, plans) 직무 과정 설계용 아홉 칸 블록 도표. 세로에 지도-실행-측정이라는 세 가지 기능을, 가로에 투입-변환-산출이라는 세 가지 과정을 나타낸다. 27칸 블록 차트, 81칸 블록 차트, 243칸 블록 차트 등으로 더 세밀하게 확장할 수 있다.

양자포괄(both-and) 적대적이고 배타적이고 한쪽에만 유리한 것이 아니라 포괄적이고 모두에게 유리한 의사결정. 한 가지 대안의 선택을 요구하는 '양자택일 사고(either-or thinking)'에 반대되는 '양자포괄 사고(both-and thinking)'라는 식으로 흔히 사용된다.

연결된 서클들(linked circles) ◈ 이중 연결된 서클들

열린 시스템(open system) 소시오크라시 통치에서 환경에 연결된 조직을 나타내는 말. 스스로 바로잡고 새로운 힘으로 득을 볼 수 없는 닫힌 시스템과 반대로, 스스로 바로잡고 스스로 새로워지는 능력을 가지고 있다. ◈ 동적 조향

연대(solidarity) 흔히 목숨을 걸고 저항운동을 벌이는 사람들이 요구하는 어떤 공동 목표에 대한 완전한 몰두. 의견 일치와 혼동되기도 한다.

영역(domain) 목표 실현과 관련하여 정의된 권한이나 책임의 범위. 서클 영역의 범위는 차상위 서클에서 정한다. 개인 영역의 범위는 소속 서클에서 정한다.

오프닝 라운드(opening round) 서클 회의를 시작하는 라운드. 구성원들은 감정, 기대감, 안건과 관련된 잠재적 쟁점 등을 공유하면서 회의와 서클의 목표에 집중하게 된다. 악기의 조율 과정과 대략 비슷하다. 서클 구성원들이 공동 관심사에 주의를 기울이게 함으로써, 동의에 의한 의사결정의 토대가 된다.

외부 전문가(external expert, outside expert) 조직의 목표와 관계가 있는 분야에 대한 전문성과 지식을 가진 톱서클 구성원. 대개 경제 전문가, 재무 전문가, 법률 전문가, 사회 전문가, 공동체 전문가, 조직의 목표나 운영 분야의 전문가가 이에 해당한다.

운영 결정(operations decision) 조직의 일일 업무나 활동에 영향을 미치는 결정. 서클 회의에서 내려진 정책에 따라 집행되며, 그 집행은 보통 운영장에게 위임된다.

운영 구조(operations structure) 지도-실행-측정이라는 순환 과정에서 실행 기능을 수행하는 조직의 구조. 운영 구조는 지도와 측정의 기능을 수행하는 서클 구조를 반영한다.

운영장(operations leader) 소속 서클과 상위 서클의 정책 내에서 일일 운영을 관리하고 결정할 책임이 있는 서클 구성원. 운영장은 그가 이끌어갈 서클의 참여 아래 차상위 서클에

서 선출한다. ◐ 운영 구조

운영회의(operations meeting) 서클 회의에서 채택된 정책의 집행에 관한 계획을 수립하기 위해 운영장이 진행하는 직원회의. 대개 독재적으로 진행되거나, 서클에서 결정한 대로 동의가 아닌 방식으로 진행된다. 운영장이 서클 정책을 위반하는 행위를 했다거나 어떤 정책이 주어진 상황에 제대로 대응하지 못한다고 생각하는 구성원이 있더라도, 운영장은 결정을 내린다. 그 후, 차기 서클 회의나 그 사안을 다룰 목적으로 소집된 특별회의에서 그에 대해 논의하게 된다.

의결권 부여(enfranchised) 스스로 운명을 결정하도록 합법적 의결권을 부여하는 것. 소시오크라시 조직의 모든 구성원은 의결권을 부여받는다.

의사결정 과정의 혼돈(chaos in decision-making) 해결책을 논의할 때 창의적 사고와 자기 조직화를 장려하기 위해 의도적으로 끌어들인 예측 불가능한 요소들. 예컨대, 브레인스토밍은 의사결정 과정에 혼돈을 도입한 기법이며, 엄청난 힘을 이끌어낼 수 있다.

의장, 사회자(chair, chairperson) 톱서클 회의 책임자. 총괄 관리자나 최고 경영자(CEO)와 동일인일 수도 있고 그렇지 않을 수도 있다. ◐ 임원

이의(objection) 제안된 결정에 대해 해결될 수 있을 만큼 분명하게 언급된 쟁점. 동의는 타당하고 중대한 이의가 없을 때 이루어진다.

이중 연결, 이중 연결하기(double-link, double-linking) 한 서클과, 적어도 두 명—운영장과 한 명 이상의 선출된 서클 대표—의 그 서클 구성원이 참여하는 차상위 서클의 연결. 이중 연결은 (1)서클 간의 조율을 가능하게 하고, (2)상향식 및 하향식 의사소통을 촉진하고, (3)서클 간의 피드백 루프를 만들어낸다. 이중 연결된 모든 서클은 통치 구조를 형성한다.

이중 연결된 서클들(double-linked circles) 두 명, 곧 운영장과 한 명 이상의 선출된 서클 대표에 의해 연결되는 서클들. ◐ 서클 구조

자격증(certification) 소시오크라시 규범에 따른 전문 지식의 보증. 소시오크라시 자격증은 사람과 조직에 부여된다. 사람들은 회의 진행과 교육과 컨설팅에 관한 자격증을 교부받을 수 있다. 공인 컨설턴트는 기업과 대규모 단체에서 소시오크라시를 실행하기 위해 교육을 받는다. ◐ 감사

자기 조직하는 시스템(self-organizing systems) 자연계가 혼돈에서 벗어나 조직화한 패턴으로 접어들면서 균형을 이룬다는 카오스이론에서 비롯한 개념. 소시오크라시에서, 서클과 개인이 자기 조직하고 상호작용으로 업무를 체계화하여 더 큰 조직의 목표에 기여하리라는 기대를 언급할 때 사용된다.

자유 조직(free organization) 소유되지 않는 조직. 동의가 소유권이 아니라 의사결정에 바탕을 두도록 보장하기 위해, 소시오크라시 조직은 투자자를 둘 수 있지만 투자자는 소유자가

아니다. 이를 가능하게 하는 다양한 합법적 구조가 존재한다.

장기 측정값(Long-Term Measurement, LTM) 장기적 수익에 근거해 일 년에 한 번이나 두 번 배분되는, 소시오크라시 조직의 보상의 일부. ◀▶ 보상, 보장된 기본급(GBW), 단기 측정값(STM)

장려금, 단기 및 장기(incentives, short-term and long-term) ◀▶ 단기 측정값(STM), 장기 측정값(LTM)

전략(strategy) 어떤 목표를 달성하기 위한 장기 계획 ◀▶ 전략 계획 수립 과정

전략 계획 수립 과정(strategic planning process) 조직이 목표를 달성하기 위해 활용할 방식과 수단을 설명하는, 장기적이고 모든 것을 아우르는 계획을 수립하는 과정. 소시오크라시 조직에서, 전략 계획 수립 과정은 통치 과정의 일부로서 서클 구조 전체를 연관시키지만, 책임 소재는 톱서클에 있다. ◀▶ 전술

전술(tactics) 장기적 전략을 이행하기 위해 취해지는 단기적 조치 ◀▶ 전략 계획 수립 과정

정책, 정책 결정, 정책 확인, 정책 계획(policy, policy decision, policy determination, policy plan) 향후 운영 정책을 제어하는 결정들. 정책은 목표와 기준과 범위를 정한다. 또한 자원을 배분하거나, 가치를 명료화하거나, 계획을 수립하거나, 전반적 절차를 상술한다. 정책 결정은 대체로 운영장에게 위임되는 운영 결정과 달리 서클의 책임이다. 정책 결정은 그것이 영향을 미치는 서클에서 동의로 내려진다.

정책 준비 또는 개발(policy preparation or development) 서클 구성원의 의견에 따라 요건과 내용이 정해지는 정책 제안을 개발하는 과정. 대개 쟁점을 연구하고 조사하는 소수의 서클 구성원들이나 도움서클에 위임한다.

제한적 자치권(semi-autonomous) "서클들은 제한적 자치권을 가지고 자기 조직한다"는 식으로 사용된다. 한 서클의 정책은 전체 조직이나 다른 서클의 정책과 모순되거나 대립할 수 없지만, 각 서클은 해당 영역 내에서 고유의 목표를 달성하기 위한 방식을 스스로 결정한다.

조향(steering) 통치하기. 통치하기는 방향을 조정하거나 이끌어가는 것(guide)을 뜻한다. 또한, 지도-실행-측정이라는 순환 과정을 가리킨다. ◀▶ 동적 조향

주요 직무 과정(primary work process) 서비스나 제품을 산출하는 과정에서 출하나 생산을 지원하는 인적 자원이나 마케팅 같은 부차적 과정과 대조적으로, 어떤 목표를 실현하는 것과 직접 관련되는 운영. 조직은 몇 가지 주요 과정에 참여할 수 있다. ◀▶ 교환 과정

중대한(paramount) "타당하고 중대한 이의"라는 표현에서 보는 것처럼, 다른 무엇보다 더 중요하다는 것을 가리키는 형용사. 중대한 이의가 있는 경우, 누군가는 그것 때문에 맡은 바 목표를 향해 매진할 수 없을 것이다. ◀▶ 동의의 원리, 이의

지도-실행-측정(leading-doing-measuring) 소시오크라시 서클 구조가 바탕을 두고 있는 순환 과정의 세 가지 기능. ◗▷ 지도, 실행, 측정, 피드백 루프, 피드포워드 루프

지배하는 힘(power-over) 한 사람이나 한 집단이 다른 사람 또는 집단을 지배하는 독재적인 상황을 가리키는 개념. ◗▷ 함께하는 힘(power-with)

지원 과정(supporting process(es)) 목표 달성의 주요 과정을 지원하는 기능. 예컨대, 관리부나 회계부 등이 그런 기능을 담당한다.

측정(measuring) 목표 달성을 위해 조직의 방향을 조정하는 데 활용되는 지도-실행-측정이 라는 순환 과정의 한 기능. 실행 중에, 측정은 지도나 계획 수립에 필요한 정보가 되는 자 료를 산출한다. 측정과 평가는 별개의 기능이다.

측정값(measurement) ◗▷ 단기 측정값(STM), 장기 측정값(LTM)

카오스이론(chaos theory) 허리케인처럼 예측 불가능하게 발생하는 시스템에 관한 연구. 초기 상태를 측정할 수 있고 단기적 전개 과정을 예측할 수 있지만, 장기적 결과는 아주 변화 무쌍한 결과를 낳을 수 있는 미세한 변화에 영향을 받는다. 혼돈(chaos) 시스템은 자기 조직하며 스스로 힘을 만들어낸다. 혼돈은 흔히 무작위와 혼동된다. 임의의 사건은 측 정 가능한 양식이나 특징이 없고, 힘을 발생시키지 못하고, 자기 조직하지 못하기 때문에 예측 불가능하다. 외부의 개입이 없는 한, 무작위 활동은 되는 대로의 상태에 머문다.

클로징 라운드(closing round) 서클 회의가 끝날 무렵에 각자가 마지막으로 발언할 기회를 얻 어 완결되는 라운드. 클로징 라운드에서는 회의의 생산성, 목표 실현과의 관련성, 개인적 으로 얻은 점 등의 관점에서 회의 평가 의견을 공유한다. ◗▷ 오프닝 라운드

타당한, 논거(argued, arguments) 수학적 논거처럼, 이의를 제기할 때에는 사실에 관해 이치에 맞게 논거를 이용하여 진술해야 그 논거를 사용하여 이의를 해결할 수 있다. 노련한 퍼실 리테이터와 서클 구성원들이 논거를 명료하게 하는 데 도움을 주게 된다. ◗▷ 동의, 이의

톱서클(top circle) 조직을 환경에 연결시켜 닫힌 시스템이 되는 것을 방지하는 요소. 조직의 임원들, 즉 총서클에서 선출된 서클대표(들)와, 재무나 경제 분야의 외부 전문가와 법률 과 사회 분야의 외부 전문가와 조직의 목적이나 운영에 관한 외부 전문가로 구성된다. 환 경 변화를 예측하고 필요에 따라 교환 관계를 바로잡음으로써, 교환 관계에 관해 조직 내에서 얻은 정보를 보완한다.

통치 구조(governance structure) 조직의 정책 의사결정 권한. 통치 구조는 조직의 목표를 달 성하기 위해 누가, 언제, 어떤 식으로 어떤 결정을 내릴 것인지를 결정한다. 소시오크라 시 조직에서 통치 구조는 서클 구조이고, 조직의 모든 구성원을 포함한다. 각 서클은 조 직 전체의 정책에 따라 서클의 책임 영역 내의 정책을 정한다.

통치 원리(governing principles) 소시오크라시 통치는 세 가지 원리에 바탕을 두고 있다. 1. 동

의는 역할과 책임을 맡기기 위한 선출, 자원 배분, 전략 계획 등을 포함해 정책 결정을 지배한다. 2. 제한적 자치권을 가지고 자기 조직하는 서클들의 순환 계층구조는 조직의 통치 구조를 형성한다. 각 서클은 자체의 목표와 책임 영역을 가지고 지도-실행-측정이라는 자체 직무 과정을 관리하며, 서클의 기억 시스템을 유지하거나 서클일지를 보존하고, 자체 직무 개발을 책임진다. 3. 이중 연결은 서클을 서로 연결시키는데, 그 연결은 양쪽 서클의 의사결정에 전적으로 참여하는 운영장과 한 명 이상의 서클대표로 이루어진다.

투입-변환-산출(input-transformation-output) 제품이나 서비스의 생산을 이끄는 과정. 주문을 받아서(투입), 제품을 만들거나 서비스를 제공하고(변환), 그 대가를 받는다(산출). ◀▶ 교환 과정

패턴 언어(pattern language) 소시오크라시 규범을 만들어가는 방식. 즉, 훌륭한 설계 관행을 설명하는 구조화된 방식. 그 과정과 요소를 명명하는 것, 효율적인 해결책을 설명하는 것, 논리적인 방식으로 해결책을 마련하는 것 말고도, 설계자들은 패턴 언어 덕분에 같은 방식과 과정을 활용해 여러 모델을 세울 수 있다. 패턴 언어는 의사결정의 가치를 공식화하고, 복잡한 시스템을 지나치게 단순화하지 않으면서 구조화한다. 그 구조와 패턴은 더 큰 완전체의 일부로서 과정과 기능 간의 상호 관계를 드러낸다.

퍼실리테이터(facilitator) 네 명의 서클 임원 중 서클 회의를 진행하기 위해 선출된 임원. 운영장과 서기 및 서클일지 관리자와 협력하여 안건을 결정하고, 정책 개발 과정을 감독한다. 퍼실리테이터가 반드시 운영장일 필요는 없지만, 그럴 수도 있다.

폭력적 무시(ignoring as violence) 소시오크라시는 개인들을 무시하는 것을 일종의 폭력이자 모든 폭력의 원천으로 여긴다. 책임 영역 내에서 각 개인의 동의를 요청함으로써 개인을 무시하지 못하게 되고, 무시와 같은 형태의 폭력을 방지한다.

피드백 루프(feedback loop) 어떤 시스템이 기능하는 방식에 관한 정보를 제공하는 조직의 어떤 요소나 다른 시스템. 이중 연결은 서클 간의 피드백 루프를 형성한다. 지도-실행-측정이라는 순환 과정은 피드백 루프를 형성한다. ◀▶ 동적 조향

피드포워드 루프(feed-forward loop) 예상되는 미래의 사건에 대한 반응을 제어하기 위해 확립된 일련의 인과 작용들 ◀▶ 동적 조향, 순환 과정

필수 교육(integral education) ◀▶ 개발

함께하는 힘(power-with) 권력 공유에 관한 개념. 소시오크라시 조직에서 서클 구조와 동의의 원리에 힘입어, 권력은 공유되고 '지배하는 힘(power-over)'이 될 수 없게 된다.

참고 문헌

Ackoff, Russell Lincoln. 1989. "The Circular Organization." *Academy of Management Executive*, 3:11–16.
_____. 1981. *Creating the Corporate Future: Plan or Be Planned*. NY: Wiley.
_____. 1979. *The Democratic Organization*. NY: Oxford University Press.
Amar, Akhil Reed. 2005. *America's Constitution: A Biography*. NY: Random House.
American Society of Cybernetics. Accessed 27 July 2017. http://asc-cybernetics.org/ASC.
Ansoff, Igor. 1956. *Corporate Strategy: An Analytical Approach to Business Policy for Growth and Expansion*. NY: McGraw-Hill. (Revised edition: The New Corporate Strategy. 1989. NY: Wiley.)
Argyris, Chris. 1957. *Personality and Organization: The Conflict Between the System and the Individual*. NY: Harper.
_____. 1960. *Understanding Organizational Behavior*. Homewood, IL: Dorsey Press.
Avery, Michel, et al. 1981. *Building United Judgment: A Handbook for Consensus Decision Making*. The Center for Conflict Resolution. (Reprinted by the Fellowship for Intentional Community. 1999.)
Babbage, Charles. 1832. *On the Economy of Machinery and Manufacturers*. London: C. Knight.
Barnard, Chester I. 1938. *The Functions of the Executive*. Cambridge, MA: Harvard University Press. (30th Anniversary Edition. 1971.)
Blackwell, Christopher W. 2006. *Demos: Classical Athenian Democracy*. A publication of the Stoa: a Consortium for Electronic Publication in the Humanities. Accessed 27 July 2017. http://www.stoa.org/projects/demos/home.
Boeke, Kees. 1957. *Cosmic View: The Universe in 40 Jumps*. Introduction by Arthur H. Compton. NY: John Day. Also available online, accessed 25 July 2017. http://www.vendian.org/mncharity/cosmicview/.
_____. 1945. "Sociocracy: Democracy as It Might Be" as edited by Beatrice C. Boeke, accessed 30 July 2017. http://www.sociocracy.info/sociocracy-democracy-kees-boeke.
Bohm, David. 1980. *Wholeness and Implicate Order*. London; Boston: Routledge & Kegan Paul.
_____, and B. J. Hiley. 1993. *The Undivided Universe: An Ontological Interpretation of Quantum Theory*. London: NY: Routledge.
Boulding, Kenneth. 1958. *Principles of Economic Policy*. Englewood Cliffs, NJ: Prentice-Hall.
_____. 1950. *A Reconstruction of Economics*. NY: Wiley.
_____. 1985. *The World as a Total System*. Beverly Hills, CA: Sage Publications.
Buck, John. 2003. "Employee Engagement in Sociocratic versus Conventional Organizations." Master's thesis. Washington, DC: George Washington University.
_____, and Gerard Endenburg. 1987. "The Creative Forces of Self-Organization." The Netherlands: Sociocratisch Centrum.
Buhl, J., et al. 2006. "From Disorder to Order in Marching Locusts." *Science*, 312:1402–1406.
Burns, James MacGregor. 1978. *Leadership*. NY: Harper & Row.
Butler, C.T., and Amy Rothstein. 1991. *Conflict and Consensus: A Handbook of Formal Consensus Decisionmaking*. Second edition. Portland, ME: Food Not Bombs.
Chandler, Alfred. 1962. *Strategy and Structure: Chapters in the History of the Industrial Enterprise*. Cambridge: MIT Press.
_____. 1980. *The Visible Hand: The Managerial Revolution in American Business*. Cambridge: Harvard University Press.

Charest, Gilles. 1996. *La Gestion par Consentement: Une Novelle Facon de Partager le Pouvoir* [*Management by Consent: A New Way of Sharing Power*]. Montreal: Les Editions Transcontinental.

_____. 1988. *Du Management à l'Écogestion* [*Management by Consent*]. Montreal: L. Courteau.

Chomsky, Noam. 2012. *Occupy*. NY: Zuccotti Park Press.

_____. 2014. *Requiem for the American Dream: The 10 Principles of Concentration of Wealth & Power*. NY: Seven Stories Press. (New edition. 2017.)

Clausewitz, Carl von. 1968. *On War*. Edited with an introduction by Anatol Rapoport. Mattituck, NY: Aeonian Press. Originally published as Vom Kriege. 1832. First English translation, 1908.

Collins, Jim. 2001. *Good to Great: Why Some Companies Make the Leap … and Others Don't*. NY: HarperCollins.

Comte, Auguste. 1853. *Positive Philosophy*. English translation of Cours de Philosophie. Six volumes, 1830–1842. Translated and condensed by Harriet Martineau.

Corning, Peter. 1996. "Synergy, Cybernetics, and the Evolution of Politics," *International Political Science Review*, 17:1, 91–119.

Couzin, Iain D. 2005. "Effective Leadership and Decision-Making in Animal Groups on the Move." *Nature*, 433:513–516.

Cyert, Richard and James March. 1963. *A Behavioral Theory of the Firm*. Englewood Cliffs, NJ: Prentice-Hall.

Dechert, Charles R. 1965. "The Development of Cybernetics," *American Behavioral Scientist*, 8:10, 15–20.

Deming, W. Edwards. 1984. *Chain Reaction: Quality, Productivity, Lower Costs, Capture the Market*. Cambridge, MA: MIT Center for Advance Engineering Study.

_____. 1986. *Out of the Crisis*. Cambridge, MA: MIT Press.

Drucker, Peter F. 1954. *The Practice of Management*. NY: Harper.

Eames, Charles and Ray. 1978. *The Powers of Ten: A Film Dealing with the Relative Size of Things in the Universe and the Effect of Adding Another Zero*. Based on the book Power of Ten by Kees Boeke. Made by the office of Charles and Ray Eames for IBM. Video release: Santa Monica, CA: Pyramid Media.

Endenburg, Gerard. 1974. *Dictatuur, Democratie, Sociocratie*. Rotterdam: Endenburg Elektrotechniek.

_____. 1998. *Kennis, Macht en Overmacht: De Lerende Organisatie, in het Bijzonder de Sociocratische Kringorganisatie*. Delft: Eburon.

_____. 1981. *Sociocratie: Het Organiseren van de Besluitvorming : een Waarborg voor Ieders Gelijkwaardigheid*. Alphen aan den Rijn: Samsom. [*Sociocracy: The Organization of Decision-Making*. 1998. Delft: Eburon.]

_____. 1997. *Sociocratie als Sociaal Ontwerp in Theorie en Praktijk*. Delft: Eburon. [Translated from the Dutch by Murray Pearson. 1998. *Sociocracy as Social Design: Its Characteristics and Course of Development, as Theoretical Design and Practical Project*. Delft: Eburon.]

_____. 1975. *Sociocratie: Een Redelijk Ideaal* [*Sociocracy: A Reasonable Ideal*]. Zaandijk [Lagedijk 169]: Woudt.

Feyerabend, Paul K. 1975. *Against Method: Outline of an Anarchist Theory of Knowledge*. London: Humanities Press.

Fletcher, Ronald. 2002. *The Making of Sociology: A Study of Sociological Theory*. From a reprint of the original 1971 edition. 2 volumes. Jaipur: Rawat Publications.

Follett, Mary Parker. 1940. *Dynamic Administration: The Collected Papers of Mary Parker Follett*. Edited by Henry C. Metcalf and L. Urwick. NY: London: Harper.

Gilbreth, Frank B., Jr., and Ernestine Gilbreth Carey. 1948. *Cheaper by the Dozen*. NY: Grossett & Dunlap.

_____. 1950. *Cheaper by the Dozen*. Directed by Walter Lang. Hollywood, CA: 20th Century Fox. Film.

Gitlin, Todd. 2012. *Occupy Nation: The Roots, the Spirit, and the Promise of Occupy Wall Street*. NY: It Books.

Haken, H[erman]. 1978. *Synergetics: An Introduction: Nonequilibrium Phase Transitions and Self-*

Organization in Physics, Chemistry, and Biology. Springer Series in Synergetics, volume 1. Berlin; NY: Springer-Verlag.

Hamel, Gary. 2000. *Leading the Revolution: How to Thrive in Turbulent Times by Making Innovation a Way of Life.* Cambridge, MA: Harvard University Press.

Holocaust Encyclopedia. "Joop Westerweel." United States Holocaust Museum, accessed 20 July 2017. https://www.ushmm.org/wlc/en/article.php?ModuleId=10005777.

Jaques, Elliott. 2002. *The Life and Behavior of Living Organisms: A General Theory.* Westport, CT: Praeger.

_____. 1998. *Requisite Organization. A Total System for Effective Managerial Organization & Managerial Leadership for the 21st Century.* Revised second edition. Arlington, VA: Caslon Hall. (Originally published 1986.)

Jantsch, Erich. 1980. *The Self-Organizing Universe: Scientific and Human Implications of the Emerging Paradigm of Evolution.* Oxford; NY: Pergamon Press.

Jay, Antony. 1967. *Management and Machiavelli: An Inquiry into the Politics of Corporate Life.* London: Hodder & Stoughton.

Joseph, Fiona. 2012. Beatrice: The Cadbury Heiress Who Gave Away Her Fortune. Birmingham, UK: Foxwell Press.

Juran, J. M. 1964. *Managerial Breakthrough: A New Concept of the Manager's Job.* NY: McGraw-Hill. Revised edition. 1995. *Managerial Breakthrough: The Classic Book on Improving Management Performance.* NY: McGraw-Hill.

_____. 1951. *Quality Control Handbook.* NY: McGraw Hill. Reprinted as *Juran's Quality Control Handbook* beginning in 1968.

_____, and Frank M. Gryna, Jr. 1970. *Quality Planning and Analysis: From Product Development Through Use.* NY: McGraw-Hill.

Klarreich, Erica. 2006. "The Mind of the Swarm." Science News. 25 November 2007. 170:347.

Knight, Douglas E., and Herbert W. Robinson. 1972. *Cybernetics, Artificial Intelligence, and Ecology.* Proceedings of the Fourth Annual Symposium of the American Society for Cybernetics. NY: Spartan Books.

Koestler, Arthur. 1976. *Bricks to Babel.* First American edition. Includes a postscript by the author. NY: Random House.

_____. 1980. *Bricks to Babel: A Selection from 50 Years of His Writings, Chosen with a New Commentary by the Author.* NY: Random House.

Kramer, Jeffery. 2008. *Inside Drucker's Brain.* NY: Portfolio Penguin.

Laloux, Federic. 2014. *Reinventing Organizations.* Brussels: Nelson Parker.

Levitin, Michael. 2015. "The Triumph of Occupy Wall Street," *The Atlantic Monthly.*

Likert, Rensis. 1967. *The Human Organization: Its Management and Value.* NY: McGraw-Hill.

_____. 1961. *New Patterns of Management.* NY: McGraw-Hill.

_____, and Jane Gibson Likert. 1976. *New Ways of Managing Conflict.* NY: McGraw-Hill.

Machiavelli, Niccolò. 1980. *The Prince.* Introduction by Christian Gauss. Oxford University Press "World's Classics" translation by Luigi Ricci, revised by E.R.P. Vincent. NY: New American Library.

Manville, Brook, and Josiah Ober. 2003. *A Company of Citizens: What the World's First Democracy Teaches Leaders about Building Great Organizations.* Boston: Harvard Business School Press.

Maslow, Abraham H. 1968. *Toward a Psychology of Being.* NY: Van Nostrand.

Mayo, Elton. 1933. *The Human Problems of an Industrial Civilization.* NY: Macmillan.

Meadows, Donella, et. al. 2004. *Limits to Growth: The 30-Year Update.* VT: Chelsea Green.

_____. 2008. *Thinking in Systems: A Primer.* VT: Chelsea Green.

Naím, Moisés. 2013. *The End of Power.* NY: Basic Books.

Mooney, James D., and Alan C. Reiley. 1931. *Onward Industry! The Principles of Organization and Their Significance to Modern Industry.* NY: Harper & Brothers.

Morgan, Gareth. 2006. *Images of Organization.* Updated edition. Thousand Oaks, CA: Sage Publications.

Morieux, Yves. 2014. *Six Simple Rules: How to Manage Complexity without Getting Complicated.* Cambridge, MA: Harvard Business Review Press.

Naisbitt, John. 1982. *Megatrends: Ten New Directions Transforming Our Lives.* NY: Warner Books.

Nash, John F., Jr. 1997. "Equilibrium Points in n-Person Games." "The Bargaining Problem." "Non-Cooperative Games." In *Classics in Game Theory,* edited by Harold W. Kuhn. Princeton, NJ: Princeton University Press.

_____. 1996. *Essays on Game Theory.* Cheltenham, UK; Brookfield, VT: E. Elgar.

Nauta, D. 1984. "Defensie in Sociocratisch Perspectif. Hoofdstuk 8" in M.H.K. van der Graaf, *De crisis van de Technocratie en het alternatief van de sociocratie.* De Horstink.

_____, and E. van der Verlde. 1987. "Informatisering en arbeid." In *Wijsgerig Perspectief.* 27:5, 156-162.

New York State General Assembly. "Occupy Wall Street." Website of the New York State General Assembly, accessed 26 June 2017. http://occupywallstreet.net.

Nye, Joseph S. 2011. *The Future of Power.* NY: PublicAffairs Perseus.

Ober, Josiah. 1989. *Mass and Elite in Democratic Athens: Rhetoric, Ideology, and the Power of the People.* Princeton, NJ: Princeton University Press.

Ohmae, Kenichi. 1990. *The Borderless World: Power and Strategy in the Interlinked Economy.* London: Collins.

_____. 1995. *End of the Nation State: The Rise of Regional Economies.* London: HarperCollins.

_____. 1982. *The Mind of the Strategist: The Art of Japanese Business.* NY; London: McGraw-Hill.

Owen, Robert. 1815. "Observations on the Effect of the Manufacturing System." Reprinted in *The Voice of Toil: Nineteenth-Century British Writing about Work,* 2000, edited by David J. Bradshaw and Suzanne Ozment. Athens, OH: Ohio University Press.

Pascale, Richard Tanner and Anthony G. Athos. 1981. *The Art of Japanese Management: Applications for American Executives.* NY: Simon and Schuster.

Piketty, Thomas. 2016. *Capital in the Twenty-First Century.* Translated from the original French by Arthur Goldhammer. Cambridge, MA: Harvard University Press.

_____. Thomas. 2015, *The Economics of Inequality.* Translated from the original French by Arthur Goldhammer. Cambridge, MA: Harvard University Press.

Prigogine, Ilya. 1997. *The End of Certainty: Time, Chaos, and the New Laws of Nature.* NY: Free Press.

_____, and Isabelle Stengers. 1984. *Order Out of Chaos: Man's New Dialogue with Nature.* Toronto; NY: Bantam Books.

_____. 1977. *Self-Organization in Nonequilibrium Systems: From Dissipative Structures to Order through Fluctuations.* NY: Wiley.

Principia Cybernetica Project (PCP). *Principia Cybernetica Web.* Accessed 1 July 2017. http://pespmc1.vub. ac.be.

Quarter, Jack. 2000. *Beyond the Bottom Line: Socially Innovative Business Owners.* Westport, CT: Quorum Books.

Rapoport, Anatol. 1986. *General Systems Theory: Essential Concepts and Applications.* Tunbridge Wells, Kent, UK; Cambridge, MA: Abacus Press.

Robertson, Brian. 2015. *Holacracy: The New Management System That Redefines Management.* NY: Holt.

Rogers, Everett M. 2003. *Diffusion of Innovations.* Fifth edition. NY: Free Press.

Rawson, Wyatt. 1956. *The Werkplaats Adventure.* London: Stuart.

Romme, A. Georges L. 1994. "Continuous Self-Renewal: The Case of Sociocracy." *Research Memorandum, RM/0/94-039.* Maastricht: Maastricht Research School of Economics of Technology and Organizations.

_____. 1996. "Making Organizational Learning Work: Consent and Double Linking Between Circles." *European Management Journal,* 14(1): 69–75.

_____. 2016. *The Quest for Professionalism*. Oxford, UK: Oxford University Press.

_____. 1997. "Work, Authority, and Participation: The Scenario of Circular Organizing." *Journal of Organizational Change Management*, 10(2):156–166.

_____, and Gerard Endenburg. 2006. "Construction Principles and Design Rules in the Case of Circular Design." *Organization Science: a Journal of the Institute of Management Sciences*. 17(2):287.

_____, and Annewick J.M. Reijmer. 1995. *Sociocracy in Endenburg Elektrotechniek*. Winner of the 1995 European Case Writing Competition, sponsored by the European Foundation for Management Development.

Schein, Edgar H. 1997. *Organizational Culture and Leadership*. Second edition. San Francisco: Josssey-Bass.

Seeley, Thomas D. 2010. *Honeybee Democracy*. Princeton, NJ: Princeton University Press.

Senge, Peter M. 1990. *The Fifth Discipline: The Art and Practice of the Learning Organization*. NY: Doubleday.

_____, 2008. *The Necessary Revolution: How Individuals and Organizations Are Working Together to Create a Sustainable World*. NY: Doubleday.

Sheeran, Michael J. 1996. *Beyond Majority Rule*. Philadelphia: Philadelphia Yearly Meeting of the Religious Society of Friends.

Simon, Herbert A. 1957. *Administrative Behavior: A Study of Decision-Making Processes in Administrative Organization*. Second edition. NY: Macmillan. First edition, 1947.

Stanley-Jones, D., and K. Stanley-Jones. 1960. *Kybernetics of Natural Systems, A Study in Patterns of Control*. London: Pergamon Press.

Sun-tzu. 1994. *The Art of War*. Translated with introduction by Ralph D. Sawyer with the collaboration of Mei-chün Lee Sawyer. Boulder, CO: Westview Press. Original edition, Fifth-century BCE.

Taylor, Fredrick Winslow. 1911. *The Principles of Scientific Management*. NY: London: Harper.

Tuchman, Barbara. 1978. *A Distant Mirror: The Calamitous 14th Century*. NY: Knopf.

Ward, Lester F. 1902. *Dynamic Sociology*. Second edition. NY: Appleton.

_____. 1907. *Pure Sociology*. Second edition. NY: Macmillan.

_____. 1893. "Sociocracy." From *The Psychic Factors of Civilization* (Boston: Ginn & Co., 1893), pp. 315–331. As reprinted in *American Thought: Civil War to World War I*, edited by Perry Miller. 1954. NY: Holt, Rinehart and Winston. 306–320.

United Nations Economic and Social Commission for Asia and the Pacific (ESCAP) "What Is Good Governance," Available for download. Accessed 12 August 2017. http://www.unescap.org/sites/default/files/good-governance.pdf

Wheatley, Margaret J. 1992. *Leadership and the New Science: Learning about Organization from an Orderly Universe*. San Francisco: Berrett-Koehler.

Weber, Max. 1947. *The Theory of Social and Economic Organization*. London: Free Press of Glencoe; Collier-Macmillan.

Weiner, Norbert. 1948. *Cybernetics; or Control and Communications in the Animal and the Machine*. NY: Wiley.

_____. 1954. *The Human Use of Human Beings: Cybernetics and Society*. Boston: Houghton Mifflin.

Whyte, William Foote, and Kathleen King Whyte. 1988. *Making Mondragon: The Growth and Dynamics of the Worker Cooperative Complex*. Cornell International Industrial and Labor Relations Reports, no. 14. Ithaca, NY: ILR Press.

Zuboff, Shoshana. 1988. *In the Age of the Smart Machine*. NY: Basic Books.

_____, and James Maxmin. 2002. *The Support Economy: Why Corporations Are Failing Individuals and the Next Episode of Capitalism*. NY: Viking Penguin.

옮긴이 이종훈

1960년에 태어나 서울대학교 사회학과를 졸업한 후 전문 번역가로 활동하고 있다. 옮긴 책으로는 『스픽스의 앵무새』, 『책의 敵』, 『내 인생을 바꿔놓은 열일곱 살의 바다』, 『인류 이야기』, 『위대한 평화주의자 20인』, 『슬로머니』, 『종교에 관한 50가지 오해』 등이 있다.

자율경영 시대의 조직개발

소시오크라시

초판 2쇄 발행 2022년 9월 30일
초판 1쇄 발행 2019년 10월 22일

지은이 존 벅 · 샤론 빌린스
옮긴이 이종훈
감　수 주현희
디자인 DesignZoo
펴낸이 캐서린 한
펴낸곳 한국NVC출판사

등록 2008년 4월 4일 제300-2012-216호
주소 (03702) 서울특별시 서대문구 연희로15길 78, 2층(연희동)
전화 02-3142-5586　**팩스** 02-325-5587
이메일 book@krnvc.org

ISBN 979-11-85121-28-4　03320

*값은 뒤표지에 있습니다.
*잘못 만든 책은 바꿔 드립니다.